버핏클럽

버핏클럽 *issue* 4

Editor in Chief
백우진 Baek Woo-Jin

Editor
양은희 Yang Eun-Hi

Design
서채홍 Seo Chae-Hong
박강희 Park Gang-Hee

Contributors
강영연, 고영경, 김성일, 김학렬, 박성진, 신진오, 신환종, 이건,
이은원, 이한상, 장홍래, 정승혜, 정채진, 최준철, 홍진채

발행인	김기호
발행일	초판 1쇄 2021년 8월 17일
발행처	에프엔미디어
신고	2016년 1월 26일 제2018-000082호
주소	서울시 용산구 한강대로 109, 601호
전화	02-322-9792
팩스	0303-3445-3030
이메일	buffett_club@naver.com
홈페이지	www.buffettclub.co.kr
ISBN	979-11-88754-45-8

The Mook for Intelligent Investor

버핏클럽

투자의 '폭'과 '깊이'를 나눕니다

'미디어는 메시지다.'

영문학자이자 커뮤니케이션 이론가 마셜 매클루언이 한 말이다. 미디어(매체)와 메시지는 떼려야 뗄 수 없는 관계라는 의미다. 유튜브 콘텐츠와 책의 콘텐츠는 주제가 동일하더라도 다르게 만들어지고 다르게 수용된다고 예를 들 수 있다.

투자서의 서두에 웬 커뮤니케이션 이론인가. 투자 방송 및 유튜브와 투자서는 주제가 동일하더라도 메시지의 폭과 깊이에 차이가 있다. 영상의 시대인 요즘 도 좋은 투자서가 여전히 읽히는 가운데 〈버핏클럽〉 4호와 같은 새 투자서가 계속 출간되는 까닭이다.

수많은 책 중에 어느 책이 우량 투자서일까. 개인 주식 투자자들의 관심사 중 하나다. 투자에서처럼 투자서에서도 시행착오를 거치는 개인 투자자들은 우량 주 추천 못지않게 우량 투자서 추천을 원한다. 주식 투자에 관심이 높아진 상황 에서 주식 투자서가 쏟아지면서 그 수요가 더욱 커졌다.

이런 배경에서 가치투자연구소와 〈버핏클럽〉이 특집 '2021 우량 투자서 35선' 을 준비했다. 우량 투자서는 저자가 제시한 방법론이 사례로 뒷받침되고 그 책 을 읽은 투자자가 실제 자신의 상황에 적용할 수 있는 책이다. 이들 요건을 충 족해 독자 여러분께 실질적인 방법을 제공하는 35종을 선정해 전문가의 한 줄 평 등과 함께 소개한다.

이들 우량 투자서의 방법론과 핵심 메시지들은 그동안 〈버핏클럽〉에서 개별 상황과 사례마다 거듭 적용되어왔다. 이번 호 곳곳에도 언급된다. 앞으로도 유 효하게 활용될 것이다.

〈버핏클럽〉 4호에도 폭넓고 심도 깊은 기사가 많다. 홍진채 라쿤자산운용 대 표는 성장주를 중심으로 밸류에이션 방법론을 심층 분석한다. 홍 대표는 주가 꿈비율(PDR)은 가격 정당화를 위한 수단일지도 모른다고 말한다. 향후 물가와 금리가 상승하면 투자자는 어떻게 대응해야 할까? 이에 대한 설득력 있는 답변을 그의 글에서 읽을 수 있다. 정채진 투자자는 밸류에이션의 목적과 방법에 대해 '능력의 범위 내에서', '치기 쉽고 좋은 공을 노리고', '보수적인 기준으로' 투자하라는 등 5가지 조언을 공유한다. 이와 관련해 손에 잡히는 사례로 샘표식품을 든다.

시대의 화두인 환경·사회·지배구조(ESG)에 투자자는 어떻게 대응해야 할까? 정승혜 모닝스타코리아 상무는 개인 투자자를 위한 ESG 투자 전략을, 신환종 NH투자증권 FICC리서치센터장은 국가별 ESG 리스크 평가를 들려준다.

글로벌 인베스트먼트 가이드 대상 지역으로 아세안(ASEAN)과 중국을 올렸다. 고영경 말레이시아 선웨이대학교 교수는 아세안시장은 시장 규모와 경제 성장률, 중산층 기준에서 매력적이라면서 주목할 업종과 기업을 논의한다. 장홍래 포컴에셋투자자문 대표는 중국시장에서 리스크를 낮추고 초과수익을 올리려면 중국 정부의 지분이 있는 내수 소비재 기업과 저평가된 제약·백주 기업에 관심을 두라고 조언한다.

지난해 돌연 업계를 떠났던 '한국 1세대 가치투자자' 이채원 전 한국투자밸류자산운용 대표가 신설 자산운용사 수장으로 현업 복귀했다. 인터뷰에서 그간의 사정과 향후 포부를 밝혔다. 후배 가치투자자들은 그에게 '가치투자 복수혈전'을 주문하고 있다.

버크셔 해서웨이 주주서한 분석 기사는 지난해 3분기 이후 워런 버핏의 행보 등에 초점을 맞춘다. 버크셔 주주서한 전문뿐 아니라 주총 Q&A 내용도 완역해 권말부록으로 편집했다. 신진오 밸류리더스 회장은 가치투자자의 기술적 분석 비판에 대해 통합적인 시각을 제시한다.

이번 호 〈버핏클럽〉 역시 많은 독자에게 투자의 길잡이가 되면서 '투자서의 길잡이'도 되리라고 본다.

백우진 편집장

Contents

Contents

Cover Story

2021년 버크셔 해서웨이 주주총회

'투자' 주제로 펼쳐진
통찰과 위트의 향연

올해 버크셔 해서웨이의 온라인 주주총회는 지난해보다 더 '개선'됐다. 워런 버핏이 주주서한에서 밝힌 것처럼. 지난해 불참했던 찰리 멍거 부회장이 함께했다. 개최 장소는 멍거가 거주하는 도시인 로스앤젤레스로 옮겨졌다. 특히 올해 주총에서는 그레그 에이블이 버핏을 승계하리라는 큰 뉴스가 나왔다. 올 주총의 어타 부분은 이전과 동일하면서 달랐다. 올해에도 '자본주의자들의 우드스톡'에서는 버핏의 미국 자본주의에 대한 확신과 신뢰가 전파되었다. 그러는 가운데 새 주제로 기후변화와 인플레이션 등이 논의되었다.

"다이빙 경기에서는 '난도難度'가 높을수록 높은 점수를 받지만, 투자에서는 난도가 높다고 수익성도 높아지지는 않습니다." (워런 버핏 버크셔 해서웨이 회장이 주주서한에서, 복합 기업인 버크셔가 기업과 지분을 인수하는 기준은 영속적 경쟁력, 경영자의 능력과 인품, 기업의 가격이며, 이 전략에는 노력이 적게 들어갈수록 더 좋다며 한 말)

"미국 주식에 분산투자하기만 하면 됩니다. 단, 30년 동안 계속 보유해야 합니다." (버핏이 주총 Q&A 도입부에서. 미국 자동차산업 내 업체들의 명멸을 예로 들어 인덱스펀드에 투자하면 실적이 좋을 수밖에 없다고 설명하면서 한 말)

"그레그가 우리 기업문화를 유지할 것입니다." (주총 Q&A에서 찰리 멍거가 버크셔 해서웨이의 "분권화 방식은 단점보다 장점이 많았다"고 말하자 버핏이 "분권화는 올바른 기업문화가 없으면 효과가 없다"며 "우리는 올바른 기업문화가 있다"고 받았고, 그러자 멍거는 이와 같이 말하며 버핏의 후계자로 그레그 에이블 부회장을 낙점했음을 밝혔다.)

올해 버크셔 해서웨이의 온라인 주주총회는 지난해보다 더 '개선'됐다. 버핏이 주주서한에서 밝힌 것처럼. 지난해 불참했던 찰리 멍거 부회장이 함께했다. 개최 장소는 멍거가 거주하는 도시인 로스앤젤레스로 옮겨졌다. 지난해 주총에 참석한 그레그 에이블 부회장에 더해 올해에는 아지트 자인 부회장도 함께해 주주들의 질의에 답했다.

특히 올해 주총에서는 에이블이 버핏을 승계하리라는 큰 뉴스가 나왔다. 1일 주총에서 멍거가 에이블이 후계자임을 언급했다. 3일 버핏은 이를 확인했다. 그는 CNBC 방송에서 "오늘 밤 내게 무슨 일이 일어난다면 내일 아침 내 업무(경영권)를 인수할 사람은 그레그라는 데 이사회

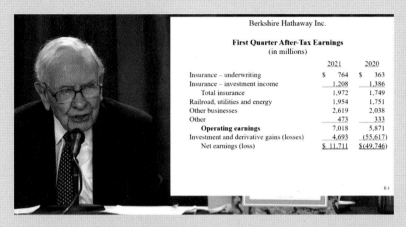

Berkshire Hathaway Inc.

First Quarter After-Tax Earnings
(in millions)

	2021	2020
Insurance – underwriting	$ 764	$ 363
Insurance – investment income	1,208	1,386
Total insurance	1,972	1,749
Railroad, utilities and energy	1,954	1,751
Other businesses	2,619	2,038
Other	473	333
Operating earnings	7,018	5,871
Investment and derivative gains (losses)	4,693	(55,617)
Net earnings (loss)	$ 11,711	$(49,746)

E-1

온라인 주총에서 분기 실적을 설명하는 버핏

도 동의했다"고 말했다. 그는 이어 "그레그에게도 무슨 일이 일어난다면 아지트가 이어받게 될 것"이라고 덧붙였다.

올 주총의 여타 부분은 이전과 동일하면서 달랐다. 올해에도 '자본주의자들의 우드스톡'에서는 버핏의 미국 자본주의에 대한 확신과 신뢰가 전파되었다. 그러는 가운데 새 주제로 기후변화와 인플레이션 등이 논의되었다.

주총 Q&A에서 버핏은 미국 경제가 적극적인 부양책에 힘입어 부활했다고 진단했다. 그는 미 중앙은행인 연방준비제도의 완화적인 통화정책과 의회가 통과시킨 대규모 재정정책 덕분에 "놀랍도록 효율적인 방식으로 경제가 부활했다"고 말했다.

애플 투자로 지난해 상당한 평가이익을 올린 버핏은 일부 지분을 매도한 것을 후회하기도 했다. 그는 "애플을 더 매수할 기회가 있었는데도 일부를 매도했다"며 "십중팔구 실수였다"고 말했다. 그는 "애플 제

버크셔 해서웨이의 부회장 그레그 에이블

품들은 사람들에게 없어서는 안 될 필수품"이라며 "사람들에게 자동차
와 애플 폰 중 하나를 포기하라고 한다면 자동차를 포기할 것"이라고
말했다.

지난해 주총에서 항공주 전량 매도 사실을 밝혔던 버핏은 이후 해당
주식들이 급등하면서 논란에 휩싸였다. 버핏은 그러나 이날도 "나는 여
전히 항공주를 사고 싶지 않다"며 관심이 없다고 답했다.

멍거는 비트코인을 신랄하게 비판했다. 그는 비트코인은 "유괴범 등
범죄자들에게나 유용한 화폐"이고 "개발 과정 전체가 역겨우며 문명사
회에 해롭다고 생각한다"라고 말했다. 버핏은 농담으로 대신해서 비트
코인 질문에는 답변을 "피하겠다"면서 주주총회를 지켜보는 사람 중
"비트코인 보유자가 십중팔구 수십만 명이고, 공매도한 사람은 두 명일
것"이라고 말했다.

버크셔 해서웨이의 부회장 아지트 자인

올해 주총은 LA의 호텔에서 온라인으로 진행됐다. 주총은 야후 파이 낸스를 통해 동부 일광 절약 시간(Eastern Daylight Time: EDT) 기준 5월 1일 오후 1시부터 생중계되었다. 버핏과 멍거, 에이블, 자인이 오후 1시 30분부터 5시까지 3시간 반 동안 주주들의 질문에 답변했다. 주주들의 질문은 CNBC가 취합해서 베키 퀵 기자가 대행했다.

커버스토리로 이은원《워런 버핏처럼 적정주가 구하는 법》저자의 주주서한·주총 Q&A 분석 글을 싣는다. 비크셔 해서웨이 주주서한과 주총 Q&A 전문은 권말부록으로 편집했다.

2020년 버크셔 해서웨이 주주서한 분석

팬데믹에서 버핏이 거둔
'절반의 성과'

이은원

워런 버핏의 팬데믹 대응은 버크셔 해서웨이의 주주서한과 주총 Q&A를 통해 이해할 수 있다. 버핏은 항공주를 전량 매도하는 등 방어에 들어갔고, 과거와 달리 저가 우량주를 대거 매수하지 않았다. 필자는 지난해 3분기에 버핏이 보여준 행보는 아쉬움을 남긴다고 분석한다. 버핏은 당시 통신사와 석유 기업, 제약주를 매수했다. 그때 특유의 유연함을 발휘해 항공주와 금융주도 사들였다면 어땠을까? 아울러 필자는 철도회사 BNSF와 에너지회사 BHE에 대한 긍정적인 전망 등을 제시한다.

2020년 한 해 동안 버크셔 해서웨이가 벌어들인 순이익은 425억 달러였다. 자회사들이 벌어들인 영업이익은 219억 달러, 실현 자본이득이 49억 달러, 미실현 자본이득 증가로 인한 이익 267억 달러, 자회사 및 관계회사 상각 손실이 110억 달러였다.

버크셔 해서웨이를 분석할 때 주주로서 가장 중요하게 봐야 하는 부분이 영업이익이다. 코로나 팬데믹 이전 240억 달러 수준에서 219억 달러로 감소했다. 팬데믹으로 인한 경기침체 영향으로 판단된다. 워런 버핏은 2020년에 규모가 큰 기업을 추가로 인수하지 못한 이유도 크다고 언급했다. 그럼에도 불구하고 투자 기업들의 유보이익이 증가했고 자사주를 약 5% 매입했기 때문에 주당 내재가치가 증가한 것으로 평가한다.

버핏은 투자 기업들의 유보이익이 증가한 부분을 주목한다. 유보된 이익은 사업에 대한 재투자나 주주환원의 재원으로 활용된다. 시간이 흐를수록 주주 가치를 높여 투자자에게 자본이득으로 돌아온다. 때문에 지배력을 확보한 기업들뿐만 아니라 일부 지분만 보유한 기업들도 지속적으로 유보이익이 증가하는지를 중요하게 생각한다.

상각 손실 110억 달러는 2016년에 인수한 비행기 부품 제조사 프리시전 캐스트파츠(Precision Castparts Corp: PCC)에서 발생했다. 버핏은 PCC의 정상적인 수익력을 과대평가했기 때문이라고 자신을 탓했지만, 팬데믹 상황에서 업계 전체적인 불황이 근본적인 이유라고 보는 것이 타당하겠다. 2016년에 인수하면서 팬데믹에 의한 불확실성까지 감안하기는 현실적으로 불가능하기 때문이다.

어쨌거나 버핏은 PCC 상각 손실을 자신이 기업을 제대로 보지 못한 이유로 돌리고 주주총회에서도 재차 강조했다. 그는 정확히 "미래 평균 이익에 대한 잘못된 판단" 때문이라고 언급했다.

복합 기업에 대한 시장의 우려

버크셔가 여러 제조사와 금융사들의 복합 기업으로 이루어지는 부분을 시장에서는 그동안 우려해왔다. 복합 기업들이 보통 비효율적으로 운영되기 때문에 버크셔 또한 그럴 것이라고 넘겨짚는 투자자도 있다. 버핏 사후 다양한 분야의 자회사들이 제대로 경영될 수 있겠느냐는 의문도 있었다. 심지어 여러 헤지펀드는 기업 분할을 통해 기업 가치를 더 증대할 수 있다는 의견을 꾸준히 제기했다. 그러나 매번 버핏은 버크셔가 복합 기업의 형태로 존재하는 것의 장점을 어필해왔다.

보통 복합 기업들은 규모를 키우기 위해 기업 인수에 집중한다. 시장은 대부분 효율적이어서 좋은 기업들은 비싸게 마련이고, 경영권 프리미엄까지 고려하면 높은 가격을 치러야 한다. 버핏은 경영진이 자사의 주가를 높이는 데 주력해 비싸게 만든 후 주식을 발행해서 높은 가격의 기업들을 인수하는 세태를 비판한다.

버크셔는 자본 배분에서 기업 인수만 고려하지 않기 때문에 터무니없는 가격을 수용하지 않을 수 있다. 인수하려는 기업의 가격이 비싸다면 굳이 인수하지 않고, 훌륭하게 경영되는 기업의 일부 지분을 주식시장을 통해 매수한다. 기업 인수나 상장주식 투자라는 '형태'에 얽매이지 않고, '좋은 기업'과 함께하는 데 집중한다. 때문에 복합 기업의 형태로 있더라도 승자의 저주 같은 덫에 걸리지 않을 수 있으니 안심하라고 주주들을 달랜다.

버크셔의 4대 보물

버크셔를 구성하는 4대 핵심 자산은 '보험업', 철도회사 'BNSF', 일부 지분을 보유한 '애플', 에너지회사 '버크셔 해서웨이 에너지(Berkshire Hathaway Energy: BHE)'다. 보험업은 그 자체로 버크셔 영업이익의 중요한 부분을 담당하고, 플로트float를 창출해 다른 사업들로 확장할 수 있게 해준다. BNSF는 물동량 기준 미국 최대 철도회사다.

버핏은 BNSF의 규모에 필적하는 애플 지분 5.4%를 통해 자사주의 마법을 소개한다. 버핏은 2016년 말부터 애플 주식을 매수해서 2018년 7월 초 10억 주(주식 분할 반영) 정도 보유했다. 2018년 중반 매수를 완료했을 때, 버크셔가 회사 계정으로 보유한 애플 지분은 5.2%였고 취득 원가는 360억 달러였다. 이후 연평균 7억 7,500만 달러 상당의 배당을 정기적으로 받았고, 2020년에는 일부 지분을 매도해서 110억 달러를 회수했다. 일부 매도했는데도 현재 버크셔의 애플 지분율은 5.4%로 오히려 약간 늘었다. 그동안 애플이 끊임없이 자사주를 매입 소각해 유통 주식 수를 대폭 줄여줬기 때문이다. 게다가 버크셔도 자사주를 매입했기 때문에 버크셔 주주들이 보유한 애플 지분은

2018년 7월보다 무려 10%가 증가했다.

버핏은 자사주 매입을 탁월한 기업의 투자자 지분을 지속적으로 높여주는, 단순하지만 강력한 방법으로 소개한다. 물론 어디까지나 합리적인 가격에 매입해야 한다는 전제가 있다. 애플의 자사주 매입 가격 수준에 대한 언급은 없다.

장기 주주들과 동업자 정신

일정한 비율로 버크셔 주식을 담아야 하는 인덱스펀드부터, 약간의 차익이라도 얻기 위해 액티브하게 움직이는 기관투자가와 개인 투자자들, 투자조합 시절부터 함께해 온 초장기적인 개인 주주들까지 버핏은 다양한 유형의 버크셔 주주들을 언급한다. 동업자 원칙을 천명하는 버핏에게 가장 중요한 주주는 당연히 초창기부터 함께한 장기 주주들이다. 이미 이런 훌륭한 주주들을 확보한 덕분에, 버크셔는 새로운 주주들을 위해 월스트리트의 비위를 맞출 이유가 없다.

필립 피셔는 1958년 저서 《위대한 기업에 투자하라》에서 상장회사 경영을 음식점 경영에 비유했다. 어떤 종류의 음식으로도 손님을 유치할 수 있지만, 제공하는 음식을 변덕스럽게 바꿔서는 안 된다고 경고했다. 잠재 고객들에게 던지는 메시지는 실제로 이들이 받는 서비스와 일치해야 한다는 것이다.

버크셔는 지난 56년 동안 장기 주주들에게 동일한 음식과 서비스를 제공해왔고 앞으로도 그럴 것이라고 언급한다. 그것은 주주들을 '동업자'로 대하는 것이다. 일부 주주는 꾸준히 교체되겠지만 이런 원칙은 향후에도 지켜질 것이라 언급하고 있다.

자본적 지출 규모가 큰 기업도 훌륭한 투자 대상

버핏은 시즈캔디 인수 이후, 사업을 영위하는 데 투자해야 하는 자산의 규모가 작은 사업을 선호했다. 그러나 1990년대 말 이후 이례적으로 자본적 지출의 규모가 큰 철도회사 BNSF와 에너지회사 BHE를 인수했다. 편견을 버리면 이런 기업들도 훌륭한 투자 대상이 될 수 있음을 설명한다.

BNSF를 인수하고 만 1년이 지난 2011년, 두 거대 기업(BNSF, BHE)의 순이익 합계는 42억 달러였다. 2020년 팬데믹으로 고전하는 기업이 많았는데도 두 거대 기업의 순이익 합계는 83억 달러에 달했다. 본업이 꾸준히 성장했고 연관 기업들을 인수해온 결과였다. BNSF와 BHE는 향후 수십 년 동안 거액의 자본적 지출이 필요하지만, 버핏은 추가 투자에 대한 적정 수익률을 기대하고 있다.

BNSF는 미국 안에서 운송되는 화물의 전체 규모(톤마일) 중 약 15%를 담당한다. 운송량 면에서 압도적인 1위 기업이다. 버크셔는 BNSF를 인수한 2010년 이후 유형자산에 총 410억 달러를 투자했다. 같은 기간 발생한 감가상각비를 200억 달러 초과한 규모다. BNSF는 이런 상황에서도 버크셔에 상당한 배당을 지급해서 모두 418억 달러였다. 사업과 유지 보수에 필요한 자금을 모두 지출하고 남은 현금이 매년 약 20억 달러를 초과할 때에만 배당을 지급하는 보수적인 정책 덕분에 BNSF는 버크셔의 보증 없이 저금리로 자금 조달이 가능하다. BNSF의 CEO인 칼 아이스와 케이티 파머는 심각한 경기침체에 대응하면서도 비용을 탁월하게 관리했다. 화물 운송량이 7% 감소했으나 두 사람은 BNSF의 이익률을 오히려 2.9%p 끌어올렸다.

BHE는 배당을 지급하지 않는데, 이는 전력산업의 관행상 매우 이례적이다. 미국 전력산업은 향후 신재생에너지로의 거대한 변화가 필요하기 때문에 엄청난 비용을 투입해야 할 것으로 보인다. 주로 도심에서 멀리 떨어진 외딴 지역에 설치되는 신재생에너지 사업 때문에 송전선 설비에 막대한 투자가 필요하다. 그러나 이런 투자를 감당할 만큼 재무상태가 건전한 기업이나 정부 기관은 거의 없다. BHE는 송전선 설비에 수십억 달러를 투자한 이후 유의미한 매출을 기대할 수 있다. 미국의 정치, 경제, 사법 제도를 믿고 투자를 계속할 계획이라고 버핏은 밝혔다. 이런 투자들을 통해 BHE는 갈수록 더 깨끗한 에너지를 공급하는 선도기업이 될 것으로 믿는다. 그런 부분이 규제 당국에 어필되어 더욱 강력한 경제적 해자로 작용함은 물론이다.

2020년 한 해 동안 버크셔에서 가장 큰 변화가 있었던 부분은 상장주식 투자 부문이 아닐까 싶다. 가장 큰 변화는 항공주를 전량 매도한 부분이다. 2019년 말 기준 25억 달러에 달하던 사우스웨스트항공 9.0% 지분, 41억 달러 규모의 델타항공 11.0%, 19억 달러 상당의 유나이티드항공 8.7% 주식을 모두 매도했다. 총 85억 달러 규모로 2019년 말 상장주식 투자 규모 2,480억 달러의 3.4% 수준이다. 또한 금융주에서 큰 변화가 있었다. 185억 달러 규모의 웰스파고 8.4% 지분과 83억 달러의 JP모간 1.9%, 28억 달러의 골드만삭스 3.5%를 비워내고, 뱅크 오브 아메리카 지분을 확대했다. 버크셔 4대 보물인 애플 지분은 11.8% 덜어냈다. 통신 기업 버라이즌 86억 달러, 셰브런 40억 달러, 이토추상사 18억 달러, 제약사 머크와 애브비 주식을 신규로 편입했다.

매수 가격 기준으로 버크셔의 상장주식 투자 규모는 2019년 말

2020년 말 현재 시장 평가액이 가장 큰 보통주 15종목

주식 수*	회사명	지분율(%)	매입 원가 (100만 달러)**	시가 (100만 달러)
25,533,082	애브비(AbbVie)	1.4	2,333	2,736
151,610,700	아메리칸 익스프레스	18.8	1,287	18,331
907,559,761	애플	5.4	31,089	120,424
1,032,852,006	뱅크 오브 아메리카	11.9	14,631	31,306
66,835,615	뱅크 오브 뉴욕 멜론	7.5	2,918	2,837
225,000,000	비야디(BYD)	8.2	232	5,897
5,213,461	차터 커뮤니케이션즈	2.7	904	3,449
48,498,965	셰브런(Chevron)	2.5	4,024	4,096
400,000,000	코카콜라	9.3	1,299	21,936
52,975,000	GM	3.7	1,616	2,206
81,304,200	이토추상사(Itochu)	5.1	1,862	2,336
28,697,435	머크(Merck)	1.1	2,390	2,347
24,669,778	무디스	13.2	248	7,160
148,176,166	US뱅코프	9.8	5,638	6,904
146,716,496	버라이즌(Verizon)	3.5	8,691	8,620
	기타***		29,458	40,585
보통주 시장 평가액 합계			108,620	281,170

* 버크셔 자회사 연금기금에서 보유 중인 주식은 제외.
** 실제 매입 가격이며 세무보고 기준임.
*** 우선주 및 (보통주 인수) 워런트로 구성된 옥시덴탈 페트롤리움(Occidental Petroleum Corporation) 투자 100억 달러 포함. 현재 평가액은 90억 달러.

1,103억 달러에서 1,086억 달러로 소폭 줄었으나, 주가가 상승해 시장 가격 기준으로는 2,480억 달러에서 2,811억 달러로 증가했다.

2020년 2분기 13F 공시에 항공주가 없으니, 항공주들은 팬데믹으로 인한 3월의 폭락장에서 전량 매도한 것으로 보인다. 골드만삭스는 신규 기업들은 대부분 2020년 하반기에 편입되었다.
버라이즌과 제약주들은 2020년 3분기 13F 공시에 새로 등장했고
셰브런과 이토추상사도 3분기에 신규 편입되었다.

2019년 4분기부터 비중을 줄였고, JP모간은 2020년 2~3분기에 비워 냈다. 웰스파고는 2020년 하반기에 전량 매도했다.

신규 기업들은 대부분 2020년 하반기에 편입되었다. 버라이즌과 제 약주들은 2020년 3분기 13F 공시에 새로 등장했고 셰브런과 이토추상 사도 3분기에 신규 편입되었다.

항공주 전량 매도

2020년 한 해 동안 버크셔의 유가증권 투자 내역은 오랜 기간 버크 셔를 지켜본 투자자들을 당황하게 했다. 코로나 팬데믹 폭락의 한가운 데에서 항공주들을 바닥에 비워냈기 때문이다. 오랜 기간 보유했던 JP 모간 주식을 마찬가지로 낮은 가격에서 전량 매도했다. 그동안 버핏은 JP모간의 CEO 제이미 다이먼의 주주서한을 필독서로 추천하는 등 열 혈 팬으로 자처했던 터라 더욱 의아했다. 바닥에서 셰브런과 이토추상 사 등을 매수한 부분만이 버핏다운 투자가 아니었나 싶다.

올해 주주총회에서는 이 부분에 대해 주주들의 날카로운 질문이 이 어졌다. 모두가 공포에 빠져 있을 때 버크셔는 더한 공포에 빠져 있었던 것 같다는 촌평마저 나왔다. 주주총회에서 항공주 매도에 대해 버핏은

2019년 말부터 골드만삭스 지분을 매도해왔고
JP모간 지분을 팔면서 뱅크 오브 아메리카의 지분은 확대한 것으로
볼 때, 투자은행보다 상업은행을 더 선호한 듯하다.

민간 주주가 10%에 달하는 지분을 보유할 경우 국가로부터 지원받기가 어려웠을 것이라는 이유를 댔다. 앞서 2020년 지분을 전량 매도했을 당시에는 코로나로 일그러진 항공산업의 미래를 어둡게 본다고 말한 바 있다.

JP모간 지분 매도에 대해서는 특별한 언급이 없었다. 다만 2019년 말부터 골드만삭스 지분을 매도해왔고 JP모간 지분을 팔면서 뱅크 오브 아메리카의 지분은 확대한 것으로 볼 때, 투자은행보다 상업은행을 더 선호한 듯하다. 팬데믹으로 인한 경기 불황이 기업 고객들에 미치는 악영향을 고려한 것으로 판단되고, 자산시장의 위축으로 인한 리스크가 큰 부분도 무시할 수 없었을 것이다. 웰스파고는 팬데믹 이전에 불거진 내부적 이슈가 회복 불가능하다고 판단한 것으로 보인다.

버크셔가 다시 상장주식을 사들이기 시작한 시기는 2020년 3분기였다. 백신 개발 발표와 함께 시장을 긍정적으로 보게 된 듯하다. 이 기간 제약주들의 신규 편입이 이를 뒷받침한다.

겪어보지 못한 리스크

버핏은 금융 시스템의 붕괴로 인한 위기에 강하다. 자신의 사무실 복

도에 과거 대공황 시기 〈뉴욕타임스〉 1면을 액자에 넣어 걸어둘 정도로, 금융 시스템 위기에 대해 스스로를 경각시켜왔다. 위기가 어떻게 발생하고, 어떤 방식으로 해소되며, 어떻게 대처해야 하는지 훈련해왔다. 때문에 1980년대 말 미국 저축은행대부조합 사태에서 웰스파고를 바닥에서 유유히 쓸어 담을 수 있었고, 1990년대 말 롱텀캐피털매니지먼트 사태로 인한 위기를 기회로 삼을 수 있었다. 가깝게는 2008년 금융위기에 흔들림 없이 헐값에 훌륭한 기업들의 지분을 매수했다.

그러나 이번 코로나와 같은 팬데믹 위기는 겪어보지 못했다. 주가가 폭락했지만 정확히 어떻게 대처해야 한다는 스스로의 매뉴얼은 없었던 것으로 보인다. 팬데믹 이후 일련의 행보를 보면, 관련 분야를 잘 아는 절친 빌 게이츠의 견해를 상당 부분 참고한 것으로 판단된다.

빌 게이츠는 빌앤멜린다 재단을 통해 에볼라 바이러스 백신 프로젝트를 지원하는 등 관련 분야에 대해 오랜 기간 깊은 지식을 쌓아왔다. 코로나 팬데믹이 발생한 직후, 그는 백신이 개발되어 코로나가 종식되기까지 수년 넘게 걸릴 거라는 견해를 밝혔다.[*]

게이츠의 견해는 2020년 3분기에 변화가 감지된다. 2020년 8월, 팬데믹이 2021년 말 이후 끝날 수 있을 것 같다는 의견을 내놓았다. 모더나가 개발 중인 mRNA 백신의 초기 결과가 성공적으로 발표된 시점과 비슷하다.[**]

버핏의 투자 판단을 살펴보면 비슷한 흐름에 있다. 수요가 언제 회복

---

[*]   https://www.npr.org/sections/coronavirus-live-updates/2020/04/09/831174885/bill-gates-who-has-warned-about-pandemics-for-years-on-the-response-so-far

[**]   https://www.economist.com/international/2020/08/18/the-covid-19-pandemic-will-be-over-by-the-end-of-2021-says-bill-gates

될지 알 수 없다고 판단해 항공주들을 전량 매도한 것으로 보인다. 또한 경제가 급격히 얼어붙는 상황에서 기업들을 대상으로 하는 투자은행 업이 상대적으로 타격이 크다고 판단한 듯하다. 주가가 많이 빠졌음에도 불구하고 항공주와 투자은행 사업 비중이 높은 은행주들을 2020년 2~3분기 동안 비워냈다.

모더나의 mRNA 백신 초기 결과가 성공적으로 나오고 화이자의 백신 소식도 들리면서 빌 게이츠의 견해가 바뀐 것이 2020년 3분기였다. 버핏은 제약주들과 통신주, 유가 관련주들을 담으면서 상장주식 보유 규모를 그제야 늘려갔다.

금융위기 vs 팬데믹

버핏은 금융위기와 팬데믹 사태가 근본적으로 달랐다는 부분을 지적했다. 금융위기는 은행과 금융산업의 도덕적 해이가 빚어낸 사태이기 때문에, 정부의 지원을 이끌어내는 동안 국민적 합의가 필요했다. 그런 과정에서 정치적 진통을 겪었으며, 파산 직전에 몰린 기업들은 현금을 쌓아두고 있던 버크셔를 다급히 찾아왔다. 때문에 버크셔는 일시적으로 어려워진 훌륭한 기업들의 지분을 좋은 조건에 인수할 수 있었다.

그러나 팬데믹 사태는 누구에게도 책임을 묻기 어려운 자연재해와 비슷했다. 잘잘못을 따질 수 없었기에, 어려워진 기업들을 위한 지원이 즉각적이고 전면적으로 이뤄졌다. 때문에 버크셔는 막대한 현금을 풀어 헐값에 기업들을 인수할 기회를 가질 수 없었다. 2008년 금융위기의 중심에서 미국에 대한 투자를 독려하며 선봉에 나서던 버크셔의 모습을 이번에는 볼 수 없었던 근본적 이유를 버핏은 이같이 언급한다.

여전한 아쉬움

그럼에도 불구하고 버핏을 추종하는 투자자로서 2020년 한 해 동안 버크셔의 투자 행보에는 아쉬움이 많다. 겪어보지 못한 리스크라는 부분은 충분히 이해되고, 팬데믹 폭락장의 바닥에서 전량 매도한 부분도 어느 정도 수긍된다. 그러나 팬데믹에 대한 견해가 바뀌기 시작한 2020년 3분기 중에 항공주들을 다시 담았더라면 어땠을까 싶다. 빌 게이츠의 견해를 보수적으로 판단하더라도 2020년 3분기부터 3년 내에 팬데믹이 종식될 가능성이 높다고 볼 수 있었다. 최악의 경우 3년간 고정비로 인한 적자를 떠안겠다는 생각으로, 약간 오른 주가에도 불구하고 버핏 특유의 유연함을 보여줬더라면 어땠을까. 최악의 상황을 가정한 스트레스 테스트를 근거로 묵묵히 헐값에 웰스파고를 줍던 1990년대 초의 모습처럼 말이다.

JP모간을 비롯한 투자은행업에 대한 판단 또한 마찬가지가 아닐까 싶다. 버핏은 금융업을 볼 때 CEO를 상당히 중요시한다. 장기 주주로서 CEO 제이미 다이먼을 매우 신뢰했다. 팬데믹에 대한 뷰가 바뀌던 시점에 제이미 다이먼의 위기 관리 능력을 믿고 재매수에 나섰다면 하는 아쉬움이 남는다.

결과론적인 이야기에 불과하지만, 2020년 3분기 이후 항공주와 금융주의 주가는 하늘로 치솟았다. 2021년 3월에는 팬데믹 이전보다 더 올라 신고가를 경신했다.

그럼에도 불구하고 원칙을 고수한 버핏

여러 아쉬움이 남는 2020년이지만 버핏은 대체로 합리적인 판단을

사우스웨스트항공 주가 추이(2019/08~2021/07)

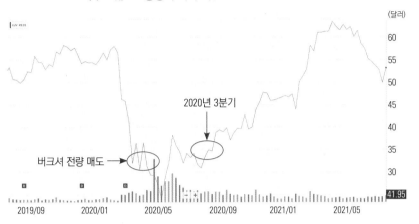

출처: 야후 파이낸스

JP모간 주가 추이(2019/08~2021/07)

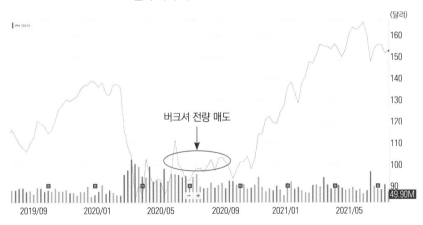

출처: 야후 파이낸스

결과론적인 이야기에 불과하지만,
2020년 3분기 이후 항공주와 금융주의 주가는 하늘로 치솟았다.
2021년 3월에는 팬데믹 이전보다 더 올라 신고가를 경신했다.

내렸다고 볼 수 있다. 팬데믹 폭락장의 바닥에서 항공주들을 비워냈지만 당시로서는 충분히 합리적이었다. 끝이 보이지 않는 리스크를 처음 겪은 터라 최대한 그 분야에서 지식 수준이 높고 신뢰할 수 있는 사람의 견해를 따랐다. 버핏이 전량 매도한 후, 한동안 항공사들은 실제로 파산을 걱정해야 할 수준이었다. 정부의 지원 없이는 생존이 불투명한 상황이었다.

버핏은 철저히 '아는 영역'에 투자하고 '능력범위'에 머무르는 원칙을 저버리지 않았다. 지금은 예상보다 빠른 백신 개발과 높은 효과로 당시가 바닥이었음을 알 뿐이다. 그런 사실을 지워내고 그 상황에서 본다면, 민간 지분이 높아 정부 지원이 신속하게 이뤄지기 어려웠을지 모르고, 때문에 버크셔의 자금을 계속 수혈해야 하는 상황이 초래되었을 수 있다. 백신 개발이 늦어졌더라면 더 큰 손실 속에서 뒤늦은 손절을 고민해야 했을 수도 있다.

2020년 3분기 저점에서 실시한 통신사 버라이즌과 석유 기업 셰브런 지분 매수는 충분히 버핏다운 투자였다. 잘 아는 기업이 매력적인 주가에 놓여 있을 때 묵묵히 지분을 매집했다. 고점 근처에서 애플 지분을 일부 줄인 판단 또한 빛을 발했다. 비록 버크셔의 4대 보물이지만 시장이 과대평가한다면 버핏은 미련 없이 던질 수 있다.

버핏은 저평가된 좋은 기업이나 우량주를 많이 사서 영원까지 들고 간다는 오해가 있다. 그러나 이는 오해일 뿐, 과거 버핏의 행보를 보면 철저히 '가격'에 집중했음을 알 수 있다. 적절한 가격에 애플을 대량으로 담고 장기 투자하는 동시에, 바닥에서 기는 세브런 같은 기업들을 소위 줍줍한다. 아무리 아끼는 기업이라도 고평가되면 과감히 덜어낸다. 가격과 가치의 괴리에 집중하는 '원칙'을 지키고 있기 때문이다. 더불어 자신이 잘 아는 영역에 집중한다는 원칙 또한 저버리지 않는다.

2020년 버핏의 행보는 이런 원칙을 투자에서 어떻게 적용해야 하는지를 잘 보여준다. 예측할 수 없는 리스크가 세상을 뒤덮는 상황에서도 말이다.

2021년 버크셔 온라인 주주총회 Q&A 핵심 정리

항공주 매도

주주총회 Q&A에서 단연 최고의 관심사는 그토록 긍정적인 의견을 피력하던 항공수들을 전량 매도한 것이었다. 수수들은 남들이 탐욕스러울 때는 두려워하고 남들이 두려워할 때 탐욕스러워야 한다던 버핏의 어록을 역으로 버핏에게 적용할 정도로 신랄한 질문을 던졌다.

일단 버핏은 항공주들의 비중이 전체 자산 규모의 1% 수준이었다고 언급한다. 그러니까 항공주 자체가 의미 있게 큰 비중의 투자는 아니었다는 이야기다. 또한 전격적인 정부 지원이 이뤄질 때, 지분 10% 수준의 민간 대주주가 있다면 지원이 쉽게 이뤄지지 않았을 거라는 말로 대변한다. 민간 대주주의 재원 출연이 먼저 요청되었을 테니 말이다. 언제 경제가 재개될지 모르는 상황에서 무한정 자금을 투입할 수 없었다는 말로 해석된다.

나는 2020년 3월의 매도를 문제 삼기보다는 본격적으로 주식을 다시 담기 시작한 2020년 3분기에 왜 다시 항공주를 사지 않았느냐고 묻는 게 더 적절하지 않나 싶다. 최근 인터뷰에서 버핏은 여전히 자신의 항공주 매도가 틀렸다고 생각하지 않는다고 답한 바 있다.

2020년 3월 폭락기에 주식 매수하지 않은 이유?

근본적인 이유는 과거 금융위기와는 다르게 연준과 정부가 즉각적으로 움직인 것이다. 금융위기에는 은행들의 도덕적 해이에 대한 비판 여론으로 지원이 이뤄지기까지 진통을 겪었고, 그 과정에서 한계에 봉착한 기업들이 버핏을 찾았다. 그러나 이번에는 그럴 틈이 없었다. 버핏은 연준이 행동에 나서기 전에 전화를 두 통 받았지만 행동으로 이어지기까지는 시간이 부족했던 것으로 보인다.

보유 현금의 적정 수준을 높이겠다는 말을 덧붙였고, 멍거는 바닥에 정확히 살 수 있는 사람은 없다는 말로 응수했다. 버핏은 연준과 경쟁해야 했는데, 연준이 의외로 빠르게 움직인 탓에 버핏의 손발이 묶인 것이 주요한 이유였다.

애플을 매도한 이유

Q&A 내용을 보면 애플 지분 일부와 코스트코 매도에 대한 판단은

전적으로 버핏이 내린 것으로 보인다. 멍거는 이를 '실수'로 언급했으며, 버핏도 일정 부분 인정하는 모양새다.

애플 스마트폰에 대한 사용자들의 만족률이 99%에 달할 정도로 애플은 강력한 브랜드 파워를 갖췄다. 또한 최고의 경영자 팀 쿡 덕분에, 여러 투자자의 우려에도 불구하고 승승장구하고 있다. 강력한 해자와 주주 친화적인 뛰어난 경영자의 조합은 버핏의 스트라이크 존strike zone이다. 때문에 일부 매도한 판단은 실수일지 모른다고 언급한다.

고성장주를 평가하는 방법

버핏은 기업 가치를 평가할 때 항상 '금리'를 고려한다. 금리를 모든 자산 가격에 대한 '중력'으로 정의하면서, 현재 금리 상황에서는 대형 기술주들의 급등이 '광기'라고 생각하지 않는다고 언급한다. 제로 금리는 자산 가격에 대한 중력 또한 제로로 수렴되는 것이기 때문이다.

금리가 제로나 마이너스가 된다는 것은 금융위기 이전에는 상상하기 어려웠다. 하지만 금융위기와 코로나 팬데믹을 거치면서 오히려 자연스러운 상황이 되었다. 때문에 경제 전문가들은 자신들의 모델보다 훨씬 복잡한 현실을 인정하고 겸손해질 필요가 있다고 멍거는 일갈한다.

버핏의 답변은 단순히 많이 올랐기 때문에 고평가일 것이라는 생각 또한 '편견'일 수 있음을 주지시켜준다.

중국 정부와 중국 기업의 관계

최근 중국 정부가 알리바바의 자회사 앤트파이낸셜의 기업공개를 연기하는 등 마윈을 압박하는 데 대한 질문이 있었다. 멍거는 과거부터 중국의 급속한 경제 성장에 긍정적인 입장이고, 실제 버크셔가 페트로차이나, BYD 등 중국 기업들에 투자하는 데 큰 역할을 했다고 알려졌다.

멍거는 덩샤오핑의 흑묘백묘론(쥐만 잘 잡는다면 검은 고양이든 흰 고양이든 상관없다)으로 대표되는 실용주의를 좋아한다. 중국에 대한 질문이 있을 때마다 이 부분을 강조하면서 옹호하는 답변을 해왔고 이날도 크게 다르지 않았다.

그러나 멍거의 견해와 다르게 시진핑 정부는 덩샤오핑과 달리 '강한 중국'에 대한 집착이 강하고 실리보다는 명분을 더 중요시하는 모습을 보인다. 알리바바, 텐센트, 디디추싱에 제재를 가하는 등 독점 사업권에 대한 소유는 중국 정부에 있다는 것을 명확히 하려는 모습을 보여 투자자들의 주의가 필요해 보인다.

과도한 경기부양책과 인플레이션 리스크

전직 미 재무장관 래리 서머스 교수는 1.9조 달러에 달하는 바이든 정부의 과도한 경기부양책이 인플레이션을 부를 수 있다고 비판했다. 이에 대한 버핏의 생각을 묻는 질문이 있었다.

과도하게 돈을 풀면 인플레이션이 발생한다는 데 대한 버핏의 의견은 '모른다'로 정리할 수 있다. 부채가 국내총생산(GDP)의 100%에 이르면 매우 위험하다는 생각이 한때의 상식이었을 뿐, 지금은 뉴노멀로 정착된 사례를 들어 설명한다. 현재 정책이 어떤 결과를 불러올지는 모른다고 대답했다.

과거 금융위기 시절 급격한 금리 인하와 양적완화로 버핏은 초인플레이션이 발생할 것이라 공개적으로 전망했었다. 그러나 인플레이션은 발생하지 않았고, 버핏은 팬데믹이 발생하기 전에 자신의 의견이 틀렸음을 인정한 바 있다. 때문에 조심스러운 것으로 판단된다.

재정정책이 동반된 돈 풀기는 다르다는 견해도 많다. 1.8%에 육박하던 미국 국채 10년물 금리가 1.3% 이하로 급격히 떨어진 현재, 인플레이션에 대한 견해는 버핏처럼 조심스러워서 나쁠 것이 없어 보인다.

글 **이은원** 연세대학교 수학과를 졸업하고, 2006년 VIP투자자문(현 VIP자산운용)을 시작으로 유리자산운용 등에서 수년간 펀드매니저로 일했다. 버크셔 해서웨이 주주서한을 분석해 워런 버핏의 가치 평가 방법론을 정리한 《워런 버핏처럼 적정주가 구하는 법》을 썼다. 현재 SK증권 서초PIB센터에서 개인 고객 위주의 국내 주식 랩(wrap) 상품을 운용하고 있다.

이채원 라이프자산운용 의장

'\ESG 행동주의'로 재무장한
1세대 가치투자 대가

강영연

가치투자자 이채원이 라이프자산운용 의장으로 돌아왔다. 라이프자산운용은 '환경·사회·지배구조(ESG) 행동주의'를 가미해 한 단계 진화시킨 형태의 가치투자 펀드를 운용할 계획이다. 이 의장은 이를 통해 "가치투자가 한국시장에서도 통용될 수 있다는 것을 증명하고 싶다"고 말한다. 그는 금리와 성장주·가치주 밸류에이션의 관계를 비롯해 개인 투자자들이 향후 관심을 둘 종목 등에 대한 견해도 들려줬다.

한국 가치투자의 큰 별이 돌아왔다. 이채원 라이프자산운용 이사회 의장이 그 주인공이다. 지난해 돌연 운용업계를 떠났던 그는 사모펀드 의장 자격으로 현업에 복귀했다. 은퇴를 말리며 '가치투자 복수혈전'을 요청하는 업계 후배들의 성원도 한몫을 했다.

라이프자산운용은 이 의장이 남두우 다름자산운용 대표, 강대권 전 유경PSG자산운용 CIO(최고운용책임자)와 함께 세운 회사다. 라이프자산운용은 행동주의 ESG를 강조한다. 저평가된 기업을 찾아가서 ESG를 개선함으로써 기업 가치를 제고할 의향이 있는지 타진하고 그렇다고 할 경우 투자하는, 관여 방식으로 투자할 계획이다.

1세대 가치투자자로서 한국에서 가치투자로 성공할 수 있다는 것을 보여주고 싶다는 그를 7월 23일 서울 여의도 사무실에서 만났다.

30년 넘게 몸담았던 한국투자밸류자산운용을 떠났습니다.

"3~4년 전부터 운용에서 손을 떼고 대표로 물러나야겠다는 생각을 하고 있었습니다. 그런데 운용하는 펀드 수익률이 좋지 않으니 내려놓을 수가 없었습니다. 상황이 좀 좋아지면 모양새 좋게 운용에서 손을 떼고, 대표로서 관리에 전념하면서 후진을 양성하려고 했는데 성과가 좋지 않아 차일피일 미뤄졌죠. 직접 운용하는 2~3개의 펀드 수익도 좋지 않아 고객 불만이 커졌고, 회사도 답답함을 느꼈고, 저도 못 견디는 상황이 이어졌습니다. 그래서 결단을 내려야 한다고 생각했습니다. 성과 부진에 대한 책임을 진다면 수장인 제가 져야 한다고 생각했습니다. 후배들이 하면 더 잘할 수 있겠다는 생각도 들었고, 너무 지쳐 있기도 했습니다. 여러 가지 이유로 그만두게 됐습니다."

회사명의 'LIFE'는 'Longterm Investment For Everyone'의 줄임말이다.

사모펀드로 옮긴 것은 뜻밖입니다.

"처음에는 1년 정도 쉬고 그룹(한국투자금융그룹)으로 복귀할 생각이었습니다. 지난해 말 자리에서 물러난 후 쉬는 동안 최준철, 김민국 대표를 비롯한 후배들이 찾아와서 은퇴하면 안 된다며 '가치투자 복수혈전'을 해달라고 강력히 얘기를 했습니다. 저 역시 행동주의에 대한 생각이 있었고요. 다만 금융계열사면 여러 가지 이해관계가 얽혀 있기 때문에 행동주의 투자를 하려면 그룹보다는 직접 회사를 차려 독립 운용사에서 하는 것이 낫겠다고 생각했습니다."

라이프자산운용을 설립한 데는 이 의장의 역할이 컸다. 그가 한국투자밸류 자산운용을 그만둔 후 대표로 제의를 받은 곳이 10군데에 달했다. 금융기관이 아닌 일반 기업들의 제안도 있었다. 하지만 이 의장은 받아들이지 않았다. "한국투자금융그룹에서 평생을 갚아도 못 갚을 은혜를 받았기 때문"이라고 이 의장은 설명했다. 1988년 입사해 32년간 한 기업에서만 일하며 대표까지 맡았던 그에게 다른 회사를 선택하는 건 불가능한 일이었다. 수제자 중 한 명인 강 대표가 이 의장의 마음을 움직였다. 강 대표는 지난해 유경PSG자산운용을 그만둔 후 자산운용사를 설립해 금융감독원에 인가 신청을 한 상태였다. 그는 이 의장에게 함께 일하자고 제안했다. 동시에 다름자산운용을 세운 남 대표도 이 의장에게 "함께 일하는 것이 소원"이라고까지 말했다. 남 대표는 이 의장의 대학 후배다. 이 의장은 두 사람을 연결해줘야겠다고 생각해 자리를 마련했다. 이 자리에서 이 의장까지 세 사람은 가치투자라는 기치하에 함께 뭉치기로 의기투합했다. 불과 3개월 전 일이다. 마음이 합쳐지니 일은 일사천리로 흘러갔다. 지난 6월 7일부터 이 의장은 라이프자산운용에서 일하고 있다.

한국투자밸류자산운용에 있을 때 힘들었던 점은 무엇입니까?
"저는 조직 관리를 타이트하게 하는 편이 아니었습니다. 방목하는 스타일이라고 할까요. 자유롭게 두고 성과만 보고 평가했습니다. 보상은 성과로 한다는 원칙이었죠. 제가 보기엔 일을 안 하는 것 같아도 집에 가서 할 수도 있고 모르는 거니까요. 성과가 좋고 회사의 철학과 원칙만 지키면 상관없었습니다. 지금 와서 생각해보면 조직 관리를 잘못했던 것 같습니다. 대표를 하면서 조직 관리를 하려면 직원들 만나서 회식도 하고 대화도 자주 하고 해야 하거든요. 주식에만 정신이 팔려서 그게 어려웠습니다."

오너가 아닌 대표의 한계라고 볼 수 있을까요.
"전문 경영인이긴 했지만 회장님께서는 제가 하는 제안, 요청을 거절한 적
이 없습니다. 원하는 사람은 다 채용하도록 해주셨습니다. 제가 요청하면
'책임질 수 있느냐'고 묻고, 그렇다고 하면 그러라고 하셨죠. 오너가 아니었
기 때문에 못 했던 일은 없었던 것 같습니다. 제가 경영자로서 역할을 잘못
한 거죠."

라이프자산운용에서 대표가 아닌 의장을 맡으신 것도 그 때문인가요.
"첫째는 회장이라는 타이틀이 좀 올드하고 재벌 느낌을 주는 것 같아서 내
키지 않았습니다. 더 중요한 것은 저희 회사가 ESG(환경·사회·지배구조) 행
동주의를 표방한다는 점이었습니다. 앞으로 기업들에 투명한 경영을 요구
할 건데 저희도 그래야 하지 않겠습니까. 모든 결정을 6명의 이사가 내리는
이사회 체제로 만들었습니다. 누구 하나 독단적으로 의사결정을 하지 않을
것입니다. 거기에서 제가 의장을 맡은 겁니다."

강대권 대표, 남두우 대표와의 역할 분담은 어떻게 하시나요.
"남 대표는 영업력과 네트워크 능력이 뛰어난 사람입니다. IMF 외환위기
등 여러 위기를 경험한 것도 장점이죠. 개인 투자자로서 투자은행(IB)을 한
것도 대단합니다. 개인 투자자 모아서 전환사채(CB)를 찍고 그랬습니다.
기업 초기 단계인 메자닌 공모주, 코스닥 벤처 등을 담당합니다. 강 대표는
가장 젊고, 패기 있고, 놀라울 정도로 아이디어가 많습니다. 두 사람이 중심

> "가치투자가 한국시장에서도 통용될 수 있다는 것을
> 증명하고 싶습니다. 가치투자의 '복수혈전'이랄까요.
> ESG 행동주의를 가미해 한 단계 진화시킨 형태의
> 가치투자 펀드를 통해 보여드리고 싶습니다."

을 잡아서 운영하면 저는 뒤에서 지원을 맡을 생각입니다. 리스크(위험)를 관리하고 의견을 조율해주고 하는 역할이요."

새 회사에서 이루고 싶은 포부가 있다면 무엇입니까.
"사실 지난 20년간 누적 수익률은 좋습니다. 다만 마지막 5년이 안 좋아서 마무리가 깔끔하지 못했죠. 가치투자가 한국시장에서도 통용될 수 있다는 것을 증명하고 싶습니다. 가치투자의 '복수혈전'이랄까요. ESG 행동주의를 가미해 한 단계 진화시킨 형태의 가치투자 펀드를 통해 보여드리고 싶습니다."

올 들어 가치주가 성장주보다 선전하고 있습니다.
"지난해 말까지 가치주가 굉장히 어려웠습니다. 지난 6년간 가치주는 성장주에 비해 처참할 정도로 성과가 나빴습니다. 미국 데이터를 보면 지난 5년간 성장주가 가치주보다 90% 아웃 퍼폼했습니다. 그러다 올 들어 가치주가 성장주보다 20% 정도 아웃 퍼폼했는데 6년 만의 첫 반전입니다. 한국에서도 올 들어서는 상반기까지 2~3배 오른 종목도 많습니다. 특히 경기 민감 가치주의 압도적 승리였습니다. 소비재보다는 철강, 화학, 시멘트 등 경기 민감주가 많이 올랐습니다."

이유가 무엇이라고 생각하시나요.

"지난 30년 넘게 자산운용업계에 있으면서 사이클을 겪었습니다. 과거에도 이렇게 가치주가 성장주보다 못한 시기가 있었습니다. 1999년 닷컴 버블 때, SK텔레콤이 50만 원까지 올랐고 KT도 20만 원까지 상승했습니다. (2021년 7월 26일 장 마감 기준 SK텔레콤과 KT 주가는 각각 30만 8000원, 3만 3600원이다.) 인터넷 혁명, 핸드폰 출시 등 지금보다 엄청난 변화가 있었을 때입니다. 반면 롯데칠성 같은 주식은 10만 원에 산 게 5만 원대까지 떨어졌습니다. 하지만 2000년 4월에 가치주 상승 흐름이 시작됐고, 이후 13년간 좋았습니다. 그간 제가 운용했던 펀드를 다 이어보면 수익률이 1400%에 달합니다. 같은 기간 코스피지수는 100% 오르는 데 그쳤습니다. 하지만 이후로 6년간 수익이 하나도 나지 않았습니다."

그가 그만둔 후 한국투자밸류 펀드들의 수익률이 오른 점을 지적하자 "제가 그만두면 폭등할 거라고 예언했었다"며 웃었다. 세상 일이 다 그렇고 가치주 투자도 그렇다는 것이다. 그는 롯데칠성에 투자했던 경험을 풀어놨다. 1999년 롯데칠성 주식을 10만 원에 매수했고, 9만 원, 7만 원으로 가격이 계속 떨어졌지만 확신을 가지고 추가 매수했다. 사상 최대 이익이 예정돼 있고, 주가수익비율(PER)이 1배에 불과할 정도로 저평가된 상태이기 때문이었다. 하지만 주가가 6만 원 아래로까지 떨어지자 1주도 살 수 없었다고 털어놨다. '천하의 이채원'도 두려움을 느꼈기 때문이다. "그때가 바닥이었습니다. 장중 5만 5000원을 찍은 뒤 급등하기 시작해 250만 원까지 쭉

이채원 의장 약력　중앙대학교 경영학과 졸업
중앙대학교 국제경영대학원 졸업(경영학 석사)
1996년　동원투자신탁운용 주식운용본부장
1998년　국내 최초 가치투자 펀드 '밸류 이채원 1호' 운용
2005년　한국투자증권 자산운용본부장
2006년　한국투자밸류자산운용 부사장 및 CIO
2018년　한국투자밸류자산운용 대표이사 및 CIO
2020년　한국투자밸류자산운용 대표이사
2021년　라이프자산운용 이사회 의장

* 운용 성과: 2000~2020년 누적 수익률 1,091%
　　　　　　(KOSPI 상승률 234% 대비 4.6배 초과수익)

올랐습니다. 아마 그날 제가 매입했다면 하루 더 떨어졌을 겁니다. 고객, 회사, 저까지 못 기다리는 최악의 시기. 늘 거기에서 반전이 시작됩니다."

아모레퍼시픽에서도 비슷한 경험을 했다. 1만 8800원에 매입했고, 주가는 1만 원까지 떨어졌다. 그마저 추가 매입을 망설이던 때 주가는 반등하기 시작했고 14년간 400만 원까지 올랐다.

이 의장은 "그만두는 시기가 최악이라는 것을 알았지만 어쩔 수 없었다"고 말했다.

지난 6년간 가치주가 어려움을 겪은 원인은 무엇일까요.

"사상 유례가 없는 초저금리 시대가 이어지고 있습니다. 국고채 10년물 금리가 0.3%까지 떨어졌습니다. 성장주의 밸류에이션(실적 대비 주가 수준)을 평가할 때 주로 DCF(현금흐름할인법)를 사용하는데, 이는 미래 현금흐름을 현재 가치로 할인하는 방식입니다. 할인할 때의 기준은 금리인데 높을수록 할인이 많이 돼 불리합니다. 이 때문에 금리가 떨어지면 성장주가 각광을 받습니다."

금리가 낮으면 성장주에 유리하다. 채권 수익률을 금리라고 할 때 주식은 어닝 일드(Earnings Yield, 주식 수익률)로 이를 따진다. 예를 들어 시가총액이 1조 원인 기업이 연간 1000억 원을 번다면 EY는 10%다. PER은 EY의 역수로, EY가 10%이면 PER은 10배다. 금리가 0.3%라고 하면 채권의 PER은 330배가 되는 것이다. 매년 0.3%씩 수익을 내서 원금을 회수하기까지 330년이 걸린다. 이 의장은 "이런 상황이라면 PER이 100배인 기업들도 비싸지 않을 수 있다"며 "채권과 비교해서 3분의 1 수준이고, 배

금리가 낮으면 성장주에 유리하다.
하지만 금리가 오르면 상황이 달라진다.
금리가 3%만 돼도 채권의 PER은 33배로 뚝 떨어진다.
그렇게 되면 PER이 50배, 100배에 달하는 성장주는
갑자기 비싸 보일 수 있고 그럼 주가가 급락하게 된다.

당도 주고, 성장도 하고 있기 때문"이라고 설명했다.

하지만 금리가 오르면 상황이 달라진다. 금리가 3%만 돼도 채권의 PER은 33배로 뚝 떨어진다. 이 의장은 리스크 프리미엄 이론을 들어 설명을 이어갔다. 리스크 프리미엄 이론은 위험을 감수하면 대가가 높아야 한다는 의미다. 이론적으로 주식은 채권보다 더 위험하기 때문에 일드가 더 높아야 하고 PER은 더 낮아야 한다. 이 의장은 "금리가 3%로 채권의 PER이 33배일 때 주식의 적정 PER은 16배 정도"라며 "그렇게 되면 PER이 50배, 100배에 달하는 성장주는 갑자기 비싸 보일 수 있고 그럼 주가가 급락하게 된다"고 설명했다.

앞으로 금리가 상승할 것으로 보시나요.

"급격하게 오르진 않을 것입니다. 정책이라는 것이 그렇습니다. 미국 중앙은행(Fed)도 테이퍼링(자산 매입 축소) 가능성을 띄웠다가 시장 반응이 좋지 않으면 접을 겁니다. 다만 서서히 오를 가능성이 높다고 봅니다. 지금은 비정상적인 초저금리 상황이니까요. 2~3년 거쳐서 2%까지는 되지 않을까 싶습니다. 금리가 2%만 돼도 PER은 50배로 뚝 떨어집니다. 이때 주식의

적정 PER은 20배 정도로 보면 될 겁니다. PER이 낮은 가치주는 금리가 오를수록 유리한 셈이죠."

성장주가 오른 데 저금리 말고 다른 원인이 또 있을까요.
"저성장이 오래 지속된 것도 한 요인입니다. 성장이 둔화되면 가치주가 오를 것 같다고 쉽게 생각합니다. 경기가 안 좋고 그럼 방어주인 가치주가 주목받을 거라고 생각하죠. 하지만 역설적이게도 성장이 둔화될 때 성장주가 더 오릅니다. 성장에 대한 목마름이 강해지기 때문이죠. 성장하는 기업이 많지 않아서 그만큼 성장에 대한 프리미엄이 높아집니다."

성장성이 유지된다면 성장주의 상승도 이어질 수 있을까요.
"어떤 국가도 산업도 기업도 영원히 성장할 순 없습니다. 주가도 영원히 오를 수는 없죠. 예를 들어 성장의 함정이라는 것이 있습니다. 1999년 SK텔레콤은 50만 원까지 올랐습니다. 지금은 30만 원 정도죠. 20년간 40% 하락한 셈입니다. 이 기간 SK텔레콤이 성장을 하지 않았느냐. 그것도 아닙니다. 이익이 10배가 늘었습니다. 왜일까요. 1999년 당시 시장은 SK텔레콤이 20년간 이익이 20배는 늘어날 것이라고 예상했습니다. 그런데 10배 늘어나는 데 그쳤으니 주가는 떨어질 수밖에 없죠. 지금 각광받는 기업들도 마찬가지입니다. 앞으로 10배 이상 성장할 것으로 예상해서 가격이 형성돼 있는데 실제로 5배만 성장한다면 주가가 떨어질 수 있습니다."

"성장주의 상대적 강세는 지난해에
마무리됐다고 봅니다. 세상이 바뀐다는 것을
가치투자자들이 거부하는 것은 아닙니다.
다만 코로나로 인해 예상보다 세상이 더 빨리 바뀌었고,
주가에도 더 빨리 반영됐습니다.
피크아웃이라는 판단입니다."

성장주 상승이 한계에 다다랐다고 보시나요?
"성장주의 상대적 강세는 지난해에 마무리됐다고 봅니다. 아마존 같은 기업들이 훌륭하고 성장하고 있다는 것은 인정합니다. 세상이 바뀐다는 것을 가치투자자들이 거부하는 것은 아닙니다. 다만 코로나로 인해 예상보다 세상이 더 빨리 바뀌었고, 주가에도 더 빨리 반영됐습니다. 피크아웃이라는 판단입니다. 사이클 자체는 가치주에 유리한 상황입니다. 물론 상반기에 가치주가 많이 오르면서 과도하게 저평가된 주식은 많이 사라졌습니다. 하지만 여전히 좋은 가치주가 남아 있습니다."

과도한 유동성으로 주식시장 버블에 대한 우려도 커집니다.
"한국만의 문제는 아닙니다. 금융위기 이후 미국과 유럽 중앙은행에서 푼 유동성만 10경 원에 달한다고 합니다. 평생 자산운용업계에서 일하면서 이렇게 모든 자산이 오르는 시장은 처음입니다. 금리가 떨어지는데 채권도 강세를 보이고, 주식, 부동산, 비트코인, 심지어 금까지 모든 자산이 오릅니다. 자산 인플레이션이 아닌가 싶어서 걱정입니다."

"모두가 안심하고 주식과 부동산에 투자할 때
위기가 올 수 있습니다.
향후 몇 년 안에 올 수 있다고 봅니다."

위기론에 공감하시는 건가요.

"걱정할 때는 위기가 오지 않습니다. 리먼 사태도 그랬고 한국의 외환위기
도 그랬습니다. 걱정되는 것은 2~3년 후입니다. 유동성이 유지되는 상황에
서 시장이 안정적으로 상승하면 사람들은 이것이 뉴노멀이라면서 안심할
것 같습니다. 이런 생각이 만연해질 때, 모두가 안심하고 주식과 부동산에
투자할 때 위기가 올 수 있습니다. 향후 몇 년 안에 올 수 있다고 봅니다."

당장의 위기 가능성은 크지 않다고 보시나요.

"지금은 전반적으로 자산 모두가 고평가를 받고 있는 상황은 아닙니다. 고
평가된 자산 비중을 줄이고 저평가된 자산에 분산 투자한다면 아직은 기회
가 있는 시장이라고 생각합니다."

라이프자산운용에서는 행동주의 ESG를 강조하고 있습니다.

"ESG 투자는 종류가 다양합니다. 먼저 스크리닝 방식이 있습니다. 포지티
브 스크리닝은 조건에 맞는 좋은 기업을 사는 것이고, 네거티브 스크리닝
은 문제가 있는 기업은 투자 대상에서 배제하는 전략입니다. 통합 스크리닝
방식도 있는데 정량 모델과 재무 모델을 결합해 지속가능한 테마에 투자하
는 것입니다. 예를 들어 환경, 사회적 이슈와 관련된 프로젝트 기업에 투자

이 의장은 '우호적 관여' 방식의 행동주의를 추구한다.

라이프자산운용은 행동주의 ESG를 강조한다.
저평가된 기업을 찾아가서 ESG를 개선함으로써
기업 가치를 제고할 의향이 있는지 타진하고
그렇다고 할 경우 투자하는,
관여 방식으로 투자할 계획이다.

하는 것이죠. 규범 방식도 있습니다. UN PRI(유엔 책임투자원칙)라는 기준이 있습니다. 이에 미달하면 투자를 안 하는 거죠. 그 외에 직접 투자 방식은 임팩트 투자입니다. 직접 환경 프로젝트 등에 투자하는 것입니다. 그 외에 행동주의도 있죠."

행동주의 펀드라고 하면 경영권을 빼앗는 등의 부정적인 이미지도 있습니다.
"저희가 추구하는 행동주의는 우호적 관여라는 인게이지먼트(관여) 방식입니다. 행동주의는 소송도 하고 공격적인 면이 많아 부정적 인식이 강한데, 인게이지먼트는 응원하고 도와주고 상생하는 방식을 꿈꿉니다."

어떤 방식으로 기업을 돕나요?
"먼저 저평가된 기업을 찾아가서 ESG에 미흡한 것이 있고 시장의 오해도 있다는 것을 알립니다. 그리고 이런 면을 개선해 기업 가치를 제고할 생각이 있는지 물을 계획입니다. 만약 하지 않겠다고 하면 저희는 투자하지 않을 겁니다. 굳이 안 하겠다는 회사에 투자하지 않고 의지와 여지가 있는 기업에 투자하면 되죠. 행동주의와 ESG, 가치투자가 결합된 방식이라고 할 수 있죠."

어떤 점에서 가치투자라고 할 수 있을까요.
"가치투자는 저평가된 기업에 투자하는 것입니다. ESG가 안 좋은 기업에 투자해서 기업 가치를 개선하는 것이 핵심입니다. 예를 들어 쌍용양회를 보면 환경을 해치는 기업이라는 인식이 강했습니다. 시멘트회사는 소성로에

> "가치주 대부분은 ESG가 안 좋았습니다.
> 환경(E), 사회(S) 부문도 그랬지만
> 특히 거버넌스(G) 부분이 심각했습니다."
> 그는 국내 소액주주의 권리가 무시되는 제도적 배경으로
> 시가합병 제도와 경영권 프리미엄을 들었다.

석회석을 넣고 연료를 같이 넣어 시멘트를 생산하는데 이때 연료가 유연탄입니다. 생산 과정에서 엄청난 양의 이산화탄소가 나오죠. 그런데 최근 쌍용양회가 연료로 폐타이어, 폐플라스틱 등을 활용하고 있습니다. 이산화탄소도 줄이고 폐플라스틱 등도 줄이는 거죠. 순환 자원을 소성로에서 쓰는 비율이 38%까지 올랐습니다. 주가가 큰 폭으로 상승했고 PBR(주가순자산비율)이 2.4배까지 높아졌습니다. 시멘트업계 평균(0.8배)보다 크게 높죠. PER은 20배에 달합니다. ESG 우량 기업으로 리레이팅된 셈입니다. 저희도 예전의 쌍용양회 같은 기업을 찾아 바꿔나갈 계획입니다."

ESG가 좋지 않은 가치주가 많은가요.
"과거 5년간 성과가 안 좋은 것은 강력한 성장주 사이클이라는 점도 있었지만 국내 주식시장을 둘러싼 환경이 장기 가치투자에 열악했기 때문이라고 생각합니다. 돌이켜 생각해보니 가치주 대부분은 ESG가 안 좋았습니다. 환경(E), 사회(S) 부문도 그랬지만 특히 거버넌스(G) 부분이 심각했습니다."

G가 안 좋은 이유가 있을까요.

"먼저 과도한 상속세가 영향을 미쳤습니다. 대주주는 징벌적 상속세로 세금이 65%에 달합니다. 두 번만 물려주면 재산이 다 없어지는 셈이죠. 대주주들은 그래서 주가가 오르는 것을 원하지 않았습니다. 지배구조도 열악했습니다. 워런 버핏은 대주주가 충분히 지분을 가지고, 경영에는 참여하지 않으면서 이사회 멤버만 감시하는 체제가 제일 이상적이라고 했습니다. 하지만 국내는 대부분 지주사를 통해서 간접적으로 오너가 회사를 지배하고 있죠. 지배구조가 후진적입니다. 연관해서 회사는 내 것이라고 생각하다 보니 주주환원 정책도 미흡합니다. 법도 문제입니다. 이 모든 것을 가능하게 한 것이 지배주주가 일반 주주의 이익을 합법적으로 편취할 수 있도록 한 대한민국 상법이에요. 상법 382조 3항에는 이사가 회사를 위해 일한다고 규정돼 있습니다. 특정 주주가 다른 주주를 편취해도 회사에만 손해가 없다면 그 모든 행동에 문제가 없다고 보는 셈입니다. 이는 회사, 주주, 소비자, 사회적 책임까지 강조하는 글로벌 스탠더드(기준)에 역행합니다."

이 의장은 다른 나라에서는 소액주주들의 권리를 이렇게까지 무시하지 않는다고 했다. 예를 들어 시가 합병 제도는 한국에서만 가능하다. 시장 가격이 본질 가치에서 크게 벗어났을 때, 최대 주주가 유리한 시점에 합병을 결정할 수 있는 셈이다. 미국에서는 공정가 합병 제도를 운영하고 있다. 이 의장은 "최소한 MOM(Majority of Minority) 원칙이라고 해서 소액주주들을 모아서 따로 의결해 이 가격에 합병해도 되는지 물어본 후 결정한다"고 설명했다. MOM은 상법상 특별이해관계인(주총에서 의결권을 행사할 수 없는 사람) 조항과 관련해 이해관계가 없는 소액주주 중 다수의 동의를 받도록 하는 것이다.

소액주주 권리가 무시되는 또 다른 경우가 있습니까.

"경영권 프리미엄을 받는 것도 그렇습니다. 대주주는 주가가 많이 오르는 것을 원하지 않습니다. 상속세만 많이 나오니까요. 주가가 오르지 않아도 대주주는 내재가치에 준하는 가격으로 지분을 팔 수 있습니다. 한국에서 100% 이상 되는 경영권 프리미엄 덕분이죠. 세계 평균은 30~40% 정도입니다. 해외에서는 주가가 1만 원인데 대주주에게 주식을 2만 원에 샀다면 소액주주들의 주식도 2만 원에 사줘야 합니다. 한국은 투자자 보호 장치가 너무 안 돼 있습니다."

개선 가능성은 없을까요.

"공정경제 3법이 통과되면서 크게 달라질 것으로 기대합니다. 이 법으로 소액주주가 감사 선임을 바꿀 수 있게 됐습니다. 상법에서는 감사 선임 때 대주주의 의결권을 3%로 제한합니다. 지분이 90%가 넘어도 87%에 대해서는 영향력을 행사할 수 없죠. 하지만 편법이 생겼습니다. 감사 제도를 감사위원회로 바꾸는 방식인데, 감사를 내부 위원회에서 뽑도록 합니다. 이 경우 대주주 지분이 50% 이상이면 내부 위원을 모두 직접 임명할 수 있고, 사실상 감사도 임명하는 셈이었습니다. 하지만 공정경제 3법으로 위원회 안에서 3% 룰이 작동하게 됐고, 외부 소액주주들이 감사를 바꿀 수 있게 됐습니다."

국내에서도 ESG 돌풍이 시작됐다고 강조하는 이 의장

공정경제 3법에 대해서 기업들의 반발도 거셉니다.

"근본적으로 세상이 바뀌고 있습니다. 세상을 지배하는 지배력의 패러다임이 바뀌었어요. 과거에는 군사력 등 힘이 세상을 지배했고, 20세기 들어서는 자본이 중요했습니다. 하지만 몇 년 전부터는 착하지 않으면 살아남을 수 없는 세상으로 바뀌고 있습니다. 워런 버핏, 빌 게이츠 등 세계적인 부자들이 앞다퉈 기부하고 있고, 한국에서 미투(성폭력 고발 운동), 학교폭력 고발 등에서 볼 수 있듯이 개인도 도덕적 결함이 있으면 살아남기 힘들어졌습니다. 기업도 마찬가지입니다. ESG위원회를 만들고 포장을 시작했습니다. 기업이나 인간의 본성이 바뀐 것이 아니라 착한 척을 해야 살아남을 수 있는 시대가 왔습니다."

ESG 투자는 기준을 정하기가 모호한 것 같습니다.

"대학교수, 법무법인 등을 포함하는 자문단을 구성하고 있습니다. 또 ESG 레이팅 업체도 만나고 있고요. 다만 아직까지는 신뢰할 만한 선정 업체가 없어 자체 시스템을 갖춰 직접 평가할 수 있을 정도의 역량을 갖추기 위해 노력하고 있습니다."

이 의장은 ESG의 중요성이 점점 커질 것이라며 돌풍은 이제 막 시작됐다고 강조했다. 다만 기술 혁신 등으로 ESG를 통해 이익을 낼 수 있다는 것을 증명해야 할 것이라고 했다. 그는 "비용이 발생하지만 궁극적으로 더 큰 수익이 나온다는 것은 증명하는 기업이 나와야 할 것"이라고 말했다.

코스피지수가 연일 사상 최고치를 경신하고 있습니다.

"당분간 이런 강세장은 유지될 것 같습니다. 과거 금융위기 직전 코스피지수는 2100 정도였습니다. 위기가 터지고 900까지 떨어졌지만 1~2년 만에 2000으로 회복했습니다. 문제는 이후 5년 내내 2000이었다는 겁니다. 예측하는데 앞으로는 초액티브 장세가 될 것입니다. 철저한 종목 장세라는 거죠. 유동성은 풍부하지만 초대형주를 끌어올려서 코스피지수를 4000, 5000까지 끌어올리기엔 부족해 보입니다."

지수는 오르지 않고 종목만 오를 수 있다는 말씀인가요.

"2010년 이후 코스피지수가 내내 2000일 때 제가 운영하는 펀드의 수익률이 전체 시장에서 1~2위를 기록했습니다. 중소형 가치주가 좋았기 때문입니다. 이론적으로 2~3년 안에 코스피지수가 4000은 갈 수 있을 겁니다. 금리가 오르지 않고 기업 실적이 10~20% 좋아지면 지수도 그만큼은 오르니까요. 하지만 그보다는 개별 종목 안에서 몇 배씩 오르는 기업이 있을 거라고 봅니다."

지수가 오르지 않는다면 삼성전자 상승 폭도 크지 않을 텐데요.

"그렇습니다. 삼성전자가 싸긴 한데, 저라면 크게 베팅하지는 않을 것 같습니다. 제가 수천억에서 조 단위 공모펀드를 운용하는 액티브펀드 매니저라면 편입하겠죠. 하지만 200~300억 원 정도를 운용하는 사모펀드에서는 사지 않을 겁니다. 더 좋은 대안을 찾을 수 있다고 생각합니다."

"ESG가 개선될 가능성이 큰 기업과 함께
고배당 기업들에 관심을 가질 만합니다.
배당수익률은 높은데 주가는 오르지 않는 기업들이
여전히 있습니다. 지주사도 눈여겨볼 만합니다."

앞으로 시장에서 관심을 가질 만한 종목들은 무엇이라고 생각하시나요.
"ESG가 개선될 가능성이 큰 기업과 함께 고배당 기업들에 관심을 가질 만
합니다. 배당수익률은 높은데 주가는 오르지 않는 기업들이 여전히 있습니
다. 올 들어 배당주도 많이 오르긴 했지만 PER과 배당수익률 등을 고려하
면 여전히 저렴한 종목이 많습니다."

지주사도 눈여겨볼 만하다고 했다. 이 의장은 지주사를 보면 과거의 우선주
를 보는 것 같다고 평가했다. 우선주가 아무 이유 없이 저평가를 받았듯이
지주사도 그렇다는 설명이다. 그는 지주사의 단점으로 꼽는 더블카운팅도
문제 될 것이 없다고 했다. 상장지수펀드(ETF) 등도 많은 주식을 사서 재상
장했지만 가치를 인정받는다는 점을 지적했다. 애널리스트들이 자회사 보
유 지분의 가치를 산출하는 방식이 적정하지 않다고 했다. 일반적으로 애널
리스트들은 자회사 보유 지분의 적정 가치를 합산하는 방식으로 기업 가치
를 평가한다. SOTP(sum of the parts) 밸류에이션 방식이다.
"대한민국의 모든 애널리스트들이 SK가 가진 SK텔레콤 지분 가치를
30% 디스카운트 합니다. 지금 주가가 30만 원이면 21만 원으로 가치를
매겨서 합산하는 방식입니다. 하지만 SK텔레콤을 매각한다고 생각해봅시

다. 60만 원에 내놓는다고 하면 1초 만에 팔릴 겁니다. 비상장회사는 50% 디스카운트를 하는데 이 역시 이해하기 힘듭니다. 정당한 가치로 하는 게 맞습니다.”

지주사의 또 하나의 강점은 대주주와 이해관계가 일치한다는 점이라고 했다. 이 의장은 “회장님과 운명을 함께하는 것”이라고 말했다.

지난해부터 많은 개인 투자자가 주식 투자에 뛰어들고 있습니다.

“피터 린치 책만 봐도 개인 투자자가 반드시 전문 투자자들보다 불리한 것은 아닙니다. 약점도 있지만 강점도 분명히 있습니다. 전문 투자자들이 갖는 여러 가지 제한이 없죠. 종목 한도, 규정도 없고, 환매가 들어왔을 때 원치 않는 매도를 할 필요도 없으니까요. 작년에 장이 오를 때 환매가 들어와서 펀드매니저들은 눈물을 흘리며 팔았다고 합니다.”

개인 투자자들이 투자하면서 명심할 점이 있다면 무엇이 있을까요.

“이해할 수 있는 기업에만 투자하는 가치투자의 원칙을 강조하고 싶습니다. 워런 버핏이 가장 신뢰하는 사람으로 빌 게이츠 회장을 꼽을 수 있을 겁니다. 그의 재단에 전 재산을 기부하기도 했으니까요. 하지만 버핏은 마이크로소프트에는 전혀 투자하지 않았습니다. 그 사업을 이해하지 못하기 때문입니다. 자기가 커버할 수 있는 종목 5~10개 정도를 관심 있게 보면서 투자하면 좋을 것입니다.”

그는 이해할 수 있는 기업에 투자하지 않으면 제대로 된 성과를 낼 수 없다고 했다. 기업의 가치를 모르기 때문에 조금만 떨어져도 무서워서 팔고, 올

"개인 투자자는 자기가 커버할 수 있는 종목
5~10개 정도를 관심 있게 보면서
투자하면 좋을 것입니다."

라도 금세 이익을 실현하기 때문이다. 전문 투자자와 경쟁해 이길 수 있을
정도로 기업에 대한 이해를 높여야 한다고도 했다. 그는 "약사, 의사, 환자
들이라면 제약, 헬스케어 등에 대한 이해가 저희보다 높을 것"이라며 "자
신만의 경쟁력을 갖춰야 한다"고 조언했다.

쉽게 돈을 버는 유동성 장세가 이어지지 않을 것이라고도 했다. 이 의장은
"쉽게 돈을 못 버는 실적 장세가 시작될 것"이라며 "하루에 몇 시간은 주식
시세가 아니라 보유 주식에 대한 이해도를 높이는 공부를 해야 한다"고 강
조했다. 그는 '연구하지 않고 주식을 하는 것은 포커 게임을 할 때 자기 패
를 보지 않고 베팅하는 것과 같다'는 피터 린치의 말을 잊지 말아야 한다고
했다.

**1세대 가치투자자로서 가치투자를 고수하는 투자자들에게 조언하신
다면.**

"가치의 패러다임도 순환합니다. 가치의 3대 구성 요소는 안정성, 수익성,
성장성입니다. 가치투자자마다 강조하는 바가 다른데, 빌 밀러는 기술주에
만 투자했지만 가치투자자라고 합니다. 가치투자가 고배당주만 하고 자산
주만 사는 게 아닙니다. 예를 들어 카카오를 지금 사는 사람은 모멘텀 투자
자겠지만, 10년 전부터 미리 잠재력을 알아차린 사람은 가치투자자겠죠.

가치투자를 편협하게 저PBR, 저PER로만 해석하지 말고 성장가치, 수익 가치, 자산가치 등 각각 성향에 맞게 투자 방법을 개발해 소신을 가지고 투자했으면 합니다."

그는 가치 함정에 빠져서는 안 된다고도 했다. 밸류에이션이 싸다는 이유만으로 사서는 안 되고, 싼 이유가 정당하지 않을 때에만 투자해야 한다고 강조했다. 대중의 편견, 무관심, 오해 등으로 저평가됐거나 외국인 투자자나 기관투자가가 갑자기 팔아 수급상의 불균형이 생긴 경우가 그렇다. 또 중소형주라서, 증권사 리포트가 나오지 않아서, 일시적으로 환차손 등으로 기업 실적이 좋지 않을 때 등 펀더멘털 외적인 요인으로 저평가됐을 때만 가치주라고 할 수 있다고 설명했다. 이 의장은 "고유의 내재가치보다 저평가된 것이 가치주라는 점을 잊어서 안 된다"고 말했다.

글 **강영연** 한국경제신문 뉴욕 특파원. '변동성의 시대: 대가에게 길을 묻다' 라는 시리즈를 연재하며 가치투자에 관심을 갖게 됐다. 읽으면 돈을 벌 수 있는 기사를 쓰기 위해 노력한다.

사진 **오환**

Buffettology

Buffet

Bullettology

밸류에이션의 목적과 방법

백전백승보다
百戰百勝
백전불태의 태도로
百戰不殆

정채진

자신의 능력의 범위 안에서 투자하되, 점진적으로 능력의 범위를 넓혀나가라. 애매모호한 투자 대상은 흘려보내고, 치기 쉽고 좋은 '공'을 노려라. 보수적인 기준으로, 즉 백전백승보다 백전불태의 태도로 투자하라. 가치가 상승할 요인이 있는 기업에 투자하라. 대상 기업을 집요하게 분석해 확신을 갖게되었을 때 투자하라. 이것이 잃지 않는 투자를 위해 필자가 제시하는 다섯 가지 조언이다.

기업의 가치를 구하는 방법은 이론적으로는 채권의 가치를 구하는 방법과 동일하다. 미래의 현금흐름을 각각 할인해 더하면 된다. 그러나 현금흐름이 정확히 표시되어 있는 채권과 달리 기업이 미래에 창출할 현금흐름을 정확히 예측하기란 매우 어렵다.

이를 고려할 때 밸류에이션은 기업의 내재가치를 정확히 구하려는 수단이라고 보기보다는, 불확실한 미래에 적절히 대응하기 위한 방법으로 인식하는 것이 더 낫다. 밸류에이션은 매수하기에 얼마나 안전한 가격인지, 틀렸을 때 손실을 볼 위험은 얼마나 되는지를 확인하는 절차다. 이 과정을 통해 틀려도 조금밖에 잃지 않고, 맞으면 크게 벌 수 있다는 확신이 들 때에만 투자해야 한다.

같은 맥락에서 애매모호한 대상에는 투자하면 안 된다. 자신이 잘 알고 있고 주가가 낮고 사업의 질도 좋은 기업을 선별해 투자해야 한다. 자신의 능력의 범위 안에서 투자하되, 점진적으로 능력의 범위를 넓혀 나가야 한다. 또한 관심 있는 기업은 확신이 생길 정도로 집요하게 분석해야 한다. 집요한 분석을 통해 확신이 생기고, 확신이 생겨야 인내할 수 있기 때문이다. 마지막으로 앞으로 3년 안에 확실히 실적과 가치를 증대시킬 요인이 있는 기업을 찾아야 한다.

채권의 가치

채권에는 이자가 얼마인지, 원리금을 언제 돌려받을지 정해져 있기 때문에 채권의 가치는 비교적 정확하게 구할 수 있다.

예를 들어 어떤 기업이 채권을 발행해 투자자에게서 3년간 100억 원을 빌린다고 생각해보자. 1년마다 이자로 2%를 지급하고 3년이 되는 날 원금을 갚는다면 이 채권에서 나오는 현금흐름은 다음과 같다.

2억 원(1년 차 이자) + 2억 원(2년 차 이자) + 2억 원(3년 차 이자) + 100억 원(원금) = 106억 원

이 채권을 매수했던 투자자가 돈이 필요해 매도하려고 보니 시장 이자율이 연 4%로 올라서 연 4%로 할인해야 한다면 이 채권의 가치는 다음과 같이 변한다.

2억 원/(1+4%) + 2억 원/(1+4%)^2 + 2억 원/(1+4%)^3 + 100억 원/(1+4%)^3 = 94.4억 원

복리로 4% 수익을 거두고 싶은 사람은 이 채권을 94.4억 원에 사야만 원리금을 모두 받았을 때 106억 원이 되기 때문에 이 가격에 거래가 성립된다.

94.4억 원 × (1+4%)^3 = 106억 원

기업의 가치

기업의 가치도 이론적으로는 채권의 가치를 구하는 방법과 동일하다. 기업이 미래에 창출할 모든 현금흐름을 더해서 구한다. 이때 미래의 현금흐름은 적당한 할인율로 할인해 현재 가치로 바꾸어야 한다.

기업의 내재가치는 기업이 미래에 창출할 모든 현금흐름을 정확하게 안다고 할 때 구할 수 있는 수치다. 투자자가 할 일은 주식이 채권처럼 생각되도록 기업의 이자율을 주식 증서에 적어주는 것이다.* 하지만 받게 되는 금액이 증서에 정확히 적혀 있는 채권과 달리, 기업의 현금흐름은 정확히 예측할 수가 없다. 미래는 불확실하고 사업은 수많은 요인에 영향을 받기 때문이다. 게다가 현금흐름을 정확하게 예측할 수 있다고 해도 할인율을 얼마로 할 것인가 하는 문제가 남는다.

그래서 많은 투자자가 이 방법을 사용하지 않고 주가수익배수(PER)를 사용한다. 올해 또는 내년의 주당순이익(EPS)과 주가의 비율을 나타내는 방법인 PER은 직관적이고 적용하기 쉽다.

적정 주가 = EPS × 적정 PER

적정 시가총액 = 순이익 × 적정 PER

하지만 PER은 현재의 주당순이익과 주가의 비율을 나타내는 지표에 불과해서 그 자체로는 기업 가치와 관련된 정보를 제공하지 못한다. 따라서 적정 PER을 적용하기 전에 기업의 미래 현금흐름과 할인율이 기

---

* Warren Buffett: How to Calculate Intrinsic Value, https://www.youtube.com/watch?v=Bxqre8vPYBo&t=76s

업 가치에 어떤 영향을 미치는지, 적정 PER과는 어떤 관계가 있는지 신중하게 생각해봐야 한다.

몇 배의 PER을 정할 것인가

올해 순이익이 100억 원인 기업이 있다. 이 기업은 성장하지 않고 매년 100억 원의 이익을 내고 매년 100억 원씩 배당으로 나눠준다. 할인율 10%를 적용하면 이 기업의 가치는 표 1과 같이 구할 수 있다.

표 1. 7년간 성장 없음, 할인율 10%

	1년 후	2년 후	3년 후	4년 후	5년 후	6년 후	7년 후	영속가치	합계
순이익 (억 원)	100	100	100	100	100	100	100	1000	
할인율(배)	1.1	1.1^2	1.1^3	1.1^4	1.1^5	1.1^6	1.1^7	1.1^7	
할인된 순이익 (억 원)	91	83	75	68	62	56	51	513	1000

* 1년 후 할인율은 1+10% = 1.1, 2년 후 할인율은 $(1+10\%)^2$ = 1.1^2, 영속가치순이익 1000 = 100/10%

기업 가치를 구하기 위해서는 주주이익을 사용해야 하지만 여기서는 PER과의 관계만을 보기 위해 편의상 순이익을 사용했다. 주주이익은 아래와 같이 구한다.

주주이익 = 순이익 + 현금 유출이 없는 비용(감가상각비 등) − 자본적 지출 평균값(이익을 유지하거나 증가시키기 위해 지출하는 투자 비용) − 운전자본의 증가

순이익이 늘지도 줄지도 않고 꾸준히 유지되는 기업은 적정 가치를 PER 10배로 생각하는 경우가 많은데, 위의 방법으로도 PER 10배가 나온다. 만약 이 기업을 사서 100% 시세 차익을 얻으려는 투자자가 있다면 PER 5배인 시가총액 500억 원에 매수해야 한다.

이번에는 올해 순이익이 100억 원이고 향후 7년간 매년 15%씩 성장하는 기업을 생각해보자. 8년째부터는 성장이 멈추고 유지되며, 적용하는 할인율은 10%라고 하자. 이 기업의 가치는 표 2와 같이 구할 수 있다.

표 2. 7년간 매년 15% 성장, 할인율 10%

	1년 후	2년 후	3년 후	4년 후	5년 후	6년 후	7년 후	영속가치	합계
순이익 (억 원)	115	132	152	175	201	231	266	2660	
할인율(배)	1.1	1.1^2	1.1^3	1.1^4	1.1^5	1.1^6	1.1^7	1.1^7	
할인된 순이익 (억 원)	105	109	114	119	125	131	137	1365	2205

적정 가치는 2205억 원이고 올해 순이익 기준으로는 PER 22배다. 100% 시세 차익을 얻으려면 PER 11배인 시가총액 1102억 원에 매수해야 한다.

다른 조건은 동일하고 향후 7년간 매년 20%씩 성장하는 기업은 어떨까? 이 기업의 가치는 표 3과 같이 구할 수 있다.

표 3. 7년간 매년 20% 성장, 할인율 10%

	1년 후	2년 후	3년 후	4년 후	5년 후	6년 후	7년 후	영속가치	합계
순이익 (억 원)	120	144	173	207	249	299	358	3583	
할인율(배)	1.1	1.1^2	1.1^3	1.1^4	1.1^5	1.1^6	1.1^7	1.1^7	
할인된 순이익 (억 원)	109	119	130	142	155	169	184	1839	2845

이 기업의 가치는 2845억 원이 되고 올해 순이익 기준 PER은 28.4배다. 100% 시세 차익을 얻으려면 PER 14배인 시가총액 1422억 원에 매수해야 한다.

성장하는 기간이 더 짧거나 할인율이 더 높다면 적정 시가총액은 더 낮아진다. 반대로 성장하는 기간이 더 길거나 할인율이 더 낮다면 적정 시가총액은 더 높아진다.

할인율의 문제

지금까지의 논의에서는 할인율을 10% 적용했는데 5% 적용하면 어떻게 될까? 표 3에서 다른 조건은 동일하게 두고 할인율만 5%로 바꾸면 표 4와 같다.

기업의 가치는 2845억 원에서 3784억 원으로 약 33% 증가했다. 표 1의 성장 없는 기업에 적용하는 할인율을 5%로 낮추면 기업 가치는 1000억 원에서 1289억 원으로 약 29% 증가한다. 시장의 할인율이 낮아지면 고성장이 기대되는 기업의 가치가 더 상승한다.

그렇다면 할인율은 얼마를 적용하는 것이 적당할까? 시장에서는 '무

표 4. 7년간 매년 20% 성장, 할인율 5%

	1년 후	2년 후	3년 후	4년 후	5년 후	6년 후	7년 후	영속가치	합계
순이익 (억 원)	120	144	173	207	249	299	358	3583	
할인율(배)	1.05	1.05^2	1.05^3	1.05^4	1.05^5	1.05^6	1.05^7	1.05^7	
할인된 순이익 (억 원)	114	131	149	171	195	223	255	2546	3784

위험 이자율+인플레이션율'을 적용한다. 지난 10년간 무위험 이자율인 국채 10년물 금리와 인플레이션율이 낮게 유지되다 보니 시장에서 적용하는 할인율이 장기간 낮은 상태다. 미국 주식시장이 오랜 기간 큰 폭으로 상승한 것은 기업들의 실적이 증가한 덕분이기도 하지만 이 할인율이 낮아져온 결과이기도 하다.

그러나 보수적인 투자자는 시장의 할인율이 내려간다고 해서 기업 가치를 구할 때 자신이 적용하는 할인율을 같이 내리면 안 된다. 기업 가치를 계산할 때 사용하는 할인율은 가까운 미래 1~2년에만 적용되는 것이 아니라 10년 이상의 먼 미래에도 적용된다. 지금은 무위험 이자율과 인플레이션율이 낮지만 이후 오를 가능성도 있다. 따라서 보수적인 투자자는 무위험 이자율+인플레이션율과 투자자 자신이 적용하는 할인율 하한 중 높은 값을 할인율로 사용해야 한다.[*]

엑셀을 활용해 앞에서 살펴본 방법으로 현금흐름을 다양하게 변화시키면서 적정 가치와 PER이 어떻게 변화하는지 연습해보고, 실제로 기

---

[*] 《워런 버핏처럼 적정주가 구하는 법》, 이은원 지음, 부크온, 52페이지

> ❝
> 기업의 내재가치는 우리가 기업의 미래를 모두 안다고
> 가정했을 때 구할 수 있다. 하지만 미래는 불확실하다.
> 우리는 기껏해야 내재가치가 남겨놓은 흔적을 따라
> 추적해나갈 수 있을 뿐이다. 그렇다면 어떻게 해야 할까?
> ❞

업의 과거 재무 데이터를 적용해 구한 가치와 시장에서 거래됐던 시가 총액을 비교해본다면 적정 PER을 도출하는 데 도움이 된다.

밸류에이션의 어려움

앞에서는 성장이 PER에 미치는 영향을 보기 위해 몇 년간 성장률이 일정하다고 가정했지만 그런 경우는 드물다. 성장 외에도 다양한 요인 이 기업의 현금흐름과 내재가치에 영향을 준다. 제품이나 서비스 가격 이 변할 수 있고, 원자재나 원가 변동에 따라 수익성이 변할 수 있다. 경 쟁자의 행동에 따라 공급이 늘거나 줄어들 수 있고, 예기치 못한 경제 변화로 수요가 변할 수도 있다. 새로운 기술이나 규제가 등장하면서 기 존 생태계를 밑바닥부터 변화시킬 수도 있다.

앞에서 말한 바와 같이 기업의 내재가치는 우리가 기업의 미래를 모 두 안다고 가정했을 때 구할 수 있다. 하지만 미래는 불확실하다. 우리 는 기껏해야 내재가치가 남겨놓은 흔적을 따라 추적해나갈 수 있을 뿐 이다. 그렇다면 어떻게 해야 할까?

기회가 될 때마다 산업 하나하나, 기업 하나하나를
완전히 이해하려고 노력한다면 시행착오를 거쳐
경험을 쌓으면서 능력의 범위를 자연스럽게 넓힐 수 있다.

몇 가지 방법

첫째, 투자자는 능력의 범위 안에 머물러야 한다. 능력의 범위 안에 머무른다는 것은 거창한 일이 아니다. 내가 아는 것과 모르는 것을 구별하고, 모르는 것은 섣불리 판단하지 않는 사고와 태도를 뜻한다. 투자자마다 지식과 경험에 차이가 있기 때문에 능력의 범위 역시 다를 수밖에 없다. 기업이 어떻게 돈을 버는지, 무엇이 수익성과 가치에 영향을 주는지 정확히 파악해야 한다. 변수들이 변할 때 수익성과 가치가 어떻게, 얼마나 변할지 알고 있어야 한다. 기회가 될 때마다 산업 하나하나, 기업 하나하나를 완전히 이해하려고 노력한다면 시행착오를 거쳐 경험을 쌓으면서 능력의 범위를 자연스럽게 넓힐 수 있다.

둘째, 치기 쉽고 좋은 공을 노려야 한다. 투자하다 보면 다양한 기회가 눈앞에 나타난다. 이때 애매모호한 대상은 배트를 휘두르지 말고 흘려보내야 한다. 기업의 방향성이 불확실하고 앞날이 예측되지 않는데도 단순히 몇 가지 지표상으로 싸 보인다고 해서 투자하면 안 된다. 이런 기업은 투자해봐야 비중을 높일 수 없고 조금 오르면 팔아버리게 된다. 주가가 빠지기 시작하면 판단하기도 힘들다. 돌이켜 생각해보면 내가 잘 알고 한눈에도 싸 보이고 사업의 질도 좋은 기업들에서 큰 수익이 나왔다. 애매한 공이 오면 조바심 내지 않고 흘려보내도 머지않아 좋은 투자 기회가 온다. 경험이 부족한 투자자는 좋지 않은 기업들에 물려서, 막상 좋은 기회가 왔을 때 의미 있게 투자하지 못하는 경우가 많다.

셋째, 보수적인 기준으로 투자해야 한다. 밸류에이션은 기업의 내재 가치를 정확하게 구하기 위해 사용하는 도구가 아니다. 목표 가격을 산정하기 위해 사용하는 도구도 아니다. 기업의 가치가 매수하기에 얼마나 안전한지, 틀렸을 때 손실을 볼 위험은 얼마나 되는지를 확인하기 위해서 하는 절차다.[*] 따라서 긍정적 시나리오, 중립적 시나리오, 부정적 시나리오에서의 가치를 각각 구한 다음, 각자의 지식과 경험에 따라 주관적인 확률을 부여해 가치를 구하는 습관을 들여야 한다. 내가 틀리면 조금밖에 잃지 않고 맞으면 크게 벌 수 있는 상태일 때 투자한다. 훌륭한 장수는 백 번 싸워서 백 번 다 이기려는 장수가 아니라, 백 번 싸워도 백 번 모두 위태로운 상태에 빠지지 않으려는 장수다. 투자에도 똑같은

---

[*] 《Margin of Safety》, Seth A. Klarman, HarperBusiness, 120페이지

원리가 적용된다.

넷째, 적어도 내가 투자하는 기간에 기업 가치가 상승할 만한 요인이 있어야 한다. 투자 아이디어가 확실해야 한다는 말이다. 3년 정도를 생각했을 때 확실히 실적과 가치를 증가시킬 만한 요인이 있는 기업을 찾아 매수하려는 노력을 기울여야 한다. 역발상 투자는 투자하기 전까지 어려움을 겪고 있는 기업 중에서 기회를 찾으라는 의미이지, 투자한 후에도 어려움이 지속될 기업에 투자하라는 의미가 아니다. 단순히 지표만 싼 기업은 '싼 게 비지떡'일 가능성이 높다. 남들은 싼 비지떡으로 볼지 몰라도, 나는 싸지만 고급 음식이라고 알아볼 만한 요인, 그리고 시간이 지나면 다른 사람도 고급 음식으로 인식하게 될 요인이 있어야 한다. 오랫동안 보유하면서 즐길 수 있는 명품을 수집하는 마음으로 투자할 기업을 선별해야 한다.

다섯째, 투자하는 기업을 제대로 알기 위해 집요해져야 한다. 주식 투자에 가장 중요한 심리적 요소는 인내심이고 그 인내심은 기업에 대한 확신에서 나온다. 그리고 기업에 대한 확신은 집요한 분석에서 나온다.

> **"**
>
> 우리는 기업을 바라볼 때
> 여러 가지 시나리오로 나눠서 생각해야 하며,
> 부정적 시나리오에서도
> 잃지 않을 가격인지를 검토해야 한다.
>
> **"**

집요한 분석이야말로 성공 투자로 이끄는 유일한 방법이다.

우리는 기업의 최근 실적을 가지고 먼 미래의 현금흐름까지 포함하는 내재가치를 판단한다. 미래는 불확실하고 틀리기 쉽다. 하지만 집요하게 파고드는 투자자에게 미래는 불확실성 속에서 좋은 기회를 보여준다.

내재가치는 고정된 가치가 아니며 기업을 바라보는 투자자의 시각에 따라 얼마든지 변할 수 있다. 또 특정한 하나의 수치로 존재하는 것이 아니라 일정한 범위로 존재한다. 미래는 불확실하며, 그 불확실성으로 인해 내재가치를 정밀하게 측정하는 것은 매우 어렵다. 따라서 우리는 기업을 바라볼 때 여러 가지 시나리오로 나눠서 생각해야 하며, 부정적 시나리오에서도 잃지 않을 가격인지를 검토해야 한다.

백전백승보다는 백전불태의 자세로 기업의 가치를 추적해나간다면 불확실성이 상존하는 주식시장에서 오랫동안 살아남아 성공한 투자자로 성장할 수 있다고 확신한다.

샘표식품 밸류에이션 사례

식품회사는 돈을 버는 과정이 비교적 간단하기 때문에 비즈니스 모델을 이해하기 쉽다. 샘표식품 사례를 통해 앞에서 살펴본 밸류에이션 방법을 간단히 적용해보고자 한다. 제한된 지면 관계상 본격적인 기업 분석은 생략하고 밸류에이션에 필요한 수치 중심으로 설명하겠다.

샘표식품은 표 5와 같이 간장, 된장, 고추장, 쌈장 등 장류와 요리에센스 연두, 폰타나, 질러, 티아시아키친 등 장류 외 제품을 생산·판매하는 식품회사다.

표 5. 샘표식품 제품군

구분	품목	세부 사항
장류	간장	양조간장/진간장/국간장/맛간장/조림간장/전용간장/아이간장/향신장
	된장	미소된장, 토장, 토장찌개양념, 꽃게 토장찌개양념, 차돌 토장찌개양념, 백일된장, 재래식 옛된장, 국산콩 백일된장, 토굴된장, 토장
	고추장	태양초고추장
	쌈장	매콤 쌈토장, 쌈토장, 양념이 듬뿍 맛있는 쌈장, 청양고추와 홍고추로 고기맛 살리는 쌈상, 토굴쌈상
장류 외	요리에센스 연두	연두순/연두/연두우리콩/연두청양초
	폰타나	수프/드레싱/파스타/고기소스/오일/발사믹
	백년동안	흑초/마이크로발효 건강즙/우리아이 건강즙
	질러	빠다갈릭쓰/빠다콘쓰/직화퐁비비큐/이 맛에 반하지 마라/부드러운/갈릭바베큐/크레이지 핫/직화/순수/까먹자 양념갈비/치즈콕콕

	순작	끓여마시는 차/우려마시는 차/아이전용 차
	국수	오리지날 국수/건강국수/그때 그 추억의 국수/그때 그 추억컵국수
	반찬, 통조림	쏙쏙싹싹밥도둑 밑반찬/쏙쏙싹싹밥도둑 반찬통조림/우리엄마 반찬 통조림/요리용 통조림/일반 통조림(수산/과일)
장류 외	기본양념	참기름/들기름/소금/식초/물엿
	간편, 양념	조림볶음양념/떡볶이/찌개양념/용기형양념/국시장국/포켓형육수/파우치형육수/즉석국
	티아시아키친	쿠킹소스(쌀국수/팟타이/나시고렝/팟씨유)/커리(마크니/무팟퐁/마살라/스파이시)
	기타	선물세트 등

출처: 전자공시시스템, 샘표식품 2021년 1분기 분기보고서

표 6. 샘표식품 연간 실적

	2012	2013	2014	2015	2016	2017	2018	2019	2020
매출액(억 원)	2271	2392	2502	2614		2632	2756	2808	3189
yoy		5%	5%	4%		1%	5%	2%	14%
매출총이익(억 원)	980	972	1092	1182		1164	1275	1311	1431
매출총이익률	43.2%	40.6%	43.6%	45.2%		44.2%	46.3%	46.7%	44.9%
판관비(억 원)	857	972	1000	1058		961	1060	1001	1003
판관비율	37.7%	40.6%	40.0%	40.5%		36.5%	38.5%	35.6%	31.4%
영업이익(억 원)	124	93	92	123		203	215	310	428
영업이익률	5.5%	3.9%	3.7%	4.7%		7.7%	7.8%	11.0%	13.4%
순이익(억 원)	96	88	70	140		115	180	268	361

* 2016년은 기업 분할로 연간 실적을 구하기 어려워 생략

출처: 전자공시시스템 사업보고서

표 6의 연간 실적을 보면 몇 가지 특징을 발견할 수 있다.

첫째, 2019년까지 매출액이 매년 한 자릿수 초중반 성장했고 2020년 14% 성장했다. 둘째, 2015년까지는 매년 100억 원 수준(92~124억 원)의 영업이익을 냈고, 2017년부터 200억 원 이상으로 레벨업되었다. 셋째, 매출액이 2014년 2502억 원에서 2019년 2808억 원으로 306억 원(12%) 증가했으나, 판관비는 2014년 1000억 원에서 2019년 1001억 원으로 1억 원 증가하는 데 그쳤다.

코로나19로 주식시장이 급락한 2020년 3월에 샘표식품을 발견했다면 투자자는 샘표식품의 내재가치에 대해 어떤 판단을 할 수 있었을까? 그림 1에서 보는 바와 같이 2020년 3월 시가총액은 1500억 원에서 1000억 원 이하로 급감했다. 2020년 3월 현재 투자자가 알고 있는 수치는 2019년 3분기까지 발표된 실적이다. 하지만 2019년 3분기까지의 실적이 좋았기 때문에 2019년 연간 실적인 영업이익 310억 원, 순이익 268억 원 정도는 무난히 예측 가능했다.

그림 1. 샘표식품 시가총액(2016~2021)

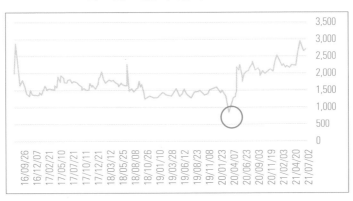

2020년 3월에 샘표식품의 내재가치를 구하고자 했다면 투자자는 다음과 같은 사실에 주목했을 것이다. 첫째, 2017년부터 비용 관리를 잘하고 있다. 표 7을 보면 매출액이 늘어나도 광고비 및 판촉비, 운반비, 기타비용 등이 크게 늘지 않았다. 따라서 2017년 이후 비용 합계가 매출액에서 차지하는 비율이 줄어들었다. 즉, 이익률이 개선되었다. 비용의 세부 항목을 보면 이런 현상이 구조적인 것으로 보이며, 향후 매출액이 더 증가한다면 이익률은 더 개선될 가능성이 높아 보인다.

표 7. 샘표식품 연간 비용(단위: 억 원, %)

	2012	2013	2014	2015	2016	2017	2018	2019	2020
재고자산의변동	-28	-82	-24	60		1	2	4	-92
재고자산의사용	1026	1096	1125	1054		1147	1145	1130	1460
종업원급여비용	260	278	328	360		367	368	376	402
감가상각비 및 무형자산상각비	77	91	92	95		109	115	151	169
광고비 및 판촉비	358	398	340	345		349	462	392	372
운반비	119	127	133	140		77	78	78	89
기타비용	334	391	416	437		379	372	368	362
비용합계	2147	2299	2411	2490		2430	2541	2498	2761
매출액	2271	2392	2502	2614		2632	2756	2808	3189
비용합계/매출액	95%	96%	96%	95%		92%	92%	89%	87%

출처: 전자공시시스템 사업보고서

둘째, 장류 제품의 꾸준한 매출 증가와 연두, 폰타나 등 신제품 출시 덕분에 매출이 느리긴 하지만 지속적으로 증가하고 있다. 표 8-1을 보면 2014~2019년 장류 품목의 매출액 증가율이 장류 외 품목에 비해 더 높았다. 연두, 폰타나 등 장류 외 제품의 매출 증가세가 높지 않으나 마케팅을 계속하면 점진적으로 매출액이 늘어날 것으로 예상된다. 하지만 반대 급부로 마케팅 비용이 크게 증가한다면 영업이익에 부정적인 영향을 줄 가능성도 있다. 2018년 폰타나 마케팅을 강화하면서 광고비 및 판촉비가 일시적으로 증가했다. 하지만 다른 비용 관리가 양호해 영업이익은 2017년 대비 소폭 증가했다.

표 8-1. 샘표식품 품목별 연간 실적 비교(단위: 억 원, %)

품목		2014	2019	19 vs 14
장류	국내	1376	1664	21%
	해외	120	154	29%
	합계	1496	1818	22%
장류 외	국내	891	1030	16%
	해외	224	192	-15%
	합계	1115	1222	10%
합계	국내	2267	2693	19%
	해외	344	346	1%
	합계	2611	3039	16%

출처: 전자공시시스템 사업보고서

그림 2. 연두, 폰타나

출처: 샘표식품 홈페이지

2020년 3월에 샘표식품의 내재가치를 구하고자 한다면 다음과 같이 세 가지 시나리오를 생각해볼 수 있다.

① 긍정적 시나리오: 매출이 매년 3~5% 정도 성장하고 비용 관리를 효율적으로 하고 있기 때문에 2017년 발생한 영업 레버리지(고정비가 지렛대 역할을 해서 매출액이 증가할 때 영업이익 증가 폭이 확대되는 현상) 효과가 지속될 수 있다. 향후 4년간 영업이익, 순이익이 연 5%씩 증가하고 2023년 이후에는 실적이 유지된다고 가정한다. 물론 연두, 폰타나, 티아시아키친의 매출 성장이 커지면서 더 높은 매출, 이익 성장이 나올 수 있으나 아직은 수치상으로 그런 현상이 보이지 않으므로 보수적으로 가정한다. 긍정적 시나리오에서의 가치는 표 9와 같이 3181억 원으로 산출된다.

② 중립적 시나리오: 매출액이 거의 늘지 않으나 효율적인 비용 관리는 지속되어 2019년 영업이익, 순이익이 유지된다고 가정한다. 중립적 시나리오에서의 가치는 표 10과 같이 2680억 원으로 산출된다.

③ 부정적 시나리오: 매출액이 늘지 않는다. 2019년 광고비 및 판촉비 절감 효과로 2018년 대비 이익이 일시적으로 증가했으나, 2020년부터 광고비 및 판촉비를 다시 늘리며 2017~2018년 영업이익, 순이익 수준으로 돌아간다고 가정한다. 하지만 이때 추가적인 이익 감소는 고려하지 않는다. 장기적으로 비용 증가분을 소비자에게 가격으로 전가할 수 있는 경쟁력이 있다고 가정한다. 부정적 시나리오에서의 가치는 표 11과 같이 1800억 원으로 산출된다.

표 9. 긍정적 시나리오-1

	2019	2020	2021	2022	2023	영속가치	합계
순이익(억 원)	268	281	295	310	326	3258	
할인율 10%(배)		1.10	1.21	1.33	1.46	1.46	
할인된 순이익(억 원)		256	244	233	222	2225	3181

표 10. 중립적 시나리오-1

	2019	2020	2021	2022	2023	영속가치	합계
순이익(억 원)	268	268	268	268	268	2680	
할인율 10%(배)		1.10	1.21	1.33	1.46	1.46	
할인된 순이익(억 원)		244	221	201	183	1830	2680

표 11. 부정적 시나리오-1

	2019	2020	2021	2022	2023	영속가치	합계
순이익(억 원)	268	180	180	180	180	1800	
할인율 10%(배)		1.10	1.21	1.33	1.46	1.46	
할인된 순이익(억 원)		164	149	135	123	1229	1800

　각 시나리오에서 구하는 가치와 주관적인 확률은 투자자의 안목과 경험에 따라 많이 달라질 것이다. 샘표식품이 새롭게 출시하는 제품의 경쟁력을 높이 사는 투자자라면 표 9에서 제시한 긍정적 시나리오보다 더 좋은 실적을 예상할 것이고, 식품시장의 경쟁 심화를 우려하는 투자자라면 부정적 시나리오보다 더 나쁜 실적을 예상할 것이다. 2020년 3월 이전 오랜 기간 샘표식품의 시가총액이 1800억 원 아래에서 거래된 것을 감안하면 주식시장은 표 11과 같은 부정적 시나리오로 샘표식품의 가치를 평가하고 있었다고 생각한다.

표 12. 내재가치-1

	가치(억 원)	확률	기댓값(억 원)
긍정적 시나리오	3181	40%	1272
중립적 시나리오	2680	40%	1072
부정적 시나리오	1800	20%	360
합계			2704

표 13. 시나리오별 상승 여력-1

	시가총액(억 원)	가치(억 원)	상승 여력
긍정적 시나리오	1300	3181	145%
중립적 시나리오	1300	2680	106%
부정적 시나리오	1300	1800	38%
내재가치	1300	2704	108%

이제 이 세 가지 시나리오에 주관적인 확률을 부여하면 투자자가 생각하는 내재가치를 구할 수 있다. 표 12에서는 긍정적 시나리오의 확률을 40%, 중립적 시나리오의 확률을 40%, 부정적 시나리오의 확률을 20%로 가정했다. 시나리오별 가치를 확률로 곱하면 시나리오별 기댓값이 나오고 각 시나리오의 기댓값을 더하면 내재가치가 도출된다. 시나리오별 샘표식품의 가치는 1800~3181억 원 범위이고 내재가치는 2704억 원으로 추정할 것이다.

2020년 3월 시가총액 1300억 원일 때 내재가치를 구했다면 표 13에서처럼 부정적 시나리오하에서도 38%, 긍정적인 시나리오하에서는 145%, 내재가치로는 108%의 상승 여력이 있으므로 다른 투자 대안과 매력을 비교해 긍정적으로 검토할 수 있었다. 2020년 3월, 시가총액은 한 달 동안 1500억 원에서 1000억 원까지 내려가는데, 샘표식품의 가치를 아는 사람에게는 주가가 하락하면 할수록 위기가 아니라 기회로 보였을 것이다.

2개월이 지나 2020년 5월, 2020년 1분기 실적이 양호하게 발표되면서 샘표식품의 시가총액이 2020년 5월 말 2300억 원까지 상승해 추정 내재가치 2704억 원에 근접한다. 당시는 아직 저평가된 기업이 많은 시점이었으므로 내재가치에 근접한 샘표식품을 매도하고 다른 기업들을 매수하기 좋은 상황이 펼쳐졌을 것이다.

지금부터는 기업에 미치는 요인이 변화함에 따라 내재가치 추정이 어떻게 변할 수 있는지 살펴보자. 미래가 불확실하기 때문에 내재가치를 일정한 범위로 산출하듯이, 기업에 영향을 주는 변수들이 바뀌면 내재가치도 변한다.

이제 1년이 지나, 2020년 실적이 발표된 2021년 3월 12일이 되었다. 2014~2019년과 달리 2020년의 가장 큰 변화는 장류 외 품목의 약진이다. 표 8-2에서 확인할 수 있듯이 2019년까지는 장류 품목의 성장성이 더 좋았다. 하지만 2020년 코로나19로 외식이 어려워지자 연두, 폰타나, 질러, 반찬, 통조림, 티아시아키친 등 매출 성장률이 높지 않았던 장류 외 품목이 더 크게 성장했다. 코로나19로 집에 머무르는 시간이 많아지면서 샘표식품의 간편식 제품을 소비자들이 경험하는 기회가 많아졌고 이는 돈 들이지 않고도 광범위한 마케팅을 진행한 효과를 가져왔다. 수년간 성장률이 낮았던 매출이 고성장할 가능성이 열린 것이다.

표 8-2. 샘표식품 품목별 연간 실적 비교(단위: 억 원, %)

품목		2014	2019	19 vs 14	2020	20 vs 19
장류	국내	1376	1664	21%	1792	8%
	해외	120	154	29%	185	20%
	합계	1496	1818	22%	1977	9%
장류 외	국내	891	1030	16%	1284	25%
	해외	224	192	-15%	232	21%
	합계	1115	1222	10%	1516	24%
합계	국내	2267	2693	19%	3077	14%
	해외	344	346	1%	417	20%
	합계	2611	3039	16%	3493	15%

출처: 전자공시시스템 사업보고서

이제 장류 외 품목, 즉 간편식 제품의 고성장 가능성을 확인했기 때문에 샘표식품을 바라보는 시각도 아래와 바뀌어야 한다.

① 긍정적 시나리오: 장류 외 품목의 고성장 가능성을 반영해 4년간 연 10%씩 이익이 증가하고 2024년 이후 실적이 유지된다고 가정한다. 매출액이 증가하더라도 고정비는 크게 증가하지 않기 때문에 이익 성장은 더 빨라질 수 있다. 긍정적 시나리오에서의 가치는 표 14와 같이 5054억 원으로 산출된다.

② 중립적 시나리오: 장류 외 품목 매출이 성장하지만 성장률을 보수적으로 반영해 4년간 연 5%씩 이익이 증가하고 2024년 이후 실적이 유지된다고 가정한다. 중립적 시나리오에서의 가치는 표 15와 같이 4284억 원으로 산출된다.

③ **부정적 시나리오:** 2020년 실적은 코로나 특수로 인한 일시적인 것이기 때문에 2021년 실적은 2019년 수준으로 돌아간다고 가정한다. 2022~2024년에는 연 5%씩 이익이 증가하고 2024년 이후 실적이 유지된다고 가정한다. 장류 외 품목의 성장 가능성을 보았고 가격 인상 가능성이 있기 때문에 2019년 이익 수준을 샘표식품이 낼 수 있는 실적의 하단으로 판단한다. 부정적 시나리오에서의 가치는 표 16과 같이 3052억 원으로 산출된다.

표 14. 긍정적 시나리오-2

	2020	2021	2022	2023	2024	영속가치	합계
순이익(억 원)	361	397	437	480	529	5285	
할인율 10%(배)		1.1	1.21	1.33	1.46	1.46	
할인된 순이익(억 원)		361	361	361	361	3610	5054

표 15. 중립적 시나리오-2

	2020	2021	2022	2023	2024	영속가치	합계
순이익(억 원)	361	379	398	418	439	4388	
할인율 10%(배)		1.1	1.21	1.33	1.46	1.46	
할인된 순이익(억 원)		345	329	314	300	2997	4284

표 16. 부정적 시나리오-2

	2020	2021	2022	2023	2024	영속가치	합계
순이익(억 원)	361	270	284	298	313	3126	
할인율 10%(배)		1.1	1.21	1.33	1.46	1.46	
할인된 순이익(억 원)		245	234	224	213	2135	3052

이제 세 가지 시나리오에 대해 주관적인 확률을 부여하면 다음과 같이 투자자가 생각하는 내재가치를 구할 수 있다. 코로나19 덕분에 소비자들이 연두, 폰타나, 티아시아키친과 같은 제품을 접할 기회가 자연스럽게 늘어났고 이런 경험이 장기적으로 샘표식품에 긍정적인 영향을 끼칠 가능성이 높다고 생각하기 때문에 2020년 3월에 판단한 내재가치의 추정 범위와 내재가치 추정치보다 상승했다. 표 17에서 보는 바와 같이 내재가치는 4438억 원이 도출된다.

2021년 3월 12일 시가총액 2181억 원일 때 내재가치를 구했다면 표 18에서처럼 부정적 시나리오에서 40%, 긍정적인 시나리오에서 142%, 내

표 17. 내재가치-2

	가치(억 원)	확률	기댓값(억 원)
긍정적 시나리오	5285	40%	3700
중립적 시나리오	4284	40%	857
부정적 시나리오	3052	20%	305
합계			4438

표 18. 시나리오별 상승 여력-2

	시가총액(억 원)	가치(억 원)	상승 여력
긍정적 시나리오	2181	5285	142%
중립적 시나리오	2181	4284	96%
부정적 시나리오	2181	3052	40%
내재가치	2181	4438	103%

표 8-3. 샘표식품 품목별 연간 실적 비교(단위: 억 원, %)

품목		2014	2019	19 vs 14	2020	20 vs 19	1Q20	1Q21	1Q21 vs 1Q20
장류	국내	1376	1664	21%	1792	8%	409	435	6%
	해외	120	154	29%	185	20%	44	43	-3%
	합계	1496	1818	22%	1977	9%	453	478	5%
장류 외	국내	891	1030	16%	1284	25%	295	420	42%
	해외	224	192	-15%	232	21%	58	52	-10%
	합계	1115	1222	10%	1516	24%	353	472	34%
합계	국내	2267	2693	19%	3077	14%	704	855	21%
	해외	344	346	1%	417	20%	102	95	-7%
	합계	2611	3039	16%	3493	15%	806	946	18%

출처: 전자공시시스템 사업보고서

재가치로는 103%의 상승 여력이 있으므로 다른 투자 대안과 매력을 비교하며 투자 여부를 검토할 수 있을 것이다.

표 8-3에서 2021년 5월 발표된 2021년 1분기 실적을 보면 장류 외 제품의 성장성이 2020년보다 더 높아졌다. 주식시장에서도 긍정적 시나리오의 가능성을 높게 보는 투자자가 늘어나며 시가총액이 2700억 원 수준까지 상승했다.

지금까지 샘표식품의 사례를 통해 밸류에이션을 실제로 적용하는 방법을 간략하게 살펴보았다. 설명의 편의를 위해 미래 순이익을 추정할 때 '4년간 매년 몇 % 성장'처럼 단순한 방법을 사용했지만 실제로 분석할 때 추정하는 순이익은 기업의 비즈니스 모델과 제품의 사이클, 투자자의 경험과 안목에 따라 달리 적용하게 될 것이다. 또한 계산 편의상 순이익을 기준으로 가치를 구했으나 실제로는 기업의 투자와 감가상각 등을 고려한 현금흐름, 즉 주주이익을 적용해야 한다.

*주의: 이 글에서 든 샘표식품 사례는 실전에서 밸류에이션하는 방법의 이해를 돕기 위해 제시한 것이며 매수·매도를 권하는 것이 아니다. 과거 수치는 정확하게 표기하고자 노력했으나 실수가 있을 수 있다. 미래와 관련한 수치는 하나의 예시일 뿐, 정확히 추정한 것이 아니므로 이 글에서 제공한 수치와 논리를 투자 근거로 삼아서는 안 된다.

글 **정채진** | 고려대학교 경제학과를 졸업하고 롯데케미칼에서 구매 담당자로 근무했다. 피터 린치의 책에 감명받아 투자업계로 전업해 아크투자자문, 슈프림에셋투자자문, 리딩투자자문 등에서 인하우스 애널리스트, 펀드매니저로 일했다. 팟캐스트 〈경제의 신과 함께〉에 출연, 가치투자의 장점을 소개해 호평을 받았다. 공역으로 《기대투자》, 《운과 실력의 성공 방정식》, 공저로 《코로나 투자 전쟁》이 있다.

내재가치는 고정된 가치가 아니며
기업을 바라보는 투자자의 시각에 따라 얼마든지 변할 수 있다.
또 특정한 하나의 수치로 존재하는 것이 아니라
일정한 범위로 존재한다.
미래는 불확실하며, 그 불확실성으로 인해
내재가치를 정밀하게 측정하는 것은 매우 어렵다.
따라서 우리는 기업을 바라볼 때 여러 가지 시나리오로
나눠서 생각해야 하며, 부정적 시나리오에서도
잃지 않을 가격인지를 검토해야 한다.

밸류에이션 방법론에 대한 심층 분석

PDR은 가격 정당화 위한 수단일지도, 금리 오르면 반토막 세 토막도 가능

홍진채

금리가 0에 가까운 수준에 머물면서 성장주가 치솟았다. 그러자 주가수익비율(PER)의 대안으로 주가꿈비율(PDR)이 제시됐다. 홍진채 라쿤자산운용 대표는 PDR이 필요하다는 주장은 현재의 가격을 정당화하고 싶어서일 수 있다고 진단한다. 앞으로 물가와 금리가 상승하면 주가는 어떻게 될까? 홍 대표는 경제 흐름에 거는 투자는 만류한다. 인플레이션 대비는 경제적 해자를 확보한 기업의 주식에 투자함으로써 할 수 있다고 말한다. 경제적 해자를 갖춘 기업은 원자재 가격 상승분을 판매 가격에 전가할 수 있기 때문이라고 설명한다.

코로나 사태 이후 증시가 급등락하는 과정에서 가치 평가 방법론에 대한 논쟁이 가열되었다. 사실 이 논쟁은 코로나 사태 이전부터 있어왔다. FAANG(Facebook, Amazon, Apple, Netflix, Google), MAGA(Microsoft, Amazon, Google, Apple) 등으로 불리는 대형 기술 기업들의 주가 상승세가 두드러지면서 과거의 가치 평가 방법론으로는 이 주가를 설명할 수 없다는 주장이 대두되었다. 코로나 사태 이후 테슬라, 아마존을 필두로 한 기술 기업의 성장은 더욱 가팔라졌다. 한편에서는 이들의 주가가 버블이라고 했고, 다른 한편에서는 이 주가가 버블이라는 것은 과거의 '고루한' 가치 평가 방법론에 입각한 진부한 시각이라고 반박했다. 이제는 '주가수익비율(PER)' 같은 구시대의 방법론을 사용하지 말고 미래의 꿈을 반영한 '주가꿈비율(PDR)'을 사용해야 한다는 주장도 제기되었다.

이 글에서는 가치 평가란 무엇인지, 이러한 논쟁이 어떤 의미인지, PDR은 도대체 무엇인지를 짚어본 후, 인플레이션 우려가 점증하는 현 시점에서 가치 평가 방법론을 어떻게 적용할지 이야기해보고자 한다.

새로운 방법론이 필요하다는 주장에 대해

금융자산의 가치는 '미래 현금흐름의 현재 가치 할인'이라는 하나의 방법으로 환원할 수 있다. 워런 버핏은 주주 서한에서 이렇게 언급한다.

"내재가치는 기업이 마지막 날까지 창출하는 현금흐름을 적정 금리로 할인한 현재 가치입니다. 내재가치를 계산하려면 1) 미래 현금흐름을 추정해서 2) 적정 금리로 할인해야 합니다." (《워런 버핏 라이브》, 1992년)

"투자는 이표에 금리가 적히지 않은 영구채를 사는 것과 같습니다. 이표 금리는 우리가 적어넣어야 하며, 이 금리가 정확해야 현명한 투자가 될 수 있습니다. 이표 금리를 도무지 추정할 수 없다면, 그러한 기업에는 투자하면 안 됩니다." (《워런 버핏 라이브》, 1992년)

공식으로 쓰면 아래와 같다.

$$PV = \frac{C_1}{(1+r)} + \frac{C_2}{(1+r)^2} + \frac{C_3}{(1+r)^3} + \cdots$$

현재 가치(PV)는 1년 차의 현금흐름(C_1)을 1년 차의 할인율(1+r)로 할인한 금액, 2년 차의 현금흐름(C_2)을 2년 차의 할인율($(1+r)^2$)로 할인한 금액 등등을 모두 더한 값이다.

채권을 생각해보면 자명하다. 원금 100만 원에 만기가 3년이고 연 이자 10%를 지급하는 채권의 가치는 얼마일까? 이 채권의 현금흐름은 1년 차에 10만 원, 2년 차에 10만 원, 3년 차에 110만 원(원금과 이자 함께 상환)이다. 현금흐름의 총합은 130만 원이니 현재 가치가 130만 원일까? 아니다. 미래의 현금은 현재의 흐름보다 가치가 작다. 은행에만 넣어놓아도 이자가 붙으니 당연히 그만큼은 할인해야 하고, 돈을 빌려간 사람의 신용도가 낮을수록, 즉 돈을 떼일 확률이 클수록 더 많이 할인해 줘야 한다.

주식의 경우 세 가지 측면에서 상황이 복잡해진다.

1) 각 연도의 분자값, 즉 현금흐름을 추정하기가 어렵다. 채권처럼 채무자가 상환해야 할 금액이 명시되지 않았다. 심지어 그 현금흐름을 어떻게 정의해야 할지도 명확하지 않다. 기업이 주주에게 주는 배당일 수도, 배당의 원천이 되는 순이익일 수도, 혹은 다른 어떤 값이 될 수도 있다. (버핏은 주주이익을 사용한다고 알려져 있다. 주주이익은 '순이익+비현금성 비용-자본적 지출-필요운전자본의 증가'로 정의한다.) 분자값을 어떻게 정의하건, 구체적으로 기입해야 하는 값은 투자자의 미래 전망에 따라 달라진다. 당장 그 기업의 CEO도 내년 순이익이 어떻게 될지 모르기 때문이다.

2) 현금흐름의 존속 기간을 알 수 없다. 주식은 채권과 달리 만기가 없다. 폐업하기 전까지는 무언가를 계속한다는 뜻이다. 그 '무언가'는 현금흐름을 더 많이 창출할 수도, 더 줄여버릴 수도 있다. 기업이 주주에게 10년간 현금흐름을 전혀 돌려주지 않고 새투자만 하겠다고 할 수도 있다. 그 10년 사이에 기업이 망하건 말건 그건 경영진의 판단과 시장 상황에 달린 일이다. 투자자 입장에서는 당장 내년 내후년의 현금흐름을 추정하기도 어려운데, 당장 1~2년 내에 기업이 망하지는 않을 테니 대체로 10년 이상 먼 미래의 기업 상황까지도 추정해야 하는 어려움에 직면한다.

3) 할인율도 쉽지 않다. 채권도 할인율 산정이 쉬운 일은 아니지만 등급을 평가해주는 신용평가사들이 있고, 비슷한 등급의 채권에 형성되어 있는 시장금리를 토대로 '시장에서 통용되는' 할인율을 추정할 수 있다. 그러나 주식은 누군가 등급을 지정해주는 것도 아니고, 누가 등급을 지정한다고 해서 대단히 믿을 수 있는 것도 아니다. '더 위험한 기업에 더 높은 할인율을 적용해야 한다' 정도는 모두가 납득할 수 있겠으나, 이 기업이 얼마나 위험한지, 얼마큼 위험한 기업에 얼마큼의 할인율을 적용해야 할지는 알 수 없다. 흔히들 주가의 변동성을 위험의 지표로 사용해 할인율을 결정하지만, 경험적으로나 이론적으로나 '주가의 변동성은 위험을 측정하기에 좋은 지표가 아니다'. 버핏은 "변동성은 절대로 위험이 아닙니다"라고 딱 잘라 말한다(《워런 버핏 바이블》, 1장 주식투자, 2014년).

따라서 버핏은 기업의 내재가치는 "소수점 미만까지 정밀하게 계산할 수 없습니다"라고 말한다(《워런 버핏 바이블》, 4장 자본배분, Q2016-27). 그러나 또한 "정확한 숫자를 산정하지 못해도 우린 걱정하지 않습니다. 정확하게 틀리는 것보다는 대충이라도 맞는 편이 나으니까요"라고도 한다(《워런 버핏 바이블》, 5장 회계, 평가, 2010년). 정확한 숫자를 산정하지 않고 대충이라도 맞히면 된다는 말에 대해서는 뒤에서 좀 더 서술하겠다.

실무적으로 내재가치를 계산하는 과정에서 직면하는 어려움은 차치하고, 개념적으로 어떤 변수가 어떤 영향을 미치는지를 이해하는 일이 매우 중요하다. 이 개념을 이해해야 가치 평가 방법론 논쟁의 허와 실을 구분할 수 있다.

지금까지 금융자산의 가치 평가 원리, 그리고 주식이라는 금융자산에 그 원리를 도입할 때 들어가는 변수들을 살펴보았다. 이제 실무적으로 사용하는 다양한 방법들이 이 원리에 어떻게 연동되는지 알아보자.

PER이니 PBR(주가순자산비율)이니 하는 지표들은 아주 단순한 나눗셈의 결과다. PER은 시가총액(혹은 주당 가격)을 순이익(혹은 주당순이익)으로 나눈 값이다. PBR은 시가총액(혹은 주당 가격)을 순자산(혹은 주당순자산)으로 나눈 값이다.

앞서 이야기한 현금흐름 할인에 따른 적정 가격, 즉 PV를 구했다면 그 값을 순이익으로 나눠준 결괏값이 곧 '적정 PER'이 된다. 현금흐름 할인에 따른 적정 가격이 주당 만 원인데, 향후 1년간의 주당순이익이 천 원이라면 적정 PER은 10배. 주당순자산이 만 원이라면 적정 PBR은 1배다. PER을 쓰든 PBR을 쓰든 그냥 '표현 방식'의 차이라는 말이다. 중요한 건 내가 이 기업의 미래 현금흐름과 할인율을 어떻게 추정하고 있느냐는 것이고, PER이니 PBR이니 하는 것은 그 값을 타인과 의사소통하기에 적절한 직관적 표현으로 바꾼 결과일 뿐이다. 순이익이 100억 원인 기업에 대해 '나는 이 기업의 적정 PER이 10이라고 생각해'라는 말은 '나는 이 기업의 적정 시가총액이 1,000억 원이라고 생각해'라는 말과 동일한 뜻이다.

많은 사람이 '가치 평가 지표'와 '가치 평가 방법론'을 헷갈린다. PER이니 PBR이니 하는 값은 단지 가치 평가 지표일 뿐이다. 가치 평가 방법론이란 절대가치 평가, 상대가치 평가 등을 이야기한다. 가치 평가 지표는 표시의 단위이고, 가치 평가 방법론이란 어떤 범위 혹은 어떤 값이 적정한지 파악하는 기법이다.

따라서 'PER은 더 이상 유용한 가치 평가 방법이 아니다'라는 명제는

따라서 'PER은 더 이상 유용한 가치 평가 방법이 아니다'라는 명제는
비유하자면 '질량을 측정하는 단위로서 kg은 더 이상 유용하지 않다'
라는 명제와 비슷하다. 중요한 건 몇 kg의 질량이 적정한가를 판단하는
방법이지, kg이라는 측정 단위 자체를 문제 삼을 수는 없지 않을까?

비유하자면 '질량을 측정하는 단위로서 kg은 더 이상 유용하지 않다'라
는 명제와 비슷하다. 중요한 건 몇 kg의 질량이 적정한가를 판단하는
방법이지, kg이라는 측정 단위 자체를 문제 삼을 수는 없지 않을까?

자, 그럼 적정 범위 문제로 들어가 보자. 현금흐름 할인의 관점에서
논란의 대상이 되는 대형 기술 기업들은 향후 수년간의 현금흐름이 마
이너스일 터이고, 먼 미래에 현금흐름이 플러스가 되리라는 가정을 깔
고 있다. (그렇지 않다면 기업의 가치는 0원이 되기 때문이다.)

구경제의 기업들이 현금흐름 할인값, 즉 PV를 향후 1년간의 순이익
으로 나누어서, 즉 PER이라는 지표를 사용해 의사소통을 하는 데 무리
가 없었던 것은 올해와 내년의 순이익이나 10년 후의 순이익이나 별반
차이가 없었기 때문이다. 물론 과거에도 성장주가 있었다. 그래도 두
배나 열 배의 성장을 가정하더라도 현재의 순이익이라는 발판에 비해
스무 배나 쉰 배의 PER 정도로 측정값이 나와서 의사소통에 무리가 없
었다.

그러나 현재 대형 기술 기업들의 경우 순이익이 아예 마이너스인 상
태라면 올해나 내년의 순이익으로 PV를 나누면 음수 값이 나온다. 그런

식으로는 대화가 불가능하다. (다시 말하면 가치 평가 '방법론'의 문제가 아니라 '의사소통'의 문제다.) 그렇다면 의사소통을 원활하게 하려면 어떻게 해야 할까?

한때 전 세계 '머스트 해브' 주식의 반열에 올랐던 '테슬라'라는 회사를 살펴보자. 테슬라가 2020년에 인도한 차량은 약 50만 대였다. 탄소배출권 매출을 제외한 순수한 자동차 판매 사업의 순이익은 마이너스였다. 앞으로도 계속 투자가 들어갈 것이다. 그럼에도 시가총액은 연간 차량 수백만 대를 판매하는 글로벌 대기업들의 시가총액을 훨씬 웃돈다. 그 이유로는 당연히 미래의 성장 가능성이 꼽힌다. 전기차시장은 계속 커질 거고 현재의 우월한 시장 지위가 유지된다면 미래의 가치는 '어마어마할' 것이다. PER 같은 값으로는 아무런 이야기도 못 꺼낸다.

여기서 중요한 건 그렇게 '어마어마한' 것이 도대체 '얼마나 어마어마한' 것인지 숫자로 표현할 수 있어야 한다는 점이다. 이렇게 생각하면 어떨까. 테슬라의 전기차 사업도 언젠가는 포화 단계에 이를 것이다. 그럼 성장이 멈춘 시점의 가치 평가에는 현재 저성장 국면에 접어든 자동차회사들에 대한 가치 평가 방법론을 적용할 수 있겠다.

테슬라의 전기차 사업이 언제 포화될까? 모르겠지만 '대충이라도' 생각해보지. 2020년 전 세계 자동차 판매량은 약 7,300만 대였다. 같은 기간 전기차 판매량은 약 320만 대로 침투율은 4.4%였다. 최대 침투율은 얼마일까? 100%라고 해보자. 환경은 소중하니까. 전체 차량 판매 대수는 얼마일까? 크게 늘지 않을 것이다. 실제로 지난 10년간 차 판매량은 전혀 늘지 않았다. 코로나 사태 혹은 글로벌 금융위기의 여파를 감안하더라도 앞으로 더 늘어날 이유는 생각해내기 어렵다. 그럼 전기차의 최대 판매량도 여유 있게 낙관적으로 잡아서 8,000만 대라고 치자. 여기서 테슬라의 점유율은 얼마일까? 320만 대 중 50만 대를 팔았으니 15% 점유율이다. 경쟁이 치열해지고 있지만 좋게 좋게 생각해보자. 15%를 유지한다고 치면 1,200만 대다. 토요타, 폭스바겐 그룹 등이 천만 대쯤 팔고 있다.

평균 판매 단가는 얼마일까? 테슬라의 평균 판매 단가는 약 54,000달러, GM의 미국 시장 평균 판매 단가는 약 40,000달러다. 1,200만 대를 팔려면 아무래도 단가 인하를 감수해야겠다. 인플레이션도 있을 테니 대략 50,000달러 선으로 낮아진다고 하자. 50,000달러짜리를 1,200만 대 파니까 6,000억 달러 정도 매출액이 나오겠다. 자, 우리는 이 짧은 시간에 테슬라가 전기차 사업에서 창출할 수 있는 최대 매출액을 구했다.

이제 전기차 사업이 포화된 이후의 가치 평가를 고민해보자. 그때가 되면 현재 저성장 국면에 접어든 다른 자동차회사나 별반 다르지 않을 거라고 가정할 수 있다. (이 가정이 마음에 안 드는 분은 잠시만 참아달라.) GM의 매출액 대비 시가총액, 즉 PSR은 역사적으로 약 0.5배 언저리를 왔다 갔다 한다. 토요타는 0.8배 수준, 폭스바겐은 0.3배까지도 가니 대략 0.5배라고 하자. 테슬라는 타사 대비 유난히 높은 이익률을 낼 것이라든가 새로운 사업, 플랫폼이나 구독 비즈니스 등을 계속 붙여나갈 거라고 기대한다면 적절한 근거를 붙여서 그 이상을 부여해도 된다. 애플의 PSR은 6배, 아마존의 PSR은 4배다. 매출액 6,000억 달러에 현존 자동차회사의 평균치인 PSR 0.5배를 부여하고, 추가로 발생하는 20% 정도의 매출액(1,200억 달러)은 프리미엄을 더 높게 붙일 수 있는 플랫폼 구독 비즈니스라고 쳐서 PSR 5배를 준다고 하자. 그럼 자동차 사업 가치 3,000억 달러(6,000억×0.5) + 신사업 가치 6,000억 달러(1,200억×5) = 9,000억 달러가 된다. 매우 큰 규모다.

그런데 이건 어느 시점일까? 전기차가 포화된 미래다. 언제쯤 포화될까? 320만 대가 8,000만 대가 되기까지 얼마나 걸릴까? 대체로 하나의 기술이 전 세계에 보급되기까지 30년쯤 걸리니까 그냥 30년이라고 치자. 30년 후 기업 가치를 9,000억 달러로 계산했다. 할인율을 얼마로 할까? 일론 머스크를 믿으니 5%로 하자! 5%를 30년으로 할인하면 약 2,082억 달러가 된다(1.05^{30} = 4.32). 현재 시총은 얼마일까? 6,000억 달러다. 테슬라의 시가총액은 2020년 코로나 직전 2,000억 달러까지 증가한 뒤 코로나 이후 추가로 불어났다.

반대로 현재 가격으로부터 기대수익률을 역산해볼 수도 있다. 현재 시총이 6,000억 달러이고 30년 후 9,000억 달러가 적정하다고 한다면 연간 기대수익률은 얼마일까? 9,000 / 6,000은 1.5이고, 이 수치를 1/30제곱으로 나눈 결괏값인 1.0136, 즉 현재 가격에 이 주식을 샀을 때 연환산 1.36%의 수익률을 기대할 수 있다는 뜻이다. 무조건 손해라는 뜻이 아니다.

자, 그럼 여러분이 일론 머스크의 찐팬이어서 이런 계산은 도저히 용납할 수 없다고 한다면 어떻게 해야 할까? 어떻게든 현재 가격을 정당화할 이유를 만들어내야 할 것이다.

앞서의 가정에는 여러모로 툭툭 치고 넘어간 부분이 많다. 이들을 좀 더 다듬어보자. '상대가치 평가법'으로서 '비교 기업의 PSR'을 적용한 것은 매출액 이후의 이익률 혹은 자본 구성이 모두 동일하다는 가정이다. 테슬라의 운영 효율성이나 자본 활용도가 너무나 뛰어나서 자동차 회사 평균인 0.5배를 부여해서는 안 된다고 할 수 있겠다. 그렇다면 최대치인 토요타의 0.8배를 적용하거나, 혹은 나름의 이유로 그 이상을 적용할 수도 있겠다. 아니면 탄소배출권 판매액 혹은 일론 머스크의 비트코인 매매 실력(?!)에 좀 더 가산점을 줄 수도 있다. 자율주행서비스 구독 모델, 충전 인프라 공개 후 유료 서비스, 자율주행 택시 등 무궁무진한 신사업이 붙어서 단순 자동차 판매에서 나오는 매출액보다 더 많은 매출액을 창출할 수 있다고 해도 된다. 혹은 전기차가 포화되는 기간을 30년이 아닌 10년이라고 해도 된다. (10년을 가정한다면 앞서의 연환산 기대수익률은 4.14%가 된다.) 혹은 UAV같이 하늘을 나는 자동차가 나와서 자동차 판매량이나 평균 판매 단가를 훌쩍 올려버릴 거라고 해도 된다.

자, 디테일한 논쟁은 번외로 하면 가치 평가란 이런 것이다. PER이니 PBR이니 하는 지표는 의사소통의 도구일 뿐이다. 중요한 건 이 회사의 미래에 대해서 투자자들이 어떤 가정을 하고 있느냐다. 막연하게 단순히 '일론 머스크는 짱짱맨이니까'를 넘어서 내가 그 회사를 얼마나 신뢰

굳이 '기존 방법론으로는 설명할 수 없다',
'새로운 방법론이 필요하다'고 주장하는 사람들은 대략 두 가지다.
가치 평가 방법론을 제대로 공부하지 않았거나,
어떻게든 현재의 가격을 정당화하고 싶거나다. 혹은 둘 다.

하는지, 미래를 얼마나 낙관하는지를 숫자로 표시해서 의사결정에 반영하는 과정이 바로 가치 평가다.

위의 예시에서 PDR은 무엇인가? 30년 후 PSR 0.5배와 5배를 비교 지표로 삼았으니, PDR은 '30년 포워드 PSR'의 다른 표현일 뿐이다. 매번 PDR 운운하는 사람에게 이렇게 물어보기 바란다. "그래서 PDR이 몇 배인데요?" PDR의 'R'은 Ratio의 약자다. Ratio는 두 수 간의 비율을 의미한다. E(Earnings)가 됐건 B(Book value)가 됐건 C(Cash Flow)가 됐건 D(Dream)가 됐건 뭐건 간에 가치 평가를 하면서 던져야 할 질문은 '그래서 숫자로 환산하면 얼마인데?'이다. 필요한 지표는 그때그때 가져다 쓰면 될 뿐이다. 존 템플턴은 100개가 넘는 가치 평가 지표를 활용했다고 한다. 금융자산의 가치 평가에서 새로운 것은 (아직은) 없다.

PER을 처음 공부할 때 교과서적으로 배우는 이야기들이 있다. PER을 결정하는 요인은 성장률, 성장 지속 기간, (실적의) 변동성, 할인율이라는 내용이다. 어떤 변수가 어떤 영향을 미치는지만 이해하면 성장성이 높은 기업이든, 현재의 실적이 마이너스이든 상관없이 가치 평가를 시도할 수 있다.

굳이 '기존 방법론으로는 설명할 수 없다', '새로운 방법론이 필요하다'고 주장하는 사람들은 대략 두 가지다. 가치 평가 방법론을 제대로 공부하지 않았거나, 어떻게든 현재의 가격을 정당화하고 싶거나다. 혹은 둘 다다.

또한 그러한 주장이 힘을 얻는 시기는 그 자체로 여러 의미를 가진다. 1) 가치 평가에 익숙하지 않은 사람이 시장에 많이 뛰어들었다, 2) 성장주가 각광받고 있다, 3) 성장 가능성이 부각되지 않은 회사들의 주가가 시장을 하회하고 있다 등등으로 유추할 수 있다. 새로운 가치 평가 방법론이 필요하다는 주장에 크게 귀를 기울일 필요는 없지만, 그런 주장이 설득력을 얻고 있다는 현상에는 약간의 관심을 기울여볼 필요가 있다. 시장에 새로이 참여한 사람들의 자신감이 높아질수록, 오랫동안 살아남은 사람들이 여유가 사라지고 조급해질수록, 트렌드가 바뀔 때가 머지않았다는 뜻일 수 있기 때문이다.

인플레이션, 할인율, 성장주

가치 평가를 논하는 사람들이 크게 착각하는 것이 있다. 가격을 정당화하는 것과 가격의 미래를 예측하는 것은 거의 상관이 없다. 앞 절의 모든 논의를 이해하고 가치 평가 기법을 자유자재로 활용할 수 있다고 해도, '답정너'인 우리네 심리를 극복하기는 어렵다.

최근 각광받던 성장주 정당화 사유를 짚어보자. 지난해 말부터 올해 초까지 할인율을 근거로 성장주의 가격을 정당화하는 사례가 늘어났다. 앞 절의 사례에서 할인율이라는 항목은 살짝 넘어갔는데, 이 할인율이라는 녀석이 가치에 어떤 영향을 미치는지를 살펴보겠다.

지난해 말부터 올해 초까지 할인율을 근거로
성장주의 가격을 정당화하는 사례가 늘어났다.
그러나 가격을 정당화하는 것과 가격의 미래를 예측하는 것은
거의 상관이 없다.

$$PV = \frac{C_1}{(1+r)} + \frac{C_2}{(1+r)^2} + \frac{C_3}{(1+r)^3}$$

만약 기업이 3년만 존속하고 청산한다면 가치가 어떻게 될까? 논의를 간단하게 하기 위해서 청산가치를 배제하고 각 해의 현금흐름이 100만 원이라고 해보자. 할인율이 10%면 PV는 249만 원이 된다. 할인율이 5%면 272만 원, 1%면 294만 원이 된다. 할인율이 낮아질수록 기업 가치가 (당연히) 올라가지만 폭이 그렇게 크지 않다. 할인율은 10%에서 1%로 10분의 1이 되었지만 가치는 18%(294/249) 증가했다.

$$PV = \frac{C_1}{(1+r)} + \frac{C_2}{(1+r)^2} + \frac{C_3}{(1+r)^3} + \cdots + \frac{C_{30}}{(1+r)^{30}}$$

만약 기업이 30년간 존속하고 청산한다면 어떻게 될까? 할인율이 10%일 경우 PV는 2,277만 원, 5%일 경우 2,605만 원, 1%일 경우 2,915만 원이다. 할인율이 10%일 때 대비해서 1%일 때 기업 가치가 28% 상승했다.

여기에 성장률 가정을 더해서 기업이 매년 10%씩 성장한다면 어떻게 될까? 3년간 존속할 경우 할인율 10%일 때 273만 원, 1%일 때 324만 원으로 기업 가치가 19% 증가한다. 30년간 존속할 경우 할인율 10%에서 1억 2,604만 원, 할인율 1%에서 9억 2,166만 원으로 무려 7.31배 상승한다.

갑작스러운 숫자의 나열에 당황하셨는지. '장기간 성장을 전망할수록 금리 변화에 따른 기업 가치의 변화 폭이 커진다'는 결론만 기억해두면 된다. 산수에 익숙한 분은 '1/x' 차트를 떠올려보면 간편하다. X값(할인율)이 0에 수렴할수록 Y값(기업 가치)은 무한히 발산한다.

가치 평가에 익숙하지 않은 분은 이런 주장을 처음 접하면 심히 당황한다. "아니, 나는 이 기업과 기업가의 비전에 투자한 건데, 은행 이자 따위가 사업의 가치에 영향을 미친다고요? 어림없는 소리!"

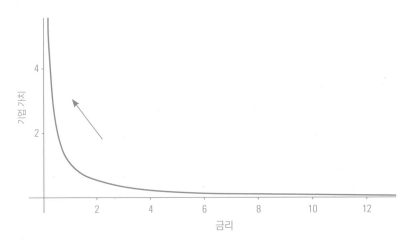

금리가 0에 수렴할 때의 기업 가치 상승

금리는 만물의 가격에 영향을 미친다.
기업 가치도 바꾼다. 어느 기업에 대해 장기간 성장을 전망할수록
금리 변화에 따른 해당 기업 가치의 변화 폭이 커진다.

어림 있는 소리다. 금리는 만물의 가격에 영향을 미친다. 금리란 돈의 가격이고, 미래에 돈의 가격이 얼마가 될지는 불확실하다. 미래가 불확실하지 않다면 금융도 없고 투자도 없다. 불확실한 미래와 관련된 모든 자산의 가격은 금리의 영향을 받는다. 버핏도 이렇게 이야기했다. "중력이 사과를 끌어당기듯 금리는 자산 가격을 끌어당깁니다. 금리는 우주 만물에 영향을 미치지요."(《워런 버핏 라이브》, 2013년, Q13)

자, 지금이 어떤 시기인가? '저금리' 혹은 '제로 금리' 시기다. '성장에 대한 기대가 높은 기업의 가치는 금리의 영향을 훨씬 더 많이 받고, 지금은 금리가 제로에 가까운 시기이므로 현재의 높은 가격을 정당화할 수 있다'가 할인율 주장의 핵심 논지다.

맞다. 그럴 수 있다. 이론적으로 타당하다. 문제는 섬세한 계산을 통해 '짜잔, 이기 봐. 이리이리한 지표를 넣으면 현재 가격이 직징 가치라는 결과가 나온다'고 해봤자 돈을 버는 데에는 거의 아무런 도움이 되지 않는다는 것이다.

왼쪽 그림에는 엄청난 함정이 숨어 있다. 금리가 0에 수렴할 때 기업 가치가 무한대로 발산한다고 했다. 그럼 0에 가까운 금리가 다시 상승할 때에는 어떻게 될까?

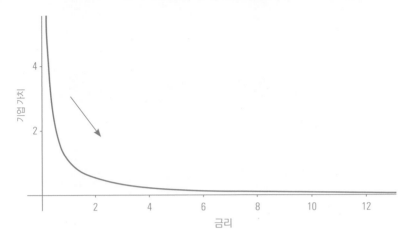

금리가 상승할 때의 기업 가치 하락

그렇다. 기업 가치가 반토막, 세 토막, 네 토막이 나도 이상하지 않다.

투자라는 건 미래에 대한 판단이다. 갖가지 숫자놀음으로 현재를 설명해봤자, 미래가 어떻게 펼쳐질지를 생각하지 못하면 아무 의미가 없다. 올해 초 시점에서 투자자들이 성장주를 보면서 던져야 했던 질문은 '현재의 높아진 가격을 어떻게 설명할 수 있을까?'가 아니라 '금리가 상승할 확률이 얼마일까?', '현재 가격에는 금리 전망이 얼마 정도로 반영

66

그럼 0에 가까운 금리가 다시 상승할 때에는 어떻게 될까?
그렇다. 기업 가치가 반토막, 세 토막, 네 토막이 나도
이상하지 않다.

99

되어 있는가?', '금리가 적정 수준(예를 들어 2.25%)으로 높아진다면 이 기업들의 가치는 얼마나 하락할까?' 등이었다.

가치 평가에 대한 공부가 없이, 막연히 회사 혹은 경영진이 그리는 미래 전망만을 믿고 베팅한 사람들은 이후의 주가 급락에 당황할 수밖에 없었다. 앞으로도 마찬가지일 것이다.

연초에 트렌드가 바뀌었고 전통의 가치주라고 불리는 주식들이 급등했다. 소위 '가치투자자'들이 좋아하는 주식들이 간만에 빛을 보았다. 그러나 좋아할 건 없다. 시장에 유동성이 흘러넘치는 시기에는 누군가가 그 유동성을 흡수해야 한다. 성장 가능성이 높은 주식의 급등은 다른 클래스의 투자 대상, 금, 미술품, 암호화폐 등과 마찬가지로 유동성 흡수제로 기능했을 가능성이 높다. (할인율 같은 건 부차적인 설명이다.)

일반적으로 '가치주'라 불리는 주식들(나는 '가치주'라는 표현이 참 어색하지만)이 다 같이 급등할 때는 성장주가 더 이상 유동성을 흡수하지 못할 때인 경우가 종종 있다. '가치투자'는 시장의 흐름에 신경 쓰지 않는 고고한 투자라고 우리는 공부하지만, '가치주'에 대한 투자는 기실 시장의

'금리 인상 전망을 시장이 본격적으로 반영하기 시작한 것인가?
그렇다면 시장이 전반적으로 얼마나 충격을 받을 수 있는가?
내가 가지고 있는 주식들의 잠재 하락 폭은 얼마인가?'
등의 질문을 던져야 할 때다.

유동성이 거의 '끝물'에 와야만 주가가 오를 수 있는, 시장에 극도로 신경을 써야 하는 역설적인 투자법이다.

올해 상반기 경기 순환주와 '전통 가치주'들의 상승은 유동성의 풍선 효과 및 이익 모멘텀의 상대 강도 차이라고 해석할 수 있다. '역시 가치 투자는 승리한다', '장기적으로 버티면 이긴다' 등의 이야기를 할 때가 아니라는 것이다. 유동성 흡수제가 유동성 흡수제로서의 기능을 수행하지 못한다. 이유가 무엇일까? '금리 인상 전망을 시장이 본격적으로 반영하기 시작한 것인가? 그렇다면 시장이 전반적으로 얼마나 충격을 받을 수 있는가? 내가 가지고 있는 주식들의 잠재 하락 폭은 얼마인가? 나는 얼마나 손실을 감내할 수 있는가? 하락 이후 반등의 트리거는 무엇인가?' 등의 질문을 던져야 할 때다.

바텀 업, 경제적 해자, 장기 투자

금리 인상과 관련해 많은 투자자가 분주하게 움직이고 있다. 그런데 경제 흐름을 살피는 것과 경제 흐름에 베팅하는 건 전혀 다른 이야기다. 피터 린치는 경제 상황을 분석하면서 투자를 시작하는 것은

경제 흐름을 살피는 것과

경제 흐름에 베팅하는 건 전혀 다른 이야기다.

경제 흐름에 베팅하는 탑다운 방식과

스타일 인베스팅, 마켓 타이밍은 권하지 않는다.

주식시장에서 돈을 잃는 방법이며, 자신은 전체 시장의 향방을 예측하는 데 1년에 15분 정도를 쓴다고 했다.("The way you lose money in the stock market is to start off with an economic picture. I also spend 15 minutes a year on where the stock market is going.") 그리고 경제와 시장 전망에 13분 이상을 쓴다면 10분은 낭비한 것이라고도 했다.("If you spend more than 13 minutes analyzing economic and market forecasts, you've wasted 10 minutes.")

피터 린치라고 과연 경제 전망을 살피지 않았을까. 기관투자가라면 가만히 있어도 들어오는 게 시황 관련 뉴스일 텐데. 그리고 버핏 또한 금리와 인플레이션 등 거시경제 지표에 대해 수많은 질의응답을 나눈다. 중요한 긴 시황을 아예 듣지 않는 것이 아니라 듣고도 무시하는 것이다. 전체 시장의 향방을 예측해 투자 의견을 결정하는 것을 탑다운 방식이라고 한다. 경제가 좋아지거나 금리가 인하되는 등 전반적으로 긍정적인 움직임이 있을 듯할 때 시장에 진입했다가 아닐 듯할 때 빠져나오는 방식이다.

이와 유사하게 '스타일 인베스팅'이라는 것도 있다. 주식시장에서 여러 종목군을 나눈 후, 거시 지표에 맞추어 종목군별로 포트폴리오를 이리저리 옮겨 다니는 방법이다. 예를 들어 금리 상승기에는 가치주를 사고, 금리 하락기에는 성장주를 사는 식이다.

이런 방식은 통틀어 '마켓 타이밍'이라고 부른다. 어스워스 다모다란은 책 《Investment Fables》 14장에서 마켓 타이밍의 성과를 다룬다. 마켓 타이밍을 한다고 주장하는 투자자들의 성과는 처참할 지경이다. 얼마나 처참한지는 직접 확인해보시기 바란다(번역서가 곧 출간될 예정이다).

앞서 금리니 뭐니 길게 이야기해놓고 지금 와서는 그딴 거 다 소용없다는 말을 들으니 황당하다고 여기는 분도 있으리라. 조금만 더 참고 읽어보시라.

주식이라는 자산의 가장 큰 특징은 '스스로 가치를 창출한다'는 것이다. 채권, 부동산, 미술품, 암호화폐 등 다른 어떤 자산도 스스로 '행위의 주체'가 되지 못한다. 주식이라는 녀석은 기업이라는 실체를 표상한다. 기업의 경영진에게 '내 돈을 가져가서 알아서 사업에 쓰고, 남는 돈은 알아서 돌려주시오'라면서 돈을 맡긴 것이다. 경영진은 투자자에게 위임받은 돈을 가지고 가치를 창출할 수도, 파괴할 수도 있다. 사업이 안될 수도 있고, 사업이 잘되더라도 거기서 남은 돈을 투자자에게 돌려주지 않을 수도 있다. 사업이 성공하기도 어려운데, 그렇게 성공한 이후 정직하게 투자자에게 돈을 돌려주기도 무척 어렵다.

그러나 그 모든 난관을 뚫고 '약속을 지킨' 주식은 소유자에게 어마어마한 성과를 돌려준다. 기본적으로 모든 자산은 소유자에게 잠재 손실 -100%, 잠재 이익 무한대라는 손익 프로필을 가지고 있다. 그러나 모든 자산이 100%가 넘는 이익을 보여주는 것은 아니다. 주식은 경영진의 창의성과 정직함을 먹고 가는 자산이기 때문에, 잘됐을 경우 큰 성과를 돌려준다. 다른 모든 자산과 격이 다르다. 다른 모든 자산은 투자자들이 유동성의 주체가 되어 가격을 올려주는 것이라면, 기업의 자기자본이라는 실체가 기반이 된 주식 가격의 상승은 그 자산이 스스로 창출해낸 가치에 투자자들이 따라가는 형태다.

여기서 버핏이 '경제적 해자'를 왜 그리 중요시하는지 이야기해보고자 한다. 오늘 지겹도록 살펴본 공식을 다시 살펴보자.

$$PV(0) = \frac{C_1}{(1+r)} + \frac{C_2}{(1+r)^2} + \frac{C_3}{(1+r)^3} + \cdots$$

PV(0), 즉 현재(t_0) 시점의 적정 가치는 위의 공식으로 표현할 수 있다. 여기에 C와 r, 그리고 계산 가능한 항의 개수 등이 변수가 되는 건 앞서 언급했다.

자, 여기서 질문이다. 시간이 1년이 지났고, 여기에 들어간 모든 변수가 실제로 맞아떨어졌다면 기업 가치는 어떻게 변할까? 다시 말해 C_1, C_2, C_3가 100만 원씩이라고 가정했고, 1년이 지났더니(t_1 시점) C_1은 실제로 100만 원이 되었고 C_2와 C_3도 여전히 100만 원으로 전망할 수 있다면 PV(1), t_1 시점의 기업 가치는 얼마일까? PV(0)과 동일할까? 더 늘어났을까, 더 줄었을까?

흥미롭게도, 가치 평가를 어느 정도 공부했다는 이들도 이 질문에 쉽사리 대답을 못 한다.

정답은 '늘어났다'이다. 얼마나 늘어났을까? (1+r)만큼 늘어났다. 할인율이 5%라면 1년 후 '모든 예측이 그대로일 때' 기업 가치는 할인율만큼 증가해 1.05배가 되어 있다.

$$PV(1) = \frac{C_1}{(1)} + \frac{C_2}{(1+r)} + \frac{C_3}{(1+r)^2} + \cdots = PV(0) \times (1+r)$$

성장주에 투자했건 가치주에 투자했건 상관없다. 시간이 지나도 예측치가 변하지 않았다면 투자자는 딱 할인율만큼의 이득을 본다. (그래서 할인율은 기대수익률과 동일한 개념이다. 이 또한 상당히 중요한 개념인데, 많이 간과된다.)

버핏이 이야기하는 경제적 해자는 이 공식에서 어떻게 작동할까? 여기서부터 잘 보아야 한다. 앞의 PV(0)에서 우변에 세 개의 항을 쓰고 나머지는 …으로 표시했다. 즉, 투자자의 예측 가능 기간이 3년이라고 가정한 것이다. 그렇다면 t_1 시점, 즉 1년이 지난 시점에서는 또다시 3년을 예측할 수 있어야 가정의 동일성이 유지된다. 그렇다면 $\frac{C_4}{(1+r)^3}$ 가 우변에 네 번째 항으로 추가되어야 한다. 근데 t_0 시점에서의 예측이 그대로 유지된다면 C_4는 C_3(엄밀히는 C_3에 '1+영구성장률'을 곱한 값)와 동일하다. 따라서 PV(1)=PV(0)×(1+r)이 된다.

경제적 해자는 기업이 기회비용 대비 초과수익률을 장기간 만들어내는 힘으로 정의한다. 다시 말해 C_4항이 $C_3 \times (1+g)$보다 클 확률을 높여주는 변수라는 것이다(g는 영구성장률).

다음 그림이 일반적인 미래값의 확률분포라면, 경제적 해자가 있는 기업의 미래값의 확률분포는 화살표처럼 좀 더 위에 놓인다. 다만 현재 (t_0) 시점에서 예단할 수 없을 뿐이다(그림은 하워드 막스의 훌륭한 저서 《투자에 대한 생각》에서 인용했다).

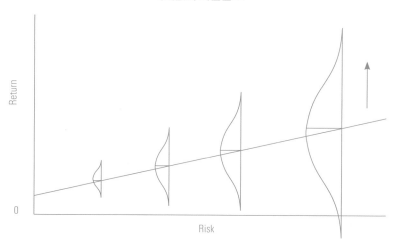

미래값의 확률분포

미래의 실적은 기업이 만들어낸다. 내가 뭐라고 예측하건 간에 말이다. 경제적 해자에 기반한 투자는 투자자들 간의 예측 싸움(C_1~C_3항의 수치를 얼마나 정교하게 맞히느냐)이 아니라 기업이 만들어낼 미래(새로이 등장할 C_4항의 확률분포)에 대한 베팅이다.

버핏이 경제적 해자의 분석과 더불어 그렇게나 경영진에 대한 신뢰를 강조하는 이유, 그리고 장기 투자를 강조하는 이유가 바로 여기에 있다. 경제적 해자란 바로 경영진에 대한 신뢰이며, 그 신뢰가 투자 성과로 확인되려면 시간이 지나야 하기 때문이다. (조금 쉬운 버전의 설명을 원한다면 2020년 3월 24일 자 아웃스탠딩 기고문 https://outstanding.kr/economicmoat20210324 를 참고하시기 바란다.)

C_4항이 영구성장률(기업이 무한정 사업을 지속한다고 가정했을 때 달성 가능한 성장률. 보통 GDP 성장률을 사용)을 초과하는 수치로 드러났을 때, 해

당 항의 1년 후 시점 현재 가치는 '(1+할인율)×(1+성장률)/(1+영구성장률)'만큼 늘어나고, 이후 항의 가치도 마찬가지로 늘어난다. 기존 C_1~C_3항의 가치는 (1+할인율)만큼 늘어나고, 새로이 추가된 항과 그 이후의 항이 모두 가치가 증가한다. 따라서 기업의 가치도 (1+할인율)×(1+성장률)/(1+영구성장률)에 약간 못 미치는 값만큼 증가한다.

예를 들어, 주식의 할인율이 8%이고 (3년간 단기) 성장률이 15%, 영구성장률이 3%라고 가정하자. 1년 후 시점에서 가정에 아무 변화가 없다면 모든 항의 현재 가치는 1년 전 대비 8% 증가했다. 따라서 기업 가치도 8% 증가했다. C_4항의 분자는 C_3항의 분자보다 3%(영구성장률)만큼 증가했을 것이다. 만약 이 C4항의 분자의 성장률이 영구성장률인 3%가 아니라 기존의 단기 성장률인 15%라면, C_4항의 현재 가치는 1년 전 대비 21% 증가한다(1.08×1.15/1.03=1.2058). 전체 항을 합산한 기업 가치는 약 19% 증가한다. 아주 흥미롭게도 버크셔 해서웨이의 장기 수익률이 19%다.

인플레이션과 금리 인상에 대해서 버핏은 뭐라고 이야기할까?

전체 시장의 향방을 예측해 투자 의견을 결정하는 것을
탑다운 방식이라고 한다. 경제가 좋아지거나 금리가 인하되는 등
전반적으로 긍정적인 움직임이 있을 듯할 때 시장에 진입했다가
아닐 듯할 때 빠져나오는 방식이다.

이와 유사하게 '스타일 인베스팅'이라는 것도 있다.
주식시장에서 여러 종목군을 나눈 후, 거시 지표에 맞추어
종목군별로 포트폴리오를 이리저리 옮겨 다니는 방법이다.
예를 들어 금리 상승기에는 가치주를 사고,
금리 하락기에는 성장주를 사는 식이다.
이런 방식은 통틀어 '마켓 타이밍'이라고 부른다.
어스워스 다모다란은 책《Investment Fables》
14장에서 마켓 타이밍의 성과를 다룬다.
마켓 타이밍을 한다고 주장하는 투자자들의
성과는 처참할 지경이다.
얼마나 처참한지는 직접 확인해보시기
바란다(번역서가 곧 출간될 예정이다).

"우리는 금속 투자가 인플레이션에 대한 방어책이라고 보지 않습니다. 통화로 조개껍데기가 사용되든 지폐가 사용되든, 최선의 방어책은 자신의 수익력입니다. 일류 외과 의사나 교사는 수익력이 높아서 아무 문제도 없을 것입니다. 인플레이션을 방어하는 차선책은 금속이나 원자재가 아니라 훌륭한 기업을 보유하는 방법입니다." (《워런 버핏 라이브》, 2007년)

사람은 가치를 창출하는 주체다. 인플레이션이 발생했을 때 수익력, 즉 남다른 경쟁력을 보유한 사람이라면 물가 상승분을 자신의 가격, 노동의 가격에 반영할 수 있다. 기업도 가치를 창출하는 주체다. 남다른 제품과 서비스, 충성스러운 고객을 보유한 기업이라면 원자재 가격 상승분을 판매 가격에 전가할 수 있다. 반대로 그저 그런 기업이라면 인플레이션에 취약해진다. 스스로 가치를 창출할 수 있는 자산은 스스로 가치를 파괴할 수도 있다. 고비용 구조라서 같은 제품과 서비스를 제공하면서도 경쟁사 대비 이익률이 낮은 기업이라면, 인플레이션이 발생했을 때 이익이 줄어들고 적자로 전환되어 기업의 가치가 훼손될 것이다. 훌륭한 수익력을 갖춘 기업은 경쟁사가 힘들어할 때 오히려 그 자리를 꿰찰 수도 있다.

워런 버핏과 그레그 에이블은 인플레이션 위험에 대해서, '자본 집약적 기업은 더 불리해질' 것이지만 버크셔가 보유한 기업은 '어느 정도 가격 결정력을 보유'하고 있어서 비용 증가분 중 상당 부분을 보상받아 수익성을 유지할 수 있을 거라고 전망한다(《워런 버핏 바이블 2021》, 9장 제조·서비스업, Q2020-15).

내가 졸저《주식하는 마음》에서도 언급했다시피 장기 투자는 만병통치약이 아니다. 장기 투자가 가능하려면 장기간 자본비용 이상의 ROE를 낼 거라고 투자자가 스스로 판단할 수 있는 기업이어야 한다. 그런 기업을 발견할 역량을 갖추는 것이, 새로운 가치 평가 방법론을 운용하고 연준의 금리 인상 타이밍을 맞히는 것보다 훨씬 중요하다.

글 **홍진채**   라쿤자산운용 대표. 서울대 학생 시절 투자연구회 SMIC 회장을 지냈다. 2016년까지 10년간 한국투자밸류자산운용에서 펀드매니저로 일하며 3,000억 원 이상 규모의 펀드를 책임 운용했다. 모닝스타 펀드대상(2014)과 다수의 연기금으로부터 최고의 S등급 평가를 받았다. 2018년부터 트레바리의 독서 모임을 이끄는 등 독서광이기도 하다. '삼프로TV', '김작가TV', '다독다독' 등의 미디어에 출연하여 투자자들로부터 호평을 받았다.

가치투자의 위험 관리 방안

'자산배분'으로
긴 '손실 기간'을 넘긴다

김성일

워런 버핏의 버크셔 해서웨이는 지난 36년간 연평균 약 17%의 고수익을 올렸다. 그러나 버크셔가 걸어온 경로에는 위험도 많았다. 버크셔는 연 변동성에서 S&P500보다 위험했고 손실최장기간은 64개월이었다. 위험을 줄이는 방법이 자산배분이다. 필자는 버핏의 투자법을 계량화한 '리치고' 버핏을 활용해 국내 주식에서의 성과가 뛰어남을 확인한 뒤, 주식에만 투자할 때보다 환노출미국채에 나누어 투자할 때 위험대비수익률이 대폭 개선됨을 보여준다.

워런 버핏은 가치투자의 대가로 세계에서 가장 유명한 투자자다. 그의 회사 버크셔 해서웨이가 위치한 '오마하'라는 도시명을 이용한 애칭이 '오마하의 현인'이다. '현인'이라는 별명을 붙였다는 것 자체에서 투자자들이 그를 어떻게 생각하지 드러난다. 버핏의 명성은 다른 투자 대가들을 그에 빗대어 표현하는 것을 봐도 알 수 있다. 위대한 투자자 중 한 명인 앙드레 코스톨라니의 별명 하나가 '유럽의 버핏'이고, 연기금 포트폴리오 운용업계에서 최고로 꼽히는 데이비드 스웬슨 역시 '기관투자계의 버핏'이라 불린다.

세계 4~5위의 부자로 꼽히는 버핏의 실제 투자 성과는 어떨까? 그가 회장으로 있는 버크셔 해서웨이의 주가 움직임으로 성과를 유추해보고자 한다. 참고로 버크셔는 배당을 하지 않기로 유명하며, 배당 정책을 비판하는 이들에게 버핏은 "배당은 절대로 할 수 없으니 버크셔 주식을 금고에 넣어두고 매년 한 번씩 꺼내 보고 즐거워하십시오"라고 말하기도 했다. 배당 없이 재투자된 버크셔의 주가로 성과를 평가해보는 건 나쁘지 않은 접근이라 생각된다.

버크셔의 장기 수익률은 훌륭했다!

1985년 1월부터 2021년 3월까지 36년간 버크셔(Berkshire Hathaway Inc., BRK-A)의 누적 수익률은 27,549%다. 1억 원으로 투자를 시작했다면 현재 잔고가 275억 4900만 원이라는 말이다. 버크셔의 연환산 수익률은 16.9%로, 같은 기간 미국 대형주 지수인 S&P500의 11.1%보다 5.8%p나 높다. 버크셔의 주가는 야후에서 조회 가능한 1985년 데이터부터 사용했고, S&P500 지수는 TR(total return, 배당을 반영한 지수)지수가 발표된 1988년 1월 이후는 TR지수를, 그 이전은 배당이 미반영된 PR(price return)지수를 사용했다.

버크셔 해서웨이(BRK-A)와 미국 주가지수(S&P500)의
장기 성과 비교(1985/01~2021/03)

> **❝**
>
> 버크셔의 연환산 수익률은 16.9%로,
>
> 같은 기간 미국 대형주 지수인 S&P500의 11.1%보다
>
> 5.8%p나 높다.
>
> **❞**

그러나 버크셔의 성과는 꽤 위험했다!

투자란 감당하는 위험에 대한 보상으로 초과수익을 얻는 행위다. 초과수익은 투자 수익률에서 무위험 이자율을 뺀 값인데, 무위험 이자율로는 단기채 금리나 예금 금리 등을 사용한다. 이런 단기 금리들은 대체로 물가상승률과 비슷한 수준에서 형성된다.

투자에서의 위험은 변동성과 손실 가능성으로 나눌 수 있다. 변동성은 투자 수익이 불확실하기 때문에 투자자에게 위험하다는 말이다. 내 투자의 수익률이 1년 후에 얼마일지 알 수 없다는 불확실성이 심리적 부담을 안겨준다. 변동성은 수익률의 표준편차를 계산해 사용한다.

다음으로 손실 가능성은 최대낙폭, 손실최장기간 등 여러 지표를 이용한다. 최대낙폭은 전고점 대비 낙폭 중 가장 큰 값이며 0에서 100%까지 나온다. 예를 들어 50%이면 직전 고점 대비 투자 금액이 50% 손실 났다는 것이고, 100%이면 원금을 모두 잃었다는 뜻이다. 손실최장기간은 투자 후 손실이 났다가 원금을 회복하기까지 걸린 기간을 가리킨다. 손실고통크기는 손실이 발생한 기간과 하락 정도를 동시에 측정하는 지표다. 손실 기간은 영어로 '수면 아래 머문 기간(underwater period)'이라고 하며, 손실고통크기는 손실 기간의 면적을 계산해 측정한다.

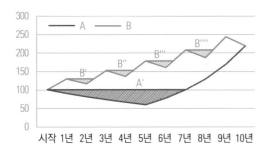

자산 A와 B의 수익과 위험 비교

	A	B
기간 수익률	119%	119%
연 수익률	8%	8%
연 변동성	18%	18%
최대낙폭	41%	10%
손실최장기간	7년	1년
손실고통크기	1.55	0.1

이 사례에서 자산 A와 B는 수익률과 변동성이 동일하지만 최대낙폭, 손실최장기간, 손실고통크기는 매우 달라서 A 자산이 훨씬 위험하다는 것을 알 수 있다. A에 투자했다면 시작 후 7년간 손실 상태였고 최대낙폭은 41%나 되었다. 손실고통크기는 1.55로 B의 15배나 된다.

버크셔의 연 변동성은 21%로 S&P500의 15%보다 6%p나 높다. 버크셔의 최대낙폭은 금융위기 때 발생해서, 2007년 12월에 투자했다면 2009년 2월 기준으로 투자 원금이 44%나 손실 났을 것이다. 이런 수준의 낙폭은 한 번이 아니다. 1988년 6월에 매수했다면 2000년 2월에 원금이 43.8%나 줄었고, 1990년 9월에는 32.4%, 1987년 11월에는

> 66
>
> 버크셔의 연 변동성은 21%로 S&P500의 15%보다 6%p나 높다.
> 버크셔의 손실최장기간은 64개월로, 1998년 6월에 매수했다면
> 2003년 11월에야 원금을 회복했다.
>
> 99

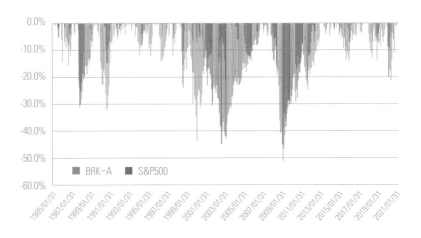

버크셔 해서웨이(BRK-A)와 미국 주가지수(S&P500)의
전고점 대비 낙폭 비교(1985/01~2021/03)

버크셔 해서웨이(BRK-A)와 미국 주가지수(S&P500)의
성과 비교(1985/01~2021/03)

	BRK-A	S&P500
기간 수익률	27549%	4479%
연 수익률	16.9%	11.1%
연 변동성	21%	15%
최대낙폭	44%	51%
손실최장기간(개월)	64	73
손실고통크기	10.9	15.6

31.3% 감소했다.

　버크셔의 손실최장기간은 64개월로, 1998년 6월에 매수했다면 2003년 11월에야 원금을 회복했다. 다음으로 긴 손실 기간은 62개월

로, 2007년 12월에 투자했다면 최대 44%까지 떨어졌다가 2013년 1월에야 원금이 회복된다. 손실최장기간이 60개월이 넘는다는 말은 투자 후 5년 넘게 마이너스 상태를 바라봐야 한다는 말이다.

가치투자자를 위한 위험 관리 방법: 장기 투자와 자산배분

투자에서 위험을 관리하는 방법은 무엇일까? 위험을 앞서 말한 변동성, 최대낙폭, 손실최장기간 등의 지표로 대체해서 표현한다면, 이런 지표들을 낮게 만드는 게 위험 관리일 수 있다. 위험 관리 방법으로 장기 투자와 자산배분 투자를 권한다.

장기 투자는 말 그대로 투자 기간을 길게 가져가는 것이다. 버핏은 "10년 보유할 주식이 아니면 10분도 보유하지 않는다"라는 말로 장기 투자의 중요성을 표현한 바 있다. 버크셔 주식을 매년 초에 매수하고 연말에 매도해 1년 단위로 투자했다면 성과가 어떨까? 기간을 늘려 5년과 10년 단위로 투자한 성과는 또 어떨까?

1994년 1월부터 2021년 3월까지의 성과를 분석해보면 1년 단위 투자 시 수익률 평균은 13.7%다. 가장 낮은 수익률은 -32%였고 손실이 발생한 것은 5회다. 반면 5년 단위로 투자했을 때는 평균 수익률이 13.8%로 약간 상승하고 손실은 단 1회 발생했다. 그것도 -1%로 아주 양호하다. 물론 5년이나 보유했는데 -1%가 되었으니 심리적인 스트레스는 꽤 받을 것이다. 10년 단위로 투자했을 때의 평균 수익률은 15.2%이며 손실 횟수는 0이다. 즉 10년 투자하면 손실이 발생하지 않았다.

장기 투자는 투자의 위험을 줄여줄 수 있는 방법이다. 하지만 일반적

버크셔 해서웨이(BRK-A)의 투자 단위 기간별 성과 비교(1994/01~2021/03)

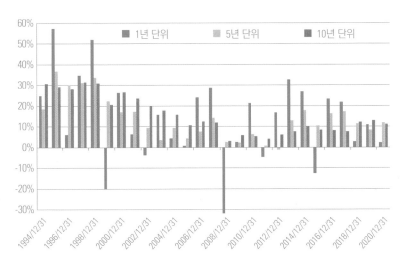

	1년 단위	5년 단위	10년 단위
수익률 평균	13.7%	13.8%	15.2%
최저 수익률	−32%	−1%	3%
손실 횟수	5	1	0

인 투자자는 이렇게 장기로 투자하기가 쉽지 않다. 가치투자자들이 가장 힘들어하는 부분 중 하나도 이것이다. 저평가된 가치주를 매수했는데 아무리 기다려도 가격이 오르지 않으면 심리적으로 매우 힘들고, 초보 투자자는 특히 더 그렇다.

다른 위험 관리 방법은 자산배분 투자다. 자산배분이란 상관관계가 낮은 자산으로 포트폴리오를 구성하는 것이다. 자산 간의 낮은 상관관계는 포트폴리오의 위험을 낮추며 수익률은 보전한다.

주식 투자자라면 위험 관리 관점에서 현금을 보유하라는 말을 들어

보았을 것이다. 자산배분 관점에서 현금의 중요성은 다른 자산과 상관 관계가 매우 낮다는 점이다. 주식이 상승하든 하락하든 현금은 영향을 받지 않는다. 즉 주식과의 상관관계가 낮아서 포트폴리오의 위험을 낮춰줄 수 있다.

버크셔 해서웨이(BRK-A)와 현금성 자산 자산배분 포트폴리오 성과 분석(1985/01~2021/03)

	BRK-A	90:10	80:20	70:30	60:40	50:50
연 수익률	17%	16%	14%	13%	12%	10%
연 변동성	21%	19%	17%	15%	13%	11%
최대낙폭	44%	41%	37%	33%	29%	24%
손실최장기간(개월)	64	61	60	60	60	56
손실고통크기	11.0	9.6	8.3	7.0	5.7	4.5

"

버크셔와 현금성 자산에 70:30으로 투자하면
연 수익률은 17%에서 13%로 4%p 감소한다.
대신 연 변동성은 21%에서 15%로 6%p 개선되고,
최대낙폭은 44%에서 33%로 11%p 개선된다.

"

　버크셔 주식과 현금에 나눠 투자했을 경우 어떤 변화가 발생하는지 백테스트를 통해 알아보자. 현금은 최소한의 이자도 주지 않으니 여기서는 현금 대신 미국 단기채를 보유했다고 가정한다. 한국과 마찬가지로 미국 단기채 역시 예금이나 CMA와 비슷한 수준의 수익률을 보인다. 왼쪽 그림에서 60:40은 버크셔에 60%, 현금(단기채)에 40% 투자했다는 의미다. 각 포트폴리오는 비중을 맞추기 위해 매달 리밸런싱을 수행했다고 가정한다. 리밸런싱은 비중이 높아진 자산을 일부 매도해 비중이 낮아진 자산을 매수하는 것이다.

　버크셔에 100% 투자하면 연 수익률은 17%지만 연 변동성은 21%, 최대낙폭은 44%, 손실고통크기는 11.0이다. 버크셔와 현금성 자산에 70:30으로 투자하면 연 수익률은 17%에서 13%로 4%p 감소한다. 대신 연 변동성은 21%에서 15%로 6%p 개선되고, 최대낙폭은 44%에서 33%로 11%p 개선된다. 손실고통크기는 11.0에서 7.0으로 4포인트나 개선됐다.

　현금을 미국 국채로 대체하면 어떻게 될까? 국채는 주식과 상관관계가 낮다는 점 때문에 자산배분 포트폴리오에서 주식의 변동성을 낮춰

주는 자산으로 가장 먼저 거론된다. 미국 국채를 대표할 상품으로는 중기 국채 ETF인 IEF(iShares 7-10 Year Treasury Bond ETF)를 사용한다. 백테스트 기간은 IEF ETF가 운용된 기간에 맞추어 2002년 8월부터 2021년 3월까지다.

버크셔 해서웨이(BRK-A)와 미국 국채(IEF) 자산배분 포트폴리오
성과 분석(2002/08~2021/03)

	BRK-A	90:10	80:20	70:30	60:40	50:50
연 수익률	9.4%	9.0%	8.7%	8.3%	7.9%	7.4%
연 변동성	16%	14%	13%	11%	10%	8%
최대낙폭	44%	40%	35%	31%	26%	21%
손실최장기간(개월)	60	60	52	35	30	27
손실고통크기	11.0	8.6	6.4	4.3	3.3	2.5

버크셔에 100% 투자했다면 연 수익률은 9.4%에 연 변동성은 16%, 최대낙폭은 44%, 손실최장기간이 60개월, 손실고통크기는 11.0이었다. 버크셔와 미국 국채에 70:30으로 투자하면 연 수익률은 9.4%에서 8.3%로 1.1%p 감소한다. 대신 연 변동성은 16%에서 11%로 5%p, 최대낙폭은 44%에서 31%로 13%p, 손실고통크기는 11.0에서 4.3으로 6.7포인트나 개선됐다. 버크셔 주식만 가져갈 때보다 미국 국채에 나누어 투자할 때 위험대비수익이 대폭 개선되는 것을 알 수 있다.

버핏이 한국에서 투자했다면 어땠을까?
워런 버핏의 투자를 퀀트로 구현하다!

버핏의 투자 전략을 단순하게 요약하면 높은 수익을 내고 있지만 저평가된 기업에 투자하는 것이다. 예일대 교수들이 '버핏의 알파(Buffett's Alpha)'라는 논문에서 버핏의 성공 요인을 매우 자세히 분석했는데, 바로 매우 간단한 투자 전략을 장기간 실행에 옮겼다는 것이다. 논문에서 언급한 버핏 스타일의 투자법은 자기자본순이익률(ROE)이 높고 PBR은 낮으며 변동성도 낮은 주식을 포트폴리오에 편입하는 것이다.

내가 재직 중인 데이터노우즈에서 버핏의 투자법을 계량화해 국내 주식에서의 성과를 재현해보았다(이후 '리치고 버핏'이라 칭함). 코스피200 기업에서 ROE 상위 50%, PBR 하위 50%, 연간 일 변동성 하위 50%를 선정해 순위를 매기고 상위 10개 기업을 포트폴리오에 편입해 각각 10%씩 투자한다. 매년 4월에 포트폴리오를 재구성하며, 종목별 가격이 달라져 목표 비중에서 벗어나면 리밸런싱을 통해 균형을 맞춘다.

리치고 버핏은 국내 주식을 대상으로 하므로 코스피200지수를 추종하는 ETF*와 성과를 비교해보았다. 2002~2021년 리치고 버핏의 수익률이 18%로 코스피200의 11% 대비 7%p나 높다. 대신 연 변동성, 최대낙폭 등의 위험 지표는 상대적으로 나쁘다.

리치고는 워런 버핏의 투자법을 계량화해 한국 주식으로 가치투자

리치고 버핏과 코스피200지수 ETF(KODEX200)의
성과 분석(2002/10~2021/03)

	리치고 버핏	KODEX200
기간 수익률	2154%	606%
연 수익률	18%	11%
연 변동성	23%	19%
최대낙폭	54%	46%
손실최장기간(개월)	58	70
손실고통크기	11.8	7.0

> ❝
> 리치고 버핏과 코스피200지수 ETF의 성과를 비교하면,
> 리치고 버핏의 수익률이 18%로
> 코스피200의 11% 대비 7%p나 높다.
> ❞

를 수행했으니 한국 가치투자자들의 성과와 비슷하다고 추정해보자. 약 20년간 연 18% 수익률은 굉장히 높은 성과다. 누적 성과인 기간 수익률이 2,154%이니 원금이 22배나 불어났다는 뜻이다. 문제는 그 기간 동안 위험 구간도 많았다는 것이다. 2008년 금융위기 때 리치고 버핏은 54% 손실을 입었다. 또 58개월간 원금을 밑도는 고통을 감내해야 했다. 이런 위험을 낮추기 위해 앞서 설명한 자산배분 투자법을 적용해보자.

리치고 버핏+환노출미국채 전략

국내 주식과 상관관계가 낮은 자산으로는 달러와 미국 국채가 가장 많이 사용된다. 특히 국내에 상장된 ETF 중에 환헤지를 하지 않는 미국 국채 상품은 달러 투자와 미국 국채 투자의 효과를 동시에 제공한다. 환노출미국채 ETF**는 출시된 지 오래되지 않았지만 내가 추정해 구현한 과거 데이터를 활용해 2001년 1월부터 백테스트를 수행했다.

---

* 코스피200 추종 ETF 중 가장 오래된 KODEX200을 사용했다.

*** 환노출미국채 ETF는 2018년 8월에 'TIGER 미국 국채10년선물'(시가총액 530억 원, 보수 연 0.29%)이, 10월에 'KODEX 미국 국채10년선물'(시가총액 125억 원, 보수 연 0.30%)이 상장되어 거래되고 있다.

리치고 버핏에 100% 투자했다면 연 수익률 20%에 연 변동성 24%, 최대낙폭 54%, 손실최장기간 58개월, 손실고통크기 11.8을 기록했다. 리치고 버핏과 환노출미국채에 70:30으로 투자했다면 연 수익률은 20%에서 16%로 20%(4%p) 감소한다. 대신 연 변동성은 24%에서

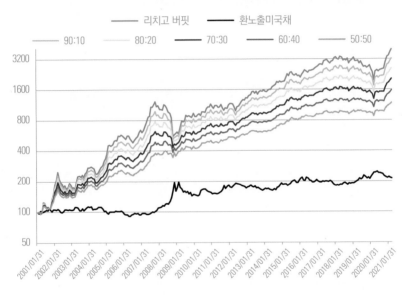

리치고 버핏과 환노출미국채 자산배분 포트폴리오
성과 분석(2001/01~2021/03)

	리치고 버핏	90:10	80:20	70:30	60:40	50:50
연 수익률	20%	19%	18%	16%	15%	13%
연 변동성	24%	21%	19%	16%	14%	12%
최대낙폭	54%	47%	39%	30%	22%	17%
손실최장기간(개월)	58	37	34	31	21	19
손실고통크기	11.8	7.3	4.9	2.8	2.4	2.0

> ❝
>
> 리치고 버핏에만 투자할 때보다
> 환노출미국채에 나누어 투자할 때
> 위험대비수익률이 대폭 개선되는 것을 알 수 있다.
>
> ❞

16%로 33%(8%p) 개선되고, 최대낙폭은 54%에서 30%로 44%(24%p) 개선됐다. 손실최장기간 역시 58개월에서 절반 수준인 31개월로 줄고, 손실고통크기는 11.8에서 2.8로 76%(9포인트)나 개선됐다. 리치고 버핏에만 투자할 때보다 환노출미국채에 나누어 투자할 때 위험대비수익률이 대폭 개선되는 것을 알 수 있다.

버크셔의 미래는?

앞서 보았듯 지난 36년간 버크셔의 누적 수익률은 27,549%였다. 버크셔의 연환산 수익률 16.9%는 실로 놀라운 성과다. 하지만 데이터를 분석하다 보니 몇 가지 궁금증이 생겨 기간을 나눠보았다.

전체 36년을 반으로 나누어 1985~2002년과 2003~2020년에 버크셔와 S&P500이 거둔 성과를 비교했다(136쪽 참조). 1985~2002년 동안 버크셔의 연 수익률은 25%로 S&P500의 11%를 14%p나 초과했다. 상대적으로 최근인 2003~2020년에는 버크셔의 연 수익률이 9%로 S&P500의 11%보다 2%p 낮았다. S&P500 대비 버크셔의 연 단위 초과수익을 보아도 과거에는 초과수익을 거둔 경우가 많았지만 최근 10여 년간은 지수와 앞서거니 뒤서거니 하며 비슷한 수준이다.

버크셔 해서웨이(BRK-A)와 미국 주가지수(S&P500)의
기간별 성과 분석(1985/01~2020/12)

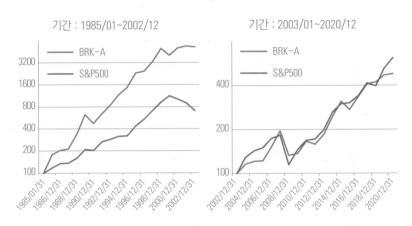

기간 : 1985/01~2002/12

기간 : 2003/01~2020/12

버크셔 해서웨이(BRK-A)의 미국 주가지수(S&P500) 대비
초과수익(1985/01~2021/03)

버핏의 놀라운 수익률을 설명하려는 책은 많지만 누구도 정확한 이유를 밝히지 못할 것이다. 최근 성과가 지수 대비 탁월하지 못한 이유역시 불명확하다. 운용 자금이 커서 그렇다는 설명이 그럴듯하지만 말이다. 존경하는 버핏과 버크셔의 앞날이 어찌 될지는 모르겠다.

많은 투자자를 만나며 투자가 결코 쉽지 않은 경주라는 것을 느낀다. 단기간에 고수익이 발생할 수도 있지만, 길고 긴 암흑기를 버텨야 할 때도 있다. 그런 순간에 힘들어하고 어려워하는 분들을 위해 이 칼럼을 썼다. 어떤 투자를 하든 그 투자의 위험을 꼭 확인하시기 바란다.

투자할 때 다양한 위험 지표를 분석해야 하는 이유는 투자 심리와도 연관된다. 버핏은 "주식시장은 인내심 없는 사람의 돈을 인내심 있는 사람에게 이동시키는 도구다"라고 말했다. 원금이 반토막 난 계좌를 보며 인내할 수 있는가? 투자 성과는 '심리 80에 기술 20'이 결정한다는 말이 괜히 나온 게 아니다.

글 **김성일** 데이터노우즈(dataknows) 이사. 공대 출신의 금융맨으로 은행에 다니면서 여러 투자법을 공부하며 투자했으나 크고 작은 실패를 경험했다. 그러다 자산배분 투자를 만나고 금융공학 MBA에 다니면서 자산배분 포트폴리오를 깊게 연구했다. 이를 바탕으로 ETF를 이용한 자산배분 투자를 하고 있으며, 공부하고 투자한 내용을 공유하고자 《마법의 돈 굴리기》, 《마법의 연금 굴리기》를 썼다. 20년 재직한 은행을 퇴사하고 데이터노우즈에서 '리치고'라는 앱을 통해 여러 금융 서비스를 제공하고 있다.

지속가능성에 투자하는 가장 쉬운 방법

정승혜

기업의 지속가능성 요소는 환경(Environmental), 사회(Social), 거버넌스 (Governance)의 알파벳 이니셜을 따서 ESG로 요약된다. 2016년 하버드대 학에서 나온 연구에 따르면 중대한 ESG 이슈 관리를 잘한 그룹의 주가 수익 률이 가장 높았다. 투자자의 몫은 기업이나 투자 대상의 ESG를 평가해 투자 에 반영하는 것이다. 정승혜 모닝스타코리아 상무는 개인 투자자가 할 수 있 는 가장 손쉬운 ESG 투자 방법으로 패시브 상품인 ETF나 인덱스펀드를 활 용하는 것을 권한다.

개인 투자자에게 환경·사회·거버넌스(ESG) 투자 전략을 설명하는 원고를 써달라는 요청을 받았을 때는 편하게 수락했지만, 원고를 준비하다 보니 생각보다 쉽지 않았다. 그도 그럴 것이 국내에서 ESG 투자는 국민연금과 몇몇 운용사를 제외하고는 기관투자가들조차 처음 접하는 터라, 투자 방법은 고사하고 용어와 투지 범위마저 혼란스러워하는 경우도 있다. 기관투자가도 이런 상황인데 개인 투자자에게 ESG 투자 전략을 설명하는 것이 내 능력으로는 결코 쉬운 일이 아니라는 것을 깨달았다. 원고를 여러 번 고쳐 쓰고, 몇 시간 동안 쓴 것을 통째로 날리기를 반복했다. 내가 할 수 있는 일은 개인 투자자가 궁금해할 만한 것들, 그리고 조금은 어렵지만 개인 투자자라도 투자자로서 꼭 알아야 하는 것을

최선을 다해 쉬운 언어로 전달하는 것뿐이었다. 이 결론에 도달하자 마음이 조금은 편해졌고 다시 글을 쓸 수 있게 됐다. ESG 투자가 무엇이며 ESG 투자를 해야 하는 이유는 무엇인지, 성과는 좋은지 나쁜지, 그리고 가장 중요한 투자 판단 기준은 어떤 것이 있는지 이야기하려고 한다.

18세기 방적기 혁명과 21세기 자라 매장의 헌옷 박스

여름 세일이 시작됐다. 패션 유튜버들은 저마다 제조직매형의류(SPA) 브랜드에서 세일 기간에 살 만한 패션 아이템들을 소개하느라 경쟁이 치열하다. 가장 인기가 많은 브랜드인 자라와 H&M의 웹사이트에 들어가면 신상품과 세일상품 다음으로 눈에 띄는 것이 '지속가능성' 섹션이다. 이들 브랜드는 지속가능성이라는 가치를 실천하기 위해 오프라인 매장에 헌옷 박스를 비치했다. 헌옷 박스만으로 얼마나 환경을 지킬 수 있을지는 모르겠지만, 지속가능성을 실천하기 위한 하나의 상징물이라고 생각한다.

18세기에 시작된 방적기 개량 혁명에 따라 의류업계가 대량생산으로 비용을 크게 줄인 덕분에 누구나 큰돈 들이지 않고도 세련되고 질 좋은 옷을 실컷 입을 수 있게 됐다. 옷으로 신분과 빈부를 가늠하기가 전보다 어려워졌으니 사회적으로 평등(?)을 실현하게 된 긍정적인 면도 분명히 있다고 생각한다. 그러나 대량생산이 실현한 평등의 다른 편에는 지구가 감당하기 벅찬 쓰레기가 쌓이게 된 것도 현실이다.

'패스트 패션' 현상을 업은 패션산업이 전 세계 환경을 망가뜨리고 있다는 연구 결과가 2018년 〈그린포스트코리아〉에 기사로 실렸다. 패션산업이 항공기와 선박을 합한 것보다 많은 탄소를 배출하는 것으로 밝혀졌다는 것이다. 기사는 프랑스 환경 매체 〈노트르플라넷〉을 인용해, 유럽 폐기물 감축 주간을 계기로 프랑스자연환경연합이 환경에 섬유산업이 미치는 영향을 조사한 결과 이같이 나타났다고 전했다. 그렇다면 투자자는 의류 쓰레기를 만들어내는, 특히 값싼 패스트 패션 브랜드에 투자하면 안 되는가? 기업이 선하다는 명분으로만 투자할 수는 없는데, 명분을 빼고 투자 대상 기업의 ESG는 무슨 수로 평가할 수 있는가?

ESG와 지속가능성, 둘은 어떤 관계인가?

투자자들을 만날 때마다 그들이 용어를 혼란스러워하는 것을 자주 느낀다. 사회책임투자, (사회는 떼어버린 그냥) 책임투자, 지속가능성, ESG 등은 이름만 다른 것인가, 아니면 어떻게 다른가? 문제는 이름만 여러 가지가 아니라 이름에 따라 다루는 범위도 달라진다는 것이다. 여기에 탄소중립까지 끼어들면 어디서 시작해야 할지 알 수 없다. 시험을 목전에 둔 학생이 공부할 의지는 있으나 무슨 과목인지, 시험 범위가 어디인지 모르는 것 같은 그런 느낌이다.

사회책임투자는 투자할 때 수익률과 리스크만 고려하는 전통적인 투자와 달리 사회를 좀 더 좋아지게 하는 다양한 측면을 투자 프로세스에 반영하는 것이다. 역사적으로는 돈에 대한 유대교, 기독교, 이슬람교의 윤리적 전통에 그 원형이 나타난다.[*] 즉, 종교적 신념이나 정치적 신념, 또는 사회적 가치를 투자에 반영하는 것으로, 투자 성과는 좋을 수도 있고 아닐 수도 있다. 대신 투자를 통해 사회적 가치를 실현하는 데 더 큰 의미가 있다. 예를 들어 종교적 가치에 따라 술이나 담배 제조사에 투자

---

[*]   김창수, 사회책임투자, 연세대학교 대학출판문화원

1987년 '유엔의 환경과 개발에 관한 세계 위원회'에서 발표한
'우리 공동의 미래' 보고서는 '지속가능한 발전'을
'미래 세대가 그들의 필요를 충족시킬 능력을 저해하지 않으면서
현재 세대의 필요를 충족시키는 발전'으로 정의했다.

를 금지하는 것은 종교적 신념을 투자에 충분히 반영하는 역할만 했을 뿐, 신념만으로는 지속가능할 수 없다고 보는 것이다.

반면 지속가능성 투자는 투자 대상이 지속가능해야 투자도 지속가능하고 성과도 지속가능할 수 있다는 선순환적인 개념이다. 지속가능성은 지구와 인류의 지속성을 뜻하고, 기업이 그것을 많이 감당하라는 것이고, 투자자는 그런 기업을 지지해 지속가능성을 같이 이뤄가자는 뜻이다. 이것이 가능하려면 정부와 공공이 큰 틀을 만들고 규제 역할을 해야 하는 것은 두말할 필요도 없다. 지속가능성 투자라는 단어가 처음 등장한 것은 1987년 '유엔의 환경과 개발에 관한 세계 위원회'에서 발표한 '우리 공동의 미래' 보고서다. 이 보고서는 '지속가능한 발전'을 '미래 세대가 그들의 필요를 충족시킬 능력을 저해하지 않으면서 현재 세대의 필요를 충족시키는 발전'으로 정의했다. 당시 위원회의 위원장이던 노르웨이 수상 브룬트란트의 이름을 딴 '브룬트란트 보고서'로도 널리 알려졌다.

지금은 사회책임투자와 지속가능성 투자가 혼용되는데 지속가능성 투자를 더 많이 사용하는 듯하다. 나는 편의상 지속가능성을 지구와 인

기업의 지속가능성 요소는 환경(Environmental), 사회(Social),
거버넌스(Governance)의 알파벳 이니셜을 따서 ESG로 요약된다.
투자자의 몫은 기업이나 투자 대상의 ESG를 평가해
투자에 반영하는 것이다.

류(이하 지구)의 지속가능성과 기업의 지속가능성으로 구분한다.

지구의 지속가능성 요소는 2015년 유엔의 17가지 지속가능발전목표(144~145쪽)에 녹아 있고, 기업의 지속가능성 요소는 환경(Environmental), 사회(Social), 거버넌스(Governance)의 알파벳 이니셜을 따서 ESG로 요약된다. 투자자의 몫은 기업이나 투자 대상의 ESG를 평가해 투자에 반영하는 것이다. ESG 관리를 통해 지속가능성 노력을 잘하는 기업에 투자함으로써 기업의 지속가능성, 더 나아가 지구와의 지속가능성에 힘을 싣는 것이다.

주식을 통해 기업에 투자하는 활동을 생각해보자. 지금까지는 재무제표에 나타나는 기업의 가치를 토대로 했다면, 앞으로는 기업의 장기적인 지속가능성이 중요한 투자 기준이 된다. 이윤만 추구하는 기업은 지속가능성을 성취할 수 없기 때문이다. 기업의 생존과 지속가능성은 기업이 환경(E), 사회(S), 거버넌스(G) 이슈에 얼마나 노출돼 있으며 그것을 어떻게 관리하느냐에 달려 있다.

지구의 지속가능성과 기업의 지속가능성이 완전히 분리돼 있는 것은 아니다. 지구에서 기업이 담당하는 역할이 워낙 중요하고 정부의 역할

지속가능성의 시작:
밴드에이드와 '아프리카를 위한 미국', 그리고 유엔

ESG 투자의 시초를 종교에서 찾는 학자도 있다. 그렇게 되면 성경을 포함해 수천 년 분량의 역사책을 뒤져야 하니 최근 역사, 그중에서도 40대 이상이면 누구나 겪었을 대중문화까지만 거슬러 올라가 보자.

1984년과 1985년, 인류사적 명곡 두 곡이 영국과 미국에서 각각 발표된다. 영국에서는 밴드에이드가 '그들은 지금이 크리스마스라는 것을 알까요(Do they know it's Christmas)'를 발표했다. 이듬해 미국에서는 '아프리카를 위한 미국(USA for Africa)'이 '위 아 더 월드(We are the world)'를 불렀다. 두 곡은 당대의 내로라하는 가수들이 모두 참여한 기아와 빈곤 퇴치 프로젝트로 작곡·공연되었다.

그로부터 약 30년 뒤인 2015년. 전 세계 유엔 회원 국가들이 모여 '17가지 지속가능발전목표(SDGs: Sustainable Development Goals)'에 합의했고, 2030년까지 모든 국가가 이 약속을 지키기 위해 함께 노력할 것을 약속했다. 지속가능발전목표는 '지속가능한 발전'을 위한 국제적인 약속이다. 1번 목표는 빈곤 종식이고 2번 목표는 기아 종식이다. 이는 30년 전 밴드에이드와 아프리카를 위한 미국의 기아와 빈곤 퇴치 프로젝트와 목표가 같다.

표 1. 17가지 유엔 지속가능발전목표

1	No Poberty	모든 곳에서 모든 형태의 빈곤을 종식한다.
2	Zero Hunger	기아를 종식하고, 식량 안보를 달성하며, 개선된 영양 상태를 달성하고, 지속가능한 농업을 강화한다.
3	Good Health and Well-being	전 연령층의 건강한 삶을 보장하고 웰빙(well-being)을 증진한다.
4	Quality Education	모두를 위한 포용적이고 공평한 양질의 교육을 보장하고 평생교육 기회를 증진한다.
5	Gender Equality	성평등을 달성하고 모든 여성과 여아들이 자신의 능력을 발휘할 수 있도록 한다.

6	Clean Water and Sanitation	모두가 물과 위생설비를 사용할 수 있도록 하고 지속가능한 유지관리를 보장한다.
7	Affordable and Clean Energy	모두에게 가격이 적당하고 신뢰할 수 있고 지속가능한 현대적인 에너지로의 접근을 보장한다.
8	Decent Work and Economic Growth	모두를 위한 지속적, 포용적, 지속가능한 경제성장을 촉진하며 생산적인 완전 고용과 모두를 위한 양질의 일자리를 증진한다.
9	Industry, Innovation and Infrastructure	복원력이 높은 사회 기반 시설을 구축하고, 포용적이고 지속가능한 산업화를 증진하며 혁신을 장려한다.
10	Reduced Inequalities	국가 내, 국가 간 불평등을 감소시킨다.
11	Sustainable Cities and Communities	도시와 주거지를 포용적이며 안전하고 복원력 있고 지속가능하게 보장한다.
12	Responsible Consumption and Production	지속가능한 소비 및 생산 양식을 보장한다.
13	Climate Action	기후변화와 그로 인한 영향에 맞서기 위한 긴급 대응을 시행한다
14	Life Below Water	지속가능한 발전을 위한 대양, 바다, 해양자원을 보존하고 지속가능하게 사용한다.
15	Life on Land	지속가능한 육상 생태계 이용을 보호·복원·증진하고, 삼림을 지속가능하게 관리하며, 사막화를 방지하고, 토지 황폐화를 중지하고, 생물 다양성 손실을 방지한다.
16	Peace and Justice Strong Institutions	지속가능 발전을 위해 평화롭고 포용적인 사회를 증진하고, 모두가 정의에 접근할 수 있도록 하고, 모든 수준에서 효과적이고 책임성 있고 포용적인 제도를 구축한다.
17	Partnerships for the Goals	이행 수단을 강화하고 지속가능 발전을 위한 글로벌 파트너십을 활성화한다.

출처: www.kofid.org

지속가능한 발전이란 '미래 세대의 필요를 충족시킬 수 있으면서 오늘날의 필요도 충족시키는' 개념으로, 사회 및 경제 발전과 더불어 환경 보호를 함께 이루는 미래 지향적인 발전을 의미한다. 이를 달성하기 위해서 전 세계 국가들은 함께 어떤 노력을 어느 정도로 해야 할지, 지속가능발전목표를 통해 약속했다.

보다 더 큰 경우도 많아, 기업의 지속가능성이 지구의 지속가능성을 좌우한다고 해도 과언이 아니다. 기업이 해결할 수 없는 공공 부문을 제외하면 기업의 지속가능성을 합치면 거의 지구의 지속가능성이 될 것이다. 여기에 투자와 금융이 어떻게 역할을 하느냐에 따라 기업의 지속가능성 효과가 더 커질 수도 있고 반대가 될 수도 있다.

$$\text{지구의 지속가능성} = \sum_{n=1}^{\infty} \text{기업의 지속가능성(ESG)} \times \text{투자 및 금융 활동(ESG 투자)} + \text{공공 부문의 지속가능성}$$

지속가능성 투자의 성과가 더 좋은가?

투자자들이 가장 궁금해하는 것이 바로 수익률이다. 과거 20여 년간 ESG와 주가 수익률 등 기업의 재무 성과를 연구한 논문은 2,000편이 넘는다. 결론부터 말하면 이 중 약 70%는 긍정적인 상관관계를, 약 30%는 중립 또는 부정적인 상관관계를 보고했다. 긍정적인 결론을 낸 논문이 훨씬 많지만 부정 결과도 30%는 된다. 왜 상반된 결과가 혼재하는 것일까?

이런 가운데 주목할 만한 논문이 2016년 하버드대학에서 나왔다. 이전에 발표된 논문들은 ESG 이슈와 재무 성과를 연구했을 뿐, ESG 이슈를 나누지 않았다. 그러나 이 논문은 ESG 이슈를 중대한 것과 중대하지 않은 것으로 나누고 이슈별로 기업의 성과가 좋은지 나쁜지에 따라 그룹을 4개로 나누어 기업의 주가 수익률을 측정했다(그림 1 참조). 그랬더니 중대한 ESG 이슈 관리를 잘한 A 그룹의 주가 수익률이 가장 높았다. 즉, 이슈의 중대성과 기업의 관리 수준에 따라 주가 수익률이 달랐

2016년에 하버드대학에서 나온 연구에 따르면
중대한 ESG 이슈 관리를 잘한 A그룹의
주가 수익률이 가장 높았다.

다. 여기에서 얻은 결론은 "중대한 지속가능성 이슈에 대한 성과가 우수한 기업은 저조한 기업을 크게 능가한다. 이것은 지속가능성 이슈에 대한 투자가 주주가치 제고라는 것을 시사한다"이다.

투자자는 두 가지를 기억하자. 첫째, ESG 이슈라고 해서 다 같은 것이 아니다. 기업별로 중대한 ESG 이슈가 무엇인지 규명하고, 그것을 잘

그림 1. 중대한 & 중대하지 않은 ESG 이슈에 대한 성과별 주식 초과수익률(%)

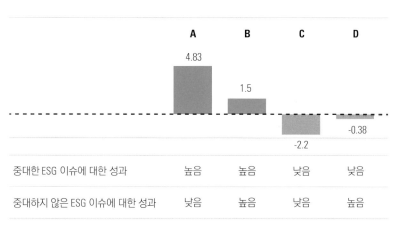

	A	B	C	D
	4.83	1.5	-2.2	-0.38
중대한 ESG 이슈에 대한 성과	높음	높음	낮음	낮음
중대하지 않은 ESG 이슈에 대한 성과	낮음	높음	낮음	높음

출처: Khan, M, Serafeim, G, and Yoon, A. Corporate Sustainability: First Evidence on Materiality. *The Accounting Review*, November 2016, Vol. 91, No. 6, pp. 1697-1724.

투자자는 두 가지를 기억하자.

첫째, ESG 이슈라고 해서 다 같은 것이 아니다.

기업별로 중대한 ESG 이슈가 무엇인지 규명하고,

그것을 잘 관리해 효율적으로 경영하는 기업에 투자해야 한다.

둘째, 중대하든 덜 중대하든 ESG 이슈를 관리하는 것만으로도

최소한 수익률에서 손해 보지 않는다.

관리해 효율적으로 경영하는 기업에 투자해야 한다. 둘째, 중대하든 덜 중대하든 ESG 이슈를 관리하는 것만으로도 최소한 수익률에서 손해 보지 않는다.

이번에는 실제로 ESG 전략으로 운용된 펀드의 성과를 살펴보자. 국내에 설정된 공모펀드 중에서 ESG 펀드들이 리스크조정수익률인 스타등급을 얼마나 받았는지 살펴보았다(그림 2 참조). 회색은 공모펀드 전체의 분포이고, 녹색은 ESG 펀드의 분포다. ESG 펀드는 별의 개수가 많은 왼쪽으로 약간 치우쳐 있다. 이는 스타등급을 높게 받은 펀드가 일반 펀드에 비해 ESG 펀드에 조금 더 많다는 뜻이다. 물론 스타등급 2개나 1개를 받은, 성과가 안 좋은 ESG 펀드도 있다. 그러나 그 비중이 일반 펀드보다 낮다. 이 결과는 고무적이다. 왜냐하면 ESG 펀드의 성과가 점점 더 좋은 쪽으로 이동했기 때문이다. 5년 전쯤에는 이 그래프가 스타등급 2개와 1개 쪽으로 조금 더 치우쳐 있었다.

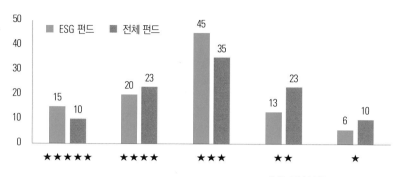

그림 2. 한국 공모펀드 중 ESG 펀드의 스타등급 분포도(%)

출처: 모닝스타(2020년 12월 말 기준)

주: 펀드는 비교 유형 안에서 리스크조정수익률이 높은 순서대로
상위 10%에 해당하면 스타 5개, 22.5%는 4개, 35%는 3개, 22.5%는 2개, 하위 10%는 1개를 받는다.

국내에 설정된 공모펀드 중에서
스타등급을 높게 받은 펀드는
일반 펀드에 비해 ESG 펀드가 조금 더 많았다.

ESG 투자를 해야 하는 이유: 투자 대상인 기업의 목표와 가치가 변하고 있다

전통적인 주식 투자 방법에서도 기업의 지속가능성은 기본 가정이다. 이것을 영속성이라고 한다. 채권 투자에서는 청산가치를 따지지만, 주식 투자에서는 기업의 영속성을 가정하고 가치 평가를 한다. ESG 투자가 새로운 개념이다 보니 주식 투자에서 지속가능성이라는 개념이

하늘에서 떨어진 것 같지만, 기업이 장기적으로 지속가능한 것은 주식 투자에서 가정하는 가장 기본적인 요건이다. 장기적으로 지속가능해야 배당도 꾸준히 할 수 있다.

그런데 기업이 지속가능할 수 있는 조건이 바뀌고 있다. 투자 관점에 변화가 일어난 것은 기업 가치를 판단하는 기준이 변하고 있기 때문이다. 20세기에 학교에 다닌 사람들은 기업의 목적이 이윤 추구라고 배웠다. 이는 1970~1980년대에 경제학의 주류를 형성한 밀턴 프리드먼의 신자유주의에 영향을 받은 것이다. 그러다가 2000년대 들어 마이클 포터가 기업의 공유가치 창출을 주장하면서 기업 활동과 목표에 대한 관점이 변하기 시작했다. 즉, 기업이 망하지 않고 지속가능하려면 이윤 추구를 넘어서 공유가치를 창출해야 한다는 것이다. 구체적으로는 환경 (E) 사회(S), 거버넌스(G), 3가지 핵심 요소를 얼마나 잘 관리하느냐에 달려 있다고 본다.

ESG의 요소별로 예를 들면 환경은 주로 탄소 배출과 쓰레기, 토지 사용에 대한 것이고, 사회는 젠더 평등, 노동자 인권 등에 대한 이슈다. 기업 거버넌스는 이사회 구조, 대주주뿐만 아니라 소액주주의 소유권 및 권리, 이사회의 구성, 재무 보고 등이 포함된다.

ESG 투자가 기반으로 하는 기업 가치의 핵심은 기업이 환경의 좋은 관리자이며 일하기 좋은 곳, 안정하고 유용한 상품의 생산자가 되어야 하고, 청렴하고 장기적인 관점으로 거버넌스가 이뤄져야 한다는 믿음에 있다. 이 믿음을 낳은 아이디어는 투자자가 기업이 지속가능한 속성을 발전시킬 수 있도록 장려하고, 기업이 환경과 사회 문제의 해결책의 일부가 될 수 있으며, 투자자와 기업은 결국 전체 금융 시스템과 글로벌 경제의 장기적 지속가능성을 높이는 데 기여할 수 있다는 것이다. 과거에 틈새 활동이었던 사회책임투자와는 달리 ESG 투자는 개인 투자자를 포함한 모든 계층의 투자자에게 널리 퍼지고 있다. 기업이 환경 및 사회적 과제를 관리하는 정도와 거버넌스 관행에 대한 평가가 모든 투자 분석의 일부가 되어야 한다는 믿음이 강해지고 있다.

투자 대상 기업의 ESG는 어떻게 평가하는가?

솔직하게 말하면 이 부분은 처음 접하는 사람에게는 어려운 내용이다. 전문 투자자들에게도 어려운 이야기라서 개인 투자자에게는 더욱 쉽지 않을 것이다. 그렇다고 ESG 투자의 핵심이 되는 평가 지표를 거론하지 않을 수는 없는 노릇이다. 우리가 지금은 당연하게 받아들이는 PER과 PBR을 처음 배울 때를 생각해보면 이 또한 넘을 수 있는 허들이라고 생각한다. 뭐든지 처음 접할 때는 어렵지만 익숙해지면 쉽다.

ESG 투자는 기업이 노출된 리스크를 관리함으로써 수익률을 지키는 투자다. 큰 수익률을 노린다기보다는 바뀐 투자판에서 나의 포트폴리오 리스크를 관리해서 망하지 않으려는 전략이다.

ESG 투자의 뜻이 좋다고 해서 막연히 좋은 기업이라는 이미지만 가지고 투자할 수는 없다. 투자자가 ESG를 투자로 받아들이게 하려면 측정 가능한 지표를 제시해야 한다. 채권에 신용등급이 있고 펀드에도 리스크조정수익률을 비교할 수 있는 펀드 등급이 있듯이 기업을 평가하는 ESG 등급이라는 것이 있다.

ESG 등급은 과거 30년 동안 진화해왔고, 현재 글로벌 평가사들은 재무적으로 중대한 ESG 리스크에 초점을 두고 있다. 예를 들어 글로벌 지

기업이 ESG 측면에서 추구해야 할 목표는
노출된 ESG 리스크를 최대한 관리해 관리되지 않은 리스크를
최소로 남기는 것이다. 투자자는 기업이 노출된,
재무적으로 중대한 ESG 이슈를 밝혀서
이것을 어떻게 관리하는지를 집중적으로 보는 것이다.

속가능성 리서치회사인 서스테널리틱스는 관리되지 않은 리스크를 평가한다. 관리되지 않은 리스크란 기업이 노출된 총 ESG 리스크에서 관리할 수 있는 만큼 충분히 하고 남은, 정말 어쩔 수 없는 위험을 뜻한다. ESG 리스크에 크게 노출되었다는 이유로 에너지나 철강 산업에 속한 기업은 투자 리스트에서 다 빼버려야 하는가? 에너지를 생산하지 말고, 철강 생산도 다 멈추고, 건물도 짓지 말고 다리도 놓지 말아야 하는가? 이미 우리가 살고 있는 문명을 다 없애고 산업혁명 전으로 돌아갈 수는 없는 노릇이다. 그래서 기업이 ESG 측면에서 추구해야 할 목표는 노출된 ESG 리스크를 최대한 관리해 관리되지 않은 리스크를 최소로 남기는 것이다. 투자자는 기업이 노출된, 재무적으로 중대한 ESG 이슈를 밝혀서 이것을 어떻게 관리하는지를 집중적으로 보는 것이다. 이것이 글로벌 투자자들이 사용하는 가장 최신의 ESG 투자 방법이다.

서스테널리틱스는 기업의 지속가능성을 평가하는 지표로 중대한 ESG 리스크 이슈 21가지를 규명한다. 이 중에서 기업이 속한 산업별로 최대 10개까지 이슈를 정한 뒤 기업이 속한 산업과 기업 특이성을 반영

해 기업이 얼마나 잘 관리하는지 평가한다. 최종적으로 남은 관리되지 않은 리스크가 최종 평가 대상이 된다.

이 프레임으로 자라가 속한 세계 최대 규모의 패션 그룹인 인디텍스를 평가해보자. 인디텍스가 노출된 ESG 이슈 중 주요한 것 3가지를 표 2에서 찾으면 '인권 - 공급망(12번)', '인력(13번)', '상품과 서비스의 환

표 2. 기업의 중대한 ESG 리스크 이슈

1	Corporate Governance	기업 거버넌스
2	Access to Basic Services	기본 서비스에 대한 접근
3	Bribery and Corruption	뇌물 및 부패
4	Business Ethics	비즈니스 윤리
5	Community Relations – Supply Chain	커뮤니티 관례 - 공급망
6	Data Privacy and Security	데이터 개인정보와 보안
7	Emissions, Effluents and Waste	배출, 쓰레기
8	Carbon – Own Operations	탄소 배출 - 오퍼레이션 소유
9	Carbon – Products and Services	탄소 배출 - 상품 및 서비스
10	E&S Impact of Products and Services	상품과 서비스의 환경 및 사회적 영향
11	Human Rights	인권
12	Human Rights – Supply Chain	인권 - 공급망
13	Human Capital	인력
14	Land Use and Biodiversity	토지 사용 및 생물다양성
15	Land Use and Biodiversity – Supply Chain	토지 사용 및 생물다양성 - 공급망
16	Occupational Health and Safety	작업장 건강 및 안전
17	ESG Integration - Financials	ESG 통합 - 재무
18	Product Governance	상품 거버넌스
19	Resilience	회복력
20	Resource Use	자원 사용
21	Resource Use – Supply Chain	자원 사용 - 공급망

그림 3. 관리되지 않은 ESG 리스크 도출 과정 – 인디텍스 사례

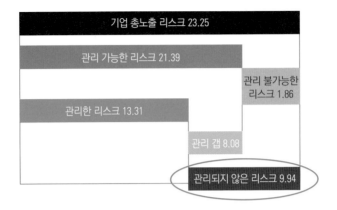

경 및 사회적 영향(10번)'이다. 비용을 절감하기 위한 개발도상국의 인력 사용과 의류산업의 어마어마한 폐기물 등이 중대한 ESG 이슈가 되는 것은 당연하다. 여기에서 더 중요한 것은 노출된 ESG를 어떻게 관리해 줄여나가느냐다. 인디텍스의 ESG 노출은 23.25점에 시작했으나 이 중 13.31점이 관리되고 남은 리스크는 9.94점으로 매우 낮은 수준이다. 같은 업종에 속해 있다고 해도 기업별로 관리 수준은 천차만별이다. 투자자는 무조건 특정 산업을 피할 것이 아니라 개별 기업의 관리 수준을 평가해 투자 대상을 선정해야 한다.

국내에서 개인 투자자가 ESG 투자를 할 수 있는 방법

개별 종목에 직접 투자하는 사람은 기업의 ESG 등급을 확인할 필요가 있다. 우리나라에는 기업의 ESG 등급을 내는 곳이 3~4곳 있다. 펀드에 투자할 경우 가장 주의할 점은 이름만 ESG 펀드인지, 투자를 진짜

개인 투자자가 할 수 있는 가장 손쉬운 ESG 투자 방법은
패시브 상품인 ETF나 인덱스펀드를 활용하는 것이다.
인덱스에 포함된 종목들은 기준에 따라 다르지만
ESG가 검증된 종목이다.

로 하는지 구별하는 일이다. 이것도 두 가지로 나뉘는데, 먼저 투자설명서에 나온 투자 전략을 확인하고, 다음으로는 실제로 펀드가 담은 종목이 ESG 투자 목적에 맞는 종목인지 살펴야 한다.

이때 펀드의 지속가능성 등급 같은 지표를 참고할 수 있다. 표 3은 우리나라에 설정된 펀드 중 모닝스타 지속가능성등급의 높음과 평균 이상을 받은 펀드들이다. 지속가능성등급은 수익률과 상관없이 펀드의 포트폴리오가 ESG 성격을 갖는지 판단하는 지표이고, 저탄소지명은 포트폴리오의 ESG 요소 중 탄소만 발라내서 탄소 노출과 관리를 평가한 지표다.

안타깝게도 이런 지표가 아직 우리나라에서는 널리 쓰이지 않는다. 개인 투자자가 쉽게 접할 수 없는 정보를 들이밀면서 참고하라고 하면 말이 되지 않으니 개인 투자자가 할 수 있는 가장 손쉬운 ESG 투자 방법을 소개하면 패시브 상품인 ETF나 인덱스펀드를 활용하는 것이다. ETF와 인덱스펀드는 말 그대로 인덱스를 추종하는 방법이다. 인덱스에 포함된 종목들은 기준에 따라 다르지만 ESG가 검증된 종목이다. 이 방법은 개인 투자자뿐만 아니라 처음 ESG 투자를 시작하는 기관투자

가들도 사용하는 방법이다. 어떤 투자든 처음 시작할 때에는 인덱스 상품을 사용하는 것이 가장 좋은 방법이다. 비용도 낮고 실패할 확률도 확실히 줄어든다.

표 3. 국내 펀드 중 모닝스타 지속가능성 등급 상위 펀드 목록

펀드명	설정일	글로벌 카테고리	모닝스타 지속가능성 등급*	저탄소 지명**
신한글로벌지속가능경영ESG (H)[주식혼합-재간접] C-s	2020-09-17	주식 혼합	높음	
슈로더글로벌지속가능성장주 [주식-재간접] A-e	2020-07-27	글로벌 중소형 주식	높음	
미래에셋글로벌ESG사회책임투자인덱스 자 (H)[주식-파생] F	2020-04-20	글로벌 대형 주식	높음	Yes
미래에셋글로벌ESG사회책임투자인덱스 자 (UH)[주식] F	2020-04-20	글로벌 대형 주식	높음	Yes
KBSTAR ESG사회책임	2018-02-26	한국 주식	높음	No
TIGER MSCI Korea ESG리더스	2018-02-06	한국 주식	높음	No
TIGER MSCI Korea ESG유니버설	2018-02-06	한국 주식	높음	Yes
KODEX MSCI ESG유니버설	2018-02-06	한국 주식	높음	No
삼성클래식글로벌클린에너지연금 자(H)[주식-재간접] Ce	2014-08-22	에너지 섹터 주식	높음	No
한국투자ESG 1[주식] C-F	2008-08-18	한국 주식	높음	Yes
멀티에셋퇴직연금클린에너지 자 [주식]	2008-05-02	에너지 섹터 주식	높음	
키움퓨처에너지 1[주식] A1	2007-06-28	에너지 섹터 주식	높음	
삼성글로벌클린에너지 자 2[주식-재간접] A	2007-06-25	에너지 섹터 주식	높음	No
삼성글로벌클린에너지 자 1[주식-재간접] A	2007-06-25	에너지 섹터 주식	높음	No
멀티에셋글로벌클린에너지 자 [주식] C1	2007-04-16	에너지 섹터 주식	높음	

멀티에셋클린에너지포커스 자 [주식] A	2007-04-12	에너지 섹터 주식	높음	
멀티에셋글로벌클린에너지 자 2[주식] C1	2007-04-06	에너지 섹터 주식	높음	
KODEX 200ESG	2019-11-13	한국 주식	평균 이상	No
KB글로벌ESG성장리더스 자 (H)[주식] C-F	2019-05-29	글로벌 중소형 주식	평균 이상	Yes
코레이트주주성장타겟 [주식] C-F	2019-05-16	한국 주식	평균 이상	
브이아이켄드리엄글로벌4차산업 자 (UH) [주식-재간접] C-Pe2	2019-01-22	기술 섹터 주식	평균 이상	Yes
브이아이켄드리엄글로벌4차산업 자 (H)[주식-재간접] C-Pe2	2019-01-22	기술 섹터 주식	평균 이상	Yes
미래에셋글로벌혁신기업ESG 자 [주식] A	2017-10-26	글로벌 중소형 주식	평균 이상	Yes
삼성ESG착한책임투자 1[주식] Cf	2017-08-17	한국 주식	평균 이상	No
삼성유럽ESG 자 (UH)[주식] Cp(퇴직연금)	2016-08-10	유럽 대형주	평균 이상	No
삼성유럽ESG 자 (H)[주식] Cf	2016-05-19	유럽 대형주	평균 이상	No
이스트스프링연금저축업종일등ESG 자 [주식] C	2015-12-14	한국 주식	평균 이상	Yes
IBK다보스글로벌고배당 자 4[주식] C	2015-03-11	글로벌 대형 주식	평균 이상	Yes
미래에셋그린뉴딜인덱스 자 [주식] A	2009-06-05	한국 주식	평균 이상	Yes
KB ESG성장리더스 자 [주식] A	2008-05-09	한국 주식	평균 이상	No
IBK다보스글로벌고배당 자 5[주식] A	2008-01-25	글로벌 대형 주식	평균 이상	Yes
IBK다보스글로벌고배당 자 2[주식] A	2007-12-17	글로벌 대형 주식	평균 이상	Yes
알파글로벌신재생에너지 자 1[주식] A	2007-09-03	에너지 섹터 주식	평균 이상	
IBK다보스글로벌고배당 자 6[주식] A	2007-06-21	에너지 섹터 주식	평균 이상	Yes
이스트스프링지속성장기업 [주식] C-F	2005-06-07	한국 주식	평균 이상	No
이스트스프링업종일등ESG 자 [주식] C	2005-01-18	한국 주식	평균 이상	Yes

* 모닝스타는 역사적 지속가능성 점수를 기준으로 모닝스타 글로벌 카테고리 내의 모든 점수를 매겨 지속가능성 등급을 지정함. 순위에 오른 펀드는 정규 분포에 따라 5개 그룹으로 나뉘어 각각 '높음, 평균 이상, 평균, 평균 이하, 낮음' 등급을 받음
** 저탄소지명은 모닝스타 포트폴리오 탄소 위험 점수와 모닝스타 포트폴리오 화석 연료 관여 지표에 기반해, 펀드의 평균 포트폴리오 탄소 위험 점수가 10 미만, 자산의 화석 연료 관여도가 12개월 평균 7% 미만일 때 부여함.

결론: 투자의 판이 달라졌다

가습기 첨가제 사건, 유통업체의 갑질, 건설사들의 부실공사로 발생한 인명 피해, 안전관리를 소홀히 해서 발생하는 공장 노동자 사망. 이런 사건들은 지금뿐 아니라 과거에도 주가에 영향을 주고 기업 가치를 손상시켰다. 꼭 이렇게 극단적인 사건이 아니라도 기업의 지속가능 경영에 중요한 환경, 사회, 거버넌스를 체계적으로 평가하고 투자에 반영하는 것이 ESG 투자다.

국내에서는 최근 1~2년 사이에 관심이 빠르게 증가하고 있다. 최근 열리는 세미나와 콘퍼런스는 대부분 지속가능성과 관련된 것이다. 투자업계는 물론이고 환경단체, 미디어, 법무법인들도 기업 고객을 대상으로 한 번씩은 지속가능성 세미나를 개최했다. 이런 분위기 속에서 증권사와 자산운용사들도 ESG 투자를 도입하느라 바쁘다. 전담팀을 만들기도 하고, 그만한 여력이 없으면 리서치팀 안에 인력을 지정하거나, 하다못해 태스크포스라도 운영한다. 그들은 어디에서 ESG 투자를 시작해야 하는지, 그리고 ESG 투자가 왜 갑자기 이렇게 뜨거운 이슈가 됐는지 종종 묻는다.

최근 5~6년간 내가 겪은 우리나라의 지속가능성 투자 도입 과정을 돌아보겠다. 2015년 유엔에서 17가지 지속가능발전목표를 발표한 다음 해인 2016년에 우리나라 국회예산처에서 "사회책임투자 실행 및 성과평가 기준 연구" 프로젝트를 발주했다. 모닝스타에서 이 프로젝트를 수행했는데, 당시 업계 사람들은 "음, 사회책임투자는 좋은 것이기는 한데 수익률이 시원치 않아서 말입니다" 또는 "우리나라에서 책임투자요? 그런 게 될 리가 없죠" 등 부정적으로 평했다. 그 후로도 ESG 투자

하루아침에 뚝딱 생기는 것은 어디에도 없다. 조금씩 기포만 올라오는 중에는 일부 예민한 사람들만 변화를 감지할 뿐이고, 어느 날 임계점을 넘어 끓어올라야 비로소 많은 사람이 냄비를 쳐다본다.

ESG 투자는 지나가는 유행이 아니라 오랫동안 바닥을 다져온 새로운 투자판이다. 이 투자판에서 성공하려면 먼저 진짜를 가려내는 눈이 필요하다. 투자설명서는 기본이고 기업과 펀드의 등급을 확인해야 한다. 이러한 정보에 접근할 수 없다면 우선 ETF나 인덱스펀드로 시작하는 것이 좋다.

를 주제로 많은 콘퍼런스와 세미나가 열렸지만 ESG 투자로 큰 자금이 들어오지는 않았다.

그런데 지난해 코로나19를 겪으면서 사람들은 지속가능성이 얼마나 중요한지 체감하게 된 것 같다. 게다가 2020년 7월 문재인 대통령은 코로나19 사태 이후 경기 회복을 위해 그린 뉴딜을 포함한 한국형 뉴딜 정책을 발표했고, 이어 12월에 탄소중립도 선언했다. 이미 국민연금도 지속가능성 투자를 강화하겠다고 2022년까지 로드맵을 발표한 상황이었다. 관심을 두는 사람이 별로 없어서 그렇지, 2017년 대통령 선거 당시 더불어민주당뿐만 아니라 다른 당의 대선 공략집에는 당시 이름으로 사회책임투자라고 불리는 공략이 몇 개씩은 포함됐다. 해외 연기금과 자산운용사들은 ESG 투자를 정책 수준에서 받아들여 프로세스를 확립했고, 블랙록 등 대형 자산운용사들이 전사적으로 ESG 투자를 운용 기준으로 삼는다고 줄줄이 발표했다. ESG 투자는 해외 자본시장에만 해당하는 먼 나라 이웃 나라 이야기로 듣던 사람들도 이제는 앞다투어 ESG 투자를 공부하고 투자 상품도 만들고 있다.

하루아침에 뚝딱 생기는 것은 어디에도 없다. 조금씩 기포만 올라오는 중에는 일부 예민한 사람들만 변화를 감지할 뿐이고, 어느 날 임계점을 넘어 끓어올라야 비로소 많은 사람이 냄비를 쳐다본다.

ESG 투자는 지나가는 유행이 아니라 오랫동안 바닥을 다져온 새로운 투자판이다. 이 투자판에서 성공하려면 먼저 진짜를 가려내는 눈이 필요하다. 투자설명서는 기본이고 기업과 펀드의 등급을 확인해야 한다. 이러한 정보에 접근할 수 없다면 우선 ETF나 인덱스펀드로 시작하는 것이 좋다.

가습기 첨가제 사건, 유통업체의 갑질, 건설사들의 부실공사로 발생한 인명 피해, 안전관리를 소홀히 해서 발생하는 공장 노동자 사망, 최근 대형 유통업체의 물류 창고 화재 사건까지. 이런 것들은 관리할 수 있는 리스크인데 관리되지 않은 것이다. 이런 사건을 일으키는 기업은 ESG 관점에서 투자 매력도가 떨어지고 투자 기피 대상이 된다. 왜냐고? 지구와 인류의 지속가능성에 해를 끼치고, 결국 그들의 사업도 지속가능할 것 같지 않으니까.

글 **정승혜**   CFA(공인재무분석사). 모닝스타코리아 리서치팀 상무이며 CFA한국협회 금융지성커미티 체어로 활동하고 있다. 주식 애널리스트로 시작해 피델리티, 타워스 왓슨, 우리은행 등을 두루 거쳐 다양한 영역에서 금융권 경력을 쌓았다. CFA한국협회에서는 학생과 젊은이를 대상으로 금융 리터러시 캠페인을 주관하고 있다. 금융 지식을 쉽게 전달하는 금융 커뮤니케이터를 추구한다.

기업이 속한 국가의 ESG부터 체크하세요!

신환종

일반적으로 기업의 신용등급은 그 기업이 속한 국가의 신용등급을 넘을 수 없다. 마찬가지로 기업의 ESG 평가도 그 기업이 속한 국가의 ESG 평가를 초과하기 어렵다. 이것이 최근 국가에 대한 ESG 평가(소버린 ESG 평가)가 시작된 배경이다. 필자는 국제 신용평가회사 무디스의 국가 ESG 평가 방법론을 소개하고 분석한다. 유럽에서 어느 나라가 ESG에서 높은 평가를 받았을까? 한국과 일본의 등급은 어느 수준일까?

　경제 활동에서 환경(Environmental), 사회적(Social), 거버넌스
(Governance)가 미치는 영향을 종합적으로 고려해 투자 의사결정에
반영하는 '지속가능한 투자'가 빠른 속도로 확산되고 있다. 전 세계를
대혼란에 빠뜨린 코로나19 사태가 중요한 계기가 되기도 했지만, 먼
지 지난 15년간 '유엔의 책임투자 원칙(UN Principles for Responsible
Investment: UN PRI)'을 중심으로 글로벌 자산 보유자들과 자산 운용가
들의 노력이 중요한 역할을 했다고 판단된다.

　최근에는 개별 기업의 ESG 평가를 넘어 그 기업이 속한 국가의 ESG
평가(소버린 ESG 평가)가 시작되었다. 특히 무디스, S&P, 피치와 같은 글
로벌 신용평가회사들은 기존의 정부 신용평가 등급에서 ESG 요인을 적

극적으로 고려하면서 하부 요인으로 ESG 평가 등급을 제시하고 있다.

이미 이전에도 글로벌 금융시장에서는 어떤 국가에 투자할 때 정치 사회적인 요인들을 주의 깊게 고려하는 경향이 있었다. 정책 컨설팅회사 유라시아그룹을 설립한 이안 브레머는 'J커브'라는 개념으로 정치사회적인 요인과 지정학적 요인이 중요한 투자 리스크라고 분석한 바 있다. 글로벌 신용평가사들도 정부신용등급을 평가할 때 사회적 리스크와 정부의 거버넌스(개별 기업의 지배구조 문제와는 완전히 다르다!)를 분석했고, 국가별 등급을 평가할 때 일정 부분 고려했다. 따라서 해당 국가의 정치 제도적 투명성을 분석하는 중요한 요소로 법치, 정부의 효율성, 언론의 자유, 부패 등의 이슈를 다루곤 했다. 이런 가운데 최근 기후변화 리스크를 중심으로 한 환경 리스크가 본격적으로 대두되면서 사회적 리스크와 거버넌스도 좀 더 분명하게 평가에 반영될 것으로 보인다.

나는 이 글에서 글로벌 신용평가사들의 소버린 ESG 평가 방법론과 이슈를 소개하고 최근 현황, 향후 국가신용등급과 금융시장에 미칠 영향을 분석하고자 한다.

소버린 ESG 평가

① 소버린 ESG 평가: 무디스, S&P, MSCI

소버린 ESG 평가를 제시하거나 고려한 글로벌 신용평가사는 무디스와 S&P가 있고 일반 금융 인덱스회사는 MSCI가 있다. 무디스와 S&P는 정부신용등급을 평가할 때에도 ESG를 중요하게 고려하기로 하고 ESG 등급을 제시했다. 그중 평가 방법론과 등급 체계를 공개한 무디스는 2021년 1월 모든 평가 국가의 ESG 점수를 발표했다. 무디스는 2019년 4월 독립 ESG 리서치회사인 비지오 아이리스의 지분을 취득해 최대 주주가 되면서 소버린 지속가능성 등급 프로필도 함께 제공하고 있다.

무디스의 발행자 프로필 점수(Issue Profile Scores, 이하 IPS)는 ESG 요인에 대한 노출을 측정하는 반면, 신용 영향 점수(Credit Impact Scores, 이하 CIS)는 해당 국가의 ESG 리스크에 대한 영향을 측정한다. ESG IPS는 환경(E), 사회(S), 거버넌스(G)에 대한 몇 가지 핵심 포인트를 제시한다. ESG CIS는 1등급 긍정적(Positive), 2등급 다소 낮음(Neutral to Low), 3등급 다소 부정적(Moderately Negative), 4등급 부정적(Highly Negative), 5등급 매우 부정적(Very Highly Negative)으로 나뉜다.

ESG IPS 평가 항목

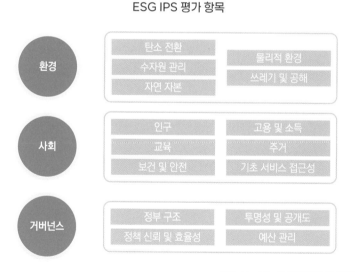

출처: Moody's, NH투자증권 리서치본부

ESG CIS는 정부신용등급과 87%라는 높은 상관관계를 보인다. 신용등급이 우수한 정부는 이미 환경 및 사회적 위험, 정치 체제의 안정성 등에서 탄탄한 시스템을 갖추고 있기 때문이다. 이러한 환경 및 사회적 위험, 거버넌스 리스크의 중요성을 공통적으로 반영하지만, ESG CIS와 정부신용등급이 같다고 판단하기는 어렵다. 이 글에서는 가장 투명하게 공개되어 있는 무디스의 소버린 ESG 평가 방법론을 중심으로 분석할 것이다.

S&P는 국가신용등급 평가에서 국가기관의 질과 정부 효율성을 평가할 때 ESG 요소를 약 25% 비중으로 고려할 것이라고 밝혔다. 또한 다른 신용평가사들과 마찬가지로 ESG 평가에서 ESG 프로필과 ESG 준비도를 합산한다. 리스크 아틀라스(Risk Atlas)를 통해 ESG를 분석하는데, 소버린 측면에서는 지역의 자연재해 리스크, 사회적 기준, 정부 거버넌스 등을 평가한다.

S&P 소버린 평가 체계

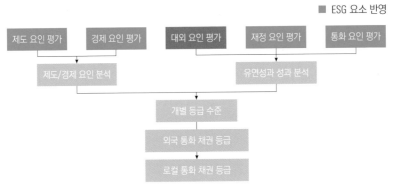

출처: S&P, NH투자증권 리서치본부

ESG 등급은 1등급(노출 낮음)~6등급(노출 높음)으로 나뉘고 1~2등급은 우수, 3~4등급은 보통, 5~6등급은 취약으로 분류한다. 국가별 거버넌스 등급을 보면 우수 등급이 14%, 보통 등급이 33%, 취약 등급이 53%로 취약 등급 비중이 높으나 국내총생산(GDP) 가중으로 하면 선진국 비중이 높아 우수 등급이 전체의 절반 가까이를 차지한다.

MSCI에서는 2012년 1월부터 MSCI ESG 국가 등급을 발표해왔다. 평가 대상을 AAA~CCC의 7단계로 나누어 선도 주자(Leader), 평균(Average), 후발 주자(Laggard)로 구분하고, 평가 요소는 무디스와 유사하게 ESG 리스크 노출 규모와 세부 항목별 관리 정도다.

MSCI의 ESG 평가 단계

출처: MSCI, NH투자증권 리서치센터

MSCI 정부 ESG 평가 요소

	리스크 요소	세부 항목(노출)	세부 항목(관리)
환경	천연 자원	에너지 안보	에너지 자원 관리
		수자원	자원 비축
		생산적인 토지와 광물 자원	수자원 관리
	환경 외생성/취약성	환경 문제의 취약성	환경적 퍼포먼스
		환경적 외부성	환경적 외부성의 효과
사회	인적 자원	기본 인적 자원	기본 니즈
		고등 및 기술 교육	인적 자본 퍼포먼스/인프라
		지적 자본	지적 자본 관리
	경제 환경	경제 환경	고용/복지
거버넌스	재무적 거버넌스	재무 자원	재무 관리
	정치적 거버넌스	기관	참정권 및 시민 자유 보장
		법 및 형벌 제도	부패 컨트롤
		정부 효율성	안정성 및 평화

② 환경 리스크

무디스의 환경 리스크 평가를 위한 세부 항목은 탄소 전환, 수자원 관리, 자연 자본, 물리적 기후 위험, 쓰레기 및 공해 등 5가지로 이루어져 있다.

첫째 항목은 탄소 전환이다. 해당 국가의 현재 탄소 전환 단계를 검토하고, 기술과 시장 등 다양한 측면에서 어떤 정책 리스크가 있는지 분석한다. 또한 리스크를 줄이기 위해 해당 정부가 어떤 노력을 하고 있는지 평가하고, 가속화되는 탄소 전환 리스크의 중장기 복원력을 검토한다.

둘째는 수자원 관리다. 이는 기후변화와 직접적인 관계는 없지만 경제 활동에 커다란 영향을 끼친다. 수자원의 사용 가능성과 접근성, 소비

환경 리스크 평가를 위한 5가지 세부 항목

항목	세부 항목
탄소 전환	탄소 전환의 현재 단계
	기술, 시장 및 정책 리스크
	리스크를 줄이기 위한 대응
	탄소 전환 가속화 리스크에 대한 장기 복원력
수자원 관리	기후와 관계없는 리스크
	경제활동의 영향
	수자원 사용 가능성, 접근성, 소비
	물 사용 효율성 향상을 위한 혁신
	공해와 연관된 규제 위반 리스크
자연 자본	자연 시스템(토양, 생물학적 다양성, 삼림, 토지, 해양 등)에 대한 영향
	자연에서 유래한 상품과 서비스 의존도(농업, 어업, 섬유 등)
물리적 기후 위험	기후변화의 현재와 미래 영향
	온난화, 물 부족, 홍수, 허리케인, 해수면 상승, 산불 등에 대한 익스포저
쓰레기 및 공해	비온실가스 공기 오염물질
	토지 기반의 사고, 오염물질 유출 등
	유해/비유해 쓰레기 문제
	순환경제(Circular Economy)

출처: Moody's, NH투자증권 리서치본부

를 분석하고 물 사용의 효율성을 높이기 위해 노력하는지, 오염 관련 규제를 위반했을 때 얼마나 적절히 대응하고 관리하고 있는지 판단한다.

셋째는 자연 자본으로 토양, 생물학적 다양성, 삼림, 토지, 해양 등의 자연 시스템에 대한 영향을 분석한다. 또한 자연에서 유래한 상품(농업, 어업 등)과 서비스에 얼마나 의존하고 있는지 분석한다.

넷째는 물리적 기후 위험으로 기후변화의 현재와 미래 영향을 추적한다. 지구 온난화와 물 부족, 홍수, 허리케인과 해수면 상승, 산불 등에 얼마나 노출되어 있는지 분석한다.

다섯째는 쓰레기 및 공해로, 온실가스 등 공기 오염 물질을 얼마나 만들어내는지, 토지에서 오염 물질 유출이 얼마나 자주 일어나는지 분석한다. 또한 유해한 쓰레기 문제를 해당 정부가 어떻게 관리하는지도 주요한 분석 대상이다.

ESG CIS 등급을 보면 환경 리스크는 가장 앞선 선진국도 중립 수준(2등급)이고, 국가 대부분은 다소 부정적인 수준(3등급)에 그친다. 선진국들은 그래도 환경 위험에 선제적으로 대처하면서 중립 수준으로 평가받지만, 신흥국의 40%가 기후 위험과 수질 위험을 통해 상당히 부정적인 평가를 받았다. 특히 심각한 환경 위험으로는 기후변화와 함께 수질 관리와 수질 오염이 가장 커다란 요인으로 부각되었다. 탄소 전환 이슈는 탄화수소 생산자·소비자 여부와 탄화수소 제품에 대한 국가별 의존도에 따라 다른 가운데, 신흥국은 현재의 높은 의존도를 낮추기가 쉽지 않은 상황이다.

물리적 기후 위험은 특히 신흥국에 중요하며, 이들 국가 중 43%가 매우 부정적인 영향을 받고 있다. 많은 신흥 국가가 물 스트레스, 홍수 및 허리케인과 같은 물리적인 기후 위험에 노출되어 있고 취약한 상태다. 무디스는 계열사인 기후 위험 데이터회사 포트웬티세븐(Four Twenty Seven)을 통해 기후변화에 대한 국가의 다각적인 노출을 분석하고 있다. 물리적 기후 위험이 해당 국가의 경제, 특히 정부 재정에 부정적이고 지속적인 영향을 미칠 경우 신용등급에 부정적인 영향을 줄 수 있다.

국가 대부분에서 수자원 관리 위험은 크지 않지만 신흥국의 33%는 상당히 부정적인 평가를 받고 있다. 수자원 위험에 대한 노출은 자연적

조건과 수자원 관리의 질로 인해 본질적으로 다르지만 물리적 기후 위험과 관련될 수 있다. 심한 가뭄은 정기적으로 심각한 사회적·경제적 고통을 야기한다. 인도, 방글라데시, 파키스탄 등은 정부가 주민들에게 안전한 물을 공급하지 못할 가능성이 계속 이슈화되고 있어서 수자원 관리가 매우 중요한 신용 이슈로 발전할 가능성이 있다. 반대로 아이슬란드는 수자원 접근성이 풍부해 좋은 평가를 받는다.

탄소 전환에 대한 노출은 탄화수소 생산자에 따라 다르다. 국가 대부분은 탄화수소 소비자 및 수입업자다. 일부 부문과 지역은 저탄소로의 지속적인 전환 때문에 압력을 받을 수 있지만, 국가 차원에서 탄소 전환의 영향은 국가 대다수에 낮은 수준으로 나타난다.

자연 자본에 대한 위험 노출은 일반적으로 물리적 기후 위험, 수자원 위험 또는 관련 탄소 전환에 대한 노출보다 낮은 것으로 평가된다.

폐기물 및 오염과 관련한 위험 노출이 일반적으로 부정적이다. 이는 폐기물 및 오염 위험이 일반 정부 수준이 아닌 지역에서 중요해지는 경향이 있다는 사실을 반영한다. 인도는 이런 노출이 매우 부정적이어서, 폐기물 관리 또는 오염이 해결되지 않으면 성장 잠재력, 사회적 긴장 및 공공 재정에 중대한 부정적 영향을 미칠 가능성이 있다.

③ 사회적 리스크

사회적 리스크 평가를 위한 세부 항목은 인구, 고용 및 소득, 교육, 주거, 보건 및 안전, 기초 서비스 접근성 등 6가지로 이루어진다.

첫째 항목은 인구 통계적인 측면이다. 연령별 인구 분포를 통해 노령화 정도를 분석하고, 이민 정책과 출생률을 통해 생산가능인구의 추세

사회적 리스크 평가를 위한 6가지 세부 항목

항목	세부 항목	항목	세부 항목
인구	연령별 인구 분포	보건 및 안전	보건
	이민		안전한 식품
	출생률		환경적 질
	인종/민족 구성/트렌드		개인의 안전과 웰빙
고용 및 소득	경제활동 참가율	기초 서비스 접근성	상하수
	소득 불평등		전기
교육	초등/중등/고등교육 접근성		금융 서비스
	교육받은 인구		교통
	문해력		통신/인터넷
주거	주택 구입 가능성 및 접근성		
	주거의 질		

출처: Moody's, NH투자증권 리서치본부

를 판단한다. 인종과 민족의 구성도 사회적인 갈등을 유발할 수 있기 때문에 중요한 분석 요소다.

둘째, 고용 및 소득 측면에서는 경제활동 참가율과 소득 불평등을 분석한다. 많은 신흥국에서는 사회적 리스크의 많은 부분이 소득 불평등에서 시작되기 때문에 중요하다.

셋째, 교육 측면에서 초등·중등·고등 교육에 대한 접근성과 교육받은 인구, 문해력 등이 주요 평가 요소다. 국민들이 적절한 교육을 받을 수 있는 환경을 갖추었는지가 중요한 분석 요소다.

넷째로 주거 측면에서는 국민들이 쉽게 주택을 구입할 수 있는 환경인지, 실질적으로 적절한 주거 환경을 갖고 있는지를 분석한다.

다섯째는 보건 및 안전 측면으로, 국가 전반의 보건 복지 수준은 어떤지, 음식물을 안전하게 공급받고 있는지, 환경의 질은 어떤지, 치안과 건강 등의 개인 안전이 잘 보호되고 있는지를 분석한다.

여섯째는 기초 서비스에 대한 접근성으로, 위생적인 상하수도 관리, 전기, 금융 서비스, 교통 운송 서비스, 인터넷·통신 서비스 같은 기초 서비스에 접근성을 잘 유지하고 있는지를 분석한다.

사회적 리스크는 선진국 대부분은 상대적으로 낮지만 신흥국은 매우 부정적인 수준이다. 선진국들은 인구 고령화가 가장 중요한 사회적 리스크로 제시된다. 그러나 신흥국은 경기 침체가 장기화될 때 불평등한 소득 격차에 대한 불만이 점점 더 커지고, 이러한 사회적 요구를 민주적인 방식으로 해결하지 못하는 국가들은 사회적 긴장이 더욱 높은 상태다. 특히 교육, 주택, 의료 혜택과 치안 등 기본적인 서비스에 대한 접근성이 부족한 국가들은 코로나와 같은 충격에 특히 취약했다.

인구 통계학적 위험은 다른 사회적 위험 요인과는 다소 다르다. 인구 통계학적 위험에 크게 노출된 국가는 일반적으로 다른 사회적 위험에 노출되지 않거나 적게 노출되는 경우가 많았다. UN에 따르면 일본의 생산가능인구는 지난 5년 동안 매년 평균 0.85% 감소해왔고 향후에도 계속 감소할 것으로 보인다. 이탈리아에서는 생산가능인구가 향후 10년 동안 연평균 0.45%씩 감소할 것으로 전망된다. 고령화 인구는 정부 부채 부담이 가장 높은 일본과 이탈리아에서 보듯이 경제 성장과 세수를 제한할 수 있는 반면 노인 서비스 제공은 비용을 증가시켜 공공 재정에 부담을 준다.

2020~2030년에 생산가능인구가 연간 0.6% 감소할 태국과 중국 같은 일부 신흥 경제국조차도 이미 인구 고령화를 겪으면서 부자가 되기 전에 늙을 가능성이 높아지고 있다. 인구 통계학적 위험을 평가할 때 노

령화 외에 이민 등의 다양한 변수를 고려한다. 예를 들어 그리스는 지난 몇 년 동안 우수한 자격을 갖춘 젊은이들이 다른 유럽 국가로 많이 이주했다. 이렇듯 이민도 사회적 위험을 촉발할 수 있는 인구 통계의 특징으로 나타나고 있다. 일반적으로 인구가 젊고 증가하지만 일자리나 사회 기반 시설이 수요를 따라가지 못한다면 역시 커다란 도전이 될 수 있다. 반대로 상대적으로 젊고 증가하는 인구를 반영해 인구 통계에 긍정적인 평가를 받는 국가도 존재한다.

한편 낮고 불평등한 노동 및 소득 기회도 주요 리스크로 작용한다. 선진국들은 이 리스크가 상대적으로 낮은 편이지만 고용률과 여건, 경제 성장의 강도와 일관성, 정부 수입과 지출에 영향받으며 사회적·정치적 위험에 영향을 미치고 있다. 선진국 중에서 특히 미국은 이러한 측면이 주요한 리스크로 작용하고 있다. 이렇게 상대적으로 높은 소득 불평등이 부와 기회 격차 확대에 대한 우려와 함께 해결되지 않고 방치되면 국가의 재정 상태를 더욱 악화시키고 정치적 위험과 사회적 불안을 증가시킬 수 있다. 스페인에서는 청년층의 장기 실업률과 불안정한 단기 고용 계약이 사회적인 위험을 초래할 수 있다.

소득과 부의 불평등은 신흥국에서 더욱 악화되는 경우가 많다. 예를 들어 남아프리카공화국은 소득 불평등이 가장 높고 특히 청년층의 실업률이 매우 높아 성장 잠재력을 저해하고 사회적 긴장을 유발한다. 일반적으로 코로나19 사태는 여러 국가에서 소득과 부의 불평등을 더욱 악화했고, 그에 따라 정부가 경제 재건과 함께 성장의 혜택을 보다 균등하게 분배해야 한다는 목소리가 높아지고 있다. 이러한 요구를 처리하지 못하는 국가들은 덜 회복되고 사회적 긴장의 위험이 높아질 것이다.

교육, 주거, 건강 및 안전, 기초 서비스 접근성과 관련된 위험은 특히 신흥국에 부정적으로 작용한다. 양질의 교육에 대한 접근이 제한되면 성장 잠재력도 제한된다. 교육 측면에서 부정적인 평가를 받는 많은 아프리카 국가와 아시아 최빈국들은 예산이 GDP의 2% 미만으로 책정된 반면, 유럽 선진국은 8% 가까이 지출하고 있다.

한편 주택 부족은 성장을 억제하는 동시에 문제를 해결하기 위해 정부에 지출 압력을 가하거나 사회적·정치적 부담을 가중할 수 있다. 건강 및 치안 문제는 특히 개인의 근무 수명과 기대수명 전반에 걸쳐 건강에 영향을 미칠 때 경제 성장을 제한할 수 있고, 안전이 문제가 되면 투자와 경제 성장도 타격을 받는다. 치안이 불안한 중남미 등 일부 신흥 국가의 높은 수준의 폭력과 불안은 국가의 투자 수준, 생산성 및 장기적인 성장 잠재력을 저해한다. 기초 서비스에 대한 접근성이 부족한 국가도 사회적 불평등을 야기하고 높은 정치 사회적 긴장을 유발할 수 있다.

④ 거버넌스

거버넌스 리스크 평가를 위한 세부 항목은 정부 구조, 정책 신뢰 및 효율성, 투명성 및 공개도, 예산 관리라는 4가지 요인으로 이루어진다.

첫째 항목은 정부 구조로, 사법부와 시민 사회의 견고함을 통해 민주적인 제도가 기능하고 있는지 분석한다. 특히 거시경제 정책과 재정정책을 이끌어갈 제도적인 준비가 되어 있는지, 얼마나 부패했는지, 부패를 어떻게 관리하고 있는지를 분석한다. 둘째는 정책 신뢰 및 효율성으로 재정정책의 과거 기록과 효율성을 분석한다. 통화정책과 거시경제 정책의 효과뿐 아니라 규제의 효과도 중요하게 분석한다. 셋째, 투명성

거버넌스 리스크 평가를 위한 4가지 세부 항목

항목	세부 항목
정부 구조	사법부와 시민 사회의 견고함
	거시경제 정책과 재정정책을 이끄는 제도적 준비
	부패 관리
정책 신뢰 및 효율성	재정정책의 효과 및 트랙 레코드
	통화 및 거시경제 정책의 효과
	규제의 효과
투명성 및 공개도	경제, 재정, 금융 데이터의 신뢰도 및 통합
	재무 정보의 적시 공개
예산 관리	예산 및 전망의 정확성
	매니지먼트의 질과 경험
	운영과 자본 지출에 대한 다년간 계획의 효과적인 사용

출처: Moody's, NH투자증권 리서치본부

및 공개도 측면에서는 경제, 재정, 금융 데이터의 통합과 신뢰도를 분석한다. 재무 정보를 제때 공개하는지도 중요하다. 넷째, 예산 관리 측면에서는 정부 예산과 전망의 정확성을 분석한다. 경제를 운영하는 기관의 질과 경험도 중요한 분석 요소다. 수년간 운영과 자본 지출의 효과적인 사용도 분석 대상이다.

국가의 거버넌스·정치체제안정성 평가는 정치경제적 제도화가 안정적으로 이루어져 있는지를 분석한다. 오랜 기간에 걸쳐 정치경제적 시스템을 제도화한 선진국에는 강점이지만 제도적 시스템이 미비한 신흥국에는 중요한 단점으로 작용한다. 선진국의 특징은 대부분 민주화되어 있고 법치와 언론의 자유를 통해 개인이나 일부 집단이 아니라 국민이 지배하는 통치 시스템이 안정화되어 있다는 것이다. 신흥국은 극단적으로 차별화되어 있다. 공산주의를 표방하며 일부 집단의 통치를 공식화했지만 거버넌스가 강한 국가가 있고, 민주적인 선거를 통해 선출되지만 전통적으로 거버넌스가 약한 국가도 있다.

선진국과 신흥국 중 많은 국가가 정치적으로 민주화되면서 강력한 거버넌스를 보유하게 되었다. 호주는 물리적 기후 위험과 탄소 전환 위험 모두의 노출에서 부정적인 평가를 받았다. 특히 기후변화와 관련된 자연재해, 특히 물 부족 이슈와 산불은 중대한 경제적 혼란을 일으킬 수 있다고 지적된다. 그리고 탄화수소가 수출의 약 18 %를 차지해, 경제와 공공 재정은 세계적으로 에너지원 전환이 진행되는 것에도 다소 노출되어 있다. 그러나 매우 강력한 거버넌스와 강력한 재정 건전성은 이러한 위험에 대한 국가의 민감성을 완화해 호주의 ESG 등급에 제한적인 영향을 주고 있다. 마찬가지로 일본과 이탈리아도 인구 통계 리스크에 매우 부정적인 평가를 받지만 상대적으로 강력한 거버넌스로 완화되고 있다. 반대로 아르헨티나는 환경 및 사회적 평가가 보통 부정적이지만, 일관성 없는 정책 결정과 반복적인 채무 불이행 탓에 거버넌스가 매우 부정적으로 평가된다. 터키도 거버넌스가 전체 ESG 등급과 국가신용 등급을 낮춘다.

국가별 ESG 평가

주요국들의 ESG 평가를 보면 선진국들은 평균적으로 CIS-1~2등급이고 신흥국들은 평균 CIS-3~4등급이다(179쪽 참조). 선진국 중에서 유럽의 대표적인 복지국가들은 1등급, 대부분은 2등급을 받았으나 미국은 2등급, 일본은 3등급을 받았다. 유럽 주요국 중에서 모든 ESG 분야에서 모범을 보이는 독일과 프랑스가 1등급을 받았고, 교육 환경과 노동 환경 등의 사회적 리스크에서 낮은 평가(S-3)를 받은 스페인은 2등급, 교육 환경, 노동 환경과 함께 인구 구조의 고령화가 빠르게 진행되는 이탈리아는 3등급을 받았다.

미국은 타 선진국 대비 사회적인 부문에서 소득 불균형과 노동 환경 부문에서 낮은 평가(S-3)를 받았으나 환경(E-2)과 거버넌스(G-1)에서 우수한 평가를 받으면서 종합적으로 2등급을 받았다.

일본은 빈발하는 자연재해로 인한 자연 자본의 악화에도 불구하고 견조한 대처 능력을 보유해 환경(E-2)과 거버넌스(G-1)에서 다른 선진국과 유사한 등급을 받았다. 그러나 사회적 리스크(S-4)에서 매우 낮은 등급을 받으면서 종합적으로 선진국 중에서 가장 낮은 3등급을 받았다. 인구가 감소세로 전환되고 초고령화 사회 구성을 보이는 인구 구조로 경제 활력의 저하가 우려되기 때문이다.

한국은 환경, 사회, 거버넌스 전 부문에서 우수한 평가를 받아 1등급을 받았다. 고령화 사회로 진입하고 있는 인구 구조와 고용 및 소득 불균형 등 몇 개 부문이 부정적으로 평가받았을 뿐이다.

신흥국 중에서는 중국과 인도네시아, 브라질, 멕시코, 러시아, 이스라엘과 GCC 국가들이 3등급을 받았고, 인도, 베트남, 터키, 남아공 등이 4등급을 받았다. 중국은 2060년 탄소중립을 선언하고 에너지 전환을 추진하고 있지만 여전히 물 부족 문제와 기후 대응 관련 노력이 부족하다는 평가(E-3)를 받았다. 사회적 측면에서도 다양한 기본권과 주거 및 노동, 교육 환경 전반과 인구 구조의 고령화에서 낮은 평가(S-3)를 받았다. 다만 논란의 소지가 있는 거버넌스(체제 안정성) 측면에서는 투명성

주요국 ESG 등급

국가	CIS	E-IPS	S-IPS	G-IPS
독일	CIS-1	E-2	S-2	G-1
러시아	CIS-3	E-3	S-3	G-3
멕시코	CIS-3	E-3	S-3	G-3
미국	CIS-2	E-2	S-3	G-1
베트남	CIS-4	E-3	S-3	G-4
브라질	CIS-3	E-3	S-3	G-2
사우디아라비아	CIS-3	E-4	S-3	G-2
아랍에미리트연방	CIS-3	E-4	S-2	G-1
이스라엘	CIS-3	E-3	S-3	G-1
인도	CIS-4	E-4	S-4	G-3
인도네시아	CIS-3	E-3	S-3	G-2
일본	CIS-3	E-3	S-4	G-1
중국	CIS-3	E-3	S-3	G-2
카타르	CIS-3	E-4	S-2	G-1
터키	CIS-4	E-3	S-3	G-4
한국	CIS-1	E-2	S-2	G-1
호주	CIS-2	E-3	S-1	G-1

출처: Moody's, NH투자증권 리서치본부

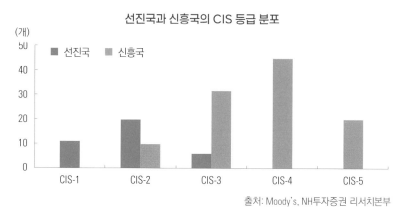

선진국과 신흥국의 CIS 등급 분포

출처: Moody's, NH투자증권 리서치본부

과 신뢰도가 낮지만 우수한 재정 관리 및 정책 집행력으로 양호한 평가를 받았다. 브라질과 멕시코, 인도네시아, 이스라엘과 GCC 국가 등 3등급을 받은 국가들은 전반적으로 신흥국 평균 정도의 환경(E-3)과 사회적 리스크(S-3), 양호한 거버넌스·체제안정성(G-2)을 보유한 것으로 드러났다. 다만 러시아는 만연한 부패와 법치 부재, 열악한 재산권 보호 등으로 거버넌스·체제안정성에서 G-3등급을 받았다.

CIS-4등급을 받은 국가들 중 인도는 환경 및 사회적 위험에 대한 평가가 낮으며(E-4, S-4), 거버넌스·체제안정성은 환경과 사회적 리스크를 완화하기엔 정부의 재정 및 제도적 대응 능력이 미약한 상황이다. 터키와 베트남 등은 환경(E-3)과 사회적인 리스크(S-3)는 다른 신흥국과 유사한 수준으로 평가받았지만, 점차 약화되고 있는 거버넌스·체제안정성에서 낮은 평가(G-4)를 받으면서 종합적으로 CIS-4등급을 기록했다.

국가 ESG의 의미와 영향

ESG 리스크는 일반적으로 국가신용등급에 부정적인 영향을 끼친다. 이는 환경 위험뿐 아니라 특히 사회적 위험에 대한 부정적 노출을 반영하며, 종종 약한 거버넌스와 결합되어 많은 국가의 신용등급을 낮춘다.

환경 리스크는 가장 앞선 선진국도 대부분 중립 수준에 그치고 신흥국 대부분은 여전히 부정적인 평가를 받고 있다. 선진국들은 일반적으로 환경 위험에 선제적으로 대처하면서 리스크가 크지 않지만, 신흥국의 40%가 기후 위험과 수질 위험을 통해 상당히 부정적인 영향을 받는 것으로 나타났다. 특히 심각한 환경 위험으로는 기후변화와 함께 수자원 관리와 수질 오염이 가장 커다란 요인으로 부각되었다. 또한 탄소 전

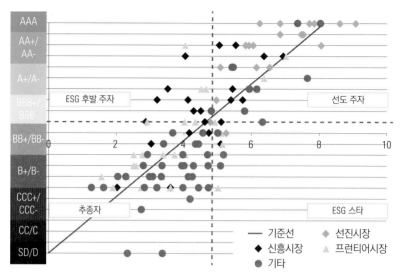

ESG 우수 국가와 신용등급 우수 국가 간의 상관관계

출처: Allianz Global Investors, NH투자증권 리서치본부

환 이슈가 탄화수소의 생산자·소비자 여부와 탄화수소 제품에 대한 국가별 의존도에 따라 다른 상황에서 신흥국들은 현재의 높은 의존도를 낮추기가 쉽지 않은 상황으로 보인다.

사회적 리스크는 선진국은 낮은 수준이지만 신흥국은 매우 부정적인 평가를 받았다. 선진국들에서는 인구 고령화가 가장 중요한 사회적 리스크로 제시되지만, 신흥국은 불평등한 소득 격차, 교육 수준, 노동 환경 등 다양한 사회적 이슈가 제기된다. 경기 침체가 장기화되면 불만이 점점 더 커지고, 이러한 사회적 요구를 민주적인 방식으로 해결할 수 없는 국가들은 사회적 긴장이 더욱 높아질 것으로 보인다. 특히 교육, 주거 환경, 의료 혜택과 치안 등 기초 서비스 접근성이 부족한 신흥국들이 매우 취약한 것으로 평가됐다.

거버넌스·체제안정성은 선진국의 강점으로 작용하지만 신흥국은 여전히 취약한 부문으로 평가받는다. 선진국 상당 부분은 강력한 거버넌스를 가지고 있어 환경 또는 사회적 위험에 대한 탄력성을 강화한다. 그러나 신흥국 일부 국가는 거버넌스가 취약하다고 평가받는다. 국가의 거버넌스·체제안정성 평가는 정치경제적인 제도화가 안정적으로 이루어져 있는지 분석한다. 선진국의 특징은 대부분 민주화되어 있고 법치와 언론의 자유를 통해 개인이나 일부 집단의 지배가 아니라 국민의 의한 지배로 통치 시스템이 안정화되어 있다는 것이다. 그러나 신흥국의 경우는 극단적으로 차별화되어 있다. 공산주의를 표방하며 일부 집단의 통치를 공식화했지만 강한 거버넌스·체제안정성을 갖고 있는 국가도 있으며, 민주적인 선거를 통해 선출되지만 전통적으로 약한 거버넌스·체제안정성을 갖고 있는 국가도 존재하고 있다.

ESG 위험은 선진국보다 신흥국의 국가신용등급에 더 부정적인 영향을 미치고 있다. 선진국 대비 신흥국의 ESG 대응이 시간과 재원 등 여러 측면에서 부족했기 때문으로 보인다. 정책 추진 측면에서도 경제 성장이 우선시되는 신흥국으로서는 강한 의지를 보이기 어려운 상황이다. 따라서 선진국은 현재 중립 수준에서 리스크가 점차 낮아질 것으로 예상되는 데 반해, 신흥국은 중립에서 매우 부정적으로 더욱 악화될 것으로 전망된다.

국가신용등급 평가에도 ESG 리스크가 중요한 요소로 부각되면서, ESG 등급이 낮은 신흥국의 신용등급 상향에 주요한 장애물이 될 것으로 보인다. 기존에 경제 상황과 재정정책 변화에 따라 신용등급이 결정되던 시절과 달리, 다양한 사회적 요인과 거버넌스 요인 등이 등급 상향 결정에 판단 요인으로 작용할 것이기 때문이다.

선진국 기업은 국가 ESG 등급이 이미 높은 수준이어서 큰 영향을 받지 않겠지만, 신흥국 기업은 국가 ESG 등급에 영향을 크게 받을 가능성이 높아 보인다. 신흥국에서는 국가의 역할이 여전히 크고 중요하기 때문이다. 특히 공기업 등 직접적으로 정부와 관련되는 기업은 직접적인 영향을 받을 것이다. 민간 기업 또한 상대적으로 거리가 있지만 해당 국가 ESG 등급의 범위에서 크게 벗어나기 어려울 것으로 보인다.

한편 방법론 측면에서 국가 ESG 분석에서 부족한 부분은 거버넌스·체제안정성인 듯하다. 환경 리스크는 점점 명확해지고 있고 사회적 리스크도 상대적으로 분명해 보인다. 그러나 거버넌스·체제안정성은 상당히 복잡한 상황으로 아직 명쾌하게 정립되지 못한 것 같다. 거버넌스·체제안정성이 지향하는 것에 대해 다양한 정치 체제와 문화권 간의 갈등과 논란이 예상된다.

글 **신환종** | NH투자증권 FICC리서치센터장. 기업, 국가, 프로젝트 투자 분야의 금융 상품 분석으로 명성이 두터운 글로벌 투자 전문가다. 2008년 글로벌 금융위기 당시 뛰어난 예측과 리스크 분석으로 매경증권인상(투자전략 부문)을 수상했다. 이후 글로벌 투자 1세대로 현지 실사를 통해 국내외 채권, 크레디트, 환율과 대체 투자를 분석하는 FICC리서치센터를 이끌고 있다.

Global Investment Guide

아세안 주식 투자 전략

씨SEA를 이을
테크기업을 주목하라

고영경

브릭스(BRICs)가지나간 자리, 새로운 투자처를 찾는 움직임이 활발하다. 특히 선진
국의 성장률이 정체되어 있고 달러가 약세인 상황에서 더더욱 그러하다. 자, 포스트
차이나로 각광받는 지역은 어디일까? 시장 규모, 경제 성장률, 중산층 기준에서 매
력적인 아세안(ASEAN)이다. 아세안 중 주요 투자 대상은 아세안-6로 불리는 싱가포
르, 말레이시아, 태국, 인도네시아, 필리핀, 베트남이다. 이들 국가에서 주목할 업종
과 기업은 무엇일까?

글로벌 유동성이 증가하면서 자산 가치가 급등했다. 팬데믹을 거치면서 경제의 중심축이 달라지고 소비자의 행태도 변화했다. 주식 투자에 대한 관심은 미국이나 한국이나 다르지 않다. 아시아의 다른 지역도 마찬가지다. 주식 투자 광풍으로 볼 수도 있고, 금융 자산을 관리하는 자세의 바람직한 변화로 볼 수도 있다. 투자에 대한 관심은 한국 주식에서 자연스럽게 미국과 중국 주식으로 이전했고 그 외 신흥시장에서 기회를 찾아보자는 단계에까지 나아갔다.

신흥시장 투자 매력에 대한 열기는 이번이 처음은 아니다. 과거 브라질과 러시아, 인도, 중국, 남아프리카공화국의 5개 국가가 펀드시장에서 각광받은 시기가 있었다. 2003년 골드만삭스가 보고서를 통해 이 다섯 국가를 묶어 브릭스BRICs라는 명칭을 붙였고, 거대한 시장과 자원, 성장 가능성을 가졌고 2050년까지 세계 경제의 성장엔진으로 작동할 것이라며 긍정적인 미래 전망을 부각했다.* 브릭스시장에 투자 자금이 몰려들었고, 한국에서도 여러 브릭스 펀드가 인기리에 판매되었다.

그러나 투자의 세계가 어찌 예상대로만 흘러가겠는가. 브릭스의 경

---

*   "Dreaming with BRICs: The Path to 2050" Goldman Sachs (2003) *Global Economics Paper* No. 99

제 성장은 순탄하지 않았고, 이때 손실을 본 투자자들은 다시는 신흥시장을 돌아보지 않겠노라고 다짐했다. 시간이 흘러 중국은 주요 2개국(G2) 국가로 성장해 자체로서 하나의 카테고리가 되었고, 인도는 높은 경제 성장률을 기록했지만 중국이 빠진 브릭스는 적어도 주식 투자자들 사이에서는 과거의 영광을 재현하지 못했다.

브릭스가 지나간 자리, 투자자들은 언제나 새로운 투자처, 새로운 성장엔진을 찾는다. 특히 선진국의 성장률이 정체되어 있고 달러가 약세인 상황에서 더더욱 그러하다. 자, 이제 포스트 차이나로 각광받는 지역은 어디일까?

어서 와, 아세안은 처음이지?

안정적인 고성장을 유지하고 있는 지역은 아세안(ASEAN)이다.* 동남아시아의 싱가포르, 필리핀, 브루나이, 말레이시아, 태국, 인도네시아, 베트남, 캄보디아, 라오스, 미얀마 등 10개 국가로 이루어진 아세안은 2015년 12월 아세안경제공동체를 출범함으로써 유럽연합처럼 하나의 시장, 단일화된 경제 공동체로 나아가는 첫발을 내디뎠다. 물론 중앙은행까지 갖춘 유럽연합의 통합 수준에는 미치지 못하지만 관세장벽은 거의 사라졌고 비관세장벽도 상당히 사라졌다.

한국에서 바라보는 동남아의 이미지는 관광지, 후진국, 외국인 노동자, 한류 파워 등의 키워드로 형성되어 있다. 발리는 가봤지만 인도네시아는 어디 있느냐고 묻는 수준에서 별로 나아지지 않았다. 그러나 실상은 한국의 제2위 교역 대상지이며 4대 투자 대상 지역이 바로 아세안이

---

*   1967년 설립된 동남아국가연합(Association of Southeast Asia Nations).

다. 그만큼 우리와 경제적 관계가 깊고 한국 기업이 많이 진출해 있다. 문재인 정부에서 신남방 정책을 강조하는 데에는 이러한 경제적 배경이 깔려 있다.

왜 아세안인가, 시장 & 성장 가능성

브릭스 이후 아세안이 뜨는 이유는 크게 세 가지로 요약할 수 있다. 먼저 시장 규모다. 6억 7천만 명이 동남아 지역에 살고 있다. 인구 규모로는 중국과 인도에 이어 세계 3위이고, 아세안 국내총생산(GDP) 3조 1100억 달러(2020년 기준)는 세계 5위다. 그만큼 거대한 시장이고 사업기회가 있다.

2020년 아세안 회원국별 GDP 추정치(단위: 십억 달러)

라오스, 19
말레이시아, 336
필리핀, 367
미얀마, 71
베트남, 341
태국, 509
브루나이, 11
싱가포르, 337
캄보디아, 26
인도네시아, 1089

아세안 총 GDP
3조 1062억 달러

출처: IMF, 세계경제전망 데이터베이스

2020년 아세안과 한·중·일의 1인당 GDP 추정치

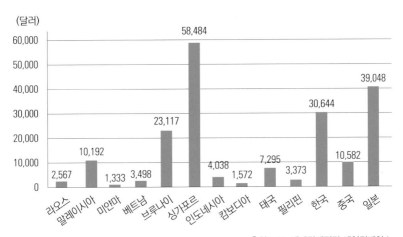

(달러)

라오스	2,567
말레이시아	10,192
미얀마	1,333
베트남	3,498
브루나이	23,117
싱가포르	58,484
인도네시아	4,038
캄보디아	1,572
태국	7,295
필리핀	3,373
한국	30,644
중국	10,582
일본	39,048

출처: IMF, 세계경제전망 데이터베이스

둘째, 신흥시장 가운데 안정적이면서 높은 경제 성장률을 기록했고 이러한 추세가 지속될 것으로 보인다. 2010년대 중반까지 아세안 평균 성장률은 5% 이상이었고, 코로나19 팬데믹 이전까지 다소 낮아졌지만 전체 신흥시장과 비교하면 꾸준히 높았다. 2020년에는 팬데믹으로 경제적 타격을 받았으나 2021년부터 회복해 팬데믹 이전의 실질 경제 성장률로 돌아갈 것으로 예상된다. 아세안 10개국 가운데 단연 눈에 띄는 국가는 베트남이다. 1인당 소득은 3천 달러를 갓 넘었지만 2020년 성장률이 플러스였고 2021년부터 다시 7% 안팎의 성장률을 기록할 것으로 예상된다.

아세안과 중국, 인도의 GDP 성장률 예측(2019~2022, 단위: %)

	2019	2020	2021	2022
라오스	4.7	-0.5	4.0	4.5
말레이시아	4.3	-5.6	6.0	5.7
미얀마	6.8	3.3	-9.8	
베트남	7.0	2.9	6.7	7.0
브루나이	3.9	1.2	2.5	3.0
싱가포르	1.3	-5.4	6.0	4.1
인도네시아	5.0	-2.1	4.5	5.0
캄보디아	7.1	-3.1	4.0	5.5
태국	2.3	-6.1	3.0	4.5
필리핀	6.1	-9.6	4.5	5.5
중국	6.0	2.3	8.1	5.5
인도	4.0	-8.0	11.0	7.0

출처: 아시아개발은행, Asian Development Outlook 2021(2021/04)

셋째, 이러한 경제 성장률이 소득 증가로 이어져 중산층 인구가 늘어나고 이들의 구매력 상승이 성장엔진으로 작용하는 선순환이 만들어졌다. 맥킨지는 동남아 중산층이 2025년까지 1억 2천만 가구로 증가해 2010년의 두 배에 달하고, 2030년에는 전체 인구의 3분의 2가량을 차지할 것으로 내다본다. 이들의 가처분소득 증가가 구매력으로 이어지면서 각종 소비재시장이 크게 성장할 것으로 예상된다. 오토바이를 타던 사람들은 자동차를 사고, 기능성이 강화된 화장품을 찾으며, 해외여행을 계획할 것이다. 여러 전문가가 아세안시장을 긍정적으로 보고 투자할 가치가 있다고 판단하는 매우 강력한 근거가 바로 '중산층의 증가'다.

투자 대상 아세안-6: 안정적인 이머징 마켓

높은 경제 성장률을 구가하는 아세안이지만 10개 국가 모두에 투자를 진행하기는 어렵다. 우리가 주요 투자 대상으로 바라보는 시장은 '아세안-6'라고 불리는 6개 국가, 즉 싱가포르, 말레이시아, 태국, 인도네시아, 필리핀, 베트남이다. 아세안-6는 선진시장 1개국(싱가포르), 이머징 마켓 4개국(말레이시아, 태국, 인도네시아, 필리핀), 프런티어 마켓 1개국(베트남)으로 구성된다. 전 세계 이머징 마켓에는 인도와 브라질 외에도 터키, 남아프리카공화국, 칠레, 폴란드 등 여러 나라가 포진해 있다. 이머징 마켓은 경제 규모가 커지고 경쟁력 있는 기업들이 성장하고 있지만 리스크도 여전히 많다. 특히 정치적 불안정성과 정책 신뢰 문제가 여전히 크다. 예를 들어 터키는 2018년과 2020년에 리라화 가치가 크게 하락했다. 에르도안 대통령의 통화정책 개입이 시장의 신뢰를 얻지 못했기 때문이다. 브라질의 헤알화가 하락하고 신용등급 전망이 '부정적'

으로 하향 조정된 데에는 코로나19 사태 악화만 영향을 끼친 것이 아니다. 극우 강경 노선을 내세운 대통령 보우소나루 자체가 정치적 리스크였고 경제를 나락으로 내몰았다.

아세안-6는 떠들썩한 정치적 사건이 있다 하더라도 다른 지역 국가들에 비해 상대적으로 안정성이 높은 편이다. 태국은 쿠데타가 많이 발생했고 군부에 반대하고 왕실 개혁을 요구하는 시위가 계속되었지만 경제가 크게 휘청거리지 않았다. 말레이시아 전직 총리 나집의 부패 행위가 드러났을 때 시민들이 거리로 쏟아져 나왔지만 유혈 충돌 없이 평화적으로 마무리되었다. 베트남은 공산당 1당 독재 체제에서 심각한 반체제 운동이 벌어진 적이 없고, 인도네시아 노동자들의 시위 역시 정부 전복을 기도하는 등 사회 혼란이 경제 상황을 악화시킬 정도에 미치지는 않는다.

한국 언론에는 아무래도 이러한 사회적 이슈가 노출되다 보니 위험성이 더 크게 부각되기도 한다. 신흥국들은 대개 선진국보다 정치 변동성이 크고 정치 지도자 리스크는 국가의 경제위기 상황에서는 부정적인 불쏘시개로 작용할 가능성이 있다. 이머징 마켓 투자에서 정치 리스크를 봐야 하는 이유다. 다른 신흥국에 비해 아세안은 상대적으로 정치적 안정성이 높은 편이다.

싱가포르, 선진시장인가?

아세안-6 가운데 유일한 선진시장은 싱가포르다. 싱가포르는 1인당 국민소득이 2019년 6만 5천 달러를 넘었고, 2020년에는 그보다 낮아진 5만 8천 달러지만 전 세계에서 8위를 차지했다. 한때는 아시아의 네

마리 용으로 한국과 비슷한 수준이었는데 이제는 확실히 '잘사는 나라'로 자리 잡았다. 인구 580만 명의 작은 도시국가인데도 아세안의 무역 허브이자 금융허브로 글로벌 기업들이 포진해 있다. 싱가포르는 기업하기 좋은 나라, 혁신 스타트업의 중심지로도 인기를 끌면서 테크기업들이 몰려들고 있다. 특히 중국의 테크기업들이 미국 진출에 어려움을 겪으며 새로운 시장 동남아로 눈길을 돌리고 있다. 동남아 진출의 교두보로서 싱가포르를 선택하며, 홍콩을 떠나려는 패밀리 오피스들 역시 대안으로 싱가포르로 향한다.

이러한 추세가 이어지면서 싱가포르에 몰려드는 자금이 증가하고 부동산 가격도 오르고 있다. 싱가포르 주택 가격 지수(Residential Property Price Index)를 보면 2019년 4사분기 153.6에서 2021년 1사분기 162.6으로 팬데믹 직전 수준을 뛰어넘었다. 사무실과 창고 수요도 증가하고 있다. 2020년 코로나19 감염 확산으로 경제가 다소 침체되었지만, 유동성이 증가하고 2021년 백신 접종률이 빠르게 올라가면서 경기 회복에 대한 기대감, 앞서 언급한 외국 투자자들의 진출 증가 등이 모두 작용한 결과라고 볼 수 있다.

부동산시장의 움직임을 먼저 이야기한 것은 싱가포르 주식시장의 특성 때문이다. 싱가포르 주식시장은 은행주를 중심으로 한 금융과 부동산 섹터가 비중을 많이 차지하고 있고, 일본에 이어 아시아 최대 리츠(REIT)시장을 보유하고 있다. 그만큼 부동산, 건설 경기에 민감하게 반응할 수밖에 없다. 2020년 공급이 원활하지 않은 반면 2021년 수요가 증가함에 따라 부동산 섹터는 가격이 높은 수준을 유지할 것으로 보인다.

싱가포르 시가총액 상위 기업(2021/06/31 기준)

순위	기업	시가총액(백만 싱가포르달러)
1	DBS Grp	76964.4
2	JMH USD	64768.2
3	Prudential USD	62735.8
4	OCBC Bank	53950.7
5	UOB	43530.5
6	Singtel	37818.6
7	Wilmar Intl	28815.3
8	Thai Beverage	16955.2
9	CapitalLand	16393.6
10	IHH	15802.3
11	HongkongLand USD	15050.9
12	SIA	14441.2
13	CapLand IntCom T	13534.9
14	Ascendas Reit	12582.6
15	ST Engineering	12083.7

* Thai Beverage와 IHH는 태국과 말레이시아 기업.

싱가포르 주가지수와 부동산지수, 리츠지수(2018/06~2021/06)

출처: 블룸버그

베트남, 매력인가 거품인가

한국에서 가장 많이 투자하는 국가이자 아세안-6 가운데 가장 친숙하게 느끼는 국가인 베트남. 2020년 팬데믹을 뚫고 플러스 성장률을 기록하면서 하노이 주식시장과 호치민 주식시장 주가지수는 모두 사상 최고가를 경신하고 있다. 2020년 1월부터 2021년 6월까지 각각 약 200%와 47% 상승하며 MSCI 이머징지수와 프런티어지수를 모두 크게 상회하는 폭발력을 보여주었다. 베트남 경제 성장에 대한 강한 확신과 신규 투자자들의 유입이 이러한 상승을 이끈 요인으로 작용했다.

베트남 호치민 주가지수, 하노이 주가지수, MSCI 이머징지수, 프런티어지수, 코스피(2020/01~2021/06)

출처: 블룸버그

베트남의 경제지표는 투자자들에게 긍정적인 신호를 주기에 부족함이 없다. 먼저 국가 경제를 떠받치는 수출을 보면 2021년 4개월 동안 최대 시장인 미국으로의 수출이 50% 급증했다. 강력한 수출 호조세와 외국인 투자 유입을 바탕으로 2021년 경제 성장률은 7%에 육박할 것으로 전망한다. 베트남은 1억 명에 조금 못 미치는 인구 가운데 30세 이하가 절반을 차지하는 젊은 나라다. 그만큼 경제활동인구가 많고 이들의 소득 증가와 함께 소비시장의 판도가 달라진다. 내수시장 성장에도 청신호가 켜졌고 특히 이커머스와 게임 등 디지털 경제가 붐을 일으킬 것으로 예상된다.

베트남 투자에 관심 있는 사람이 많겠지만, 베트남이 아직 MSCI 프런티어 마켓에 속한다는 것을 모르는 사람도 많다. 그만큼 아직은 시장 규모가 작고, 거래 요건이나 거래 시스템이 안정적이지 않을뿐더러, 외국계 대형 펀드의 본격적인 투자가 이루어지지 않았다. 베트남의 성장세가 지속된다면 이머징 마켓 진입 가능성이 점차 높아질 것이며, 이는 투자자들에게는 또 다른 기회로 작용할 것으로 보인다.

국제통화기금(IMF)은 2021년 베트남 경제 성장률을 6.5%로 예상하고, 세계은행은 6.6%, 아시아개발은행은 6.7%로 전망하고 있다. 수출이 뒷받침되고 외국인 투지가 계속 유입되어 성장을 견인할 것이라는 견해에는 이견이 없어 보인다.

인도네시아, 언제까지 잠재력만 있다고 할까

아세안에서 GDP 경제 규모가 가장 큰 나라는 인도네시아다. 인구 2억 7천만 명인 세계 4위의 인구 대국으로 거대한 내수시장, 팜유와 석탄 등

천연자원을 보유했다. 여기에 제조업이 성장을 뒷받침해 성장 잠재력이 높은 국가로 주목받아왔다.

주식시장은 시가총액 600조 원으로 아세안에서 가장 크고, 상장기업 738개(2021년 6월 30일 기준)가 금융, 필수소비재, 원자재, 농업, 인프라, 재량소비재 등 다양한 섹터에 분포되어 있다. 시가총액 1위는 센트럴아시아은행BCA이 차지했고 라키얏 인도네시아 은행Bank Rakyat Indonesia, 만디리은행Bank Mandiri, 자고은행Bank Jago 등 대형 은행이 시가총액 상위 10위 이내에 포진해 있다. 따라서 금융 섹터가 전체 시가총액에서 차지하는 비중이 30%를 넘는 것이 특징이다.

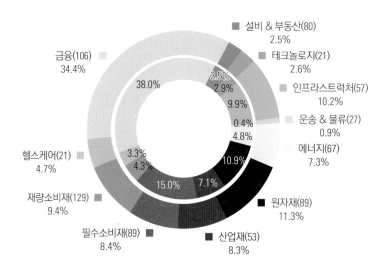

인도네시아 섹터별 시가총액(안쪽 원) 비중, 거래 금액(바깥쪽 원) 비중, 상장기업 개수(2021/06/30 기준)

출처: 인도네시아 증권거래소 통계월보(2021/06)

인도네시아 시가총액 상위 기업(2021/06 기준)

순위	기업	시가총액	
		금액(백만 루피아)	비중(%)
1	Bank Central Asia(BBCA)	735,304,854	10.35
2	Bank Rakyat Indonesia (Persero)(BBRI)	481,122,666	6.77
3	Telkom Indonesia (Persero)(TLKM)	312,045,982	4.39
4	Bank Mandiri (Persero)(BMRI)	272,580,000	3.84
5	Astra International(ASII)	199,988,753	2.81
6	Unilever Indonesia(UNVR)	188,842,500	2.66
7	Bank Jago(ARTO)	186,903,492	2.63
8	Chandra Asri Petrochemical(TPIA)	175,214,337	2.47
9	Elang Mahkota Teknologi(EMTK)	152,993,796	2.15
10	H.M. Sampoerna(HMSP)	141,326,463	1.99
11	DCI Indonesia(DCII)	140,641,008	1.98
12	Charoen Pokphand Indonesia(CPIN)	102,487,500	1.44
13	Indofood CBP Sukses Makmur(ICBP)	95,044,550	1.34
14	Bank Syariah Indonesia(BRIS)	93,650,217	1.32
15	Bank Negara Indonesia (Persero)(BBNI)	85,479,847	1.20
16	Gudang Garam(GGRM)	85,044,690	1.20
17	Barito Pacific(BRPT)	80,153,871	1.13
18	Sinarmas Multiartha(SMMA)	76,889,551	1.08
19	United Tractors(UNTR)	75,535,237	1.06
20	Tower Bersama Infrastruture(TBIG)	72,728,968	1.02

출처: 인도네시아 증권거래소 통계월보(2021/06)

인도네시아시장은 글로벌 경제 회복에 따른 원자재 가격 반등과 구조적인 달러 약세로 인한 신흥국 통화 강세가 예상되면서 2020년 하반기부터 빠른 회복세를 이어왔다. 2020년 5월부터 2021년 5월까지 산업지수의 수익률 추이를 보면 기술주들이 초강세를 보였고 물류와 금융, 헬스케어와 에너지 등이 뒤를 이었다.

자본 규제 완화와 경기부양책이 진행되면서 투자 여건이 개선되었고 개인 투자자가 몰려들면서 주가지수 상승을 이끌었고 거래량도 폭발했다. 외국인 투자자 비중은 2020년 1사분기 이후 줄어든 반면 국내 투자자, 특히 개인 투자자의 비중이 크게 증가했다. 증권 계좌는 250만 개를 기록했는데, 2020년 1월 138만 개의 두 배 가까이 증가한 것이다. 과거 20~30%에 머물던 개인 투자자 비중이 2020년 50%를 넘어서더니 2021년 1월에는 거래량의 70%를 차지할 정도로 치솟았다.

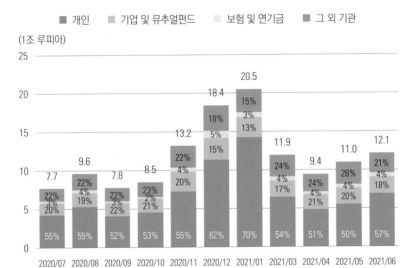

인도네시아 주식시장 투자자별 일일 평균 거래 금액(2020/07~2021/06)

출처: 인도네시아 증권거래소 통계월보(2021/06)

아세안 다양한 섹터, 전통의 강호들

아세안-6 경제는 금융, 부동산, 필수소비재부터 에너지, 전기전자 등 다양한 부분에 걸쳐 있으나 각국 주식시장의 주도 업종은 다르다. MSCI 인덱스 구성은 경제 상황과 수급 변화에 따라 달라지기 때문에 비중이 절대적인 값은 아니지만 각 시장의 특성을 살펴보는 데는 유용하다. 6개 국가 주식시장 인덱스에서 공통적으로 주도적인 위치를 차지하는 섹터는 금융이 거의 유일하다. 태국은 소비재와 에너지, 산업재 비중이 다소 높으나 전체적으로 10여 개 업종이 균형을 이루고 있는 반면, 필리핀은 전형적인 내수 중심 경제 구조이고 제조업이 취약해 산업

아세안-6 MSCI 인덱스 업종별 구성(단위: %, 2021/06/30 기준)

MSCI 구분	선진시장	이머징 마켓				프런티어
국가	싱가포르	말레이시아	인도네시아	태국	필리핀	베트남
금융	55	35	51	8	20	14
부동산	19	0	0	4	26	38
헬스케어	10	12	2	7	0	0
산업재	8	7	0	9	37	9
필수소비재	4	13	11	14	5	19
에너지	0	4	4	14	0	1
통신	0	9	15	8	6	0
소재	0	8	10	14	0	18
재량소비재	2	4	7	8	4	0
유틸리티	0	8	0	8	2	2
정보기술	2	0	0	4	0	0
합계	100	100	100	100	100	100

출처: MSCI 국가별 인덱스 정리

재와 부동산이 중요한 섹터로 자리 잡고 있다. 말레이시아는 유틸리티와 통신, 산업재가 주도적인 위치를 차지하며, 팬데믹 최대 수혜주라고 할 수 있는 의료용 고무장갑 제조사의 약진으로 헬스케어 부문 비중이 2020년 20%를 상회했으나 2021년에는 12%로 낮아졌다. 인도네시아는 금융 섹터 비중이 2021년에 전년보다 높아졌고 소비재와 통신, 소재 부문이 포함되어 있다. 베트남은 부동산 비중이 금융 섹터보다 높고 다른 아세안 국가에 비해서도 비중이 훨씬 더 높다. 집값 상승, 창고와 산업단지 수요 증가를 반영한 결과다. 식품 부문의 소비재, 철강 수요와 가격 상승으로 소재 부문도 주요 업종으로 자리 잡았다.

각국의 주도 업종을 대표하는 시가총액 상위 기업들은 오랫동안 그 자리를 지켜온 전통의 강호가 많다. 싱가포르를 대표하는 금융 섹터는 DBS, UOB, OCBC 등의 은행들이 차지했고, 인도네시아의 BCA, 만디리은행을 비롯해 말레이시아의 메이은행MayBank, 베트남의 비엣콤은행Vietcombank 등이 시가총액 상위에 자리하고 있다. 원자재와 에너지 섹터에는 태국의 PTTEP, PTT, 인도네시아의 아네카 탐방Aneka Tambang, 메르데카 코퍼 골드Merdeka Copper Gold, 베일 인도네시아Vale Indonesia, 말레이시아 사임 다비Sime Darby가 자리하고 있다. 식자재·식품 분야에서는 CP그룹, 타이음료Thai Beverage, 자파Japfa, 인도푸드Indofood, 마산 그룹Masan Group이 대표 주자로, 부동산 부문에는 필리핀 아얄라Ayala, 베트남의 빈홈스VinHomes 등이 손꼽힌다. 지면 관계로 일일이 열거할 수는 없지만 부문별로 높은 시장점유율과 경쟁력을 갖춘 대표 기업들이 선전하고 있다. 선진국에서 출발한 글로벌 기업들처럼 우리에게 친숙한 이름이 아니기 때문에 우리가 인지하지 못하고 있을 뿐이다.

그러나 유독 비어 있는 섹터가 하나 있다. 정보기술(IT) 섹터는 싱가포르와 태국이 각각 2%와 4%를 차지할 뿐, 나머지 4개 국가에서 0%로 기록되어 있다. IT 기업이 없는 것은 아니다. 인도네시아의 테크놀로지지수는 2021년 6월 말까지 지난 1년 동안의 수익률이 1103.93%를 기록하며 다른 업종의 수익률을 압도했고, 말레이시아의 테크놀로지지수도 2배 이상 상승했다.

그렇지만 아세안 주식시장에서 IT 기업은 상대적으로 규모가 작고 시장을 주도하는 업종으로 간주되지 않아서 MSCI 인덱스에서 존재감을 드러내지 못한다. 그렇다면 팬데믹을 거치며 테크기업들이 강세를 이어가는 글로벌 자본시장 흐름에서 아세안-6 주식시장만이 이러한 추세를 비켜가는 것일까?

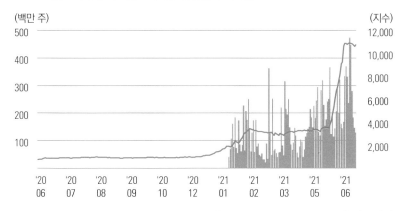

인도네시아 테크놀로지지수 상승률과 거래량(2020/06~2021/06)

출처: 인도네시아 증권거래소 통계월보(2021/06)

아세안 유니콘, 테크기업을 주목하라

씨, 그리고 상장을 앞둔 디지털 기업들

IT가 아세안의 주도 섹터가 아니라면 시가총액 1등 기업은 과연 어디일까? 싱가포르의 은행이 줄곧 1등을 차지했지만 2020년 최대 기업이 바뀌었다. 바로 미국에 상장된 싱가포르 기반 테크기업 씨SEA다. 게임 퍼블리셔에서 출발해서 이커머스와 디지털 결제를 품은 거대한 테크 공룡인 씨는 동남아의 텐센트와 아마존이 결합된 형태라고 볼 수 있다. 씨의 이커머스 쇼피Shopee는 2015년 후발 주자로 등장했지만, 2019년 하반기부터 두각을 나타내더니 이제는 인도네시아를 포함해 동남아 1등 이커머스로 등극했다.

2017년 10월 주당 15달러에서 출발한 씨는 팬데믹 기간 동안 FAANG와 테슬라보다 더 높은 주가 상승률을 기록하며 미국 주식시장에서도 가장 주목받는 기업으로 기염을 토했다. 이 기업의 주가 상승은 기업이 가진 경쟁력에 더해 아세안 디지털 경제가 선진시장에 비해 성장할 여지가 더 많다는 점이 반영된 것이다. 특히 2020년 테크기업들이 약진하는 동안 미국시장에 상장한 씨를 제외하고는 적절한 투자 대상이 없다는 수급 측면도 씨 주가 상승을 더욱 부채질했다.

씨 주가 상승률(2017/10/19~2021/06/30)

출처: 블룸버그

그리고 아세안의 대표 테크기업인 그랩Grab과 고투그룹GoToGroup
이 주식시장 데뷔를 목전에 두고 있다. 그랩은 보통 동남아의 우버Uber
로 불리지만 한국의 카카오택시와 모빌리티, 카카오페이와 뱅크, 배달
의 민족의 서비스를 모두 하나의 플랫폼에서 제공하는 슈퍼 앱이며, 동
남아 8개국에서 이용할 수 있다. 차량 호출 서비스 부문에서는 동남아
시장의 70%라는 압도적인 점유율을 차지하며, 음식 배달과 페이먼트
에서도 1위를 달리고 있다. 2013년 소프트뱅크의 투자 결정이 발표되
면서 크게 주목받기 시작한 그랩은 소프트뱅크의 20억 달러를 포함해
총 121억 달러의 투자를 받았다. 타이거 글로벌, 힐하우스 캐피탈, 싱가
포르 테마섹Temasek 등 글로벌 투자자들과 함께 SK, 현대, 스틱인베스

그랩에서 제공하는 서비스

모빌리티	딜리버리	파이낸셜	기업 & 기타
GrabCar	GrabExpress	GrabPay	GrabAds
GrabBike	GrabFood	GrabFinance	GrabDefence
GrabShare	GrabKitchen	GrabInsure	호텔 예약
	GrabMart	GrabInvest	

출처: 그랩 홈페이지, 필자 정리

그랩에 투자한 한국 기업·기관들

기업명	투자 시기(년)	투자 금액(억 원)
SK(주)	2018	2570
현대차	2018	2230
기아	2018	830
네이버-미래에셋(펀드)	2018	1670
EMP벨스타 등	2019	500
스틱인베스드먼드(펀드)	2020	2230
한화자산운용*	2021	3300

* 한화자산운용은 그랩 자회사인 그랩파이낸셜그룹에 투자함.
출처: https://www.hankyung.com/finance/article/2021041438931
https://www.mk.co.kr/news/stock/view/2021/01/23569/

트먼트 등 한국 기업들도 투자자로 이름을 올렸다. 2021년 스팩SPAC을 통한 미국 주식시장 상장이 진행 중이며, 기업 가치 400억 달러로 평가받았다. 비록 누적 적자가 100억 달러지만 이용자 수가 막대한 데다 싱가포르에서 디지털 뱅킹 라이센스를 취득했기 때문에, 향후 양적 성장과 수익성이라는 질적 성장에 대한 기대감이 기업공개 이후 주가에 반영될 것으로 보인다.

인도네시아의 대표 유니콘 고젝Gojek과 토코페디아Tokopedia는 2021년 5월 전격 합병을 발표했다.[*] 고젝은 오토바이 호출 서비스에서 출발해 인도네시아의 생활에 반드시 필요한 슈퍼 앱으로 성장했고, 토코페디아는 인도네시아의 대표 이커머스 기업이다. 고젝은 구글과 싱가포르의 GIC, KKR, 텐센트, 세쿼이어 캐피털 등이 투자했고, 토코페디아는 소프트뱅크와 알리바바의 투자를 받으며 성장했다. 이 두

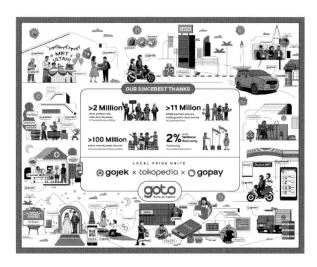

---

*   https://www.bloomberg.com/news/articles/2021-05-17/gojek-to-combine-with-tokopedia-to-create-indonesia-tech-giant

기업은 인도네시아시장을 기반으로 성장했지만, 차량 호출 서비스, 음식 배달, 이커머스와 핀테크 등 각 사업 영역에서 그랩과 씨와의 경쟁을 피할 수 없는 상황이다. 따라서 합병을 통해 더 높은 가치로 평가받고 투자를 늘려야만 효과적으로 대응할 수 있다는 결론에 이른 것으로 보인다. 고젝과 토코페디아가 합병해 만들어지는 고투그룹은 인도네시아와 미국 동시 상장을 계획하고 있으며 400억 달러 평가를 기대하고 있다.

아세안의 슈퍼 앱 외에도 상장을 노리는 디지털 기업들이 곳곳에 포진하고 있다. 팬데믹을 거치면서 비대면 서비스시장이 폭발적으로 성장해 기업들의 매출과 몸값이 상승하고 있다. 온라인 여행 플랫폼 유니콘 트래블로카Traveloka과 물류 기업 J&T익스프레스는 미국에서, 이커머스 유니콘 부칼라팍Bukalapak과 핀테크 링크아자LinkAja는 인도네시아에서 IPO가 진행될 예정이다. 모빌리티 분야의 라이드Ryde와 스왓 모빌리티Swat Mobility는 싱가포르 상장을 준비하고 있다고 알려져 있다. 이 외에도 베트남 국민 메신저 잘로Zalo를 보유한 VNG, SCI 이커머스, 티켓, 선시프 그룹Sunseap Group도 주식시장 등장이 기대된다.[*]

아세안 테크기업들 역시 수익성을 자랑할 단계는 아니다. 다만 아세안 디지털시장이 성장 초입에 들어섰다는 점이 중요하다. 아세안-6 디지털 경제 규모는 2020년 1,050억 달러로 추산되나 2025년에는 3천억 달러에 달할 것으로 예상된다.[**] 그만큼 성장 속도가 빠르고 시장 확대가 기대된다. 미국 주식시장에서 화제를 모은 씨, 한국의 쿠팡, 카카

[*]   Tech in Asia https://www.techinasia.com/leading-asian-tech-players-eyeing-ipo-2021
[**]   Google, Temasek, Bain & Company (2020) "e-Conomy SEA 2020"

동남아 10개 유니콘 기업 현황

기업명	기업 가치 (억 달러)	본사(설립 연도)	주력 사업	상장 계획
그랩	397	싱가포르(2012)	차량 호출, 식료품 배달, 전자 결제	나스닥 SPAC 상장 예정
하이얼루트	38	싱가포르(2015)	인터넷 통신망	-
고젝	105	인도네시아(2010)	차량 호출, 식료품 배달, 전자 결제	미국 상장 검토 중
J&T익스프레스	78	인도네시아(2015)	물류, 배송	미국 상장 검토 중
토코피디아	75	인도네시아(2009)	전자상거래	고젝과 합병 논의 중
트래블로카	50	인도네시아(2012)	온라인 여행 예약 서비스, 핀테크	연내 미국 상장 계획
오보(OVO)	29	인도네시아(2017)	핀테크	-
NVG	22	베트남(2004)	게임, 모바일 메신저, 전자상거래	나스닥 상장 추진 중
VN페이	17	베트남(2007)	전자 결제	-
레볼루션 프리크레프티드	10	필리핀(2015)	모듈형 주택 판매	-

출처: https://www.chosun.com/economy/mint/2021/04/23/2P6IDWD2OBE5ZMQT2WZJFGDWJI/

오, 네이버의 밸류에이션을 고려해보면, 아세안 테크기업들이 IPO시장에 새로운 돌풍을 일으킬 가능성이 상당히 높다.

아세안 밀레니얼, 주식에 빠지다

한국과 미국에서 젊은이들 사이에 주식 투자 열풍이 불었고 아세안에서도 동일한 현상이 나타났다. 2020년부터 아세안 주식시장에 활력을 불어넣은 이 신규 투자자의 대부분은 밀레니얼 세대다. 말레이시아 라쿠텐 트레이드Rakuten Trade Sdn Bhd, 인도네시아의 기존 강자인 미래에 셋증권, 후발 주자인 아자입Ajaib과 같은 주식 거래 플랫폼이 등장해 비대면 계좌 개설이 가능해지자 신규 개인 투자자가 대거 등장했다. 라쿠텐 인사이트에 따르면 밀레니얼 세대가 온라인 투자 플랫폼 이용자의 68%를 차지한다.[*] 인도네시아에서는 18~25세 투자자는 2016년 이후 3배 이상, 26~30세 투자자는 2배 이상 증가했다고 한다. 밀레니얼 세대가 앱 기반 서비스를 사용하는 데 익숙한 데다 인도네시아 상장 주식들의 주당 가격이 낮아서 접근성이 높다는 점이 투자에 불을 붙였다고 보고 있다. 베트남판 '주린이'도 대거 등장했다. 처음 시작한 사람이라는 의미에서 'F0(숫자 0)'라 불리는 신규 투자자의 계좌는 2021년 상반기에 이미 40만 개를 돌파했다. 대면으로만 주식 계좌를 개설할 수 있고 과정도 복잡하지만 국가 경제 성장에 대한 확신과 코로나19 방역의 자신감이 투자 열풍에도 영향을 미쳤다. 베트남에서는 투자자가 늘고 주문이 몰리면서 시스템 과부하가 걸려 거래 장애가 발생하기도 했다.

동남아 주식시장에 개인 투자자가 증가했다고 해도 비율은 아직 낮은 편이다. 예를 들어 인도네시아 전체 2억 7천만 인구의 1% 미만이 주식시장에 참가하고 있다. 한국의 48%, 미국의 55%에 비하면 한참 낮은 비율이다. 한국의 주식 투자자는 2020년 연말 기준 전체 인구의 18%인 914만 명, 이 가운데 33%가 2020년 주식 투자를 시작했다. 그만큼 동남아시아에 잠재 투자자가 많고 젊은 세대의 소득이 증가함에 따라 투자금 증액이 가능한 점을 고려하면 앞으로도 더 많은 '주린이'가

---

[*] https://moneycompass.com.my/2021/04/26/millennials-comprise-68-of-those-using-online-investment-platform/

시장에 유입될 가능성이 매우 높다.

어떻게 투자할까

맥킨지는 미래는 '아시아의 시대'가 될 것이라고 예고했다. 그 중심에는 중국을 필두로 한 동북아가 자리하고, 아세안의 성장도 하나의 동력으로 작동할 것이다. 신흥국 투자에서 아세안은 고려할 만한 대상임에는 틀림없지만, 주요 6개 국가 시장 포트폴리오를 구성해 개인 투자자들이 투자하기는 매우 어렵다. 싱가포르와 인도네시아, 베트남을 제외하면 한국에서 직접 종목을 투자하기도 쉽지 않다. 예를 들어 크레딧스위스와 모건스탠리가 2021년 하반기 태국의 경제 전망이 긍정적이고 에너지 섹터를 눈여겨볼 만하다고 언급했어도,** 한국 계좌로 태국 주식을 매수하기는 거의 불가능하다.

싱가포르나 미국 시장을 통한 투자가 대안 가운데 하나가 될 수 있다. 싱가포르 거래소에는 자국 기업뿐만 아니라 타이음료, IHH, 톱글로브스Top Gloves, 자파처럼 인근 국가의 외국 기업들이 상장, 거래되고 있다. 이들 기업은 아세안 금융허브이자 선진시장인 싱가포르에 상장함으로써 글로벌 투자자들의 접근성을 높이고 더 높은 밸류에이션을 기대할 수 있다. 기업 브랜드와 이미지 제고 역시 싱가포르에 상상하는 유인이 된다. 싱가포르에 상장된 50여 개 종목은 미국 주식시장에서 ADR 거래가 가능하기 때문에 미국시장을 통한 투자도 고려해볼 만하다.

또 다른 대안은 인덱스 상장지수펀드(ETF)나 아세안 펀드에 투자하는

** https://www.cnbc.com/2021/06/24/credit-suisse-investment-outlook-2021-global-growth.html?fbclid=IwAR0zNiP4hK0ksrWj41D1lCOD1AchHf7YAKdzCIniVnSgaNQFGmsclaqF7c8

것이다. 물론 인덱스 ETF에서도 한국에서 다루는 지수는 일부 시장에 국한되므로, 미국시장에서 거래되는 ETF를 살펴볼 필요가 있다. 주도주의 흐름을 따라 투자하려면 펀드가 더 유리하다. 국내 운용사에서 판매하는 아세안 펀드는 각 시장의 대형주나 섹터 대표 종목으로 구성되며, 시장 변화에 따라 포트폴리오를 적절히 재구성한다. 포스트 차이나 대표 주자로 불리는 베트남의 경우에는 인하우스 리포트도 많이 나오고 베트남시장만 투자하는 펀드가 여럿 출시되어 있다. 펀드는 실제 운용을 어디서 하는지, 수수료와 실적이 어떤지 꼼꼼히 비교할 필요가 있다.

2021년 하반기 상장이 예고된 테크 유니콘들은 주목해볼 필요가 있다. 특히 그랩과 고투그룹처럼 미국시장에 상장하는 경우 기업 분석 리포트가 쏟아지기 때문에 이를 바탕으로 투자 의사 결정을 내리는 데 도움이 될 것이다. 그동안 아시아 테크기업 붐은 알리바바와 텐센트 같은 중국의 빅테크가 이끌었지만, 중국 정부의 압박이 리스크로 작용하고 있다. 앤트그룹은 기업공개가 무산되었고, 2021년 7월 6일 뉴욕증권거래소에 상장한 디디추싱은 상장 바로 다음 날 앱 신규 가입과 다운로드가 금지되면서 주가가 큰 폭으로 하락했다. 글로벌 투자자들이 중국 테크기업에서 멀어질수록 동남아 유니콘들은 더 큰 기회를 맞이할 가능성이 높다.

관찰자에서 투자자로

아세안의 경제 성장이 지속될 것으로 예상되지만 투자시장은 아직 규모가 작다. 그만큼 향후 성장 가능성이 크고, 그 과정에서 한국 금융기관들이 많은 역할을 할 것으로 기대된다. 이미 인도네시아와 베트남에서 여러 한국 기관이 뛰고 있어서 앞으로 더 많은 정보가 제공될 것이다. 그러나 아세안시장과 기업들은 여전히 많은 투자자에게 낯설다. 친숙하지 않은 아세안시장에 투자하려면 더 많은 관심과 공부가 필요하다.

팬데믹이 지나가고 하늘길이 열리면 많은 사람이 가까운 동남아로 여행을 떠나게 될 것이다. 그곳에서 힐링과 함께 주변을 돌아본다면 이전에는 무심히 지나쳤던 지점들이 눈에 들어올 수도 있다. 공항 출구의 광고, 슈퍼마켓 매대, 길 위의 자동차와 스쿠터, 해변에서 마시는 맥주의 브랜드, 편의점 결제 페이에서 무엇인가 발견하게 될 것이다. 관찰은 확실히 새로운 투자 기회의 출발점이라는 것을 잊지 않기를 바란다.

글 **고영경** 2012년부터 말레이시아에서 경영대 교수로 재직했고 현재 선웨이대학교 겸임교수이자 서울대학교 사회과학연구원 선임연구원, 컨설턴트로 활동하고 있다. 아세안 자본시장과 대기업 및 스타트업 연구를 진행해왔으며, 논문과 기고, 강연을 통해 변화하는 동남아를 알려왔다. 저서로는 《미래의 성장 시장 아세안》이 있다. 연세대학교 사회학과와 지역학대학원을 거쳐 고려대학교 경영대에서 재무 전공 박사학위를 받았다.

중국 정부 지분 있는 내수 소비재 기업, 저평가된 제약 및 백주 기업 등이 안전

장홍래

마윈의 앤트파이낸셜은 공표된 상장이 취소되었고, 디디추싱은 상장 취소 위기이며, 신동팡 등 교육 기업은 사교육 금지 규제로 도산 위기다. 자본주의 국가에서는 상상할 수 없는 이런 사건의 근본적 원인은 중국식 사회주의 체제 유지가 중국 정부의 최우선 순위에 있다는 점이다. 최근 중국에서는 장기간에 걸친 생활 물가 상승, 부동산 가격 상승, 취업난, 계층 간 경제적 불평등 심화 등이 본격 사회 문제로 대두되기 시작했다. 이런 사건들이 주는 시사점은 '중국 정부가 지분을 보유해서 규제 가능성이 상대적으로 낮은 우량 기업 주식을 사라'이다. 중국 주식에 투자하려면 이익과 현금흐름이 일치하는 신뢰성 있는 기업을 선정해야 하고, 아울러 지수 펀드가 아니라 규제 가능성이 적은 소수 우량 기업에 집중해야 한다. 향후에도 민간 기업 규제와 국유화 작업이 계속될 가능성이 크기 때문이다.

중국 길거리, 학교, 사무실 등에서 다음 구호를 자주 볼 수 있다.

"공산당의 말을 따르고, 공산당의 은혜에 감사하고, 공산당과 함께 영원히 간다."

중국 투자는 공산당의 절대적 영향을 받고 있다. 따라서 중국에 투자하려면 공산당이 갖는 의미를 정확히 알 필요가 있다. 위 구호는 공산당의 현 위치를 짧지만 명확하게 설명해준다. 최근 알리바바 주가 하락과 디디추싱(세계 최대 차량 공유 서비스 기업) 상장을 둘러싼 사태 역시 이것

중국 거리나 사무실에서 흔히 볼 수 있는 구호

으로 근본 원인을 어느 정도 이해할 수 있다. 현재 중국공산당은 대다수 중국인에게 종교처럼 받아들여지고 있다. 특히 연령이 낮은 세대일수록 충성심이 강하다.

지난 7월 1일 베이징 천안문 광장에서 공산당 창당 100주년 기념행사가 대대적으로 개최되었다. 그 중심에 시진핑 국가주석이 있다. 뜨거운 여름 낮에 군중이 7만 명 이상 동원되었고 시 주석은 무려 1시간 5분에 걸쳐 꼿꼿이 서서 연설했다. 중국에서는 지도자의 이러한 행동이 철저히 계산되어 이루어진다. 이날 행사의 하이라이트는 어린 학생들의 공산당 충성 맹세와 감동에 벅찬 군중이었다. TV로 반복 방송되어 거의 모든 중국인이 보았다고 보면 된다. 이날 행사에 대해 중국 잡지 기자가 "한 편의 공포스러운 장면이었고 온몸에 소름이 돋았다"라고 했다가 젊은 네티즌 다수의 비난을 받고 계정이 폐쇄되었다. 현재 중국은 다양한 목소리가 나오기 쉽지 않은 분위기이고 지식인들도 이 점을 매우 우려하고 있다.

한편 시 주석은 흥분한 어조로 "중국 인민은 어떠한 세력이라도 중국을 업신여기거나 압박하는 것을 절대 용인하지 않으며, 만약 그러한 망상을 한다면 14억 중국 인민이 만든 만리장성 앞에서 머리가 깨지고 피가 흐를 것이다"라고 강조했다. 나아가 전 세계에 중국식 사회주의 이념을 확대하겠다고 선포했다. '전랑외교'도 시 주석의 방침에서 나오는 자연스러운 행위다. 〈전랑(战狼, 늑대 전사)〉 영화는 특수부대 출신 병사가 외국과 중국에서 중국을 위협하는 외부 세력을 소탕하고 중국 국민을 구한다는 줄거리인데, 중국에서 공전의 히트를 기록해서 2조 원 가까운 매출을 올렸다.

공산당 창당 100주년 기념행사 며칠 후 디디추싱이 미국에 상장했고 곧바로 중국 정부의 국가 보안 수사를 받게 되었다. 디디추싱은 네티즌으로부터 중국을 팔아먹은 매국노로 매도되고 있다. 차량 공유 서비스는 중국에서 필수소비재와 같은데, 이러한 기업조차도 정부의 방침에 어긋나면 가차 없이 없어질 가능성이 크다.

향후 디디추싱에는 두 가지 가능성이 있다. 하나는 미국에서 상장 철회하고 잠시 조용히 있다가 홍콩이나 상하이에서 상장하는 것이다. 다른 하나는 중국에서 다른 기업에 합병되거나 국유화되는 것이다. 현재 분위기로는 후자가 될 가능성이 크다. 어떻게 되더라도 디디추싱 투자자의 손실은 피할 수 없다.

월가와 투자자도 예상하지 못한 시나리오인데, 중국의 정치·사회·문화에 대한 이해가 부족하기 때문이다. 중국은 현 정부 집권 이후 국수주의 정책을 꾸준히 집행하고 있다. 이번 일련의 사건은 그 연장선상에서 이루어진 것뿐이다. 예를 더 들면 중고등학교 필수과목이던 영어가 국가주석의 지시로 필수과목에서 삭제되었다. 중국의 대문호 루쉰이 중국인의 약점을 기술한 문학 작품 역시 교과서에서 삭제되었다. 이러한 애국주의의 핵심은 10대, 20대, 30대다. 이들은 40대 이후 세대와 달리 미국을 동경하지 않도록 배웠고 미국 등 서방 국가 유학에도 별다른 메리트를 못 느낀다. 중국에 대한 자부심으로 가득 차 있으며, 중국이 크게 베풀어서 세계가 부유해지고 있다고 믿는다.

중국 세대별 특징과 투자 시사점

세대	특징	투자 시사점	비고
~1960년대생	• 문화혁명 세대 • 다양한 사상 부재	• 자본주의 시장 부재	• 경제적 암흑기 • 절대적 빈곤
1970년대생	• 문화혁명 종료 • 정치, 사회, 문화 혼란기	• 자본주의 시장 시작	• 개방을 탐색하던 덩샤오핑의 초창기 • 절대적 빈곤
1980년대생	• 미국 및 서방 문화 동경	• 자본주의 도입 초창기 • 외국 자본 진출 시작	• 개방의 혜택
1990년대생	• 타인을 전혀 의식하지 않음 • 일방적 애국주의 태동	• 중국 비판 기업 불매 • 글로벌 명품 기업 선호	• 인터넷 애국주의 첨병 • 무조건적 국수주의
2000년대생~	• 무조건적 애국주의 • 철저한 공산주의 이념 교육 세대 • 반미 및 반서양	• 중국 비판 기업 불매 • 자국 기업 제품 및 최고급 글로벌 명품 선호 • 향후 중국 내수 기업 투자 유리	• 중국 발전의 본격적 혜택 • 인터넷 애국주의 첨병 • 계층 간 상대적 불평등 문제

중국 정부의 지분이 있는 기업에 투자하라

마윈은 앤트파이낸셜의 상하이 상장 취소 전까지 재물의 신으로 추앙받았고 중국 젊은이들의 우상이었다. 그러나 한순간에 인민의 피와 땀을 훔친 인간으로 매장되어버렸다. 그는 현재 고향 항저우에서 골프장만 출입하면서 철저히 칩거하고 있다. 그 원인과 중국 투자자가 알아야 할 시사점을 찾아보자.

마윈은 1964년 항저우의 가난한 집안에서 태어났다. 사범대학을 졸업하고 영어 교사로 재직하다가 1999년 전자상거래 기업인 알리바바

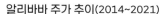

알리바바 주가 추이(2014~2021)

출처: 야후 파이낸스

를 18인과 동업으로 자기 아파트에서 창립했다. 참고로 중국에서는 교사와 교수 모두 급여가 작다고 무시되는 직업군에 속한다. 마윈은 여러 번 사업에 실패했고 아내의 도움으로 간신히 알리바바를 창업해 운영했다. 알리바바 창업 당시 중국 정부는 인터넷이 중국 사회 체제 유지에 커다란 방해가 될 것이라고 보고 알리바바 등 인터넷 기업을 전혀 허가하지 않았다. 그러다 마윈, 마화텅 등이 만든 인터넷 수단이 사회를 통제하기에 좋다는 것을 뒤늦게 인식하고서 적극적으로 체제 유지 수단으로 활용하기 시작했다.

알리바바와 텐센트 둘 다 케이맨 제도에 본점을 두고 있다. 지분 구조는 너무 복잡해 일반 투자자가 파악하기는 불가능하고, 다양한 이해관계자가 지분을 갖고 있다고 추정된다.

중국은 덩샤오핑의 경제 개방 이후 두 차례 국영 기업을 민영화했다. 지금은 다시 민영 기업의 국유화 정책을 취하고 있다. 근본 기조는 사회 체제 유지가 최우선 순위이니 중국식 사회주의 체제 유지라는 전제에서만 자본가의 이익을 허락하겠다는 것이다.

앤트파이낸셜 상장이 취소된 근본 원인은?

앤트파이낸셜은 알리바바 내에 있던 금융사업부를 분사해 마윈이 사적 이익을 취한 기업이다. 실제 지분 관계는 명확하지 않고, 예전의 한국처럼 실제 소유자가 많이 숨겨져 있다. 분사는 대주주인 손정의와 야후의 반대에도 불구하고 이루어졌는데 손정의는 일정한 보상과 함께 거래를 용인했다.

앤트의 규제에는 표면적 이유와 실제적 이유가 있다. 표면적 이유는 소비자 이익 침해와 각종 법규 위반이다. 앤트는 상장 취소 전후 매우 부도덕한 기업으로 낙인이 찍혀버렸다. 18% 이상의 고금리로 서민을 힘들게 하는 기업이라는 비판을 받았다. 상장으로 큰 부를 이루는 소수의 직원과, 이런 혜택이 전혀 없는 노동자를 대비하는 등의 뉴스도 많이 나왔다. 언론을 통해 여론을 조성한 것이다.

표면적 배경으로는 마윈이 공식 석상에서 중국 금융당국이 전당포 수준의 관리라고 비난한 행위가 지목되었다. 일부 전문가는 금융당국과 인터넷 산업의 이해관계가 얽힌 것이라 별것 아니라고 했지만, 한국에 알려진 것과 달리 이 말은 마윈이 앤트 상장 불가를 미리 알고 한 것이다. 중국 사회를 잘 아는 사람은 충분히 인지할 수 있다.

실제적 이유는 권력의 일인 집중이다. 덩샤오핑이 구축한 10년 임기제가 깨지면서 7인 상무위원에게 분산된 권력이 일인 체제로 변환되었다. 최근 시 주석도 이야기한 것처럼 그의 지시가 없으면 공조직이 움직이지 않는다. 사회 여론에 민감하지 않을 것 같은 중국공산당은 사회 불만에 매우 민감하다. 시 주석의 권력 공고화 과정 중에 생활 물가, 부동산 가격, 교육, 실업 등에 대한 사회적 불만이 고조되니 사회주의 체제 유지와 절대 권력에 위험 요소가 된다고 보고 있다. 빅테크, 부동산 및 교육 기업에 대한 상상할 수 없는 일련의 규제는 이런 배경에서 나왔고, 당분간 민간 기업의 규제 및 국유화도 계속 이루어질 것이다. 더불어 퇴폐 단속, 사치 문화 단속 등 사회 정풍 운동도 꾸준히 진행된다. 현재 중국 정부의 우선순위는 생산성이 아니라 사회 체제 유지와 권력의 공고화다.

마화텅의 텐센트가 규제를 덜 받는 두 가지 이유

현재 텐센트는 장기간 일관되게 매우 우수한 현금흐름, 성장성과 경제적 해자를 보여주지만 정부의 빅테크 기업 규제로 인해 내재가치보다 주가가 낮게 형성되고 있다. 그러나 알리바바가 일방적으로 정부 규제를 받은 것에 비해 텐센트가 상대적으로 약한 규제를 받는 데에는 두 가지 이유가 있다. 첫째, 최고경영자이자 중국인 최대 주주인 마화텅은 마윈과 달리 매우 조심스럽게 행동하며 정부와 맞서지 않는다. 둘째, 중국 정부가 형식상으로는 지분이 없지만 중국 내에서 국유은행 등으로 지분을 통제하고 있다.

남아공 언론 그룹인 내스퍼스를 제외하고 최대 주주인 마화텅은 마윈과 매우 대비되어 중국 언론에서 언급되는 경우가 거의 없다. 아버지가 고위 공무원 출신으로 철저히 몸을 낮추고 외부에 거의 나서지 않는다. 텐센트의 인수 합병에는 내스퍼스가 많은 역할을 했다. 텐센트 전략의 특징은 대부분 2, 3대 주주로서 지분을 소유하면서 투자 기업과 전

텐센트 주가 추이(2004~2021)

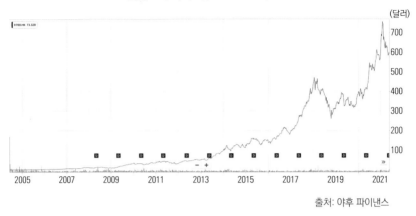

출처: 야후 파이낸스

략적 파트너 관계를 유지하는 것이다. 한국 카카오의 3대 주주로서 보이지 않지만 카카오의 비즈니스 모델에 매우 큰 영향을 미쳤고 지금도 영향을 주고 있다. 카카오페이, 카카오뱅크, 카카오택시, 카카오게임 등 중국의 비즈니스 모델을 벤치마킹해 발전시키고 있다. 또 넷마블과 크래프톤 등의 주요 주주이며 최근에는 한국 스타트업에까지 지분 참여를 적극적으로 하고 있다. 텐센트의 2020년 연차보고서에 따르면 투자 주식의 가치는 200조 원이 넘는다(이런 가치를 감안하면 현재 주가는 저평가된 상태로 보인다). 참고로 중국은 현재 알리바바와 텐센트를 국유화하는 과정이지만 한국의 카카오는 규제에서 막 벗어나 성장 초기에 있다. 중국식 규제만 없다면 카카오의 해자와 성장성은 매우 크다고 볼 수 있다.

중국의 신장 면화 사용을 비판한 H&M, 자라, 나이키, 아디다스 등은 중국 내 매장이 공격당하거나 불매 운동 대상이 되었다. 특히 H&M은 중국 사업을 접어야 하는 상황에까지 이르렀다. 현재 애플, 스타벅스,

나이키, 아디다스, 에르메스, 샤넬, 루이비통, 자라, 유니클로, 룰루레몬 등 대부분 글로벌 기업의 매출에서 중국이 15~20%를 차지하고 있다. 중국 정부의 눈치를 보지 않을 수 없는 이유다. 특히 애플의 최고경영자 팀 쿡은 중국 정부의 요구에 적극 협력해 상대적으로 거의 피해를 입지 않았다.

나는 글로벌 4대 회계법인 중 한 곳의 중국 주재 파트너로서 10년 이상 베이징, 상하이, 선전 등에 거주하면서 중국 기업들을 접했다. 중국의 발전과 기업의 흥망성쇠를 지금까지 지켜보고 있다. 삼성과 LG를 포함한 외국 기업이 중국에 진출하면서 보이는 공통점이 하나 있다. 중국 지방정부나 국유기업에 지분 일부를 주는 것이다. 형식상으로는 합자이지만 일종의 안전장치다. 현재 중국 상장기업의 40% 이상에서 지방정부 및 국유기업이 지분을 갖고 있다. 지분이 많을수록 확실한 안전장치가 된다. 중국시장에서 외국인 지분이 상대적으로 높은 기업 대부분이 중국 정부의 지분 역시 높다. 공상은행, 중국은행 등 4대 국유은행, 마오타이, 우량예, 거리전기, 운남백약, 편자황, 해강위시, 방산 및 반도체기업 등이다.

중국의 대표적인 백주 제조사인 마오타이와 우량예는 정부 지분이 50%가 넘는다. 자본생산성이 높을 뿐만 아니라 정부의 정치적 리스크를 덜 받아 상대적으로 안정성이 좋다. 전자회사과 제약사도 정부 지분이 높은 주식의 수익률이 상대적으로 안정적이고 좋다.

우량예 주가 추이(1998~2021)

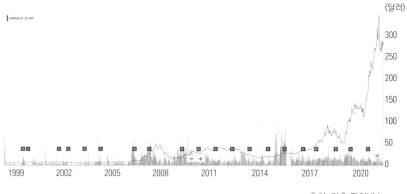

출처: 야후 파이낸스

마오타이 주가 추이(2001~2021)

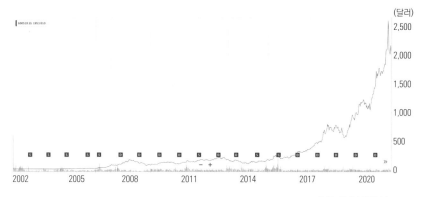

출처: 야후 파이낸스

이익·현금흐름과 주가는 장기적으로 정비례한다

가전제품 제조사인 거리전기와 메이디의 주가 그래프에서는 두 가지를 볼 수 있다(224쪽 참조). 당기순이익과 영업현금흐름이 일치해 회계 재무 자료의 신뢰성이 높다는 것, 당기순이익과 영업현금흐름이 우상향하는 기업이 주가도 우상향한다는 것이다. 이러한 기업은 적어도 투자자와 이해관계가 일치한다고 볼 수 있다. 기업이 돈을 벌면 투자자도 수익을 얻고, 기업이 손해를 보면 투자자도 동일하게 손해를 본다.

그러나 중국 기업 70% 이상이 당기순이익과 현금흐름이 일치하지 않는다. 실제 통계에서도 이익과 현금흐름이 일치하지 않는 주식에 투자하면 손실 확률이 매우 높게 나타난다. 3년 이상 손실이 나면 상장폐지 가능성이 커지기 때문에 이익을 분식하는 이유도 있지만 기본적으로 중국 기업이 갖는 불투명성 등에 기인한다. 반대로 중국 주식 중에 당기순이익과 현금흐름이 장기간 일치한 기업에 투자한 경우 많은 수익을 거두었다는 것도 통계적으로 입증되었다. 이 기준으로 보면 미국 상장기업이 가장 신뢰성 높고 자본생산성도 높아서 장기간 투자자에게 높은 수익률을 선사한다.

워런 버핏의 버크셔 해서웨이는 2008년에 전기차 제조사인 BYD에 2억 3000만 달러를 투자해 2021년 현재 수익률 약 3000%를 기록하고 있고 평가 차익이 8조 원 정도다. 중국 기업으로 유일하게 투자하는 기업이다. 이 투자는 찰리 멍거의 자산을 운용하는 중국인 리루와 찰리 멍거의 추천으로 실시했다. 인터뷰에 의하면 멍거는 자기 자산의 3분의 1을 중국에 투자하고 있으며, 히말라야펀드(폐쇄)의 리루가 운용한다.

멍거와 버핏의 중국 투자 관점은 크게 다르다. 멍거는 투자와 정치를

거리전기의 이익, 현금흐름, 주가 추이(2005~2020)

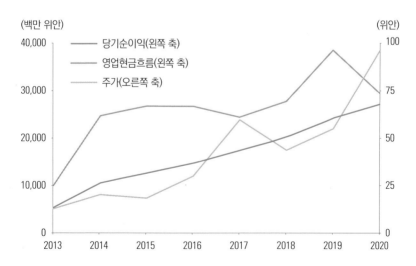

메이디의 이익, 현금흐름, 주가 추이(2013~2020)

BYD 주가 추이(2002~2021)

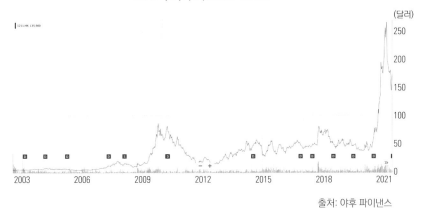

출처: 야후 파이낸스

철저히 분리해서 보려고 하고, 중국 정부가 서방 어느 국가보다 생산성 효율이 높다고 칭찬한다. 특히 중국 주식시장의 비합리성과 집단적·맹목적 투자 행위 때문에 훨씬 많은 투자 기회가 있다고 말한다. 반면 버핏은 공식 석상에서는 중국의 높은 성장을 칭찬하지만 실제 투자한 곳은 BYD뿐이다. 그는 미국이 국가 전체 생산성(자본, 인적, 기술, 시간, 공간, 핵심자산 등)에서 최고이고 가장 잘 알며 신뢰할 수 있는 나라라고 생각하며, 미국에 반해 베팅하는 것은 현명하지 않다고 일관되게 이야기한다.

지수 추종이 아니라 소수 우량 기업 주식을 매수하라

중국 주식시장을 대표하는 상하이종합지수와 선전지수의 2006년 이후 15년간 그래프를 보면 일시적 급등과 하락이 있지만 항상 평균인 3,000과 10,000으로 회귀하는 것을 볼 수 있다(226쪽 참조). 반면 주식시장 전체 시가총액은 13배 이상 증가했다. 2006년 이후 폭발적인 IPO 증

상하이종합지수 추이(1997~2021)

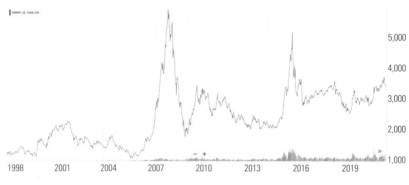

출처: 야후 파이낸스

선전지수 추이(1997~2021)

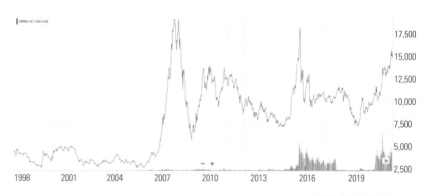

출처: 야후 파이낸스

가, 유상증자 등을 통해 주식 수가 계속 늘어나 주식시장 전체 시가총액은 증가했지만, 개별 주가는 우량 기업 소수를 제외한 대부분 기업이 상승하지 않았다. 이는 많은 신흥시장이 지닌 특성이며 중국이 특히 심한 편이다. 따라서 중국 주식은 반드시 지수 상품이 아니라 소수 우량 기업에 집중해 투자해야 한다. 또는 특정지수펀드라고 해서 일정 수익률을 목표로 매매를 통해 수익을 실현하고 다시 매수하는 방식이 맞는다.

중국 지수 상품은 원칙적으로 S&P500처럼 장기간 보유해서는 안정적인 수익을 얻을 수 없다. 근본 원인이 무엇일까? 중국시장은 미국시장과 달리 자사주 매입이 거의 없다. 반대로 유상증자가 만연하다. 상장도 등록제로 바뀌면서 주식 수가 폭발적으로 증가해 소수 우량 기업을 제외하면 개별 주가가 상승할 여지가 크지 않다.

정리하면 중국에서 리스크를 피하면서 수익을 얻는 투자의 핵심 지침은 다음 세 가지다. 첫째, 중국 정부의 지분이 있는 기업에 투자하라. 둘째, 이익과 현금흐름이 장기간 일치하는, 정량적으로 신뢰성 있는 기업에 투자하라. 셋째, 상하이지수, 선전지수, 창업판지수 등을 추종하는 패시브펀드에 투자하지 말고 장기간 배당이 증가하는 소수 우량 기업에 집중하라. 중국은 사회 체제 유지가 일순위이고, 투자자의 이익은 그 다음이기 때문이다.

글 **장홍래** | 포컴에셋투자자문 대표이사. 글로벌 빅4 회계법인인 언스트앤영(Earnst & Young) 중국 파트너와 정음에셋 대표이사를 거쳤다. 현재 미국 및 중국의 우량 기업에 직접 투자하고 상장기업 등에 투자자문을 제공하고 있다.

차티스트에 대한 변론

가치투자자가
기술적 분석을 한다고?

신진오

많은 가치투자자가 기술적 분석을 비판한다. 여기에는 충분히 일리가 있다. 아무런 펀더멘털 분석 없이 주가의 움직임만 예측하려고 하는 차티스트가 많기 때문이다. 필자는 그러나 가치투자를 더욱 강화하는 도구로 사용할 수 있다면 기술적 분석을 외면할 필요까지는 없다고 말한다. 즉, 원칙적으로 기본적 분석에 근거하되, 간과될지도 모르는 위험을 기술적 분석을 통해 보완하는 태도가 가장 바람직하다고 제시한다.

기술적 분석(technical analysis)이란 주가의 움직임을 차트로 나타내고 그 움직임을 분석해 앞날을 예측하는 기법을 말한다. 순수한 의미의 기술적 분석은 주가의 움직임에 분석의 초점을 맞출 뿐, 주식의 내재가치에는 관심이 없다. 주로 차트를 활용한다는 점에서 기술적 분석을 차트 분석, 기술적 분석가를 차티스트라고 한다.

일본식 봉차트 분석에서 비롯된 '패턴 분석'이 대표적인 기술적 분석이다. 주가 움직임에 주목한다는 점에서 물리학의 운동 법칙에서 '모멘텀'이라는 용어를 차용한 모멘텀 투자 기법도 기술적 분석에 속한다고 볼 수 있다. 주가 움직임의 방향을 예측해 상승 추세를 보이는 종목에 베팅하는 것이 주요 목적이라는 점에서, 기술적 분석의 대표적인 전략으로 추세 추종 기법(trend following)을 꼽을 수 있다. 또 "상승이 예상될 '때' 매수했다가 하락이 예상될 '때' 매도하겠나"는 의도가 있다는 점에서 마켓 타이밍(market timing, 시점 선택)이라고 부르기도 한다. 마켓 타이밍의 더 정확한 의미는 '상승이 예상되거나 상승 추세를 타고 있는 종목을 매수했다가 하락하기 직전에 매도하겠다'로 해석할 수 있다.

기술적 분석에 대해서는 투자자들 사이에 논란이 많다. 잭 슈웨거가 쓴 《타이밍의 마법사들》을 참조하면, 짐 로저스는 이렇게 말했다. "기술적 분석으로 부자가 된 사람을 본 적이 없어요. 물론 기술적 분석 정보를 팔아서 큰돈을 버는 사람들은 있겠지만 말이죠." 반면에 마티 슈워츠는 이렇게 반박했다. "'기술적 분석으로 부자가 된 사람을 본 적이 없다'는 주장은 솔직히 웃기는 소리죠. 정말 오만하기 짝이 없고, 터무니없는 이야기예요. 제가 9년간이나 기본적 분석을 활용했지만, 정작 부자가 된 건 기술적 분석 덕분입니다."

'닭 플레이' 등 기술적 분석에 대한 비판들

투자자 대부분은 한 번쯤은 차트 분석에 심취했던 경험이 있을 것이다. 워런 버핏도 예외는 아니었던 것 같다. 앤드류 킬패트릭이 쓴《워런 버핏 평전 ① 인물》에는 이렇게 나와 있다. "버핏은 이미 6~7세 때 주식에 흥미를 느꼈다고 한다. 8세가 되면서 아버지의 서가에 꽂혀 있던 주식시장과 관련된 책을 읽기 시작했다. 주식시장에 대한 광적인 관심은 그 후로도 이어졌고, 주가의 등락을 차트로 만들곤 했다. 숫자와 돈에 관한 것이라면 무엇이든 푹 빠져들었다. 훗날 버핏은 차트 작성을 비롯한 기업의 펀더멘털 분석과 무관한 작업들을 치킨트랙(chicken track)이라고 부르곤 했다." 이제 버핏은 '닭 플레이'라고 부를 정도로 차트 분석을 혐오하고 있다.

대니얼 피컷과 코리 렌이 공저한《워런 버핏 라이브》를 참조하면, 1987년 버크셔 해서웨이 주주총회에서 "요즘 펀드매니저들의 자질을 어떻게 평가하나요?"라는 질문을 받았을 때 멍거는 이렇게 대답했다. "최악의 실수는 근사한 그래프 때문에 발생합니다. 정말로 필요한 것은 건전한 상식입니다." 물론 여기서 '그래프'가 반드시 기술적 분석을 두고 한 이야기라고 단정할 수는 없지만 기술적 분석을 의미했을 가능성이 크다.

효율적 시장 가설 학파도 기술적 분석에 비판적이었다. 차트 분석을 통해 투자 수익을 얻을 수 있다면 시장이 비효율적이라는 의미이기 때문이다. 네이트 실버가 쓴 《신호와 소음》을 참조하면, 효율적 시장 가설 학파의 수장인 유진 파마는 차티스트들을 무자비할 정도로 비판했다. "'차티스트'라는 용어도 파마가 붙인 것인데, 이들은 과거의 통계만으로 주가가 어느 방향으로 움직일지 예측할 수 있다고 주장한다. 그 회사가 전년도에 이익을 기록했든 손실을 기록했든, 비행기를 팔든 햄버거를 팔든 상관없다. 차티스트의 작업을 좀 더 의례적으로 표현한 용어가 '기술적 분석'이다. 우리는 이 불쌍한 차티스트들에게 약간의 연민을 가져야 한다. 신호와 소음을 구분하는 게 보통 어려운 일이 아니기 때문이다."

같은 책에서 기술적 분석에 대한 비판은 이렇게 이어진다. "주식시장에서의 기술적 트레이딩의 많은 부분이 상대를 마음대로 가지고 노는 이른바 '고양이와 쥐 사이의 역학(cat & mouse dynamic)'을 따른다. 하지만 이들이 기반으로 하는 패턴은 얼마든지 붕괴될 수 있다. 그뿐 아니라, 이 패턴은 다른 투자자가 알아차리면 오히려 독이 되기도 한다. 하지만 이 과정에서 돈이 이 사람에게서 저 사람으로 끊임없이 옮겨가고, 전체 파이의 크기는 점점 줄어든다. 증권사들이 수수료 명목으로 거래비용을 끊임없이 떼어가기 때문이다."

버튼 맬킬은 《랜덤워크 투자수업》에서 기술적 분석을 이용해서 매매 시점을 선택하는 것은 특히 더 위험하다고 말한다. "주식시장에는 장기 상승 추세가 있으므로 주식 대신 현금을 보유하는 것은 매우 위험하다. 하락장을 피하려고 빈번하게 현금을 대량으로 보유하다 보면 시장이 갑자기 상승하는 기간에 주식이 없을 가능성이 높다. 세이번 교수는 30년 동안 주가 상승의 95%가 거래일 중 1%에서 일어났다는 사실을 발견했다. 이 1%를 우연히 놓쳤다면 주식시장이 주는 푸짐한 장기 수익률은 모조리 사라졌을 것이다."

데이비드 드레먼은 《데이비드 드레먼의 역발상 투자》에서 자신의 친구인 버태닝 바르탕의 말을 이렇게 소개했다. "기술적 분석가들은 과거가 미래 주가의 서막이라고 핵심 가설을 세운다. 순수한 차티스트는 그래프에 나타나는 곡선과 숫자들을 연구하면 시장의 핵심적인 진실을 발견할 수 있다고 믿으며, 수도사처럼 헌신적으로 연구한다. 이들은 공장이 폭발하거나 이익이 급격히 늘어나도 전혀 동요하지 않는다." 기술적 분석이 사업의 실체와는 무관하다는 비판적인 관점을 드러내는 말이다.

험프리 닐은 《역발상의 기술》에서 사람들은 자신이 소망하는 대로 차트를 해석한다고 비꼬았다. "원하는 결과에 따라 패턴을 읽을 수 있는 것이다. 근본적으로 낙관주의자들은 차트를 낙관적으로 해석할 가능성이 크다. 반대로 비관주의자들은 차트를 보면서 시장을 하락세로 판단할 가능성이 크다. 과거를 돌이켜보면, 많은 기술적 분석가들은 시장 추세를 전망할 때 거의 예외 없이 자신의 내면에 자리 잡은 개인적 견해에 따라 기술적 움직임을 분석하곤 했다. 다른 말로 하자면 소망에 따라 결정을 내렸던 것이다."

이렇게 기술적 분석에 비판적인 분위기는 국내 투자자들에게도 그대

순수한 차티스트는 그래프에 나타나는 곡선과 숫자들을
연구하면 시장의 핵심적인 진실을 발견할 수 있다고 믿으며,
수도사처럼 헌신적으로 연구한다.
이들은 공장이 폭발하거나 이익이 급격히 늘어나도
전혀 동요하지 않는다.

로 영향을 미쳤다. 최준철과 김민국은《한국형 가치투자 전략》에서 이렇게 말한다. "차트는 과거의 가격변화를 일목요연하게 알려준다는 점에서 투자자에게 도움이 될 수 있습니다. 그러나 기술적 분석의 문제는 차트를 참고하는 것에 그치지 않고, 과거의 데이터와 차트에서 나타내는 신호를 토대로 미래의 주가를 예측한다는 것입니다. 기술적 분석도 투자방법의 한 가지 형태입니다. 그런데 문제는 거의 모든 개인투자자들이 주식을 시작하면서 기술적 분석이 투자방법의 전부이고, 이것만 터득하면 모든 것이 해결된다는 식으로 접근한다는 것입니다."

　기술적 분석을 강하게 거부하는 국내 투자자도 있다. 박성민은《백만불짜리 개미경제학》에서 이렇게 말한다. "기술적 분석은 인과관계가 전혀 없는 두 변수의 인과관계를 규명하려는 유사과학이다. 나는 차트를 보고 투자하는 기술적 분석으로 돈을 번 사람을 본 적이 없다. 기술적 분석은 허황된 믿음이다. 현대인들이 인과관계 파악에 가장 능하다고 생각하면 오산이다. 가방끈이 길수록 자기 확신의 오류에 빠지기 쉽다.

헤라클레이토스는 말했다. "같은 강물에 두 번 발을 담글 수 없다." 차트는 흘러간 강물이다. 주식 시장은 기억력이 없다."

하워드 막스는《투자에 대한 생각》에서 증권 투자에 이용되는 모든 방법을 크게 두 가지 기본적인 유형으로 나누었다. "기업의 가치를 분석하는 기본적 분석과 증권 가격의 동향을 분석하는 기술적 분석이다. 증권의 기본적인 내재가치를 분석해서 가격이 가치와 동떨어질 때 매매하거나, 아니면 미래의 증권 가격 동향을 예측하여 매매를 결정하는 것이다. 나는 기술적 분석을 믿지 않는다. 오늘날 과거의 주가 패턴에 대한 분석은 기본적 분석을 보충하기 위해 사용되고는 있지만, 가격 동향을 위주로 결정을 내리는 사람들은 전보다 많이 줄었다."

'시점 선택'인가, '가격 선택'인가

벤저민 그레이엄은《현명한 투자자》(개정 4판)에서 '기술적 분석'이라는 용어 대신에 '시점 선택'이라는 용어를 사용해 다음과 같이 말했다. "투자등급 주식이라도 가격 변동성이 크기 때문에, 이런 가격 변동성을 활용하여 투자수익을 올릴 수 있는 기회가 있다. 이런 기회를 잡는 방법

66

헤라클레이토스는 말했다.
"같은 강물에 두 번 발을 담글 수 없다."
차트는 흘러간 강물이다. 주식 시장은 기억력이 없다.

99

기술적 분석이 과연 투자자들이 입을 모아 비판할 정도로
효용이 없는 것일까? 그렇다면 아예 없어지지 않고
그렇게 오랫동안 존재한 이유는 무엇일까?
혹시 우리가 놓치고 있는 효용이 있는 것은 아닐까?

에는 '시점 선택(timing)'과 '가격 선택(pricing)' 등 두 가지가 있다. 시점 선택이란, 주가 흐름을 예측하여 주가 상승이 예상될 때는 주식을 매수하거나 보유하고, 주가 하락이 예상될 때는 주식을 매도하거나 매수를 보류하는 방법이다. 가격 선택이란, 주가가 적정 가격보다 낮으면 주식을 매수하고, 적정 가격보다 높으면 주식을 매도하는 방법이다." 여기서 시점 선택은 기술적 분석, 가격 선택은 가치투자를 의미한다.

이렇게 기술적 분석은 기본적 분석과 함께 주식을 분석하는 양대 축이다. 사실 기술적 분석은 기본적 분석보다 역사가 길다고 할 수 있다. 아마 인류는 수천 년 전부터 어떤 물건의 가격을 기록했을 것이다. 봉차트는 1600년대 일본의 쌀시장에서 사용되었다는 기록을 찾을 수 있다. 하지만 기본적 분석은 1929년 대공황 무렵의 벤저민 그레이엄에서 시작되었다고 보면 아직 100년도 채 되지 않았다. 기술적 분석이 과연 투자자들이 입을 모아 비판할 정도로 효용이 없는 것일까? 그렇다면 아예 없어지지 않고 그렇게 오랫동안 존재한 이유는 무엇일까? 혹시 우리가 놓치고 있는 효용이 있는 것은 아닐까?

대니얼 카너먼은《생각에 관한 생각》에서 인간에게는 감정적이고 즉흥적인 직관시스템(시스템1)과 논리적이고 신중한 추론시스템(시스템2)이 있다고 한다. 숲속에서 부스럭 소리만 나면 맹수일지도 모른다고 판단하고 잽싸게 도망치는 게 생존에 유리했을 것이다. 이런 오랜 경험이 쌓인 것이 직관시스템이다. 아직도 대부분의 분야에서는 직관시스템이 효과적이다. 하지만 수많은 변수가 영향을 주고 많은 참가자가 관여하는 주식시장과 같은 복잡계에서는 빠른 결정만이 능사가 아니다. 오히려 상당히 신중한 접근이 요구된다. 어찌 보면 기술적 분석이 오랜 경험을 함축한 직관시스템이라면, 기본적 분석을 사용하는 가치투자는 추론시스템이라고 할 수 있다. 그런데 아무리 신중하게 분석을 하더라도 누락되거나 실수할 가능성을 배제할 수는 없다. 바로 이럴 경우에 기술적 분석으로 보완할 수 있지 않을까?

"차트는 투자자들이 남겨놓은 발자국과 같아"

앤서니 볼턴은《투자전략과 성공법칙》에서 이례적으로 자신의 기업 분석을 보완하기 위해 항상 기술적 분석, 즉 주가 차트를 많이 이용한다고 공공연히 말한다. "기술적 분석은 별 의미 없고 위험하기조차 한 허튼소리로 여겨진다. 볼턴은 매수 아이디어를 얻거나 보유하고 있는 주식에서 무엇인가 잘못된 것이 있을 수 있다는 경고 신호를 파악하는 데 차트를 이용한다. 차트 분석은 어떤 우위 관계에서 균형을 이루고 있는지 중요한 실마리를 제공한다. 주가 차트란 투자자들이 남겨 놓은 발자국과 같다."

잭 슈웨거가 쓴《시장의 마법사들》에서 마이클 마커스는 이렇게 말

차트 분석은 어떤 우위 관계에서
균형을 이루고 있는지 중요한 실마리를 제공한다.
주가 차트란 투자자들이 남겨 놓은 발자국과 같다.

한다. "가장 훌륭한 매매는 기본적 분석, 기술적 분석, 시장 분위기 이세 가지 모두가 자신에게 유리하게 작용하는 매매죠. 첫째로 기본적 분석은 수요와 공급의 불균형을 암시해야만 해요. 그 불균형은 시장의 거대한 움직임으로 귀결되죠. 둘째로 차트는 기본적 분석이 암시하는 방향으로 시장이 움직이고 있음을 보여줘야 하죠. 셋째로 뉴스가 나올 때 시장은 움직이고 있는 방향과 적합한 심리적 상태로 반응해야 해요. 예를 들어 상승장은 가격 하락을 암시하는 뉴스가 나오면 무시해야 하고, 가격 상승을 암시하는 뉴스에는 격렬하게 반응해야 하죠. 만약 이런 조건에 자신의 매매를 한정할 수 있다면 반드시 돈을 따게 되어 있어요. 어떤 시장, 어떤 상황에서도 말이에요."

피터 린치는 《전설로 떠나는 월가의 영웅》에서 가치 지표를 차트로 분석하면 유용하다고 말한다. 이것은 가치투자와 기술적 분석의 화학적인 결합이라는 면에서 의의가 있다. "어느 차트를 보더라도 이익선이 주가선과 함께 다닌다는 점에서 우리는 이익의 중요성을 알 수 있다. 주가차트 책은 대부분 증권사에서 구할 수 있다. 책을 훑어보면 도움이 된다. 어느 차트든지 두 곡선은 나란히 움직인다. 주가선이 이익선에서 벗

거래량이 많은 가운데 가격이 오른다면 아주 좋지 않은 징후다.
거래량이 적은 가운데 주가가 서서히 상승하고 있다면
아주 긍정적으로 볼 수 있다.

어나면 머지않아 다시 이익선 쪽으로 돌아온다. 사람들은 일본인과 한
국인이 하는 일을 궁금해할지도 모르지만 결국 이익이 주식의 운명을
결정한다." 피터 린치는 일본과 한국에 차티스트가 많다고 생각하는 것
같다. 여담이지만 그는 한국에서 군 복무를 했다.

앙드레 코스톨라니는 《돈, 뜨겁게 사랑하고 차갑게 다루어라》에서
거래량을 분석하면 투자에 유용하다고 말한다. "거래량 역시 많은 것을
암시해 준다. 거래량이 늘어나는 가운데 주가가 계속 떨어지면, 곧 상승
운동이 시작될 것임을 나타내는 징조다. 거래량이 적은 가운데 시세가
지속적으로 떨어지는 경우라면 좋지 않은 징조다. 거래량이 많은 가운
데 가격이 오른다면 아주 좋지 않은 징후다. 거래량이 적은 가운데 주가
가 서서히 상승하고 있다면 아주 긍정적으로 볼 수 있다. 거래량이 많지
않으면 흐름이 지속될 것임을 시사하며, 거래량이 점차 늘어나면 반전
이 멀지 않았다는 것이다."

기본적 분석과 기술적 분석의 결합
systrader79는 〈버핏클럽 1〉에서 이렇게 말한다. "가치투자와 기술

적 트레이딩 기법 모두 장기적으로 안정적인 수익을 창출할 수 있는 홀륭한 수단인데 왜 서로 상대방을 배척하는지 수긍하기 어렵다. 오랜 시간 동안 장기 가치투자 전략과 단기 트레이딩 전략을 함께 연구한 결과를 돌아보면, 장기 가치투자나 단기 트레이딩 전략이나 투자의 본질은 놀랄 정도로 똑같다. 대중의 비합리성을 알파의 소스로 삼고, 그에 역행한다는 점에서 다른 것이 하나도 없다. 가치투자도 파고 들어가면 수많은 알파의 소스가 존재하고, 기술적 트레이딩의 영역에서도 수많은 알파의 소스가 존재한다. 이는 겸손한 마음으로 시장을 바라보고, 내가 알지 못하는 보석을 캐내려는 사람에게만 보인다."

천장팅은《주식투자의 지혜》에서 기본적 분석으로 수치를 얻은 다음 기술적 분석으로 시장이 인정하는지 판단한다고 말한다. "기본적 분석을 완전하게 적용하는 데는 무리가 있다. 주가는 항상 기본적 분석의 스펙트럼을 벗어나기 때문이다. 주식의 가격은 기본적 분석의 결과에 따라서 움직이지 않는다. 우리가 확실히 아는 것은, 주식을 사는 사람이 많으면 주가가 올라가고 주식을 파는 사람이 많으면 주가가 내려간다는 것이다. 그렇다면 다른 사람의 주식 매매를 관찰해서 시장 진입 여부를 결정하면 되지 않겠는가? 여기서 기술적 분석과 만나게 된다. 일단 기술적 분석을 활용하면 '예술적 사고'를 하게 되면서 심리 상태가 달라진다. 단지 기계적으로 수치만 참고하는 게 아니라 시장에서 거래 상대방의 심리를 추측하려 시도하게 되고, 거래 상대방이 큰손이라면 어떤 속임수를 쓸지 예측하게 된다. 이런 심리 상태는 빨리 가질수록 좋다."

이어서 천장팅은 전체 시장의 흐름과 변화를 판단하는 데 가장 좋은 방법은 기술적 분석 방법을 이용하는 것이라고 말한다. "매일 거래량을

> **❝**
>
> 매일 거래량을 꼭 체크해야 한다.
>
> 거래량이 아주 많은데 지수가 오르지 않거나,
>
> 시가는 높은데 종가가 낮다면
>
> 이 상황은 전형적인 위험 신호에 해당한다.
>
> **❞**

꼭 체크해야 한다. 거래량이 아주 많은데 지수가 오르지 않거나, 시가는 높은데 종가가 낮다면 이 상황은 전형적인 위험 신호에 해당한다. 서서히 흐름이 바뀌는데 시장의 변화에서 위기를 감지했을 때 바로 행동하는 것이 무엇보다 중요하다."

그러면서 결론적으로 항상 임계점 부근에서 매매 결정을 내린다고 말한다. "차트에 포함된 돌파점은 모두 임계점에 해당한다. 기성복의 생산원가는 우리가 옷을 구매하는 임계점이라고 할 수 있다. 이 지점에서 구매하면 바가지 쓸 확률이 최소화된다. 주식 거래에서 임계점은 해당 주식에 대한 시장 참여자의 새로운 평가가 반영된 것이다. 따라서 이 지점에서 매수할 때 투자 성공률이 가장 높다. 사실상 임계점을 찾는 것이 매수 기술의 전부라고 할 수 있다." 한마디로 투자에 실패할 위험을 최소화하는 임계점을 찾는 것이 매매 기법의 핵심이라는 것이다.

윤지호는 《주식투자의 지혜》의 추천사에서 기술적 분석이 효과적이려면 펀더멘털 분석이 필요하며 무엇보다 다양한 데이터를 종합적으로 고려해야 한다고 말했다. "아쉽게도 한국의 기술적 분석은 아직도 존 J.

머피의 3가지 전제 중 하나인 '시장 움직임이 모든 것을 반영한다'를 금과옥조로 여기는 분위기다. 일본식 봉차트의 패턴 분석 아니면 주가에 기초한 이동평균선 또는 기술적 지표 분석에 머물고 있다. 이러한 접근은 그리 유용하지 않다."

홍진채는《주식투자의 지혜》의 감수 후기에서 펀더멘털 분석과 차트 분석은 같이 이루어져야 한다고 말한다. "가격이란 실체에 대한 해석들의 만남이다. 따라서 실체만 보아서는 가격을 이해할 수 없고, 해석의 교차점만 보아서도 가격을 이해할 수 없다. 누가 어떤 실체를 어떻게 해석하고 있는가를 보아야 한다. 펀더멘털을 이해하는 것은 가격을 이해하는 첫걸음이고, 심리를 이해하는 것은 가격을 이해하는 두 번째 걸음이다. 두 걸음을 온전히 걸어가야 시장을 제대로 마주할 수 있다."

나는《전략적 가치투자》에서 이렇게 말한 적이 있다. "기본적 분석에 집중하는 가치투자자와 기술적 분석에 의존하는 차티스트 간에 투자 방법론에 대한 논쟁이 벌어지기도 하는데 유익하지 못하고 소모적인 일이다. 원칙적으로 기본적 분석에 근거하되, 간과될지도 모르는 위험을 기술적 분석을 통하여 보완하는 태도가 가장 바람직하다고 할 수 있

"

펀더멘털을 이해하는 것은 가격을 이해하는 첫걸음이고,
심리를 이해하는 것은 가격을 이해하는 두 번째 걸음이다.
두 걸음을 온전히 걸어가야 시장을 제대로 마주할 수 있다.

"

다. 운전할 때 가끔은 백미러를 보면서 사고를 조심하는 것처럼 기술적 분석은 미처 감지하지 못하는 위험에 방어적인 보완 수단으로 활용할 경우 매우 유용할 수 있다."

가치투자가 기업의 펀더멘털을 바탕으로 내재가치를 추정하고 안전 마진을 확보하는 '철학'이라면, 기술적 분석은 차트를 다양하게 활용하는 '도구'라고 할 수 있다. 즉 가치투자와 기술적 분석은 대립하는 개념이 아니라 서로 결이 다른 개념일 뿐이다. 가치투자만 할 수도 있고, 기술적 분석만 할 수도 있다. 그런데 가치투자와 기술적 분석을 함께 한다면 더욱 좋지 않겠는가. 피터 린치가 했던 것처럼 가치투자의 많은 지표를 기술적 분석의 차트로 분석한다면 상당히 도움이 될 것이다. 예를 들어 PBR 밴드나 EPS 차트를 그려보면 한눈에 이해하기도 좋을 것이다. 아이투자에서는 각종 가치 지표를 V차트로 제공하고 있다.

많은 가치투자자가 기술적 분석을 비판하는 데는 충분히 일리가 있다. 아무런 펀더멘털 분석 없이 주가의 움직임만 예측하려고 했기 때문이다. 마치 영혼이 없는 좀비처럼 말이다. 그렇지만 가치투자를 더욱 강화하는 도구로 사용할 수 있다면 기술적 분석을 외면할 필요까지는 없다. 약을 잘못 쓰면 멀쩡한 사람도 죽이지만 잘 쓰면 죽어가던 사람도 살리는 것처럼, 도구는 사용하기 나름이다. 독자 여러분의 건투를 빈다.

글 **신진오** | 가치투자 독서 클럽 밸류리더스 회장. 신영증권에서 주식운용 담당 임원을 역임했다. 1992년 외국인에게 한국 증시가 개방되기 직전 '저PER 혁명'을 주도하며 한국 가치투자의 서막을 열었다. 《ValueTimer의 전략적 가치투자》, 《현명한 투자자 해제》 저자.

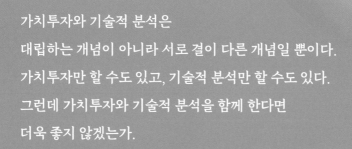

가치투자와 기술적 분석은
대립하는 개념이 아니라 서로 결이 다른 개념일 뿐이다.
가치투자만 할 수도 있고, 기술적 분석만 할 수도 있다.
그런데 가치투자와 기술적 분석을 함께 한다면
더욱 좋지 않겠는가.

2021년 이후 부동산시장 투자 전략

서울 아파트시장은
하락장 아니다

김학렬

아파트 시세 하락 전망이 많아지고 있다. 김학렬 스마트튜브 부동산조사연구소장은 "다각도로 분석해봐도 서울은 하락 시장이 아닌 것 같다"고 분석한다. 김 소장은 서울은 신규 입주 물량이 2020년 이후 감소하고 있는 데다 기존 시장 매물도 쌓이지 않는다고 설명한다. 이에 앞서 2020년 대한민국 부동산시장의 양상을 정리하고, 2021년 부동산시장을 좌우하는 5대 대전大戰을 전세대전, 청약대전, 계약대전, 공급대전, 세금대전으로 분석했다.

2020년 부동산시장 어워드

2020년은 참으로 다사다난한 해였다. 코로나19 팬데믹으로 무거운 사회 분위기와 무관하게 부동산시장은 떠들썩했다. 사상 초유의 규제 정국과 전세난이 있었다. 입주 물량이 많은데도 시장은 과열 양상을 보였고, 전국 111개 시·군·구가 조정대상지역으로 지정되는 사태에까지 이르렀다. 정부는 출범 초기 이래 고수하던 '공급은 충분하다'는 주장을 뒤집었고 결국 수도권 127만 호, 3기 신도시 긴급 추진이라는 공급 정책으로 대응하고 있다.

이러한 2020년 부동산시장의 주요 양상을 '2020년 부동산 어워드' 랭킹으로 정리했다. 시상 분야는 시세 상승률, 전세 상승률, 청약 경쟁률, 입주 물량, 발표 정책의 수다.

① 시세 상승률 1위 - 세종특별자치시

먼저 연간 시세 상승률 부문이다. 17개 광역 지방자치단체 중에서 세종특별자치시가 시세 상승률 1위에 올랐다. 상승률이 무려 45.5%에 이른다. 소비자물가상승률이 연간 1% 전후임을 감안하면 어마어마한

전국 시세 상승률		경기도 내 시세 상승률			
지역	상승률(%)	지역	상승률(%)	지역	상승률(%)
세종특별시	45.54	하남시	31.00	김포시	11.24
대전광역시	19.05	화성시	28.06	시흥시	11.15
경기도	17.64	용인시	24.40	광주시	10.99
부산광역시	15.28	수원시	21.45	안산시	10.14
서울특별시	13.63	구리시	21.38	의정부시	9.41
전국	13.44	남양주시	21.36	과천시	7.85
인천광역시	10.27	광명시	21.06	평택시	4.28
울산광역시	6.59	의왕시	18.53	양주시	4.06
충청남도	6.59	경기도	17.64	안성시	2.12
대구광역시	6.15	안양시	17.40	이천시	1.41
충청북도	5.28	성남시	17.10	동두천시	1.18
경상남도	3.55	오산시	16.03	포천시	0.81
경상북도	3.29	군포시	14.51	양평군	0.69
전라북도	2.52	고양시	13.92	가평군	0.19
전라남도	1.97	부천시	13.69	연천군	-0.24
광주광역시	0.94	파주시	12.44	여주시	-0.55
제주도	0.93				
강원도	0.33				

출처: 부동산114

상승률이다. 2위 대전광역시가 19.1%, 3위 경기도가 17.6%이니 세종시의 상승률이 얼마나 높은지 알 수 있다. 반면 강원도는 연간 상승률 0.3%로 최하위였다. 코로나 사태로 낮아진 물가상승률을 감안해도 매우 낮은 수준이다. 참고로 전국 평균 상승률은 13.4%이고, 서울 상승률은 13.6%다.

기초지자체와 세대수가 가장 많은 경기도는 편차가 크다. 경기도 내 1위인 하남시가 31%, 2위 화성시가 28.1%, 3위 용인시가 24.4%인 반면, 최하위권인 여주시, 연천군, 가평군은 오히려 시세가 하락했다.

전국 전세 상승률					
지역	상승률(%)	지역	상승률(%)	지역	상승률(%)
세종특별시	37.18	하남시	44.83	부천시	9.25
대전광역시	17.51	화성시	32.25	의정부시	8.15
경기도	17.12	용인시	24.17	평택시	7.80
서울특별시	14.33	남양주시	21.17	파주시	6.84
전국	12.43	수원시	20.84	김포시	6.62
울산광역시	8.69	의왕시	20.33	양주시	6.58
부산광역시	7.35	광명시	20.06	양평군	6.08
충청남도	6.79	성남시	19.87	안성시	5.58
인천광역시	6.64	오산시	17.65	안산시	5.44
대구광역시	4.61	경기도	17.12	가평군	4.42
경상남도	4.23	고양시	15.39	이천시	2.17
경상북도	3.74	구리시	14.69	연천군	1.21
충청북도	3.61	광주시	14.26	포천시	0.65
전라북도	1.95	안양시	12.90	여주시	-
전라남도	1.79	시흥시	12.47	동두천시	-0.10
광주광역시	1.75	군포시	9.84	과천시	-3.01
강원도	1.52				
제주도	0.74				

출처: 부동산114

② 전세 상승률 1위 - 세종특별자치시

두 번째는 전세 상승률 부문이다. 1위는 세종시다. 2위는 대전광역시, 3위는 경기도다. 순위가 매매 상승률 순위와 같다. 시장 규모가 가장 큰 경기도 역시 하남시, 화성시, 용인시의 전세 상승률 순위가 톱3이다. 전세 상승률이 높은 지역이 매매 상승률도 높았다는 의미다. 투자 수요가 아니라 실거주 수요가 2020년 부동산시장을 주도했다고 볼 수 있다.

2020년은 사상 초유의 부동산 투자 규제 정책들이 쏟아지듯 시행되었다. 정부 입장에서는 소급입법까지 해야 할 정도로 시급했다. 하지만 정책의 효과가 없었다. 시장은 실거주 수요가 주도하는데 투자 수요라고 할 수 있는 다주택자만을 규제했기 때문이다.

결국 이 영향이 2021년은 물론 2022년까지 이어질 것이다. 안타깝게도.

③ 청약 경쟁률 1위 - 세종특별자치시

세 번째 부문은 청약 경쟁률이다. 세종시가 무려 153.3 대 1의 경쟁률로 압도적 1위를 차지했다. 수요는 급증하는데 신규 공급이 거의 없었기 때문이다. 2위인 서울특별시도 무려 77.0 대 1이었다. 서울시 청약 역사상 2020년만큼 경쟁률이 높았던 적이 없다. 더 놀라운 것은 입주 물량이 많고 청약 물량도 많았는데도 이런 결과가 나왔다는 점이다. 부동산 정책으로 인해 시장에서 거래되는 매물의 숫자가 급격히 줄어들고 있음을 알 수 있다.

결국 2021년 이후 시장에는 신규 공급이 중요한 것이 아니라 시장에 거래 가능한 물량들을 끄집어내는 정책이 필요하다.

청약 경쟁률

지역	경쟁률	지역	경쟁률
세종특별시	153.31	대구광역시	21.93
서울특별시	76.97	울산광역시	21.09
부산광역시	61.87	경상북도	19.59
경기도	31.24	충청남도	15.16
광주광역시	31.24	전라북도	4.36
인천광역시	29.96	강원도	3.79
대전광역시	29.73	경상남도	3.74
전국	27.44	충청북도	1.59
전라남도	22.52	제주도	0.72

출처: 부동산114

④ 입주 물량 1위 - 서울특별시

네 번째 부문은 입주 물량이다. 특히 서울특별시의 물량은 지난 10년 중 가장 많았다. 그런데도 시장이 상승장이었다. 2021년에는 서울 입주 물량이 큰 폭으로 줄었다. 현재 서울 전세시장이 매우 힘들다. 입주 물량이 더 줄어드는 2022년 서울 전세시장이 우려되는 이유가 여기에 있다.

입주 물량

지역	2010년	2011년	2012년	2013년	2014년	2015년
전국	302,855	220,516	186,413	198,311	271,838	277,544
경기도	116,370	61,194	64,329	50,008	52,735	70,339
서울특별시	35,011	37,538	20,416	20,521	38,311	24,970
부산광역시	14,055	13,642	15,760	21,914	23,356	22,465
경상남도	13,614	7,967	6,998	20,154	24,906	22,582
인천광역시	23,282	22,645	26,356	10,827	10,951	13,059
대구광역시	13,563	7,490	4,587	8,340	9,687	15,465
경상북도	16,022	9,356	4,707	6,929	85,299	16,489
충청남도	13,733	9,921	6,011	5,678	10,076	12,446
광주광역시	8,633	10,274	3,652	7,418	9,519	5,752
전라북도	6,121	6,391	7,846	6,331	10,590	10,916
충청북도	1,188	4,039	1,289	6,219	9,766	10,904
대전광역시	10,624	11,853	5,484	3,924	10,859	4,072
강원도	4,956	2,477	4,440	3,550	10,298	6,433
전라남도	5,407	5,080	4,841	11,080	15,549	11,614
울산광역시	8,381	5,847	3,933	6,695	9,284	9,677
세종특별시		2,242	4,278	3,438	14,987	17,382
제주도	1,245	2,560	1,486	4,287	2,435	2,979

지역	2016년	2017년	2018년	2019년	2020년	2021년	2022년
전국	304,350	397,349	460,139	416,144	361,022	273,802	258,885
경기도	92,392	133,111	169,091	142,740	122,555	106,495	88,290
서울특별시	26,623	28,332	37,631	48,781	49,860	28,931	20,341
부산광역시	15,612	20,677	25,886	25,610	28,453	17,674	26,305
경상남도	21,844	40,934	34,069	48,112	19,222	9,516	6,004
인천광역시	10,033	19,228	23,246	17,187	17,710	19,916	33,947
대구광역시	27,564	22,965	14,296	10,580	15,479	16,443	19,446
경상북도	16,535	24,233	23,863	18,377	12,434	7,883	491
충청남도	22,559	26,025	26,211	8,399	13,044	10,495	14,242
광주광역시	10,538	12,049	7,109	13,528	12,229	5,145	13,679
전라북도	8,413	7,095	12,208	12,729	13,197	7,196	6,532
충청북도	10,449	12,468	24,046	11,817	15,983	8,721	4,925
대전광역시	6,721	6,617	6,547	3,939	6,559	6,233	9,149
강원도	7,441	6,363	18,803	18,694	11,412	10,153	5,871
전라남도	12,777	8,625	11,747	8,864	13,506	9,980	5,352
울산광역시	3,796	9,483	9,701	12,771	3,155	661	2,229
세종특별시	7,653	15,479	14,002	11,411	5,655	7,668	1,958
제주도	3,400	3,665	1,683	1,605	1,569	692	124

출처: 부동산114

⑤ 발표 정책의 수 - 2020년

마지막으로 발표 정책의 수다. 지난 4년 중에서 2020년에 가장 많은 부동산 정책이 발표되었다. 2017년 이후 2020년까지 발표된 부동산 정책을 정리하면 아래와 같다.

최근 4년간 발표된 부동산 정책

2017년(6회)	
06/19	주택시장의 안정적 관리를 위한 선별적·맞춤적 대응방안
08/02	실수요 보호와 단기 투기수요 억제를 통한 주택시장 안정화방안
09/05	8.2 대책 후속조치
10/24	가계부채 종합대책
11/29	주거복지로드맵
12/13	임대주택 등록 활성화방안
2018년(6회)	
06/28	2018년 주거종합계획, 제2차 장기 주거종합계획(2013~2022) 수정계획
07/05	신혼부부·청년 주거지원 방안
08/27	수도권 주택공급 확대 추진 및 투기지역 지정 등을 통한 시장안정 기조 강화
09/13	주택시장 안정대책
09/21	수도권 주택공급 확대방안
12/19	2차 수도권 주택공급 계획 및 수도권 광역교통망 개선방안
2019년(7회)	
01/09	등록 임대주택 관리 강화방안
04/23	2019년 주거종합계획
05/07	제3차 신규택지 추진계획
08/12	민간택지 분양가상한제 적용기준 개선 추진
10/01	부동산시정 점검 결과 및 보완방안(시장안정대책, 분양가상한제 시행령 개정안 보완방안)
11/06	민간택지 분양가상한제 지정

	2020년(8회)
02/20	투기 수요 차단을 통한 주택시장 안정적 관리 기조 강화
05/06	수도권 주택공급 기반 강화방안
05/20	2020년 주거종합계획
06/17	주택시장 안정을 위한 관리방안
07/10	주택시장 안정 보완대책
08/04	서울권역 등 수도권 주택공급 확대방안
11/19	전세대책
12/17	규제지역 확대

출처: 필자 집계

2020년 부동산 정책은 규제 강도가 가장 세고 규제 횟수도 가장 많았다. 그런데도 시장은 점점 늪지로 빠지고 있다. 이제 서울 수도권의 문제가 아니라 전국으로 실수요 문제가 확산되고 있다. 2021년 절반이 지난 지금은 더 심각해졌다. 부디 2021년 하반기에는 지금까지의 시행착오를 인정하고 실수요를 위한 실질적인 정책이 나오길 기대한다. 소처럼 우직하게 꾸준히 아파트를 공급하고 광역교통망을 확실하게 추진하는 하반기가 되었으면 한다.

2021년 부동산시장 5대 대전

2021년 대한민국 부동산시장을 좌우하고 있는 5대 대전(大戰)을 분석했다. 바로 전세대전, 청약대전, 계약대전, 공급대전, 세금대전이다.

① 전세대전 - 단 한 번 하락 없이 104주째 상승 중!

2021년 7월 1주 차에 서울 전세 시세는 104주째 상승했다. 상승장이나 하락장에서는 중간중간에 조정이나 보합장이 짧게라도 발생하는 것이 일반적인데, 서울 전세시장에서는 지난 104주 동안 보합조차 단 한 번도 발생하지 않았다. 이유는 명쾌하다. 서울 전세 매물을 찾는 수요층은 계속 대기하고 있는데, 거래 가능한 전세 매물의 수는 급감했기 때문이다.

전세 매물이 급감한 이유는 크게 두 가지다. 다주택자 억제 정책으로 전체 임대시장의 90%를 담당하던 민간 전세 매물 공급자가 지속적으로 감소하고 있다. '다주택자=투기 적폐 세력'이란 프레임이 다주택자들의 신규 진입을 막을 뿐 아니라 기존 임대 매물들을 증여하거나 매도해 자가 실거주 대기 수요가 흡수함으로써 전세 매물이 급감하고 있다. 또한 임대차 2법(계약갱신청구권, 전월세상한제) 시행으로 기존 세입자마저도 이사 의욕이 꺾였다. 매년 국토교통부에서 발표하는 주거실태조사 결과를 보면 임차 세대는 평균 3년 거주한다. 전세 계약 기간이 2년인 것을 감안하면 통상적으로 2년에서 길어도 4년 차에 이사한다는 의미다. 전세 거주 세대는 오래 전세 살겠다고 희망하는 세대가 적다. 그들도 내 집 마련이 궁극적인 주거생활의 목표다.

2~4년 정도 전세 거주한 세대는 타 지역 혹은 타 주택으로 전세를 알아보다가 시장에 매물이 없다는 것을 확인하고, 현재 전세 보증금으로 매수할 수 있는 지역의 아파트를 매수하거나 다시 기존 전세 세대에 계약갱신청구권을 사용해 눌러살게 된다.

임대차 2법은 내 집 마련으로 혹은 자녀 교육 문제로 수시로 이사해

서울 전세 상승률

출처: KB부동산

야 하는 전세 세대가 주택을 선택할 기회를 막아버렸다. 문제는 이제 고작 9개월이 지났다는 점이다. 2021년 하반기 계약갱신청구권을 사용해 재계약하는 세대에는 더 괴로운 상황이 기다리고 있다. 신규 입주 물량이 감소하니 악순환이 심해질 것이기 때문이다. 전세대란이 가중될 것이라는 의미다.

② 청약대전 – 당첨만 되면 10억 원 시세차익? 분양가 책정 방식 수정해야!

서울 청약시장은 사상 최대 청약 경쟁률을 보여주고 있다. 이는 점점 더 심해질 예정이다. 서울에 신규 아파트를 청약 신청하려는 세대는 급증하고, 일반 공급 물량은 급감하기 때문이다.

서울 청약 경쟁률이 높아지는 가장 큰 이유는 분양가가 너무 낮다는 점이다. 현재 국토부나 주택도시보증공사의 분양가 책정 방법은 시장

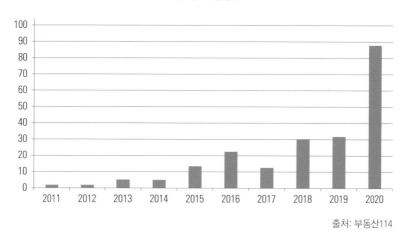

서울 청약 경쟁률

출처: 부동산114

과 큰 괴리가 있다. 주변 시세의 50~70% 수준으로 분양가를 책정한다.

　대표적인 사례가 강동구 둔촌동 둔촌주공아파트다. 주변 아파트 시세는 평당 6000만 원 전후인 가운데 주택도시보증공사에서 제시한 일반 분양가는 2900만 원이었다. 서울 평균 아파트 시세보다 낮다. 청약 당첨만 된다면 말 그대로 로또 아파트로 시세차익이 10억 원 이상 발생한다. 전국에 있는 수요층이 서울 아파트 청약에 열광하는 이유가 여기에 있다. 평생 모아도 달성하지 못하는 수익을 아파트 청약으로 이룰 수 있기 때문이다.

　서울 아파트 청약 광풍은 이러한 비현실적인 분양가 책정 정책이 수정되지 않는 이상 지속될 것으로 예상된다.

③ 계약대전 - 3억 원 위약금 챙긴 세입자가 오히려 울상!

　2020년 하반기에 발생한 특이 현상이다. 매매든 전세든 대기 수요가 많은 아파트들은 계약 전쟁 중이다.

먼저 매매시장을 보자. 서울 등 기존에 인기 있는 지역들은 몇 년 전부터 시세가 상승할 때 배액배상(부동산 매매 계약이 체결되고 매수인이 매도인에게 계약금을 지급한 뒤 매도인이 계약을 일방적으로 파기하는 경우 계약금의 배액(2배)을 배상하도록 민법에 규정된 의무)이 종종 발생했다. 2017년 8·2 대책 시행 후 잠시 조정되자, 강력한 규제에 대한 두려움으로 강남권 2주택자 중에서 급매물로 매도하려는 이들이 있었다.

지인의 사례다. 서초구 반포동 인기 대형 아파트에 전세로 있던 지인은 집주인에게서 거주 아파트를 시세보다 1억 원 저렴하게 매수하라는 제안을 받는다. 지인은 계약했다. 계약금은 3억 원이었다. 하지만 잠시 조정받던 아파트가 다시 상승하기 시작한다. 3개월 만에 2억 원 상승했다. 집주인은 결국 배액배상을 하고 매매 계약을 철회했다. 지인은 3억 원의 공돈이 생겼다. 하지만 배액배상을 한 집주인은 흐뭇해하고, 공돈 3억 원이 생긴 지인은 마음이 내내 불편하다. 그 후 2년 동안 아파트 시세가 12억 원 상승했기 때문이다.

2020년 서울에는 이러한 배액배상 사례가 많지 않았다. 규제지역 확대로 풍선 효과가 발생해서 비규제지역으로 수요층이 몰리자 비규제지역 내에서 이러한 배액배상 사례가 급증했다. 몇몇 지역은 뒤늦게 규제지역으로 지정되었지만 2021년에도 이러한 배액배상 사례가 지역에 따라 지속적으로 발생하고 있다. 실거주 목적이라면 중도금을 빨리 지급해야 배액배상 리스크에서 벗어날 수 있다.

규제지역 지정 현황(2020/12/18 기준)

지역	투기과열지구(49개)	조정대상지역(111개)
서울	전 지역('17/08/03)	전 지역('16/11/03)
경기	• 과천('17/08/03) • 성남분당('17/09/06) • 광명, 하남('18/08/28) • 수원, 성남수정, 안양, 안산단원, 구리, 군포, 의왕, 용인수지·기흥, 동탄2[1]('20/06/19)	• 과천, 성남, 하남, 동탄2('16/11/03), 광명('17/06/19), 구리, 안양동안, 광교지구('18/08/28), 수원팔달, 용인수지·기흥('18/12/31) • 수원영통·권선·장안, 안양만안, 의왕('20/02/21) • 고양, 남양주[2], 화성, 군포, 부천, 안산, 시흥, 용인처인[3], 오산, 안성[4], 평택, 광주[5], 양주[6], 의정부('20/06/19) • 김포[7]('20/11/20) • 파주[8]('20/12/18)
인천	• 연수, 남동, 서('20/06/19)	• 중[9], 동, 미추홀, 연수, 남동, 부평, 계양, 서('20/06/19)
부산	–	• 해운대, 수영, 동래, 남, 연제('20/11/20) • 서구, 동구, 영도구, 부산진구, 금정구, 북구, 강서구, 사상구, 사하구('20/12/18)
대구	• 수성('17/09/06)	• 수성('20/11/20) • 중구, 동구, 서구, 남구, 북구, 달서구, 달성군[10]('20/12/18)
광주	–	• 동구, 서구, 남구, 북구, 광산구('20/12/18)
대전	• 동, 중, 서, 유성('20/06/19)	• 동, 중, 서, 유성, 대덕('20/06/19)
울산	–	• 중구, 남구('20/12/18)
세종	• 세종('17/08/03)	• 세종[11]('16/11/03)
충북	–	• 청주[12]('20/06/19)
충남	–	• 천안동남[13]·서북[14], 논산[15], 공주[16]('20/12/18)
전북	–	• 전주완산·덕진('20/12/18)
전남	–	• 여수[17], 순천[18], 광양[19]('20/12/18)
경북	–	• 포항남[20], 경산[21]('20/12/18)
경남	• 창원의창[22]('20/12/18)	• 창원성산('20/12/18)

1) 화성시 반송동·석우동. 동탄면 금곡리·목리·방교리·산척리·송리·신리·영천리·오산리·장지리·중리·청계리 일원에 지정된 동탄2택지개발지구에 한함. 2) 화도읍, 수동면 및 조안면 제외. 3) 포곡읍, 모현읍, 백암면, 양지면 및 원삼면 가재월리·사암리·미평리·좌항리·맹리·두창리 제외. 4) 일죽면, 죽산면, 삼죽면, 미양면, 대덕면, 양성면, 고삼면, 보개면, 서운면 및 금광면 제외. 5) 초월읍, 곤지암읍, 도척면, 퇴촌면, 남종면 및 남한산성면 제외. 6) 백석읍, 남면, 광적면 및 은현면 제외. 7) 통진읍, 대곶면, 월곶면 및 하성면 제외. 8) 문산읍, 파주읍, 법원읍, 조리읍, 월롱면, 탄현면, 광탄면, 파평면, 적성면, 군내면, 장단면, 진동면 및 진서면 제외. 9) 을왕동, 남북동, 덕교동 및 무의동 제외. 10) 가창면, 구지면, 하빈면, 논공읍, 옥포읍, 유가읍 및 현풍읍 제외. 11) 건설교통부고시 제2006-418호에 따라 지정된 행정중심복합도시 건설 예정지역으로,「신행정수도 후속대책을 위한 연기·공주지역 행정중심복합도시 건설을 위한 특별법」 제15조제1호에 따라 해제된 지역을 포함. 12) 낭성면, 미원면, 가덕면, 남일면, 문의면, 남이면, 현도면, 강내면, 옥산면, 내수읍 및 북이면 제외. 13) 목천읍, 풍세면, 광덕면, 북면, 성남면, 수신면, 병천면 및 동면 제외. 14) 성환읍, 성거읍, 직산읍 및 입장면 제외. 15) 강경읍, 연무읍, 성동면, 광석면, 노성면, 상월면, 부적면, 연산면, 벌곡면, 양촌면, 가야곡면, 은진면 및 채운면 제외. 16) 유구읍, 이인면, 탄천면, 계룡면, 반포면, 의당면, 정안면, 우성면, 사곡면 및 신풍면 제외. 17) 돌산읍, 율촌면, 화양면, 남면, 화정면 및 삼산면 제외. 18) 승주읍, 황전면, 월등면, 주암면, 송광면, 외서면, 낙안면, 별량면 및 상사면 제외. 19) 봉강면, 옥룡면, 옥곡면, 진상면, 진월면 및 다압면 제외. 20) 구룡포읍, 연일읍, 오천읍, 대송면, 동해면, 장기면 및 호미곶면 제외. 21) 하양읍, 진량읍, 압량읍, 와촌면, 자인면, 용성면, 남산면 및 남천면 제외. 22) 대산면 제외.

④ 공급대전 - 서울 2만 포함 전국 7만 세대 공급 감소

2020년 전국 아파트 입주량은 35만 6000세대였다. 2018년 이후 계속 감소하고 있다. 서울특별시는 2008년(5만 7379세대) 이후 2019년(4만 8813세대), 2020년(4만 9032세대)이 지난 12년 동안의 최대 입주 물량이었다.

2015~2017년 서울 아파트 시세 상승은 이전 정부의 부동산 완화 정책 때문이었다고 현 정부는 비판했지만, 사후적으로 분석해보면 입주 물량 감소 영향이 더 커 보인다.

문제는 2019~2020년 서울 아파트 시세 폭등은 이전 시장에서는 찾아볼 수 없는 특이한 결과라는 점이다. 엄청난 입주 물량에도 불구하고 시세 조정은커녕 지난 10년 동안 문제가 없었던 전세시장까지 문제가 생겼으니 말이다. 결국 2019~2020년 매매 시세와 전세 시세 폭등은

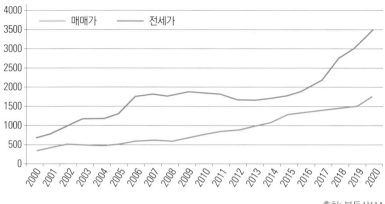

2000~2020년 서울 아파트 시세(단위: 3.3m² 당 만 원)

출처: 부동산114

입주 물량이 아닌 다른 요소들 때문이다. 정책적인 문제가 가장 컸다. 실거주 수요 강화와 임대차 2법 시행으로 시장에 매매 매물과 전세 매물이 급격히 감소했기 때문이다.

이 조건에서 2021년이 되었다. 전국 아파트 입주 물량은 28만 세대, 서울은 2만 9000세대다. 전국 단위로 약 7만 세대, 서울만 무려 2만 세대가 감소한다. 전문가도, 비전문가도, 심지어 정부도 2021년 전세시장을 우려하고 있다.

17개 광역 지자체 중 경기, 서울, 부산, 충북, 충남, 강원, 전남, 경남, 경북, 전북, 광주, 제주, 울산 등 13개의 입주 물량이 감소한다. 물론 시군구, 읍면동 단위까지 더 분석해야겠지만, 이 지역 중에 그동안 조정된 지역들은 2021년 반등하고 있다. 반면 2020년 대비 입주 물량이 증가하는 세종 등 그동안 크게 상승한 지역들은 보합시장이 될 가능성도 있다.

⑤ 세금대전 – 취득·보유·양도 모두 부담 커져!

2021년부터 부동산 세금이 달라지는 부분들만 체크해보자.

- 다주택자 양도세 중과, 장기보유특별공제 배제: 2주택 +20%p, 3주택 +30%p(2021년 6월 1일 이후 시행), 분양권도 주택 수에 포함
- 2주택 이상 보유자 종부세 추가 과세: 0.6~2.8%p 추가 과세
- 2주택 이상 보유자 보유세 세 부담 상한 상향: 2주택자(300%), 3주택자 (300%)
- 일시적 2주택자의 종전주택 양도 기간: 1년 이내 신규 주택 전입 및 1년 이내 양도
- 분양권 전매 시 양도세율 50%
- 1주택 이상자 신규 취·등록 임대주택 세제 혜택 축소: 양도세 중과, 종부세 합산과세

먼저 양도세 과세 시 분양권도 주택으로 간주한다. 2020년까지는 1세대 1주택자가 분양권을 보유한 상태에서 주택을 양도하면, 분양권은 포함되지 않고 1주택으로 간주되어 양도세 비과세 혜택을 받았다. 하지만 2021년 1월 1일부터는 새로 취득한 분양권이 주택 수에 포함되어 과세된다. 단, 1세대 1주택자가 특별한 목적(이사 등)으로 분양권을 취득했을 경우에는 일시적 2주택으로 간주해 비과세 특례가 적용된다.

장기보유특별공제 거주 기간이 추가된다. 2020년까지는 주택을 보유하는 기간에 따라 장기보유특별공제 혜택을 주어 연 8%씩 공제했다. 그러나 2021년 거주 기간 요건이 추가되면서 보유 기간 연 4%, 거주

기간 연 4%로 분리해 각각 40%까지 공제한다. 결국 장기보유특별공제를 받으려면 실제 전입(주거)을 해야 한다.

또 종합부동산세율이 높아진다. 2021년부터 종부세(종합부동산세)가 최고 6%까지 인상된다. 2주택 이하 소유 시 세율은 과세표준 구간별로 0.6~3.0%, 3주택 이상인 경우와 조정대상지역 2주택자는 1.2~6.0% 적용된다. 종부세가 크게 부담될 것으로 예상하면 과세기준일인 6월 1일 전까지 주택들을 처분하는 것이 바람직했다.

법인부동산세율도 인상된다. 법인이 주택을 양도할 때의 세율이 기존의 10%에서 20%로 10%p 상승했다. 양도소득세 중과세율도 인상되어, 2021년 6월 1일 이후 다주택자가 주택을 양도할 시 중과세율이 20~30%p 인상된다. 따라서 세율이 40%에서 최대 70%까지 상향된다. 1년 미만 보유 후 매도 시 70% 세율, 2년 미만 보유 시에는 60% 세율이 적용된다.

여기에 기존 조정대상지역 세금 규제 내용까지 포함하면 2021년은 본격적인 부동산 세금 부담의 원년이 될 듯하다. 다주택자는 물론 1주택자에게도 세금 부담이 본격적으로 커지는 것이다. 취득, 보유, 양도의 3단계 중에서 부담이 되지 않는 부분이 없어졌다. 특히 규제지역은 더 심하고, 다주택자와 법인은 부동산으로 인한 수익이 큰 폭으로 줄어든다. 결국 부동산 세금이 부담된다면 시장에 매물을 내놓으라는 정부의 메시지로 받아들일 수 있다.

5개 키워드로 본 2021년 시장의 결론은 청약 당첨자 외엔 모두 어려운 시장이라는 것이다. 지금까지 2021년 부동산시장에 펼쳐진 5개 대전을 정리했고, 이 5개 키워드로 향후 시장을 전망해보자.

공급 물량이 줄어드는 지역은 전세 시세 상승을 피할 방법이 없어 보인다. 기존의 전세 매물 축소 정책(다주택자 규제, 임대차 2법)이 폐지되지 않는 한 해결 방법이 없을 듯하다. 전세로 거주 아파트를 구해야 한다면 미리미리 구하라는 조언뿐이다. 계약 파기 등의 피해를 보지 않으려면 계약과 잔금 지불을 빨리 하는 것이 좋고, 매매라면 중도금을 반드시 지불하라고 제안한다.

또한 무주택 세대에게는 기회의 시장이 펼쳐질 예정이다. 실제 실행될지는 따져봐야겠지만 3기 신도시 사전 청약을 포함해서 2021년 청약 물량이 50만 세대에 육박한다. 현재의 분양가 정책상 주변 시세보다 낮은 금액으로 많은 물량이 공급될 예정이니 무주택 세대는 청약 전략을 잘 준비해서 당첨의 기쁨을 거두기를 기원한다.

결국 현재 부동산시장은 이런 청약 당첨 세대들을 제외하면 매우 화가 나고 어려운 상황이다. 부디 2022년 새롭게 선출되는 대통령과 지자체장들이 시장 지향적인 정책들을 실시해주길 희망한다.

지역별 시세를 파악해야 하는 이유

부동산 분야에서 가장 중요한 것은 시세다. 입지, 상품, 정책, 수요, 공급 등을 분석하는 이유는 딱 한 가지다. 적정 시세를 파악하는 것이다. 싸다, 비싸다, 높다, 낮다는 단순한 평가가 아니라 이 입지에 이 정도 되는 단지의 시세가 타 지역, 타 상품 대비 상대적으로 높은지 낮은지 판단하기 위해 시세에 대한 인사이트가 필요하다. 한 지역의 시세만 보면 판단의 객관성이 떨어진다. 따라서 타 지역의 시세도 늘 비교해야 시세에 대한 객관성이 유지된다.

예를 들면 이렇다. 2018년 김현미 전 국토교통부 장관은 분양가 상한제를 실시하는 이유를 설명하면서 당시 고분양가 논쟁이 있었던 과천 주공1단지(현재 과천 푸르지오써밋)를 예로 들었다. 김현미 장관의 지역구인 일산신도시 아파트 평균 시세가 3.3m²(1평)당 1000만 원 전후인데 과천이 3.3m²당 4000만 원이니 시세가 높다고 설명한 것이다. 그래서 분양가 상한제가 필요하다고 설명했다.

과천이라는 입지에 대해 지식이 없는 사람이 언론 보도를 통해 그 내용을 접하면 당연하게 여겼을 것이다. 분양가 상한제라는 정책을 관철하기 위한 정치적 행위로는 성공한 사례였다. 하지만 과천이라는 입지와 시세를 아는 사람에게는 어이없는 설명이고 조치였다. 과천이라는 입지는 단 한 번도 시세가 낮은 적이 없었다. 특히 고양시와 시세를 비교할 만한 입지가 아니다.

구체적인 시세로 비교해보자. 2021년 7월 현재 서울특별시 아파트 평균 시세는 3.3m²당 3864만 원으로 전국 17개 광역 지자체 중에서 가장 높다. 2위는 세종특별시로 2025만 원이다. 대전광역시는 1303만 원이다. 시세가 가장 낮은 지역은 강원도로 600만 원이다.

만약 여러분의 지인이 대전광역시장이라고 해보자. 강원도에서 태어나 거의 평생을 강원도에서 산 그가 대전시장이 되어 대전 내 신규 아파트 분양가를 결정할 권한이 있다고 하자. 조합 등 시행사에서 3.3m²당 1500만 원 정도로 신청한다. 대전에서 가장 좋은 입지의 새 아파트라 대전시 평균보다 그 정도는 높아야 한다고 본 것이다. 그런데 대전

전국 아파트 평균 시세	
지역	평단가
서울특별시	3,864
세종특별시	2,025
전국	1,964
경기도	1,802
부산광역시	1,450
인천광역시	1,311
대전광역시	1,303
대구광역시	1,267
제주도	1,142
울산광역시	928
충청남도	827
광주광역시	822
경상남도	794
충청북도	752
전라북도	711
전라남도	676
경상북도	674
강원도	600

경기도 내 아파트 평균 시세			
지역	평단가	지역	평단가
과천시	5,227	김포시	1,372
성남시	3,425	시흥시	1,365
하남시	2,857	의정부시	1,227
광명시	2,791	광주시	1,204
안양시	2,395	파주시	1,188
의왕시	2,230	오산시	1,107
구리시	2,050	평택시	979
수원시	1,925	양주시	975
용인시	1,837	양평군	875
경기도	1,802	이천시	807
화성시	1,711	동두천시	786
부천시	1,706	안성시	685
군포시	1,677	포천시	654
고양시	1,593	가평군	552
안산시	1,462	여주시	513
남양주시	1,403	연천군	448

출처: 부동산114

아파트 시세를 모르는 대전시장이 이렇게 말한다. "내가 평생 살았던 강원도는 살기 좋은 아파트가 3.3m²당 700만 원 수준인데 1500만 원은 말도 안 되게 비쌉니다. 분양가를 낮추세요!" 여러분이라면 그 지인에게 어떤 피드백을 줄 수 있을까?

과천시로 돌아와 보자. 현재 과천시 평균 아파트 시세는 3.3m²당

5227만 원이다. 평균이 이 정도이니 갓 입주한 새 아파트와 재건축을 앞둔 아파트는 시세가 더 높을 것이다. 김현미 전 장관이 비싸다고 평가했던 과천 푸르지오써밋은 3.3m²당 6000만 원 이상으로 실거래되고 있다. 참고로 과천시에서 가장 비싼 아파트도 아니다.

일산신도시 시세도 최근 크게 오르고 있다. 2019년 입주한 킨텍스 원시티는 3.3m²당 4000만 원 이상으로 거래된다. 하지만 일산신도시의 가장 비싼 아파트라 할지라도 과천시 아파트 시세를 넘어서진 못한다. 또 과천시의 가장 비싼 아파트라 할지라도 강남구와 서초구의 시세를 넘진 못한다. 지역마다 시세가 다르기 때문이다.

최근 들어 주택도시보증공사의 분양가 책정 방식과 분양가 상한제에 대한 비판의 목소리가 높아지고 있다. 완벽한 정책은 있을 수 없다 해도 시장과 동떨어진 가격 책정 방식은 문제가 되어왔다. 사실 로또아파트 양산은 정책의 결과다. 분양가가 시세보다 훨씬 낮게 책정되니, 입주 후 첫 거래 때 시세가 2~3배 상승하기 때문이다.

특정 지역만의 시세로 전체 부동산시장의 시세를 평가해서는 안 된다. 시장 시세는 정부가 만드는 것도 아니고, 투기꾼이 만드는 것도 아니고, 그곳에 사는 주민이 지불하는 가격이다. 그 사실을 인정하지 않는 이상 가격 논란은 지속될 것이다.

실제 시장에 대한 정부의 적극적인 이해와 합리적인 가격 책정을 기대한다.

최근 언론사 기사들과 몇몇 부동산 전문가의 분석을 보면 부동산시장 하락 전망이 많아지고 있다. 지난 4년 동안의 시세 상승에 대한 피로감과 최근 상승률 둔화로 그렇게 판단하는 것으로 보인다.

부동산시장이 하락 우세로 전환될 수도 있다. 시장에 매물이 많이 누적되고 집을 매수하려는 대기 수요층이 급감하면 발생할 일이다. 과거 몇몇 시기처럼 말이다.

하지만 부동산시장이 하락으로 전환하기 위해서는 전제 조건이 있다. 지금 기사와 몇몇 전문가 분석 자료를 보면 대부분 현재의 시세 상승률 둔화만 언급하지, 하락 조건을 제시하는 경우가 거의 없다. 많이 올라서 떨어질 때가 됐다는 단순 논리로밖에 보이지 않는다.

아파트 시세 하락의 가장 중요한 조건이 무엇일까? 금융권 전문가들은 금리 인상을 중요한 하락 요건으로 본다. 금리 인상으로 유동성이 축소되고, 대출을 이용해 부동산을 매수한 경우 이자 부담이 커지기 때문에 추가 매수 부담, 소유 부동산 매도 압박을 받을 수 있다.

그러나 이는 이론일 뿐이다. 지난 40년간 금리 상승 때문에 아파트 시세가 하락한 경우는 한 번도 보지 못했다. 1997년 외환위기와 2008년 글로벌 금융위기 외에 금리 인상으로 아파트 시세가 하락한 사례를 확인했는지 궁금하다. 오히려 금리 인상기에 아파트 시세가 오른 사례들이 기록상으로 더 많았다. 더군다나 주택담보대출비율(LTV), 총부채상환비율(DTI), 총부채원리금상환비율(DSR) 등으로 대출 규모가 줄어든 부동산시장에서 금리 때문에 아파트 시세가 하락할 것으로 예측하는 것

자체가 모순이라고 생각한다.

그렇다면 어떤 조건이 하락 전망을 가능하게 할까? 공급이 가장 중요한 하락 메시지다. 공급이 부동산시장에서 가장 결정적인 역할을 한다. 공급에는 두 가지가 있다. 신규 입주 물량과 기존 시장 매물의 누적이다. 이 두 가지 조건으로 하락 가능성을 따져보자.

먼저 신규 입주 물량이다. 최근 10년 동안 경기도는 2018년에 공급 물량이 가장 많았고, 서울은 2020년이 가장 많았고 이후 2년 연속 줄어들고 있다. 인천은 2022년이 가장 많을 예정이다. 인천은 2022년 신규 입주 물량으로 시세 하락에 영향을 줄 수도 있겠지만, 서울과 경기도는 향후 2년 동안 신규 공급 물량으로 아파트 시세 하락에 영향을 주기에는 어렵다고 판단한다.

그렇다면 기존 시장 매물이 쌓이는지만 확인하면 될 것이다. 최근 시장 매물이 증가한 곳이 꽤 있다.

연도별 수도권 신규 입주 물량

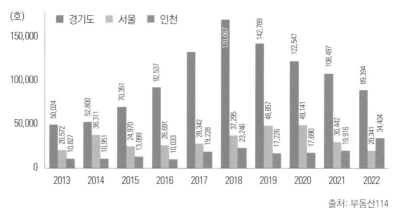

출처: 부동산114

부동산 데이터 회사 아실의 매물 증가 통계 데이터를 보면 2021년 3월 21일 현재 17개 광역 지자체 중 1위부터 10위까지 모두 비수도권이다. 물론 서울, 경기, 인천에서도 매물이 증가한 곳들이 있다. 신규 입주가 있는 곳은 실제 매물이 증가했다. 그리고 신규 입주 없이 매물이 증가한 곳도 있다. 실거주 수요가 빠지는 지역이다.

결국 아파트 시세 하락 가능성을 추정하기 위해서는 매물 증감과 더불어 한 가지를 더 보아야 한다. 바로 실거래가다. 가장 중요한 하락 조건이다.

이 글을 읽는 독자들이 가장 궁금해하는 지역의 아파트 단지의 최근 거래된 실거래가를 직접 찾아보라. 이전 거래가 대비 실거래가가 빠졌

매물 증가 상위 10위

순위	지역	6개월 전	현재	증가율
1	대구광역시	12,901	20,498	58.8%
2	광주광역시	2,043	3,220	57.6%
3	울산광역시	6,014	11,075	38.1%
4	경상남도	16,626	21,889	31.6%
5	전라남도	3,109	4,011	29.0%
6	세종특별시	3,080	3,881	26.0%
7	전라북도	6,276	7,717	22.9%
8	강원도	7,189	8,819	22.6%
9	부산광역시	27,854	33,891	21.6%
10	충청북도	7,587	9,188	21.1%

* 2021년 3월 21일 기준

출처: 아실

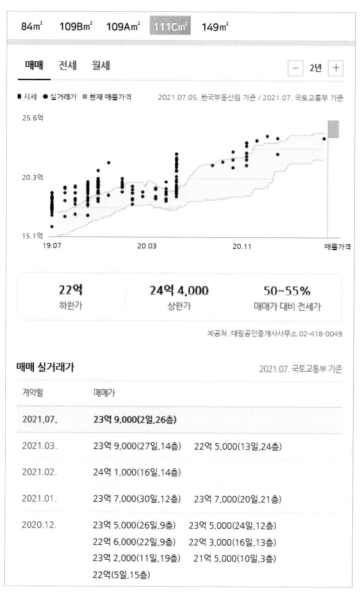

| 84m² | 109Bm² | 109Am² | **111Cm²** | 149m² |

매매 전세 월세   − 2년 +

■ 시세 ● 실거래가 ■ 현재 매물가격   2021.07.05. 한국부동산원 기준 / 2021.07. 국토교통부 기준

25.6억

20.3억

15.1억
19.07   20.03   20.11   매물가격

| **22억** | **24억 4,000** | **50~55%** |
| 하한가 | 상한가 | 매매가 대비 전세가 |

제공처 :대림공인중개사사무소 02-418-0049

매매 실거래가   2021.07. 국토교통부 기준

계약월	매매가	
2021.07.	**23억 9,000(2일,26층)**	
2021.03.	23억 9,000(27일,14층)	22억 5,000(13일,24층)
2021.02.	24억 1,000(16일,14층)	
2021.01.	23억 7,000(30일,12층)	23억 7,000(20일,21층)
2020.12.	23억 5,000(26일,9층)	23억 5,000(24일,12층)
	22억 6,000(22일,9층)	22억 3,000(16일,13층)
	23억 2,000(11일,19층)	21억 5,000(10일,3층)
	22억(5일,15층)	

* 잠실 엘스 전용 84m² C타입 실거래가   출처: 네이버 부동산

> **"**
>
> 아파트 시세 하락 가능성을 추정하기 위해서는
> 매물 증감과 더불어 한 가지를 더 보아야 한다.
> 바로 실거래가다. 가장 중요한 하락 조건이다.
> 이 글을 읽는 독자들이 가장 궁금해하는 지역의
> 아파트 단지의 최근 거래된 실거래가를 직접 찾아보라.
> 이전 거래가 대비 실거래가가 빠졌나?
> 여기서 중요한 것은 네이버 매물 호가가 아니라
> 실제 거래된 가격이 빠졌는지 여부다.
>
> **"**

나? 여기서 중요한 것은 네이버 매물 호가가 아니라 실제 거래된 가격이 빠졌는지 여부다.

호가가 하락한 지역이 꽤 많다. 다만 거래량이 많지 않은 지역에서 매도 호가와 매수 호가의 갭이 큰 경우는 분석할 필요도 없다. 또한 거래량이 많지 않은 단지의 실거래를 분석할 때 로열동 로열층인지, 비선호동 비선호층인지 따져봐야 한다. 같은 단지 같은 평형대라도 2억 원 이상 차이 나는 경우가 많기 때문이다.

지금까지 설명한 여러 요인을 다각도로 분석해봐도 서울은 하락 시장이 아닌 것 같다. 전국 단위로 보면 가격이 조정되는 곳도 있다. 지방에서 조정되는 곳은 소위 투자 수요가 진입했다가 빠지는 지역, 즉 실수요가 축소되는 지역이라는 의미다. 현재 지방에서 상승하는 지역은 투자 수요가 아니라 뒤늦은 이사 수요가 몰린 곳이 대부분이라는 의미도 된다.

서울이 하락 시장이 아닌 가장 결정적인 이유가 있다. 지금 가장 시세가 많이 오르는 시장은 인천과 경기도다. 이 두 거대 시장의 시세 상승·하락의 키는 서울이 가지고 있다. 서울 실수요 시장의 수급이 붕괴된 이후 경기와 인천에서 실거주 집을 마련하는 사례가 계속 증가하기 때문이다. 결국 서울 전세시장이 수도권 집값 전망의 핵심이다.

주식·코인·부동산, 무엇이든 미래를 위한 투자를 당장 시작하라!

얼마 전 정부의 대출 규제 발표가 있었다. 정부의 대출 규제에 여러 이유가 있겠지만 부동산으로 대출이 흘러가지 못하게 하겠다는 의지도 있을 것이다. 아파트 시세 하락 사인을 주려는 의도일 수도 있다. 무주택자는 물론 유주택자도 혼란스럽다. 대출 규제를 하면 정말 집값이 하락할까?

정부의 부동산 규제는 갈 데까지 갔다고 생각한다. 세금과 대출로 할 수 있는 모든 것을 했다. 이를 통해 부동산시장을 안정화하려던 것이다. 하지만 현실은 그렇게 되지 않았다. 시세 하락을 기대했던 사람들에게 심리적 위안을 몇 번 일시적으로 준 것 말고는 순기능이 없었다.

불안해하는 유주택자의 매도를 유도하려던 것인지도 모르겠다. 하지만 이 전략이 효과가 있으려면 서울 입주 물량이 많았던 2019~2020년에 했어야 했다. 양도세 배액배상을 이때 시행했다면 서울 아파트시장은 조정 국면으로 전환됐을 것이다. 2021~2022년은 입주 물량 자체가 너무 적다. 2020년 4분기부터 2021년 1분기까지 예년 대비 많던 입주 물량이 이번 2분기부터 급감했다. 차라리 수요가 많고 공급이 부족한 곳에 집중적으로 4년 내내 공급했다면 이런 수급 불균형이 발생하지 않았을 수도 있다.

매물이 전혀 없다는 의미가 아니다. '적당한' 시세의 매물이 없다는 것이다. 결국 시세가 많이 오르고 집을 매수하기도, 전세를 구하기도 어려운 시장이 되었다. 추가 현금이 부족한 수요자는 현재 거주하는 입지를 신규 대기 수요층에게 계속 양보해야 한다. 돈을 더 지불할 수 있는 신규 수요자들이 대기하고 있기 때문이다.

이 상황에서 대출 규제가 나왔다. 돈이 없는 수요자에게는 청천벽력 같은 조치다. 어떤 시장이든 경제력이 있는 수요자에게 대출 규제 카드는 의미가 없다. 대출 규모를 축소하면 중하위층이 가장 큰 타격을 받는다.

2020~2021년의 부동산시장을 복기해보자. 부동산 이슈가 거의 없었다. 아파트 갭 투자 기사도 없고 구체적인 투기 사례도 없었다. 지난 2년간은 주식, 최근 1년간은 '코인' 이야기만 들린다.

친한 후배 한 명이 얼마 전 회사를 그만두고 주변 사람들에게 은퇴를 선언했다. 그는 부동산 투자를 위해 4년 전부터 열심히 공부했고 나름 성과를 보였다. 2018년부터 부동산 투자 금액이 묶이고 여러 규제가 심해지자 2019년부터는 주식과 코인에 투자했다. 열심히 주식과 코인 분야를 공부했다. 지난 1년 동안, 정확히는 11개월 동안 두 자릿수 억 단위에서 세 자릿수 억 단위 자산가가 되었다. 투자 종목은 해외 주식과 코인이었다.

후배는 그동안 보유했던 부동산을 모두 정리하고 재개발 구역 딱 1개만 소유하고 있으며, 현재 월세로 거주한다. 나머지 자산은 다양한 포트폴리오로 분배했다. 이제 공격적인 투자는 겁나서 못 하겠단다. 현 정부가 부동산 규제를 심하게 하지 않았으면 자신은 해외 주식 투자나 코인 투자는 시작도 안 했을 것 같다고, 덕분에 돈을 많이 벌었지만 지난 2~3년 동안 속은 그리 편치 않았다고 말했다.

여러 생각이 들었다. 현재 정부의 부동산 정책은 세금 규제와 대출 규제 말고는 없다. 정확하게는 부동산 정책이 아니다. 단순한 수요 억제책일 뿐이다. 부동산 수요 억제책으로 주식과 코인으로 투자 수요가 이동할 수밖에 없었고 기대 이상 성공한 사례가 주변에 많아졌다. 이 후배말고도 지인 몇 명이 비슷한 성공을 했으니까.

아직도 정부의 대출 규제와 세금 규제가 국민들의 보금자리를 마련해줄 것이라 믿는 사람이 꽤 많다. 주식시장과 코인시장은 솔직히 전망을 못 한다. 하지만 최근 몇몇 성공 사례를 보면 실력으로 돈을 번 건 아닌 듯하다. '하이 리스크, 하이 리턴'처럼 보이는 것도 사실이다. 그렇다고 부동산 투자가 더 안전하다고 말하려는 것은 아니다.

많은 이에게 '투자와 투기의 차이가 뭔가?'라는 질문을 종종 받는다. 사실 구분하기 어렵다. 투자든 투기든 100% 확률로 하는 경우는 없다. 부동산이든 주식이든 코인이든 투자의 책임은 자신에게 있다. 아무것도 하지 않는 것보다는 어떤 투자라도 해야 지금 경제 상황보다는 나아진다고 얘기하고 싶다. 다만 리스크를 낮추고 확률을 높이기 위해서는 제대로 공부해야 한다.

'부동산 관심층'은 두 부류로 나뉜다. 부동산 시세 하락 희망자와 상승 희망자다. 하락 희망자는 놓친 매수 기회를 잡기 위해, 상승 희망자는 매도 기회를 잡기 위해 관심을 가진다. 두 부류의 목적은 모두 경제적 이익이다. 리스크를 낮추고 확률을 높이려고 노력한다는 점에서는 동일하다.

투자시장은 늘 움직인다. 상승하는 시장과 하락하는 시장이 공존한다. 많은 이가 선택의 기로에서 고민한다. 의사 결정의 결과에 대한 책임은 스스로가 지는 것이다. 내 집 마련을 당장 하든, 내년에 하든, 하지 않든 그 결과는 자신의 몫이다. 〈버핏클럽〉을 통해 설명한 이 부동산 관련 내용이 여러분들의 미래 가치를 결정하는 선택에 도움이 되길 진심으로 바란다.

글 **김학렬**   현재 스마트튜브 부동산조사연구소장이며, 한국갤럽조사연구소에서 부동산조사본부 팀장으로 일했다. 대한민국을 대표하는 부동산 전문가들이 가장 신뢰하는 전문가이며, 블로그 이웃 17만 명, 유튜브 구독자 13만 명으로 네이버 선정 부동산 분야 최고 인플루언서다. 지난 20년간 국토교통부, LH공사, 한국부동산원 등의 공공기관, 현대건설, 삼성물산, GS건설, 피데스개발 등 대표 건설사와 국내외 리서치 프로젝트 1,000여 건을 진행했고 《대한민국 부동산 미래지도》, 《이제부터는 오를 곳만 오른다》, 《대한민국 부동산 사용설명서》, 《수도권 알짜 부동산 답사기》 등 예스24, 교보문고 종합 1위 베스트셀러를 11권 펴냈다.

K-자본주의와 전 국민 성장배당 플랜

기본소득, 자본시장의 힘으로 해결하라

이한상

'국가가 조세, 자발적 기부, 복권 발행, 국채 발행 등을 재원으로 '수탁자 자본주의(fiduciary capitalism)'에 입각해 '초대형 기금(유니버설 펀드)'을 설립하고 국내 기업을 포함한 전 세계 우량 배당주에 투자해 그 과실을 전 국민이 균등하게 나누자. 모든 국민은 기금 배당권을 가지며 중학교를 졸업한 배당권자에게는 기금이 투자한 기업 주주총회의 의결권이 무작위로 배정된다.' 이는 이한상 고려대학교 경영대학 교수가 제안하는 '성장배당 플랜'의 개요다. 기본소득·기본자산 방안은 매년 세금을 재분배하는 반면 성장배당 플랜은 사회적 공유 자산을 축적해 매년 그 성과를 나눈다. 성장배당 플랜은 또 국민의 기업 의사결정 참여와 장기적 관점의 ESG 투자를 가능하게 한다.

나는 이 글을 통해 현재 논의 진행 중인 전 국민 기본소득제의 정책적 대안으로 가칭 '대한민국 성장배당 플랜'을 제안한다. 기본소득은 다양한 형태로 제시되지만 공통점은 국가가 조세 등 재원을 통해 전 국민에게 충분한 현금을 조건 없이 정기적으로 지급하는 것이다. 내가 제시하는 대한민국 성장배당 플랜은 국가가 조세, 자발적 기부, 복권 발행, 국채 발행 등을 재원으로 '수탁자 자본주의(fiduciary capitalism)'에 입각해 '초대형 기금(유니버설 펀드, universal fund)'을 설립하고 국내 기업을 포함한 전 세계의 우량 배당주에 투자해 그 과실을 전 국민이 균등하게 나누는 제도다.

모든 국민은 출생 및 국적 취득 시 이 기금의 무조건적 배당권을 가지며, 사망 혹은 국적 이탈 시 배당권을 잃는다. 배당권은 양도, 매매, 저당의 대상이 아니며 상속할 수 없다. 대한민국 성장배당 플랜은 기업을 사회의 공공선을 달성하는 도구로 적극적으로 이용하자는 관점에서, 전국민의 경제적 이익을 기업 의사결정 '관여(engagement)'를 통해 기업의 '환경, 사회, 지배구조(ESG)' 성과와 연동한다. 구체적으로 중학교를 졸업한 배당권자는 해마다 무작위로 배정되는 하나 이상의 기업에서 주주총회 의결권을 행사할 자격을 얻는다. 기금은 의사결정자의 판단을 돕

모든 국민은 출생 및 국적 취득 시

이 기금의 무조건적 배당권을 가지며,

사망 혹은 국적 이탈 시 배당권을 잃는다.

배당권은 양도, 매매, 저당의 대상이 아니며 상속할 수 없다.

기 위해 경쟁하는 세 개 이상의 의결권 자문사 서비스를 무료로 제공한다. 동시에 공교육 교과 과정에 자본주의, 시장경제, 기업 활동 및 금융 교육을 포함해 국민인 주주들이 불확실성하의 의사결정 능력을 향상하도록 돕는다.

　기금은 주식 매매에 따른 자본이득을 목적으로 하지 않고 영구히 지속된다. 특정 주식의 기금 편입과 퇴출은 오직 전 국민의 ESG 요구 수준에 따라 초장기 투자자 관점에서 결정된다. 이 제도를 통해 국민의 복지 및 공공 부문의 민간 규제가 기업의 성장과 금융시장의 원활한 작동과 연동되도록 제도를 진화시킬 정치적 유인을 국민에게 제공한다. 이 기금은 자본주의 안의 작은 공산주의 시스템이다. 전 국민 누구도 소외되지 않고 자본의 주인이 되는 길이다. 이 플랜은 사회의 가장 유능한 자들이 재능에 대한 보상을 마음껏 누리는 자유시장경제 중심의 자본주의를 추구한다. 동시에 모든 국민이 자본의 주인이 되어 그러한 생산성 향상의 결과인 과실을 공평하게 나누는 사회적 가치를 달성할 것이다. 이 제도는 새로운 세상을 열기에는 작은 시도다. 그러나 새로운 시대를 위한 작은 희망의 씨앗으로 K-자본주의의 시발이 될 것이다.

기본소득 논쟁과 문제의식

2022년 대통령 선거를 앞두고, 여야 후보자 간 전 국민 기본소득 지급 정책이 논쟁 대상으로 떠오르고 있다.

2019년 미국 대통령 선거에서 민주당의 앤드류 양 후보가 기계화, 자동화로 일자리가 파괴되고 임금이 감소하는 것에 선제적으로 대응해 전 국민에게 자유배당으로 월 1,000달러 정도의 기본소득을 지급할 것을 주장한 바 있다. 이러한 주장에 노벨 경제학상 수상자 폴 크루그먼 교수는 미국 노동통계국의 통계를 인용해, 오히려 미국의 생산성 증가율은 2005년 이래 지속적으로 감소했으며 이는 기본소득 지급 주장의 전제인 기계화 및 생산성 증가와 부합하지 않는다고 지적했다. 전형적인 민주당 진보파인 크루그먼 교수는 재원으로 논의되는 연간 3조 달러가 있다면 그것을 시급한 사회안전망 강화와 복지에 써야 하며, 임금감소와 불평등은 약화된 노조의 협상권 강화로 대응해야 하고, 기본소득은 중도좌파의 현실 도피일 뿐이라고 비판했다.

우리나라에서도 2020년 정부의 재난특별지원금 지급 이후, 유력 여야 주자들이 기본소득, 안심소득, 공정소득 등의 이름으로 국민에게 최소한의 생활을 보장하는 제도에 관해 논쟁 중이다. 복지주의자·진보주의자인 제주대학교 이상이 교수는 올해 5월《기본소득 비판: 왜 기본소득을 반대하는가?》를 펴내고 기본소득을 비판한다. 제안된 여러 기본소득이 필수 속성(보편성, 무조건성, 정기성, 개별성, 현금성, 충분성)을 만족시키지 못한다는 것이다. 특히 충분성의 관점에서 재원 부족으로 용돈 정도를 지급하는 데도 천문학적인 돈이 필요하다는 지적이다. 이어 그는 기본소득은 보편적 복지국가의 원리와 다르게 작동하기에 '30만 원이 없어 극단적 선택을 한 송파 세 모녀'와 같은 사각지대의 해법이 아니고, 불평등과 양극화 해소의 근본적 해법이 될 수도 없으며, 4차 산업혁명 시대의 일자리 대책이 될 수 없고, 경제의 활성화와 선순환에 장기적으로 방해가 되며, 재정적으로 실현이 어렵다고 주장한다. 연세대학교 양재진 교수와 경상대학교 김공회 교수 등 좌우를 불문하고 복지강화론자들의 공통적 기본소득 비판은 대동소이하다.

경영학자로서 나는 시장경제에 믿음을 가지고 있으며 자본주의와 기업이 역사적 진보와 물질적 풍요에 크게 기여했다고 생각한다. 앞서 언급한 크루그먼 교수와 이상이 교수 등의 기본소득 비판에 수긍하면서도, 기본소득이 정치적 논쟁의 한가운데에 서게 되기까지의 사회적 불만과 불안의 문제의식에 공감한다.

우선 불만에 공감한다. 반세기 이상 전 세계 시장경제의 통합, 정보통신 기술의 혁명이 이루어졌다. 이와 동시에 (인과관계를 명확히 하기가 어렵더라도) 전 세계적으로 명확한 추세의 임금·소득·자산 양극화와 불평등이 진행된 것을 인정해야 한다. 2008년 금융위기를 사태로 금융 시스템이 본연의 기능보다는 위험을 사회(시스템)에 부담하고 극단적인 개인적 보상을 추구해 정상적으로 작동하지 않았다는 비판을 경청해야 한다. 특히 우리나라는 기업 활동이 산업화를 견인하며 물질적 풍요와 국민경제 성장에 지대한 공헌을 했음에도 불구하고 지배구조와 거버넌스, 환경과 사회, 특히 노동자에 대한 책임 측면에서 비판받는 현실을 심각하게 받아들여야 한다.

그리고 불안에 공감한다. 기계가 인간의 능력을 가지는 기술 특이점이 오는 시점을 2029년으로 특정한 구글 기술이사 레이 커즈와일의 예측은 성급할 수 있다. 세계경제포럼은 2025년까지 인공지능과 기계화로 8500만 개 직업이 사라지지만 또 같은 이유로 9700만 개 직업이 생긴다는 전망을 제시하기도 했다. 그러나 미래를 낙관적으로 예측하는 딜로이트 컨설팅의 인사전략 파트너 제프 슈워츠마저 작년에 펴낸 《Work Disrupted》를 통해 코로나 사태로 기계화와 인공지능의 산업 현장 침투가 가속화되었고, 기계와 협업하는 방식으로 노동이 공존하더라도 일정 부분의 노동 유연화는 피할 수 없는 대세라고 예측했다. 즉 미래의 일자리는 정말 불안할 것이다.

이 불만과 불안의 근원적 핵심은 다음과 같다. '자본주의 사회에서 인간으로 태어나 운과 재능이 주어지지 않았다는 이유로 자본의 혜택을 누리지 못하고 저임금 계약노동자로 소모되다가 가야 하는 인생이란 얼마나 처량한가.' 혹자는 이러한 태도를 패배주의자적 시각, 루저 마인드라고 가볍게 폄하할 수도 있겠다. 공정한 기회만 주어지면 모든 것을

> **❝**
>
> 자본주의 사회에서 인간으로 태어나
> 운과 재능이 주어지지 않았다는 이유로
> 자본의 혜택을 누리지 못하고 저임금 계약노동자로
> 소모되다가 가야 하는 인생이란 얼마나 처량한가.
>
> **❞**

이룰 수 있다는 자본주의 시장경제에서 물질적 성공을 이루지 못한 자는 능력이 없거나 노력이 부족한 것으로 간주하는 사람들이 현실 세계를 지배하고 있다. 그래서 알랭 드 보통은 《불안(Status Anxiety)》에서 모든 것이 운명이고 결정되어 있던 체념적인 중세의 삶이 현대인들보다 오히려 더 평온하지 않았을까 추측한다.

이 시대 한국의 진보주의적 시각의 불안과 불만은 정치경제학자 홍기빈의 2021년 6월 26일 〈경향신문〉 칼럼 '공정보다 평등이 중요하다'에 잘 요약되어 있다.

인생은 게임이 아니다. 달리기 시합은 더더욱 아니다. 힘껏 달려볼 의사와 능력이 있는 20~30퍼센트의 사람들에게는 '공정'이 가장 중요한 문제일 수 있다. 하지만 산업사회라는 현상을 최초로 발견하고 사회주의 사상을 창시했던 19세기 초 앙리 생시몽의 말대로, '가장 숫자가 많고 가장 불리한 위치에 처한' 사람들은 아예 그 달리기 시합장에 들어갈 엄두도 나지 않는 경우가 더 많다. 우리들 다수가 꿈꾸는 삶은 그렇게 극적인 드라마나 시합과

같은 것이 아니다. 특출한 능력이나 의지를 타고 나서 꿈을 불태우기보다는, 그저 주어진 하루하루를 빈둥거리지 않고 살면서 사랑하는 사람들 이웃들과 조촐하게 삶을 즐기고, 태어난 한 인생 그럭저럭 큰 탈 없이 무사히 살다 가는 것 정도인 사람들이 훨씬 더 많다.

생태계는 다양하다. 포식자인 사자와 호랑이, 용도 있지만, 얼룩말과 토끼, 그리고 가재, 붕어, 개구리도 있다. 사자와 호랑이, 용이 자본주의 시장경제의 우월성과 금융과 기업의 놀라운 힘을 추동하더라도, 얼룩말과 토끼, 가재, 붕어, 개구리도 무탈한 삶을 보낼 수 있게 해달라는 주장은 충분한 잠재적 생산력을 보유하고 있는 2021년 대한민국 사회가 해결해야 할 시대적 과제임에 분명하다.

문제는 자본주의, 시장경제, 금융 제도와 기업의 힘을 거세하고 약화

> **"**
>
> 왜 주위에 벼락부자가 되었다는 천재는 많아도
> 나에게는 눈깔사탕 하나도 생기지 않는가?
> 이 갈증 섞인 불만에 해결책을 제시하지 못하면
> 대한민국의 미래는 밝지만은 않을 것이다.
>
> **"**

하는 방향으로 재분배를 중심으로 한 하향 평준화의 내리막길을 택할 것인가, 아니면 기존 제도의 문제를 해결하고 장점을 극대화하는 새로운 방식을 모색할 것인가. 작고한 삼성 이건희 회장은 "한 명의 천재가 10만 명을 먹여 살린다"고 했는데, 왜 주위에 벼락부자가 되었다는 천재는 많아도 나에게는 눈깔사탕 하나도 생기지 않는가? 이 갈증 섞인 불만에 해결책을 제시하지 못하면 대한민국의 미래는 밝지만은 않을 것이다. 과연 자본주의 시장경제의 틀 안에서 기업과 금융의 힘을 선하게 다스려 이러한 불안과 불만과 화해할 방법을 찾을 수 있을까? 이 글의 문제의식이다.

기본소득의 대안들: 기본자산제의 진화

기본소득의 대안은 실로 넓고 다양하다. 오랜 역사적 방황 후[*] 유럽

---

[*]   토머스 페인, 토머스 스펜스에서 시작해 조제프 샤를리에와 푸리에주의를 지나 헨리 조지의 토지가치세, 데니스 밀너와 메이블 밀너의 국가 상여금 계획, 영국의 사회적 신용, 국민 배당금, 그리고 전후 복지국가 플랜의 기초인 〈베버리지 보고서〉와 대항하던 경제학자 제임스 미드의 사회 배당금, 밀턴 프리드먼의 부의 소득세, 제임스 토빈의 공제 소득세, 존 갤브레이스의 보편적 기본수당 등이 이 긴 여정에 등장한다.

식 복지국가 강화, 미국식 사회안전망 구축이 현실에 적용되고 있는 표준 대안이다. 물론 최근 프랑스 경제학자 토마 피케티가《자본과 이데올로기(Capital and Ideology)》를 통해 재점화한, 오랜 기본소득의 대항마 기본자산도 빼놓을 수 없다. 그의 제안과 유사한 아이디어는 이미 존 로머 등 시장사회주의자들의 현실 유토피아 프로젝트, 앤 앨스톳과 브루스 애커먼의 사회적 지분 소유, 데이비드 니싼과 줄리앙 르 그랑의 보편적 지분 급여 등의 형태로 논의되어왔다. 이 외에도 노벨 경제학상 수상자 엘리너 오스트롬에서 기원하는 제도주의적 커먼스(commons)론, 일본을 대표하는 진보적 경제학자 우자와 히로후미가 주창한 사회적 공통자본(농수축산물 및 자연, 에너지, 교육, 의료, 금융 및 제도로서의 도시 공간) 강화론, 존 롤스, 아마르티아 센의 정치적 자유주의 전통을 따른 마사 누스바움의 역량 강화론 등이 대안적 사고의 틀이라고 할 수 있겠다.

그러나 이 글의 목적을 위해 최근 기본소득의 대항마로 정치적 부름을 받고 있는 기본자산제에 초점을 맞추고, 특히 최근 정치권과 일부 투자자들이 논의하고 있는 자본시장 투자 관점을 자세히 살펴보자.

기본자산은 고대 그리스의 클레로스(κλῆρος, 분배지), 성경 개정개역의 분깃(κληρονομία, 클레로스),《맹자》에 등장하는 고대 아시아의 정전제(井田制)까지 거슬러 올라가는데, 이들 제도는 일정한 토지를 모든 사람에게 고르게 나누어 경작하게 하되, 세습을 금지하고 일정 기간 후 다시 원상태에서 재배분하는 것을 골자로 한다. 현대의 여러 기본자산 제도도 이와 유사하게 특정 액수의 목돈을 국민들에게 특정 시점에 제공하되, 사용처에 제한을 두거나 채무 변제 의무로부터 보호하는 것을 골자로 하고 있다.

예를 들어 토마 피케티는 자산 및 상속세의 누진율을 강화해 국내 총생산(GDP)의 5%를 조달하고 이를 25세가 되는 모든 프랑스 국민에게, 프랑스 국민 평균 자산의 60%에 해당하는 12만 유로를 최소 자산으로 지급할 것을 제안한다. 서강대학교 김종철 교수는 2000년 출간한 《기본소득은 틀렸다, 대안은 기본자산제다》를 통해 4억 원이 넘는 상속 재산 전부를 국가가 과세해 마련한 재원(사회적 상속)을 통해 전 국민에게 1억 원씩 기본자산액으로 배분하되, 국민이 이 금액을 사회적 협동조합 참여 등 생산적으로 활용하도록 하고 채무 변제 등으로부터 보호하는 방식을 제안했다. 한신대학교 이일영 교수는 2020년 〈동향과 전망〉에 게재된 논문을 통해 코로나 위기에 대응하는 뉴딜 차원에서 기본자산을 생산적 활용에 필요한 공유 자산으로 재정의하고, 청년들에게 주거, 교육, 토지(농지) 등을 실물 또는 서비스 형태로 제공할 것을 주장했다.

이러한 학자들의 주장은 현실 정치에서 구체적으로 힘을 받고 있다. 정의당은 2020년 기존의 상속, 증여세에 기존 정부 사업 중 청년사업 예산을 더하고 종합부동산세 강화와 부유세 신설을 통해 만 20세 청년에게 3000만 원을 지급하되, 용도를 주거, 창업, 취업 준비, 학자금으로 제한하는 '청년기초자산제'를 제안했다. 집권 여당인 더불어민주당도 가세했다. 2021년 서울시장 후보 박영선은 19~29세 청년 누구나 최대 5000만 원을 무이자로 대출하고, 30세부터 10년간 원금만 상환하는 '청년출발자산'을 제안했다. 대통령 예비후보 김두관은 정부가 신생아마다 3000만 원을 공공기관에 신탁해 20세가 되는 해에 6000만 원을 지급하는 '국민기본자산제'를 주장하고 있다. 정세균 예비후보도 '미래

씨앗통장'이라는 이름으로 신생아에게 20년 적립형 통장을 마련해 사회 초년생에게 1억 원을 지급하겠다고 공약했다.

청년들에게 목돈을 지급해 자립 기반을 제공하겠다는 위의 안에서 한발 더 나아가 자본시장을 이용해 공격적으로 원금을 키워 복지 재원으로 사용하겠다는 공약도 등장하고 있다. 더불어민주당 박용진 의원은 해외의 자산 운용 전문가를 고용해 국민연금 기금운용본부, 한국투자공사, 각종 기금과 정부의 외환 보유고를 통합한 초대형 국부펀드를 조성하고 국민의 청약저축과 퇴직연금을 이 펀드의 '국민행복적립계좌' 가입으로 전환 참여시켜, 싱가포르의 테마섹을 벤치마크로 연 7% 수익률을 시현하는 방식을 제시했다. 국민들이 월 50만 원 적립식으로

30년 납입하면 퇴직할 때 '국민자산 5억 성공시대'를 제공하겠다는 공약이다.

최근에는 시끌벅적한 기본소득 논의에 투자자들도 반응하고 있다. 자본시장을 적극적으로 이용해 공격적으로 복지 문제를 해결하자는 주장들이다. 유튜브 채널 '할 수 있다! 알고투자'를 운영하는 퀀트 투자 전문가 강환국은 2021년 6월 8일 자 방송을 통해 투자자판 기본자산안을 제안했다. 그는 대한민국의 2020년 저출산 타개 예산은 40조 원인데 신생아는 27만 2000명에 불과해 1억 4700만 원씩 분배 가능하다고 지적한다. 만약 신생아 1인당 1억 원을 배정하고 성년의 국민들이 교육을 통해 10개 정도의 자산 배분 전략 중 하나를 선택한 후 50년 동안 강제 투자하고 연금을 수령하는 방식을 만들면, 인플레이션을 고려한 실질 수익률을 중간값 5%로 가정할 때 50년 후 연금액 11억 4700만 원(연금 월 287만 원), 60년 후 18억 7000만 원(연금 월 467만 원)을 수령할 수 있어 복지 문제가 해결 가능하다는 주장이다.

유사하게 전업 투자자로 싱가포르에서 활동하는 김규식 변호사는 2021년 7월 31일 페이스북 포스팅을 통해 '신생아 기본주식 제도'를 제안했다. 연간 상속세 6조 원을 재원으로 신생아에게 2000만 원 상당의 KOSPI200과 S&P500 주식을 지급한다. 국민은 20세 이후 이 펀드를 주택 구입, 대학 학비, 의료비 등을 위한 대출금의 담보로 제공 가능하고, 배당을 수령할 권리를 가지되, 별도의 선택이 없는 경우 배당을 재투자해 55세에 인출하는 것을 기본으로 하는 방식이다. 10% 복리를 가정하면 부부 합산 금액이 80억 원이 넘을 것이라는 추산을 덧붙인다. 그는 이 제도를 통해 전 국민이 기업의 주인이 되어 부는 생산성 향상을 위한 위험 부담의 보상임을 자각하게 하고, 문명 발전과 경제 성장을 이끄는 공동체의 생산성 향상에 전 국민의 경제적 유인을 합치시키자는 주장을 전개한다.

이러한 여러 기본자산제를 평가해보자. 기본소득 연구에 매진해온 정치경제연구소 대안의 이건민 박사는 2020년 〈시대〉 기고문을 통해 일시금 지급형/사용처 제한/기본자산제와 관련해 다음과 같은 비판을 제기한 바 있다. 우선 전 국민에게 지급되어야 하는 보편성을 위반한다. '받지 못하고 지나가는 세대들은 어떻게 해야 하는가'라는 질문이다. 정치적으로 지지받지 못하는 옵션이라는 것이다. 다음으로 충분성 측면에서 모자란다는 지적이다. 정의당의 3000만 원 지급안은 연 실질이자율을 2.5%로 가정하면 월 90,896원에 불과하므로 결과적으로 자산 재분배에 크게 기여하지 못할 것이라는 비판이다. 설사 지급 금액이 크게 늘어도 이를 활용해 부를 일구는 능력은 청년들의 사회경제적 환경에 의해 제약된다는 설명이다.

세 번째로 철학적인 측면이다. 기본자산은 부모 찬스를 대신하는 사회 찬스, 즉 보충적 기능이 중요하게 선전되는데 이는 호시절에는 의미가 없는 공허한 주장이라는 것이다. 마지막으로 사용처 제한에 따른 '거시자유와 탕진 가능성 사이의 딜레마'다. 기본자산을 기반으로 마음껏 삶을 일구라는 취지에 비추어 투기적 행위와 같은 위험 감수 행위에 제약을 가하는 것은 장점을 스스로 무너뜨리는 것이라는 비판이다. 토마 피케티, 김종철, 정의당, 박영선, 김두관, 정세균의 기본자산 아이디어는 이러한 비판에 전부 혹은 일부 노출되어 있다.

다음으로 펀드 자본주의를 이용하자는 박용진, 강환국, 김규식의 아이디어를 평가해보자. 이들 아이디어는 앞서 언급된 기본자산과는 차별되는 뚜렷한 장점이 있다. 우선 효율성이다. 채권이 아닌 지분 증권 등 자본시장의 힘을 빌려 높은 복리로 금액을 빠르게 늘릴 수 있다. 다음은 충분성이다. 개인별 투자 능력의 차이를 극복하는 간접 투자, 강제 투자 방식을 통해 충분한 금액을 확보하자는 것이다. 그러나 곧바로 생각할 수 있는 약점 내지 보완점도 존재한다.

언급된 5%, 7%, 10%의 수익률은 추측에 불과하다. 공격적 펀드매니저(박용진), 검증된 사계절 동적 자산배분(강환국), 우량 인덱스(김규식) 모두 기본적으로 우상향하는 시장을 전제로 하고 있다. 한국같이 기업 지배구조와 거버넌스가 취약한 주식시장에서 주된 자금을 운용하는 경우, 미국같이 기대한 만큼의 수익률을 올리지 못할 수 있다. 또한 이러한 펀드들은 개인별 계좌로 운용되기 때문에 좋은 시점에 태어난 사람과 그렇지 못한 시점에 태어난 사람 사이에 무시할 수 없는 수익률 차이가 존재하게 된다.

마지막으로 수익률에 중점을 두고 운용하는 펀드의 철학상 ESG 원리를 충분히 구현하지 못할 수 있다. 예를 들어 세계에서 가장 수익률이 높은 성공적인 펀드인 영국성공회펀드를 보자. 교회 기금의 특성상 엄격한 투자 대상 원칙과 운용 제약이 있어, 소위 죄악 산업(sin industries)인 무기, 포르노그래피, 담배, 도박, 고금리 대출, 배아 복제, 석탄을 원료로 한 석유 추출 또는 오일샌드, 주류 등에 투자하지 못한다. 그럼에도 2013년 영국성공회는 50억 파운드(약 8조 원)의 연금 기금 중 미국계 벤처캐피털인 액셀파트너스에 할당한 금액이 우회투자를 통해 영국 최대 고리대부 업체인 웡가Wonga에 투자된 것으로 드러나 문제가 되었다.

그렇다. 자본시장을 이용하자는 아이디어는 분명히 기본자산 아이디어를 한발 진전시키는 대안이 될 수 있다. 그런데 이를 조금 더 발전시켜 국민의 경제적 인센티브를 기업의 ESG 성장에 연동하고 국민이 기업 의사결정에 관여할 기회를 제공하며 전 국민이 위험과 보상을 공평하게 나누는 방법은 없을까? 이제 내가 제안하는 대한민국 성장배당 플랜을 설명한다.

대한민국 성장배당 플랜

① 아이디어 탄생 배경

하늘 아래 새로운 것은 없다. 미국에서 교수 생활을 접고 2011년 귀국한 나는 2012년 여름경 서울대학교 경영학과 재무 전공 김우진 교수와 '기계화가 궁극적으로 진행되어 생산 과정에서 노동 공급이 극도로 제한되는 시대가 오면 사람들은 어떻게 살아야 할까?'를 이야기하다 지금 논의하는 대한민국 성장배당 플랜의 초기 아이디어를 떠올렸다. 당시의 잠정적 해답은 전 국민이 기업의 주주가 되어 배당을 받고 각자 사회에 생산적 기여를 하며 자아를 추구하는 사회였다.

이후 나는 한국 사회의 양극화와 불평등의 문제를 '신자유주의'와 탐욕스러운 기업의 탓으로 돌리며, 재벌을 해체하고, 사내유보금을 국민에게 돌려주며, 국가가 세금을 재분배하는 방식이 아니라 가치 배분에 직접 개입(예: 연대임금제, 이익 공유제, 임원 최고 보상 제한, 금융기업의 배당 제한 등)하려는 무수한 정치적 시도를 목격하고 복잡한 감정을 경험했다.

우리는 전후 잿더미 경제에서 기업인과 노동자들이 영웅적으로 활약해 일인당 국민소득 3만 2000달러의 경제 강국으로 성장했다. 그러나 국가가 직접적으로 기업에 개입할 수 없는 현실에서 오늘날 놀랄 만한 경제적 성과에도 불구하고 기업인들은 황제경영, 사익 편취, 불법 승계의 의혹에 시달리고 있다. 동시에 기업은 저성장과 경제불평등의 주범으로, 각종 사회·정치·경제적 불의와 배후로 의심받고 있다. 소비자에 대한 불의(가습기 살균제, 저축은행 사태), 노동자에 대한 불의(채용 비리, 갑질, 착취, 및 재해 문제 회피), 공급 회사(납품 업체)에 대한 불의(갑질, 담합, 밀어내기), 환경 파괴(폐하수 불법 방류, 자원 약탈, 오염), 정권이 바뀌어도 반복되는 사법·행정·입법 과정에 대한 부당한 개입(지대 추구형 입법 로비, 불법 승계)이 그것이다. 미국에서는 전경련 멤버에 해당하는 기업인들이 스스로 모여서 ESG에 최선을 다하고 기업이 사회의 공공선을 달성하는 주요한 힘이 되겠다고 다짐한다는데[*], 국가 경제의 지속적이고 안정적인 성장을 이끌어야 할 기업인과 기업 활동이 사회적 정당성과 국민적 지지를 확보하지 못한다면 어떻게 한국 경제의 미래를 낙관할 수 있을까?

한편 관치금융의 규제로 영미권 국가들의 금융기관처럼 2008년 금융위기 같은 대형 사고를 치지는 않았지만, 한국의 금융과 자본시장도 제 기능을 온전히 하지 못했다. 키코(KIKO) 사태, 저축은행 사태, 중국 고섬 사태, DLF·라임·옵티머스 등 사모펀드 사태, 제일모직-삼성물산 합병 등으로 생채기가 났고, 주식시장은 만성적인 코리아 디스카운트에 시달리며 코로나 전까지 많은 기업의 주가가 박스권을 맴돌아

---

[*] 2019년 8월 19일 미국의 전국경제인연합회 격인 Business Roundtable에 초거대 기업 대표 181명이 모여 〈기업의 목적(the Purpose of a Corporation)〉이라는 성명서를 발표했다. 이 성명서는 22년 된 '기업의 목적은 주주이익의 극대화'라는 슬로건을 폐기하고, 그 대안으로 주주뿐만 아니라 고객에게 가치를 전달하고 임직원에게 투자하며 공급자를 정당하게 대우하고 사회에 기여하자는 소위 ESG 중심 경영을 기업의 핵심 목적으로 채택했다.

피터 드러커는 1976년 《The Unseen Revolution》에서
생산 수단의 소유자를 자본가라고 불러야 한다면
미국의 진정한 오너는 미국 기업의 대부분을 소유한
미국 노동자, 즉 국민이라고 선언했다.

투자자들의 원성을 샀다. 피터 드러커는 1976년 저작 《The Unseen Revolution: How Pension Fund Socialism Came to America》에서 생산 수단의 소유자를 자본가라고 불러야 한다면 미국의 진정한 오너는 미국 기업의 대부분을 소유한 미국 노동자, 즉 국민이라고 선언했다. 마찬가지로 우리도 2020년 말 기준으로 대한민국 기업의 실질적 오너는 대한민국 국민이다. 2230만 국민연금 가입자, 630만 퇴직연금 가입자, 120만 공무원연금 가입자의 노후 자금 상당 부분이 상장기업에 투자되었다. 만약 우리 자본시장이 코리아 디스카운트를 극복하고 지속적으로 우상향하는 미국 주식시장처럼 발전하지 못하면 우리의 미래를 낙관할 수 있을까? 우리 금융이 지속가능한 자본주의를 추구하는 수탁자 자본주의를 핵심적 운영 원리로 받아들일 수 있을까?

요약하면 우리는 기업을 사회의 공공선을 달성하는 효과적인 기구로 삼아, 단기적 재무 성과 중심의 주주 중심 자본주의를 극복하고, 중앙집권적 정부의 정치적 개입이 아닌 국민들의 관여를 통해 기업의 장기적 발전과 ESG 성과를 견인하는 장치를 만들 수 있을까? 그러한 장치

를 통해 심화된 양극화와 불평등하에서 운과 실력이 없어 자본을 소유하지 못하고 불안정한 임노동만 제공하다 가야 한다고 푸념하는 많은 사람에게도 사회적 자본을 통해 자본주의의 혜택을 공평하게 경험하게 할 수 있을까? 다행하게도 코로나 이후 전 세계적인 ESG 열풍과 한국의 동학 개미발 주식 투자 열풍은 자본시장을 통해 그러한 해법을 제공할 토대를 제공하고 있다.

② 아이디어의 뼈대

내가 제시하는 아이디어의 뼈대는 2018년 돌아가신 코넬대학교 법과대학 린 스타우트(Lynn Stout)* 교수의 유작 《Citizen Capitalism: How a Universal Fund Can Provide Influence and Income to All(시민 자본주의)》(2019)의 생각과 많은 부분을 공유한다. 스타우트 교수는 국가가 아닌 시민사회 중심으로 기업과 재산가의 기부를 재원으로 초거대 기금을 조성해 18세가 되는 모든 미국인에게 매매나 상속할 수 없는 배당 권리를 부여하자고 주장한다. 해당 기금은 시민들에게 의결권 자문사의 도움을 무료로 제공해 시민들이 기업의 주주총회를 통해 기업 활동에 관여하게 함으로써 기업이 단기적 투기 자본 및 행동주의자들의 근시안적 행동에서 벗어나 장기적 관점에서 ESG 중심의 경영을 하도록 유도한다. 국가 주도의 재분배가 아니라 시민사회 중심의 자생적 질서를 통해 자본이 사회적 책무에 복무하게 하자는 것이다. 이

---

* 린 스타우트(1957-2018)는 미국의 기업법 전공 교수로 프린스턴대학에서 공부하고 UCLA와 코넬대학에서 가르쳤다. 기업 거버넌스 전문가로 주주 중심주의의 문제점을 예리하게 지적하고 주주 관여를 통한 기업의 이해관계자 중심주의와 ESG를 역설한 저서 《The Shareholder Value Myth: How Putting Shareholders First Harms Investors, Corporations, and the Public》(2012, 한국에는 《주주 자본주의의 배신》으로 번역 출간됨)으로 세계적 명성을 얻었다.

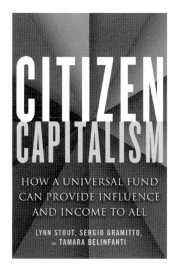

린 스타우트 교수의 저서
《Citizen Capitalism》 표지

> 66
>
> 스타우트 교수는 국가가 아닌 시민사회 중심으로
> 기업과 재산가의 기부를 재원으로 초거대 기금을 조성해
> 18세가 되는 모든 미국인에게 매매나 상속할 수 없는
> 배당 권리를 부여하자고 주장한다.
>
> 99

를 통해 평등, 개인주의, 시민 참여라는 가치를 고양하고 불평등을 완화하고 기계화 시대에 대비하며 정부의 기업 간섭을 최소화하자고 주장한다.

　우리나라는 시민사회 중심의 자생적 질서, 특히 개인주의와 기부 문화가 활성화되지 않아서, 일단 시작은 국가가 주도하되 운영 원리는 철저히 민간의 자율성이 보장되도록 제도를 디자인할 필요가 있다. 구체적 아이디어는 다음과 같다.

■ 초대형 기금: 정부는 가칭 '대한민국 성장배당 플랜'이라는, 뮤추얼 펀드와 유사한 초대형 기금을 창설한다. 기금의 운영 주체는 정부로, 대한민국이 계속되는 날까지 청산하지 않고 유지된다. 기금의 근거는 법률이 될 것이나, 입법자들의 법률 제·개정 혹은 관료들의 시행령 제·개정을 통한 개입을 원천적으로 차단할 견제 조항을 마련한다.

■ 재원: 기금의 재원은 다음과 같다. (1) 부의 대물림을 차단하자는 목적을 가진 상속세가 기초 재원으로 작동한다. 단, 현행 상속세*를 유산취득세로 바꾸고 인당 공제를 1억 원으로 조정하며, 이를 초과하는 금액은 30% 세율(지방세 포함 33%)로 대폭 낮추어 많은 국민이 참여해 사회적 상속의 의미를 살리는 동시에, 현재 세법하에서 최고 할증을 포함해 최고 65% 세율이 적용되어 일어나는 조세 회피적 자본 해체 및 고용 감소를 막는다.

(2) 데이터세 혹은 플랫폼사업자 과세. 현재 기본소득을 주장하는 측에서 논의하는 탄소세, 데이터세, 로봇세는 말처럼 과세가 쉽지 않다. 예를 들어 로봇세를 쉽게 얘기하지만 로봇이 무엇인가를 생각해보면 핸드폰 속 소프트웨어도 로봇이고 공장 자동화 로봇도 로봇인데 어디에 어떻게 과세할 것인지의 합의가 쉽지 않다. 탄소세도 예외는 아니다. 우리나라의 3대 탄소 배출 업종인 철강, 석유화학, 시멘트

---

* 1999년말 세법 개정 시 상속세 최고세율 구간을 30억 원, 최고세율을 45%에서 50%로 인상했고, 현재는 유산과세 형태로 최대 주주의 주식, 출자지분은 경영권 프리미엄과 관련해 평가액에 20%를 가산하고 있다.

> **"**
>
> 정부는 가칭 '대한민국 성장배당 플랜'이라는,
> 뮤추얼펀드와 유사한 초대형 기금을 창설한다.
> 기금의 운영 주체는 정부로, 대한민국이 계속되는 날까지
> 청산하지 않고 유지된다.
>
> **"**

의 2050넷제로 달성을 위해서는 시멘트 산업만 보아도 핵심 생산 시설인 '킬른' 1기당 탄소 포집, 활용, 저장설비(CCUS, Carbon Capture, Utilization and Storage) 설비 요구액이 R&D를 제외하고 약 1조 원, 산업 전체로 50조 원이 필요하다. 즉 탄소세를 걷더라도 전액 해당 산업의 탄소 저감 기술 및 수출장벽의 보조금으로 사용되지, 기본소득 재원이 될 수 없다. 결국 남은 현실적 과표는 데이터 축적과 기여가 명확한 데이터세 및 플랫폼 과세이며, 이에 대한 연구가 필요하다.

(3) 자산(주택, 토지 등 유형자산, 주식을 포함한 금융자산, 비트코인 등 암호화폐와 같은 신종 무형자산) 관련 세금의 일정 부분을 목적세로 전환해 투입한다. (4) 자사주를 매입한 기업이 자발적으로 기부하는 주식(세제 혜택 부여). (5) 고액 자산가의 자발적 기부(세제 혜택 및 비금전적 명예 특권 부여). (6) 초기 기금 마련을 위한 한시적 복권 사업. (7) 국채 발행[**].

[**] 이 기금은 자산 수익률이 이자율보다 높다고 가정하기에, 이론적으로 상당액의 채권 발행을 통한 자금 조달을 생각해볼 수 있다. 이는 일부 논자들이 기본소득의 재원으로 정부의 무제한 통화 발행 혹은 국채 발행을 주장하는 이론적 근거인 현대 화폐 이론과는 전혀 다른 별개의 논리다.

국채 이자율(2% 이하)보다 자본 성장률이 클 것이 확실하다면 이론적으로 큰 금액의 부채를 일으켜도 무방하다. (8) 기타 정부에서 발생하는 모든 무상소득.

■ 기금 수혜자: 출생 및 국적을 취득한 모든 대한민국 국민은 매해 기금에서 발생하는 현금 배당수령권(기업의 현금 배당 혹은 자사주 매입분 현금)을 공평하게 가진다. 초등학생까지의 배당수령권은 부모 또는 후견인이 행사하고, 예외적인 경우에는 정부가 행사한다. 이 배당수령권은 매매와 양도의 대상이 아니며, 저당과 기타 채권의 목적물이 될 수 없다. 상속하지 못하며, 사망 및 국적 이탈 시 상실한다. 상실된 배당수령권은 나머지 수령자에게 공평하게 재분배된다.

■ 목적과 철학: 전 국민이 사회적 자본의 주인으로 기업의 의사결정 과정에 관여해 기업이 장기적 관점에서 ESG 성과를 극대화하도록 견인한다. 급진적 이상이나 정치적 개입이 아닌 평균적인 국민의 눈높이에서 자본이 환경과 사회에 미치는 영향의 정도를 결정하고 제어한다. 동시에 창의력을 가진 인재들이 최고 수준의 대우를 받으며 시장경제 틀에서 기업을 이끌고 생산성을 극대화하게 한다. 이렇게 전 국민의 경제적 유인과 기업의 ESG 성과를 연동해 증진된 생산력의 과실을 공평하게 나누고 이를 후대에 전달한다.

■ 수혜자의 관여: 기금 수혜자인 배당수령권을 가진 국민 중 의무교육인 중학교 과정을 마친 사람들은 기금이 보유한 기업의 주식과 관련한 주주총회에서 의결권을 행사함으로써 기업 활동에 관여할 자격을 얻는다. 금치산자 혹은 한정치산자 판정을 받거나 입원 등 특별한 이유로 정당하게 의결권 행사를 거부하는 경우가 아니면 어떤 상황

출생 및 국적을 취득한 모든 대한민국 국민은
매해 기금에서 발생하는 현금 배당수령권을 공평하게 가진다.
초등학생까지의 배당수령권은 부모 또는 후견인이 행사하고,
예외적인 경우에는 정부가 행사한다.

(예: 수감 중)에서도 이 권리를 행사할 수 있다.

한국 국민연금을 포함한 전 세계의 연기금이 중앙집권적으로 의결권을 행사하는 별도의 기구를 두는 것과 달리, 이 기금은 의결권 행사 대상인 국민에게 해마다 무작위로 의결권을 행사할 기회를 제공한다. 예를 들어 올해는 삼성전자의 주총 의결 사항에 대해, 내년에는 롯데제과의 주총 의결 사항에 대해 관여할 것을 무작위 추첨에 의해 요구한다. 이 장치를 통해 특정 (정치) 세력이나 특정한 이상주의를 추구하는 세력(예: 급진적 환경론자)이 의결권 행사의 방향을 좌우하는 것을 원천적으로 차단한다. 기금은 의결권을 행사하는 모든 국민에게 무료로 복수의 의결권 행사 자문 서비스를 제공해 의사결정을 지원한다. 또한 중학교 이상의 공교육 과정은 자본주의, 시장경제, 기업 활동 및 금융에 관한 지식을 포함해 국민들이 바른 투자 의사결정을 내릴 수 있도록 돕는다.

■ 편입 자산의 종류와 편입 기준: 이 기금의 목적은 원본 증식이나 자본차익이 아니라 배당금 수령과 자사주 매입에 따른 현금 수취다. 따

라서 소위 사계절 포트폴리오를 구성하는 금과 같은 실물, 외환, 채권, 파생상품 등은 자산에 편입하지 않는다. 오직 현대 사회의 생산력 및 가치 창출의 핵심인 기업의 자본에 장기 투자한다. 투자할 기업의 대상과 범위(상장, 비상장, 투자 지역, 기업의 수명 주기상 단계, 업종별 비율, 단일 기업 투자액 한도 등)는 추가 논의를 통해 확정하되, 편입 기준은 2020년 글로벌 주요 연기금 최고투자책임자(CIO)들[*]이 발표한 '지속 가능한 자본시장을 위한 우리의 약속(Our Partnership for Sustainable Capital Market)'에 제시된 원칙을 따른다. 즉 잘 정비된 장기적 관점의 성장 전략을 가진 기업에 초장기적 관점에서 ESG 중심의 관여를 통해 투자한다. 기금에 편입된 기업 중 ESG 등이 문제가 되어 퇴출 필요가 생기는 경우, 그러한 기업들은 분기별로 모든 기금 수혜자의 찬반 여부를 물어 다수결 원칙에 의거 퇴출을 결정한다.

■ 운영 조직과 운영 비용: 거대 연기금과 달리 의사결정 구조를 민주적 방식으로 기금 수혜자에게 분산한 결과, 조직의 인력 및 운영 비용은 거대 연기금에 비해 작을 것이나, 전 국민 의결권 행사 지원 시스템 구축과 지원 비용은 상대적으로 클 것으로 추측된다. 비영리조직의 특성상 총보수는 거대 연기금의 총보수보다는 작을 것으로 판단된다.

③ 예상되는 장단점

기본자산제와 비교할 때 이 플랜은 보편적 지급을 만족시켜 정치적

---

[*] 캘리포니아주교직원은퇴기금(CalSTRS)의 크리스토퍼 에일먼, 일본연기금(GPIF)의 미즈노 히로미치, 영국대학교원연금의 사이먼 필처 등이 참여했다.

지지 가능성이 높다. 충분성 측면에서 이 플랜은 재원 전부를 나누어주는 것이 아니라 그 재원을 투자 자금으로 해서 얻는 배당금을 지급하는 방식이기 때문에 초기에는 크게 부족할 것이다. 첫해 30조 원을 투자하고 3% 배당을 얻는다고 가정할 경우, 배당금 9000억 원을 5000만 국민에게 균등하게 지급하면 연 18,000원에 불과하기 때문이다.

그러나 이 기금의 연간 투자액이 경제 성장과 발 맞추어 2%씩 성장하고 주식 가치가 5%씩 성장하며 배당수익이 3%를 유지하고 인구가 그대로라면, 10년 후에는 원본 410조 원(1인당 연간 246,000원), 20년 후에는 1,167조 원(1인당 연간 73만 원), 30년 후에는 2,511조 원(1인당 연간 150만 원)으로 성장한다. 50조 원으로 출발할 수 있다면 30년 후에는 4,184조 원(1인당 연간 250만 원)이 된다. 금액은 작지만, 철학적 측면에서 전 국민이 사회적 자본의 주인이 되어 배당을 받을 수 있고, 원본이 훼손되지 않고 후세에 계승된다는 점에서 진정한 사회적 공유 자산을 창출한다는 의미가 있다. 기본자산제와는 달리 개인의 투자 능력에 따라 분배의 과실이 달라지지 않는다. 또한 배당금 사용에 제약을 두지 않기 때문에 기본소득의 장점은 그대로 승계한다.

개인 자산 계좌를 이용하자는 박용진, 강환국, 김규식의 기본자산제와 비교하자면 더욱더 뚜렷한 장단점이 드러난다. 이 플랜은 수익률 추구를 최선으로 하지 않기에, 수익률을 최우선으로 하는 개인 계좌보다 혜택이 작을 수 있다. 그러나 장기적 관점의 ESG 투자와 주주 관여, 모든 국민의 기업 의사결정 참여와 사회적 자본 축적에 강점이 있다. 또한 투자 시점에 따라 개인 자산의 차이가 발생하는 개인 계좌 제도의 문제를 피한다.

맺음말

전 세계적인 양극화와 불평등, 환경과 사회적 책임을 도외시한 근시안적 투자와 기업 경영에 대한 불만, 기술 특이점 도래로 기계화와 인공지능에 의한 일자리 감소의 불안은 전통적 복지국가 모형 혹은 사회안전망 구축과 다른 차원의 기본소득 논의를 테이블 위로 올렸다. 우리나라는 지난해 코로나 사태로 인한 전 국민 재난지원금을 계기로 기본소득 논의가 대통령 선거를 앞두고 주요한 논쟁의 하나가 되었다. 이 글에서 나는 기본소득제의 대안으로 제시된 기본자산제의 여러 아이디어를 살펴보고 발전된 대안으로 가칭 '대한민국 성장배당 플랜'을 제안했다.

세금 재분배를 핵심으로 하는 기존의 기본소득 및 기본자산 논의와는 다르게, 이 제안은 세금 등의 재원을 근간으로 사회적 자본을 축적할 수 있는 초대형 기금을 설립하고 장기적 투자 관점에서 기업의 환경, 사회, 거버넌스에 국민이 관여하고 그 성과를 공평하게 분배하자는 아이디어에 기반한다. 자본주의 사회에서 운과 능력이 없어 자본의 주인이 되지 못하고 계약 노동자로 소외되는 많은 국민에게 축적된 사회적 자본의 주인이 될 기회를 열어주려는 시도다.

이 제도를 통해 기업을 사회의 공공선을 실현하는 우리 모두의 전략 자산으로 인식하고, 자본주의와 시장경제의 장점을 살려 최고의 인재가 기업을 운영해 좋은 성과를 내고 걸맞은 보상을 받게 하자. 동시에 그들의 재능과 성취가 모든 국민에게도 혜택이 되는 사회적 가치를 실현하자.

자원의 제약으로 인해, 원본을 유지하며 배당금을 나누어주는 이 방식은 초기에는 너무 적은 금액이 지급된다. 그래서 사람들이 이상적이지만 실제로 유용하지 않다고 오인할 수 있다. 그러나 원본을 유지하며 복리의 마법으로 불어나는 투자와 배당의 힘을 믿자. 시간이 가면 갈수록 모든 국민이 자본 활용의 중요성을 인식하는 계기가 될 것이다. 그리고 축적된 자산은 30년, 50년 후에는 의미 있는 생활보조금 배당을 통해 '주어진 하루하루를 열심히 살며, 조촐하게 삶을 즐기고, 태어난 한 인생 그럭저럭 큰 탈 없이 무사히 살다 가기'를 희망하는 보통 사람들에게 새로운 세상은 아니더라도 작은 희망의 씨앗이 될 것이다.

증세로 조달한 재원을 지금 당장 용돈으로 나눠 가지지 말자. 우리의 선대가 산업화와 민주화로 우리에게 대한민국이라는 자산을 물려준 것처럼, 우리 세대도 기업과 금융, 시장경제와 자본시장을 이용해 사회적 자본을 축적해 미래 세대에게 물려주자. 이 아이디어에 많은 사람이 공감하며, 몽상을 현실로 바꿀 여러 가지 좋은 아이디어와 비판을 더해주시기를 바란다.

글 **이한상**　고려대학교 경영대학 교수. 자본시장 회계 및 기업 지배구조를 연구하고 있다. 행정고시 37회로 국세청에서 국제조세 업무를 맡았다. 2006년 미시간스테이트대학에서 박사학위를 취득한 후 2011년까지 오클라호마대학에서 가르쳤다. 한국회계기준원, 금융감독원, 금융위원회, 국세청, 기획재정부 등의 자문 및 위원회 활동을 했다. 현재 DL(주)와 한국앤컴퍼니의 사외이사이며 한국기업거버넌스포럼의 부회장으로 활동하고 있다.
hanyi@korea.ac.kr

전문가와 독자가 선정·평가한 '2021 우량 투자서 35선'

독서는 대가들의 어깨 위에
올라서는 지름길

- 목록 선정, 평가, 설문 결과
- 우량 투자서 35종 핵심 소개
- 도서 선정단 4인 진심 리뷰

"'독서=성공'을 의미하지는 않는다. 책을 좋아하는 사람이라고 모두 성공적인 삶을 사는 것은 아니다. 그러나 경제적으로 성공한 사람들은 대부분 책을 가까이한다. 위대한 투자가들의 생각을 훔쳐 내 것으로 만드는 것이다." (이상건 저《부자들의 개인 도서관》머리말에서 발췌·편집)

독서하는 투자자를 대표하는 인물이 워런 버핏이다. '오마하의 현인' 버핏의 다른 별명이 '평생 학습 기계'다. 버핏이 학습하는 방법은 독서다. 버핏은 "하루 500페이지씩 책을 읽을 때도 있다"고 말했다. 멍거는 "버핏이 학습기계, 특히 지속적인 학습기계가 아니었다면 기존 투자 성과가 절대 불가능했을 것"이라고 말했다.

문제는 '어떤 책을 읽느냐'이다. 버핏은 벤저민 그레이엄의《현명한 투자자》와 필립 피셔의《위대한 기업에 투자하라》를 꼽았다. 두 권으로는 충분하지 않다. 변화무쌍한 경제에서 살아 움직이는 주식시장에 투자하려면 더 다양한 경험과 지혜가 필요하다. 가치투자연구소와 〈버핏클럽〉이 주최하고 '도서 선정단'이 주관한 행사를 통해 우량 투자서 35종을 선정했다. 투자 전문가들이 평가했고 독자들은 설문조사에 참여했다. 투자의 도정마다 현명하게 길을 안내할 책들이다.

'투자서의 바다'를 항해할 내비게이션

편집부

이른바 '동학 개미' 붐과 함께 주식 투자 도서가 봇물 터진 듯 쏟아져 나오고 있다. 주식 투자 입문자는 물론이고 어느 정도 경험을 쌓은 투자자들도 수많은 투자서 중 어떤 책을 어떻게 읽어야 할지 혼란스러운 상황. 우량 투자서 선정 행사는 이런 가운데 마련됐다. 도서 선정단은 150여 종의 예비 후보를 추린 후 토론과 투표를 거쳐 3개 수준과 7개 범주로 나눠 35종을 선정했고, 이를 바탕으로 전문가 평가단의 평가와 독자 설문을 진행했다.

《워런 버핏 바이블》과《현명한 투자자》(개정 4판),《전설로 떠나는 월가의 영웅》,《워런 버핏 라이브》,《행운에 속지 마라》,《돈의 심리학》,《통섭과 투자》,《위대한 기업에 투자하라》,《초과수익 바이블》,《보수적인 투자자는 마음이 편하다》등 35종이 '2021 우량 투자서 35선'으로 선정됐다.

우량 투자서는 수준별로 초급이《돈의 심리학》등 20종, 중급《워런 버핏 바이블》등 10종, 고급《현명한 투자자》(개정 4판) 등 5종으로 분포됐다. 범주별로는 투자 철학이《초과수익 바이블》등 5종이고, 투자 방법론은《전설로 떠나는 월가의 영웅》등 11종, 기업 분석은《위대한 기업에 투자하라》등 6종, 대가의 지혜는《워런 버핏 라이브》등 4종, 생각법은《돈의 심리학》등 5종, 투자 상식은《주식시장의 17가지 미신》등 2종, 금융 시스템은《하워드 막스 투자와 마켓 사이클의 법칙》등 2종이다.

2021 우량 투자서 35선 행사는 개인 주식 투자자들에게 우량 도서목록을 제시함으로써 건전한 투자 문화를 확산한다는 취지로 기획됐다. 가치투자연구소와 〈버핏클럽〉이 주최했고 '투자자를 위한 도서 선정단'이 주관했다. 도서 선정단은 박성진 이언투자자문 대표와 최준철 브이아이피자산운용 대표, 정채진 개인 투자자, 홍진채 라쿤자산운용 대표 등 4인으로 구성됐다. 삼프로TV와 김작가TV, 예스24가 후원하고 협찬했다.

2021 우량 투자서 35선 목록

수준	범주	제목	저자/역자	출간연도	출판사
초급	대가의 지혜	워런 버핏 라이브	대니얼 피컷/이건	2019년 2월	에프엔미디어
	투자 방법론	전설로 떠나는 월가의 영웅	피터 린치/이건	2017년 4월	국일증권경제
	투자 철학	투자에 대한 생각	하워드 막스/김경미	2012년 9월	비즈니스맵
	생각법	통섭과 투자	마이클 모부신/이건	2018년 7월	에프엔미디어
	생각법	돈의 심리학	모건 하우절/이지연	2021년 1월	인플루엔셜
	투자 철학	투자를 어떻게 할 것인가	모니시 파브라이/김인정	2018년 7월	이레미디어
	투자 철학	초과수익 바이블	프레더릭 반하버비크/이건	2017년 6월	에프엔미디어
	투자 방법론	모닝스타 성공투자 5원칙	팻 도시/지승룡	2006년 5월	이콘
	대가의 지혜	실전 투자강의	앙드레 코스톨라니/최병연	2015년 9월	미래의창
	투자 방법론	불황에도 승리하는 사와카미 투자법	사와카미 아쓰토/유수현	2009년 11월	이콘
	대가의 지혜	돈, 뜨겁게 사랑하고 차갑게 다루어라	앙드레 코스톨라니/김재경	2015년 9월	미래의창
	기업 분석	내러티브 앤 넘버스	애스워드 다모다란/조성숙	2020년 5월	한빛비즈
	투자 방법론	주식시장을 이기는 작은 책	조엘 그린블라트/안진환	2011년 6월	알키
	투자 상식	주식시장의 17가지 미신	켄 피셔/이건	2021년 2월	페이지2북스
	투자 방법론	작지만 강한 기업에 투자하라	랄프 웬저/박정태	2007년 3월	굿모닝북스
	투자 방법론	현명한 초보 투자자	야마구치 요헤이/유주현	2016년 4월	이콘
	기업 분석	현금의 재발견	윌리엄 손다이크/이혜경	2019년 3월	마인드빌딩
	투자 방법론	주식에 장기투자하라	제러미 시겔/이건	2015년 6월	이레미디어
	투자 방법론	가치투자, 주식황제 존 네프처럼 하라	존 네프/김광수	2016년 11월	시대의창
	투자 방법론	가치투자의 비밀	크리스토퍼 브라운/권성희	2007년 5월	흐름출판

수준	범주	제목	저자/역자	출간 연도	출판사
중급	투자 철학	워런 버핏 바이블	워런 버핏·리처드 코너스/이건	2017년 12월	에프엔미디어
	투자 상식	3개의 질문으로 주식시장을 이기다	켄 피셔/우승택	2008년 7월	비즈니스맵
	금융 시스템	금융투기의 역사	에드워드 챈슬러/강남규	2020년 8월	국일증권경제
	생각법	생각에 관한 생각	대니얼 카너먼/이창신	2018년 3월	김영사
	기업 분석	슈퍼 스톡스	켄 피셔/이건	2019년 9월	중앙북스
	기업 분석	경제적 해자	팻 도시/전광수	2021년 3월	북스토리
	금융 시스템	하워드 막스 투자와 마켓 사이클의 법칙	하워드 막스/이주영	2018년 10월	비즈니스북스
	투자 방법론	데이비드 드레먼의 역발상 투자	데이비드 드레먼/신가을	2017년 9월	이레미디어
	대가의 지혜	가치투자를 말한다	커크 카잔지안/김경민	2009년 7월	이콘
	기업 분석	100배 주식	크리스토퍼 메이어/송선재	2019년 7월	워터베어프레스
고급	투자 철학	현명한 투자자(개정 4판)	벤저민 그레이엄/이건	2020년 5월	국일증권경제
	기업 분석	위대한 기업에 투자하라	필립 피셔/박정태	2005년 6월	굿모닝북스
	투자 방법론	보수적인 투자자는 마음이 편하다	필립 피셔/박정태	2005년 7월	굿모닝북스
	생각법	행운에 속지 마라	나심 니콜라스 탈레브/이건	2016년 12월	중앙북스
	생각법	안티프래질	나심 니콜라스 탈레브/안세민	2013년 10월	와이즈베리

* 저자·역자가 다수인 경우 대표 저자·역자만 표시함
* 도서 나열은 도서 선정단의 평점순임

범주별 우량 투자서 35선 목록

범주	수준	제목	범주	수준	제목
투자 철학	초급	투자에 대한 생각	기업 분석	초급	내러티브 앤 넘버스
		투자를 어떻게 할 것인가			현금의 재발견
		초과수익 바이블		중급	슈퍼 스톡스
	중급	워런 버핏 바이블			경제적 해자
	고급	현명한 투자자(개정 4판)			100배 주식
투자 방법론	초급	전설로 떠나는 월가의 영웅		고급	위대한 기업에 투자하라
		모닝스타 성공투자 5원칙	대가의 지혜	초급	워런 버핏 라이브
		불황에도 승리하는 사와카미 투자법			실전 투자강의
		주식시장을 이기는 작은 책			돈, 뜨겁게 사랑하고 차갑게 다루어라
		작지만 강한 기업에 투자하라		중급	가치투자를 말하다
		현명한 초보 투자자	생각법	초급	통섭과 투자
		주식에 장기투자하라			돈의 심리학
		가치투자, 주식황제 존 네프처럼 하라		중급	생각에 관한 생각
		가치투자의 비밀		고급	행운에 속지 마라
	중급	데이비드 드레먼의 역발상 투자			안티프래질
	고급	보수적인 투자자는 마음이 편하다	금융 시스템	중급	금융투기의 역사
투자 상식	초급	주식시장의 17가지 미신			하워드 막스 투자와 마켓 사이클의 법칙
	중급	3개의 질문으로 주식시장을 이기다			

후보 도서 150여 종 가운데 35종 엄선

도서 선정단은 지난 4월부터 온·오프라인 회의를 갖고 예비 후보 도서 150여 종 목록을 작성했다. 도서 선별 과정에서 이해관계가 얽히는 것을 피하고 해외와 국내 출판을 통해 시간의 검증도 거친 번역 도서로

브이아이피자산운용 회의실에서 진행된 도서 선정단 회의 모습

범위를 잡았다. 절판 도서도 제외했다. 선정단은 개인 투자자들에게 권
장할 도서의 기준, 등급, 범주별 분포 등의 논의를 거쳐 5월 6일 브이아
이피자산운용 회의실에서 우량 투자서 35종의 리스트를 확정했다.

　다음 단계로 전문가 평가단의 평가와 독자 설문이 진행됐다. 전문가
평가단은 도서 선정단 4인을 포함해 30인으로 구성됐다. 전문가 평가
단은 책의 저자·내용, 번역·편집에 대해 점수(10점 만점)를 매겼다. 또
평가단 1인당 강력 추천 도서 1~2종에 대해 한 줄 평을 제공했다.

전문가 평가단 명단

강환국	개인 투자자, 《할 수 있다! 퀀트 투자》 저자
김동주	이루다투자일임 대표, 《절대수익 투자법칙》 저자
김두용	머스트자산운용 대표
김재현	머니투데이 전문위원, 《주식투자의 지혜》 공역자
김철광	필명 바람의숲, 개인 투자자
김학균	신영증권 리서치센터장, 《부의 계단》 공저자
박성진*	이언투자자문 대표, 《현명한 투자자의 인문학》 역자
사경인	공인회계사, 《재무제표 모르면 주식투자 절대로 하지마라》 저자
서준식	숭실대학교 경제학과 교수, 《다시 쓰는 주식 투자 교과서》 저자
손진태	필명 숙향, 《이웃집 워런 버핏, 숙향의 투자 일기》 저자
송근용	슬기자산운용 CIO
신진오	밸류리더스 회장, 《ValueTimer의 전략적 가치투자》 저자
신환종	NH투자증권 FICC리서치센터장, 《인플레이션 이야기》 저자
심혜섭	변호사, 《주식시장을 더 이기는 마법의 멀티플》 공역자
윤지호	이베스트투자증권 리서치센터장, 《주식의 시대, 투자의 자세》 공저자
이건규	르네상스자산운용 대표, 《투자의 가치》 저자
이경수	메리츠증권 리서치센터장, 《주식대학 실전 투자 전략》 공저자
이상건	미래에셋투자와연금센터 전무, 《부자들의 개인 도서관》 저자
이우근	필명 systrader79, 《주식투자 ETF로 시작하라》 저자
이은원	SK증권 부장, 《워런 버핏처럼 적정주가 구하는 법》 저자
장홍래	포컴에셋투자자문 대표, 《워런 버핏식 현금주의 투자 전략》 저자
정승혜	모닝스타코리아 상무
정채진*	개인 투자자, 《코로나 투자 전쟁》 공저자
차영주	와이즈경제연구소 소장, 《터틀 트레이딩》 저자
천영록	두물머리 대표, 《부의 확장》 저자
최준철*	브이아이피자산운용 대표, 《한국형 가치투자 전략》 공저자
피우스	개인 투자자, 블로거
홍영표	변호사, 《워런 버핏 바이블 2021》 공저자
홍진채*	라쿤자산운용 대표, 《주식하는 마음》 저자
홍춘욱	EAR리서치 대표, 《돈의 역사는 되풀이된다》 저자

* 이름 뒤에 '*' 표시한 사람은 도서 선정단 멤버임

저자를 평가하는 기준은 '장기간 우수한 투자 실적(학자는 연구 실적)을 기록했나?'와 '장기간 높은 평판을 유지했나?' 등으로 잡았다. 도서 내용은 '독창적인 개념과 관점, 방법론 등이 들어 있나?'와 '신뢰도 높은 데이터와 사례 등을 풍부하게 제시하나?' 등으로 평가했다. 번역·편집은 정확한 서술과 가독성 등을 기준으로 점수를 부여했다.

가치투자연구소와 김작가TV는 6월 7일부터 24일까지 각각 회원과 구독자를 대상으로 설문조사를 진행했다. 설문조사는 35종 도서 각각에 대해 보유 여부를 물었고, 투자에 가장 도움이 된 도서 등을 선택하도록 했다.

전문가 30인이 더 높게 평가한 도서는?

우량 투자서 35선의 리스트는 전체가 '투자서의 로드맵'이다. 그러나 전문가 평가와 독자 보유 순위 비교에도 의미가 있다. 예를 들어 전문가가 높게 평가한 책들 가운데 보유한 독자가 상대적으로 적은 책이 있다. 책들의 목록은 설문에 참여한 독자를 비롯해 개인 투자자들에게 참고가 될 수 있다.

전문가 평점 평균과 가치투자연구소 회원 보유, 김작가TV 구독자 보유 순위의 톱10을 비교한 결과, 전문가들이 상대적으로 더 높게 평가한 책들이 드러났다. 《워런 버핏 바이블》과 《워런 버핏 라이브》, 《행운에 속지 마라》, 《돈의 심리학》, 《통섭과 투자》, 《초과수익 바이블》이다.

주식 투자자는 왜 책을 읽어야 하나? 워런 버핏은 벤저민 그레이엄의 《현명한 투자자》와 필립 피셔의 《위대한 기업에 투자하라》를 언급하며 "이 두 권을 읽지 않았다면 내 인생은 지금과 다른 모습이 되었을 것"이라고 말했다.

전문가 평가와 독자 보유 순위 톱10

순위	전문가 평점 평균	가치투자연구소 회원 보유	김작가TV 구독자 보유
1	워런 버핏 바이블	전설로 떠나는 월가의 영웅	전설로 떠나는 월가의 영웅
2	현명한 투자자(개정 4판)	현명한 투자자(개정 4판)	현명한 투자자(개정 4판)
3	전설로 떠나는 월가의 영웅	돈, 뜨겁게 사랑하고 차갑게 다루어라	돈, 뜨겁게 사랑하고 차갑게 다루어라
4	워런 버핏 라이브	위대한 기업에 투자하라	워런 버핏 바이블
5	행운에 속지 마라	워런 버핏 바이블	위대한 기업에 투자하라
6	돈의 심리학	투자에 대한 생각	투자에 대한 생각
7	통섭과 투자	주식시장을 이기는 작은 책	하워드 막스 투자와 마켓 사이클의 법칙
8	위대한 기업에 투자하라	작지만 강한 기업에 투자하라	돈의 심리학
9	초과수익 바이블	보수적인 투자자는 마음이 편하다	주식시장을 이기는 작은 책
10	보수적인 투자자는 마음이 편하다	하워드 막스 투자와 마켓 사이클의 법칙	작지만 강한 기업에 투자하라

* 도서별 전문가 평가단 평점은 '우량 투자서 35종 핵심 소개' 참조
* 가치투자연구소 회원 응답자: 608명
* 김작가TV 구독자 응답자: 204명

"투자서 읽으며 시장 혼란 이겨냈다"

　도서 선정단의 박성진 이언투자자문 대표는 "코로나로 주가가 폭락하던 지난해에도 과거에 읽었던 책들을 다시 꺼내 읽으며 혼란스러운 시장을 이겨낼 수 있었다"며《전설로 떠나는 월가의 영웅》과《주식시장의 17가지 미신》을 예로 든다. 최준철 브이아이피자산운용 대표는 투자서를 읽을 때 롤 모델로 삼을 투자 대가의 책으로 시작해 자본주의와 주식시장이 돌아가는 게임의 룰을 익힌 뒤 기업 분석 분야 도서로 공부하라고 조언한다.

독자들이 꼽은 '투자에 가장 도움이 된 책' 톱10

1	전설로 떠나는 월가의 영웅
2	돈, 뜨겁게 사랑하고 차갑게 다루어라
3	현명한 투자자(개정 4판)
4	투자에 대한 생각
5	위대한 기업에 투자하라
6	워런 버핏 바이블
7	투자를 어떻게 할 것인가
8	주식시장을 이기는 작은 책
9	워런 버핏 라이브
10	작지만 강한 기업에 투자하라

* 가치투자연구소 회원 및 김작가TV 구독자 응답 종합

정채진 투자자는 책에서 얻은 간접 경험을 실제 투자해 적용해 성공을 거둘 수 있고, 실전에서 어렴풋이 느낀 부분을 책을 통해 확실히 깨달을 수 있으며, 잘못된 투자의 해결책을 구할 수 있다고 들려준다. 홍진채 라쿤자산운용 대표는 "최종 선정된 책들로 목마름을 느낀다면" 후보군에 포함된 "경제, 심리, 금융 시스템, 국제 정세 등 좀 더 다양한 분야로 독서를 확장해가는 것도 좋으리라고 생각한다"고 말한다.

도서 선정단 리뷰에 번외 책들에 대한 언급도

2021 우량 투자서 35선 특집은 도서 목록과 각 도서 소개, 해당 도서에 대한 평가, 도서 선정단의 리뷰, 설문조사 결과로 구성됐다. 아깝게 대상에 포함되지 않았거나 리스트에 오르지 못한 책들이 있다. 도서 선정단의 리뷰에서 그런 책들에 대한 언급을 접할 수 있다.

우량 투자서 35종 외에 추천하고 싶은 책 톱10

순위	전문가 평가단	독자(가치투자연구소, 김작가TV)
1	마이클 모부신 운과 실력의 성공 방정식	소음과 투자
2	리스크	부자 아빠 가난한 아빠
3	내일의 금맥	주식시장은 어떻게 반복되는가
4	모든 주식을 소유하라	Margin of Safety(국내 미출간)
5	블랙 스완	피터 린치의 이기는 투자
6	피터 린치의 이기는 투자	벤저민 그레이엄의 증권분석
7	가치투자는 옳다	마이클 모부신 운과 실력의 성공 방정식
8	부자 아빠 가난한 아빠	현명한 자산배분 투자자
9	소음과 투자	최고의 주식 최적의 타이밍
10	스노볼	모든 주식을 소유하라

정채진 투자자는 리뷰에서 "(투자서에서 얻은 간접 경험은) 모두 나를 조금 더 나은 투자자로 성장시키는 원동력이 되었다"며 이렇게 말한다. "투자의 출발선에 선 다른 분들도 여기 35선의 책들을 읽으며 나와 비슷한 경험을 하며 성장할 것이라고 생각한다."

시간과 노력을 덜 허비하면서 수익이라는 목표를 향해 나아가고자 하는 개인 투자자들에게 이 책들이 현명한 길잡이가 될 것이다.

초급 | 대가의 지혜

워런 버핏 라이브
버크셔 해서웨이 주주총회 33년간의 Q&A 지상 중계

대니얼 피컷, 코리 렌 편저 | 이건 편역 | 신진오 감수
2019/02/25 발행 | 672쪽 | 28,000원 | 에프엔미디어

전문가 평점   저자·내용 9.0/10.0   번역·편집 9.1/10.0

한 줄 평
버핏과 멍거의 반전 매력에 빠져들지 않을 수가 없다.(정승혜)
위트 가득 찬 버크셔 주주총회 실황. 투자는 낙관주주의자가 승리한다.(피우스)

저자 소개
대니얼 피컷(Danial Pecaut) : 투자 자문사 피컷 앤드 컴퍼니의 CEO다. 하버드대 철학과를 나왔다. 버크셔에 대한 그의 분석 자료는 〈뉴욕 타임스〉, 〈머니 매거진〉, 〈시프 인슈어런스 옵서버〉를 비롯한 다양한 투자 관련 매체에 소개되었다.
코리 렌(Corey Wrenn) : 피컷 앤드 컴퍼니의 부사장이다. 네브래스카대 MBA 출신 공인회계사로, 버크셔 해서웨이에서 내부 감사로 8년간 근무하기도 했다.

책 소개
워런 버핏과 그의 평생 파트너 찰리 멍거가 함께 진행하는 버크셔 해서웨이 주주총회의 질의응답 내용을 모두 기록한 최초의 책. 녹음 장비 반입과 촬영이 금지되었던 2015년까지 30년간 Q&A는 두 저자가 일일이 받아 적어 정리했고, 여기에 인터넷으로 생중계된 2016~2018년 Q&A를 더해 '버핏과 멍거의 33년 육성 답변'을 집대성했다. 버핏은 세계 최고의 부자가 되기 훨씬 전에 어떤 생각을 했을까. 거장의 미공개 비망록을 훔쳐보는 마음으로 총 700개의 Q&A를 읽다 보면 투자 노하우는 물론 인생의 지혜까지 얻게 된다. 가공되거나 편집되지 않은 버핏의 진심과 속내도 직접 확인할 수 있다. 버핏의 주주 서한이 불특정 다수를 대상으로 한 교과서라면, 버크셔 주주총회 Q&A는 소수정예를 위한 '투자 특강'이라 할 수 있다.

전설로 떠나는 월가의 영웅

13년간 주식으로 단 한 해도 손실을 본 적이 없는 피터 린치 투자법

피터 린치, 존 로스차일드 지음 | 이건 옮김

2017/04/17 발행 | 488쪽 | 23,000원 | 국일증권경제연구소

전문가 평점　　저자·내용 9.2　　번역·편집 9.0

한 줄 평

훌륭한 투자 철학을 쉽고 재미있게 설명하는 대가의 면모.(송근용)

의욕 백배 충전! 하지만 실전에선 100분의 1로 줄이는 게 안전.(심혜섭)

저자 소개

피터 린치(Peter Lynch) : 워런 버핏과 더불어 살아 있는 월스트리트의 전설로 통한다. 마젤란펀드 인수 후 13년 운용해 660배 성장시켰다. 발로 뛰어야만 기업의 고급 정보를 얻을 수 있다는 소신으로 시간과 노력을 아낌없이 들였고, 47세에 돌연 은퇴를 선언해 월가의 전설적 인물이 되었다. 저서로《피터 린치의 이기는 투자》,《증권투자로 돈 버는 비결》이 있다.

존 로스차일드(John Rothchild) : 〈타임〉, 〈포춘〉, 〈뉴욕타임스〉 등에서 전문 기고가로 활동했다. 피터 린치의 후기작《피터 린치의 이기는 투자》,《증권투자로 돈 버는 비결》에도 공동 저자로 참여했다. 저서로는《바보는 돈을 쓰는 법을 모른다》,《파산》이 있다.

책 소개

피터 린치의 자서전 형식을 띠면서 주식 기본 정보를 담은 투자 지침서. 2천만 달러에 마젤란펀드를 인수해 13년간 운용, 140억 달러 규모의 뮤추얼펀드로 성장시킨 비결을 담았다. 피터 린치는 성장주 중심의 가치투자를 투자 원칙으로 삼았고, 거시경제보다 개별 기업의 가치에 주목했고 투자해야 할 종목과 피해야 할 종목을 설명한다. 기업이 이익을 얼마나 내는지 살펴보는 것이 가장 중요하다고 조언한다. 몇십 배 수익을 올린 종목부터 손해 본 종목까지 낱낱이 공개하고, 투자할 때 가져야 할 마음가짐과 자세를 언급한다. 주식의 6가지 유형과 그 특징, 매매의 최적 시점, 점검 목록을 소개하며 자신만의 투자 노하우를 공개한다.

투자에 대한 생각

월스트리트가 가장 신뢰한 하워드 막스의
20가지 투자 철학

하워드 막스 지음 | 김경미 옮김
2012/09/21 발행 | 300쪽 | 15,000원 | 비즈니스맵

전문가 평점　　저자·내용 9.0　　번역·편집 8.4

한 줄 평

투자가 쉬워질 때 무얼 착각하고 있는지 돌아볼 수 있게 해주는 책.(사경인)

시장을 보다가, 글을 쓰다가 문득 생각의 전환을 위해 들춰 보는 책.(윤지호)

저자 소개

하워드 막스(Howard Marks) : 오크트리캐피털매니지먼트의 회장이자 공동 설립자로, 시장 기회와 리스크에 대해 통찰력이 돋보이는 평가로 잘 알려졌다. 1998년 오크트리캐피털 설립 이래 회사의 핵심 투자 철학을 고수하고 상품 및 투자 기회에 대해 고객들과 긴밀하게 소통한다. 그 전에는 씨티그룹, TWA 그룹에서 전환사채, 고수익채권 투자를 담당했다. 펜실베이니아대 와튼스쿨에서 재무 전공 경제학 학위 취득, 시카고대 경영대학원에서 회계와 마케팅으로 MBA 졸업, 같은 대학원에서 George Hay Brown 상을 수상했다. CIC 자격증이 있고 현재 CFA® 정회원으로 활동하고 있다. 오하드 토포와 함께 한국 TCK 투자자문을 설립했다.

책 소개

오마하의 현인 워런 버핏과 인덱스펀드 창시자 존 보글 등 월스트리트의 거인들이 가장 신뢰하는 투자 철학자 하워드 막스의 투자에 대한 깊은 통찰이 담긴 메모를 책으로 엮었다. 미국 연기금 최대 운용사이자 최악의 금융위기에도 흔들림 없는 수익률을 달성한 오크트리캐피털매니지먼트의 회장이자 공동 설립자인 저자가 고객들에게 보내는 메모 형식의 편지는 날카로운 논평과 오랜 세월에 걸쳐 유효성이 입증된 철학으로 가득하다. 이제 처음으로 모든 독자들이, 아마추어든 경험 많은 투자자든, 그의 지혜가 집약된 이 한 권의 책으로 자신의 투자를 업그레이드할 수 있을 것이다.

통섭과 투자
찰리 멍거처럼 사고하고 투자하라

마이클 모부신 지음 | 이건, 오인석 옮김 | 신진오 감수

2018/07/14 발행 | 448쪽 | 20,000원 | 에프엔미디어

전문가 평점　　저자·내용 9.0　　번역·편집 8.9

한 줄 평
투자와 최신 인문학의 조화. 투자야말로 세상을 아는 지름길.(심혜섭)
투자에 필요한 필수 도구를 모아놓은 종합 공구함.(박성진)

저자 소개
마이클 모부신(Michael J. Mauboussin) : 블루마운틴캐피털매니지먼트 리서치센터 장이다. 크레딧스위스의 글로벌 재무전략 헤드, 레그메이슨캐피털의 최고투자전략가, 뉴욕 소비재 부문 애널리스트 그룹의 회장, 전미 기관투자가 리서치팀으로 활동했다. 복잡계 과학을 창립한 산타페 연구소의 이사회 의장이고 1993년부터 컬럼비아대학교 경영대학원에서 투자론을 가르치고 있다. 2009년과 2016년에는 최우수 강의에 수여하는 딘스 어워드 상을 수상했고, 〈비즈니스위크〉가 단 7명에게만 수여하는 '올해의 교수상'을 받았다. 저서로 《통섭과 투자》, 《판단의 버릇》, 《기대투자》(공저) 등이 있다.

책 소개
다양한 분야의 지식을 아우른 '통섭적 관점'을 바탕으로 더 나은 투자 결정을 내리도록 이끄는 책. 경제, 경영은 물론 물리학, 생물학, 사회학, 심리학, 복잡계 과학 등을 넘나들며 투자의 지혜를 찾아낸다. 특히 찰리 멍거의 사고방식 '정신적 격자 모형'을 내세워 독자들이 방대한 지식의 바다에서 헤매지 않도록 길잡이가 되어준다. 대니얼 카너먼의 전망 이론, 나심 탈레브의 기댓값 분석, 게임 이론, 시장 심리 변동 메커니즘 등 많은 이론을 녹여놓았다. 〈워싱턴포스트〉, 〈월스트리트저널〉, 〈LA타임스〉 등 미국 유력 언론에서 '지적 즐거움'을 주는 책으로 주목받았고, 〈비즈니스위크〉에선 최고 경영서로 선정되었으며, '800 CEO READ'가 선정한 "역대 최고의 비즈니스 북 100권"에 들어갔다.

돈의 심리학

당신은 왜 부자가 되지 못했는가

모건 하우절 지음 | 이지연 옮김

2021/01/13 발행 | 396쪽 | 19,800원 | 인플루엔셜

전문가 평점　　저자·내용 9.0　　번역·편집 8.8

한 줄 평

소름 돋게 훌륭한 책. 하루 한 장씩 곱씹을 만하다.(홍진채)

쉽고 단순하지만 깊은 통찰!(김학균)

저자 소개

모건 하우절(Morgan Housel) : 전 〈월스트리트저널〉 기자, 현재 미국 최고의 경제 매거진 〈모틀리풀〉 칼럼니스트, 벤처캐피털 콜라보레이티드 펀드의 파트너. 미국 비즈니스 편집자 및 작가 협회의 최우수 비즈니스상과 〈뉴욕타임스〉의 시드니상을 두 차례 받았고, 비즈니스와 금융 분야의 가장 뛰어난 기자에게 수여하는 제럴드롭상 금융 저널리즘 부문 최종 후보에 두 번 올랐다. 13년간 날카로운 통찰력과 유려한 글솜씨를 발휘해 금융과 재정에 대한 다양한 글을 블로그와 트위터에 올렸다. '소설가의 기술을 가진 금융 작가' '어려운 이야기를 동화처럼 들려주는 투자 멘토' 등의 찬사를 받으며 돈과 투자에 대한 편향을 일깨우고 있다.

책 소개

전 〈월스트리트저널〉 기자이자 콜라보레이티브 펀드 파트너로 활동 중인 모건 하우절의 첫 책이다. '스토리텔링의 천재'라는 별명답게 투자 스토리가 대단히 매력적이다. 실화와 실증에 바탕해 재미와 투자의 교훈을 담아냈다. 제2차 세계대전 당시 독일의 탱크 부대 이야기, 마이크로소프트 창업에 관한 빌 게이츠의 고백, LA에서 주차 대행 아르바이트를 하던 시절 페라리에 얽힌 에피소드, 워런 버핏의 놀라운 수익률의 비밀까지 흥미롭게 전개하고 끝에는 탁월한 통찰을 담았다. 부의 문제는 학력, 지능, 노력과 직접적 관련이 없으며 돈에 관한 인간의 편향, 심리, 다시 말해 '돈의 심리학'과 밀접한 관련이 있음을 깨닫게 한다.

투자를 어떻게 할 것인가

성공하면 크게 얻고 실패해도 손해가 없는 단도투자

모니시 파브라이 지음 | 김인정 옮김

2018/07/05 발행 | 267쪽 | 15,000원 | 이레미디어

전문가 평점　　저자·내용 8.4　　번역·편집 8.4

한 줄 평

쉽고 간결하면서 실전에 적용할 아이디어들.(심혜섭)

틀리면 조금 잃고, 맞으면 크게 버는 대상에 투자하라.(정채진)

저자 소개

모니시 파브라이(Mohnish Pabrai) : 2007년에 워런 버핏과의 점심 식사로 $650,000를 지불했다. 그의 오랜 경험과 투자 철학을 간접적으로 느끼고, 생각을 바로 옆에서 듣고 통찰력을 얻고 싶기 때문일 것이다. 파브라이는 인생과 투자에 풍요로우며 특히 투자에서 집중과 원칙을 중요시한다. 그의 강력한 무기인 단도투자 법칙은 버핏의 가치투자를 한 단계 더 발전시킨 매우 중요한 원칙이다. 1950년대 버핏이 설립한 버핏파트너십을 모델로 설립한 투자 그룹 파브라이 인베스트먼트 펀드의 공동 대표다. 파브라이 펀드는 1999년 설정 이후 연평균 28퍼센트 이상의 수익률을 달성했다. 그는 〈포브스〉와 〈배런스〉에 소개되었고 CNBC와 블룸버그 TV 및 라디오 등에 출연했다.

책 소개

전설적인 가치투자자로는 벤저민 그레이엄, 워런 버핏, 찰리 멍거, 세스 클라만, 조엘 그린블랫, 피터 린치와 필립 피셔 정도가 꼽힐 것이다. 다음 인물은 누구일까? 바로 모니시 파브라이다. 버핏이 설립한 파트너십을 모델로 설립해 시장에서 경이적인 수익률을 기록한 파브라이 인베스트먼트 펀드 투자 그룹의 대표인 그는 버핏의 열렬한 추종자이며, 버핏의 가치투자 방식을 한 단계 더 발전시킨 '단도투자' 법칙으로 '위험은 최소화하면서 이익을 최대화하는 방법'을 실제로 입증했다. 일반 투자자뿐만 아니라 투자를 시작하는 모든 사람은 이 책을 통해 부를 극대화하는 방법을 배우고, 그의 투자 핵심 원칙과 아이디어를 따라 할 수 있다.

초과수익 바이블

100년을 관통하는 세계적 대가들의 주식투자 절대 원칙

프레더릭 반하버비크 지음 | 이건, 서태준 옮김 | 신진오 감수

2017/06/20 발행 | 528쪽 | 22,000원 | 에프엔미디어

전문가 평점   저자·내용 8.8   번역·편집 8.8

한 줄 평

독서백편의자현(讀書百遍義自見)할 투자서! 이 책만 100번 읽어라!(김철광)

가치투자 전과. 예습복습에 활용하세요.(사경인)

저자 소개

프레더릭 반하버비크(Frederik Vanhaverbeke) : 벨기에 헨트대학교 전자공학 학사와 석사 과정을 최우등으로 졸업하고 2005년 전자공학 박사학위를 취득했다. 이후 벨기에와 싱가포르에서 디지털통신 분야 박사 후 연구 프로젝트에 참여했다. 10년 동안 수백 권의 책, 논문, 주주서한 등을 읽으면서 주식 투자, 기업 분석, 회계 분야 지식을 습득했다. 그 덕분에 10년간 상당한 초과수익을 달성했다. 현재 벨기에 KBC에셋매니지먼트에서 채권 포트폴리오 매니저로 일하고 있다.

책 소개

장기간 초과수익을 낸 세계적 대가들의 투자 기법을 체계적으로 정리한 책. 저자는 지난 100년 동안 대가들이 남긴 저서와 논문, 주주서한, 담화 등을 과학적으로 분석하고 종합해 실제 투자 방식을 명확한 청사진으로 그려냈다. 분석 대상은 앤서니 볼턴, 데이비드 본더먼, 워런 버핏, 필립 캐럿, 데이비드 아인혼, 벤저민 그레이엄, 조엘 그린블랫, 세스 클라만, 피터 린치, 짐 로저스, 월터 슐로스, 조지 소로스, 존 템플턴 등 가치투자자부터 헤지펀드 매니저까지 수십 명이다. 책은 투자 철학부터 저평가주 발굴, 기업 가치평가, 경기 순환주기별 투자, 매수와 매도 시점 선택, 위험 관리, 흔히 저지르는 실수와 대처 방법까지 주식 투자의 모든 과정을 다룬다. 대가들의 투자 스타일과 기법을 일목요연하게 정리해 내용을 비교해보는 것이 강점이며, 인용된 수많은 명저의 핵심을 한꺼번에 맛볼 수 있어서 독서의 즐거움을 더해준다.

모닝스타 성공투자 5원칙

세계적 투자분석기관 모닝스타가 밝히는 주식투자의 정석

팻 도시 지음 | 지승룡, 조영로 옮김
2006/05/25 발행 | 495쪽 | 15,000원 | 이콘

전문가 평점　　저자·내용 8.1　　번역·편집 8.0

한 줄 평

초보자에게 가장 유익한 투자 입문서.(신진오)

주린이가 투자의 기초를 다지기 위해 읽어야 할 1순위 책.(이건규)

저자 소개

팻 도시(Pat Dorsey) : CFA이자 모닝스타 주식회사의 주식 분석 담당 이사다. 모닝스타 주식 평가법과 모닝스타의 경제적 해자 등급의 개발에 중요한 역할을 했다. 웨즐리언대학교에서 정부학 학사 학위를 받았고, 노스웨스턴대학교에서 정치학 석사 학위를 받았다. 그의 글은 유에스에이 투데이, 유에스 뉴스 핸드 월드 리포트, NBC 나이틀리 뉴스, CNBC, CNN 등 여러 매체에 널리 인용된다.

책 소개

세계적인 펀드 평가사로 유명한 모닝스타에서 직접 투자, 그것도 개인투자자를 위한 주식 책을 썼다. 그러나 《모닝스타 성공투자 5원칙》을 읽다 보면 모닝스타의 주식 분석도 펀드 평가 못지않게 신뢰할 수 있음을 알 수 있다. 이 책은 모닝스타가 권장하고 직접 사용하는 투자 과정과 같아서 먼저 투자 원칙을 개발하고, 기업의 경쟁 환경을 이해한 후, 기업을 분석하고, 주식의 가치를 평가한다. 흔히 저지르기 쉬운 큰 투자 실수를 피한다. 이 책의 미덕은 구체적이고 실용적이라는 데 있다. 재무제표 분석, 기업 분석, 주식의 가치 평가 등 개인투자자가 쉽게 이해하기 어려운 내용들을 구체적인 사례와 알기 쉬운 설명으로 접근하고 있다. 또한 각 단원의 끝에는 투자자의 체크리스트를 두어 내용을 정리하고 있다. 경험이 많고 능숙한 투자자는 투자 방법론에 대한 중간 점검의 계기를 마련할 수 있고, 초보 투자자는 실패 없는 주식 투자의 길잡이를 얻을 수 있을 것이다.

실전 투자강의

앙드레 코스톨라니 지음 | 최병연 옮김

2015/09/30 발행 | 264쪽 | 12,000원 | 미래의창

전문가 평점　　저자·내용 8.5　　번역·편집 8.3

한 줄 평

나에게 생각하는 투자가 무엇인지 알려준 책!(서준식)

투자 거장이 들려주는 투자의 요리법.(정채진)

저자 소개

앙드레 코스톨라니(André Kostolany) : 유럽의 전설적인 투자자. 1906년 헝가리 출생. 철학과 미술사를 전공했고 18세에 파리에서 유학하는 동안 증권 투자를 시작했다. 이후 유럽 전역에서 활동했고 독일 증권시장의 우상으로 군림했다. 80여 년 동안 투자자라는 자유 직업가로서 투자라는 지적 모험을 즐겼으며, 예술가적 자질과 유머 감각을 살려 쓴 투자 관련 글들로 칼럼니스트이자 저술가로도 명성을 날렸다. 투자에 관한 충고는 '생각하는 투자자가 되라'는 것. 그가 쓴 투자 관련 책 《투자는 심리게임이다》, 《실전 투자강의》, 《사랑한다면 투자하라》 등은 모두 베스트셀러가 되었고 저술한 13권은 전 세계적으로 300만 부 이상이 팔렸다.

책 소개

유럽의 전설적인 투자자 앙드레 코스톨라니가 100회가 넘는 투자 세미나에서 쏟아진 질문에 직접 답했다. '증권 시장이란 무엇인가'와 같이 원론적인 질문부터 '훌륭한 투자자가 갖추어야 할 점은 무엇인가'와 같은 포괄적인 질문, '장기적인 주식 시세에 가장 중요한 것은', '시장이 과매수 상태인지, 과매도 상태인지 어떻게 알 수 있나' 등과 같이 구체적인 질문까지 100개 이상에 대한 답이 실려 있다. 저자가 70여 년 동안 몇 번 파산까지 해가면서 쌓아온 노하우를 배울 수 있다. 그러나 이 책 역시 그 이전의 책 《돈, 뜨겁게 사랑하고 차갑게 다루어라》처럼 완성된 요리가 아니라 마음에 드는 요리를 직접 해 먹을 수 있도록 도와준다.

불황에도 승리하는 사와카미 투자법

사와카미 아쓰토 지음 | 유주현 옮김

2009/11/04 발행 | 272쪽 | 14,000원 | 이콘

전문가 평점　저자·내용 8.2　번역·편집 8.1

한 줄 평

시간의 힘에 바탕을 둔 사이클 투자가 궁금한 사람의 필독서.(윤지호)

불황에 씨를 뿌리고 호황에 수확하는 방법.(정채진)

저자 소개

사와카미 아쓰토(澤上 篤人) : 사와카미 투자신탁 대표이사. 스위스캐피털인터내셔널의 애널리스트 겸 펀드매니저, 스위스픽테트 은행의 일본 대표를 지냈다. 1999년 일본 최초의 독립계 투자신탁회사인 사와카미 투자신탁을 설립했다. '사와카미 펀드'는 특별한 영업 활동 없이 입소문만으로 비약적인 성장을 거듭하여 일본 투신사들의 벤치마킹 대상이 되고 있다.

책 소개

'개인 투자자의 장기적 재산 형성을 돕는다'는 경영 이념을 이유로 기관투자가의 거액 펀드 운용 제안을 거절하고, 장기 투자에 뜻을 함께하는 고객을 대상으로 '사와카미 펀드' 주식형 펀드 하나만을 운영하면서도 높은 수익을 내고 있는 화제의 운용사 사와카미 투자신탁의 투자법을 설명하는 책이다. 경기 불황과 주가 폭락이 투자 기회임을 강조하면서 주식시장이 침체되어 있을 때 장기 투자가 얼마나 효과적인 투자법인지를 1982년부터 2000년까지 15배의 상승을 경험한 미국 주식시장을 예로 들어 설명하고, 장기 투자가 개인의 장기적 재산 형성과 국가 경제의 안전판 구축에 기여하는 바가 크다고 강조한다. 저자는 옥석을 가리기 힘든 주식 시장에서 옥에 해당되는 기업을 싸게 사서 느긋하게 결실의 때를 기다리는 농경형 투자의 개념을 제시하며 투자에서 시간을 축적하는 방법과 타이밍을 알아챌 수 있는 좋은 전략들을 제안한다. 이 책으로 투자의 기본을 다시 생각하고 안정적인 수익을 내는 투자의 길로 접어드는 좋은 지침을 얻을 수 있을 것이다.

돈, 뜨겁게 사랑하고 차갑게 다루어라

앙드레 코스톨라니 지음 | 김재경 옮김

2015/09/30 발행 | 304쪽 | 12,000원 | 미래의창

전문가 평점　　저자·내용 8.6　　번역·편집 8.3

한 줄 평

나의 투자 철학이 흔들릴 때마다 위안과 확신을 주었다.(서준식)

증조할아버지가 난로 옆에서 해주시는 투자 이야기.(심혜섭)

저자 소개

앙드레 코스톨라니 : 유럽의 전설적인 투자자. 1906년 헝가리 출생. 철학과 미술사를 전공했고 18세에 파리에서 유학하는 동안 증권 투자를 시작했다. 이후 유럽 전역에서 활동했고 독일 증권시장의 우상으로 군림했다. 80여 년 동안 투자자라는 자유 직업가로서 투자라는 지적 모험을 즐겼으며, 예술가적 자질과 유머 감각을 살려 쓴 투자 관련 글들로 칼럼니스트이자 저술가로도 명성을 날렸다. 투자에 관한 충고는 '생각하는 투자자가 되라'는 것. 그가 쓴 투자 관련 책《투자는 심리 게임이다》,《실전 투자강의》,《사랑한다면 투자하라》등은 모두 베스트셀러가 되었고 저술한 13권은 전 세계적으로 300만 부 이상이 팔렸다.

책 소개

코스톨라니 최후의 역작. 80년이 넘는 투자 인생을 통해 유럽 제일의 투자자로 추앙받은 저자는 이 책에서 박학다식함과 재치 넘치는 유머로 돈과 투자 그리고 인생의 황금률을 가르쳐주고 있다. 원제는 '돈에 대해 생각하는 기술(Die Kunst ueber Geld nachzudenken)'이다. 제목 그대로 이 책은 여러 각도로 돈을 조명한다. 돈에 관한 세계사적인 사건들, 돈과 부를 추구하여 그것을 획득한 사람들 혹은 실패한 사람들, 그리고 무엇보다도 자신의 투자 인생을 통한 수많은 경험이 저자 특유의 유머러스한 필치로 그려지고 있다. 투자에 대한 재미있는 일화들, 주식시장의 생리, 기본적인 투자의 원칙들이 쉬운 용어와 문체로 쓰여 있어 투자를 한 번도 해보지 못한 사람이라도 충분히 이해할 수 있다.

내러티브 앤 넘버스

숫자에 가치를 더하는 이야기의 힘

애스워드 다모다란 지음 | 조성숙 옮김 | 강병욱 감수
2020/05/20 발행 | 464쪽 | 18,000원 | 한빛비즈

전문가 평점　저자·내용 8.5　번역·편집 8.0

한 줄 평

기업은 숫자와 스토리가 연결되어야 높은 가치를 발현할 수 있다.(이경수)

가치 평가를 두 단어로 나눈다면 내러티브와 넘버스.(김동주)

저자 소개

애스워드 다모다란(Aswath Damodran) : 뉴욕대학교 레너드스턴 경영대학원 재무학 교수이다. 강단에서 기업 재무와 주식 가치평가를 가르치면서 학계와 실무에서 두루 사용할 수 있는 가치평가 서적을 여러 권 저술했다. '가치평가의 세계적 석학'이라는 평을 듣고 있으며, 월가의 투자은행들도 그의 가치평가와 분석을 참고 자료로 많이 활용하고 있다. 저서로는 《투자 철학》《주식 가치평가를 위한 작은 책》(이상 한국어판 출간), 《응용 기업금융(Applied Corporate Finance)》《투자 가치평가(Investment Valuation)》《다모다란의 평가 : 투자 및 기업금융의 보안 분석(Damodaran on Valuation: Security Analysis for Investment and Corporate Finance)》(이상 한국 미출간) 등 다수가 있다.

책 소개

이익이 전혀 나지 않는 기업에 수십억 달러의 가치가 매겨지는 이유는 무엇인가? 어떤 스타트업은 대규모 투자를 유치하는데 어떤 스타트업은 그러지 못하는 이유는 무엇일까? 재무학 교수이자 기업 가치평가의 최고 권위자인 애스워드 다모다란은 스토리의 힘이 기업 가치를 끌어올리고 숫자에 의미를 더해주며 심지어 의심 많은 투자자마저도 위험을 감수하게 만든다고 말한다. 이 책은 숫자 중심 내러티브의 장점과 도전, 함정은 무엇인지, 그리고 스토리가 타당성이라는 시험대를 통과하려면 어떻게 해야 하는지 알려주는 가치평가 분야의 최고 베스트셀러이다.

주식시장을 이기는 작은 책(특별판)

조엘 그린블라트 지음 | 안진환 옮김 | 이상건 감수
2021/05/25 발행 | 304쪽 | 15,000원 | 알키

전문가 평점   저자·내용 8.4   번역·편집 8.5

한 줄 평

주식 투자를 처음 시작하는 좋은 방법, 작지만 정말 강한 책.(사경인)

이 책 이후 많은 논쟁이 있었지만, 그래도 친구에게 추천한다.(심혜섭)

저자 소개

조엘 그린블라트(Joel Greenblatt) : 1985년 창립 이래 2005년까지 연간 40퍼센트의 수익률을 올린 사모투자 파트너십인 고담캐피털의 설립자이자 경영 파트너. 이 경이적인 수익률은 두 가지 지표만으로 종목을 판단해서 누구나 쉽게 따라 할 수 있는 '마법공식'에 기인한다. 가치투자의 가장 확실하면서도 구체적인 실천법이라 할 수 있는 마법공식을 소개한 그는 〈포춘〉 선정 500대 기업에서 이사회 의장을 맡은 바 있고, 컬럼비아대학교 경영대학원의 외래교수로도 활동하고 있다. 'ValueInvestorsClub.com'의 공동 설립자이자 《당신도 주식시장의 천재가 될 수 있다》의 저자이다. 와튼 경영대학원에서 MBA를 마쳤다.

책 소개

2006년 마법공식을 소개하며 전 세계 투자자들을 열광시킨 조엘 그린블라트. 마법공식이 여전히 유효할지 의문을 품고 실제 투자에 적용해보니 결과는 충격적이었다. 2009년 기준 10년간 미국 1,000대 기업을 대상으로 한 테스트에서 무려 255% 수익을 올린 것이다. S&P 500 지수가 실제로 하락한 매우 드문 기간이었는데도 말이다! 전문 투자자 정채진 프로가 2001년부터 6년간 마법공식을 한국 주식시장에서 백테스트 해본 결과, 지수가 200% 남짓 오르는 동안 마법공식은 무려 2,000% 넘는 수익률을 냈다. 단순하지만 확실한 마법공식을 소개한 이 책은 투자자들 사이에서 고전의 반열에 오르고 있다. 불안정한 주식시장에서 여러분을 든든히 지켜줄 책임이 분명하다.

주식시장의 17가지 미신

왜 대다수의 투자자는 시장에서 돈을 잃는가

켄 피셔, 라라 호프만스 지음 | 이건 옮김

2021/02/25 발행 | 284쪽 | 17,000원 | 페이지2북스

전문가 평점　저자·내용 8.3　　번역·편집 8.6

한 줄 평

투자자의 잘못된 투자 습관을 깨닫게 해주는 책.(이경수)

Mr. Market으로부터 모욕당하지 않고 이용하는 방법을 알려주마.(정채진)

저자 소개

켄 피셔(Ken Fisher) : 〈포브스〉에 연재한 칼럼 '포트폴리오 전략'을 통해서 저명인
사가 되었다. 34년 동안 탁월한 견해를 제시하면서 〈포브스〉 90여 년의 역사를
통틀어 네 번째 장수 칼럼니스트가 되었다. 운용 자산이 수백억 달러에 이르는 세
계적인 자산운용사 피셔인베스트먼트의 설립자이자, 회장 겸 CEO다. 2012년 〈포
브스〉 미국의 400대 거부 중 271위, 2012년 〈포브스〉 세계 부호 중 764위에 올
랐다. 2010년에는 〈인베스트먼트 어드바이저〉로부터 지난 30년 동안 가장 영향
력 있었던 인물 30인에 선정되었다. 주요 저서로는 《주식시장은 어떻게 반복되는
가》, 《켄 피셔, 역발상 주식 투자》, 《슈퍼 스톡스》 등 다수가 있다.

책 소개

당신은 어떤 주식시장의 격언을 알며, 그것이 얼마나 많은 수익을 가져다주었는
가? 이 책은 주식시장의 속설과 경제에 관한 미신을 다룬다. 미신들 때문에 사람
들은 세상을 오해하게 되며, 투자에 실수를 저지르게 된다. 특히 채권이 주식보다
안전하다거나 실업률이 상승하면 주가가 하락한다, 나이에 따라 자산배분을 해야
한다, 고배당주를 사면 노후에 안정적인 소득을 얻을 수 있다, 손절매가 하락 시
손실을 막아준다 등의 주장이 그렇다. 〈뉴욕타임스〉 〈월스트리트저널〉이 극찬한
세계적인 투자의 대가 켄 피셔는 명확한 근거와 날카로운 통찰로 17가지 미신의
허구성을 분석하고 낱낱이 파헤친다. 투자자들에게 실질적인 도움이 절실히 필요
한 시점에, 그 어떤 조언보다 유용하고 값진 성공 투자의 안내서가 되어준다.

작지만 강한 기업에 투자하라

랄프 웬저 지음 | 박정태 옮김

2007/03/15 발행 | 349쪽 | 14,800원 | 굿모닝북스

전문가 평점　　저자·내용 8.6　　번역·편집 8.4

한 줄 평

우리나라에 작은 기업이 많다. 강한 기업을 찾자.(심혜섭)

저자 소개

랄프 웬저(Ralph Wanger) : 월 스트리트에서 소형주 투자의 개척자로 손꼽히는 인물이다. MIT에서 산업경영학 학사 및 석사학위를 받은 뒤 1961년 투자업계에 뛰어들어, 작지만 재무 구조가 튼튼하고 빠르게 성장하는 기업을 발굴, 장기간 꾸준히 시장 평균을 훨씬 웃도는 투자 수익률을 기록했다. 〈USA 투데이〉의 월스트리트 포트폴리오 매니저 대상 '내 자산관리를 맡기고 싶은 펀드매니저' 조사에서 워런 버핏을 제치고 1위를 차지했고, 〈뉴스위크〉와 〈U.S. 뉴스 앤 월드리포트〉에서 소형주 투자의 '원로(Dean)' 칭호를 얻었다. 투자자들의 이목이 '니프티 피프티'로 불린 대형 우량주에 쏠려 있던 1970년대 초, 소형주에만 투자하는 에이콘 펀드(Acorn Fund)를 출범하면서 널리 알려졌다. 에이콘 펀드는 뮤추얼펀드 평가회사인 모닝스타에서 최고의 평가를 받았고, 투자 전문지 〈워스〉의 '최고의 소형 성장주 펀드'에 뽑혔다. 1970년 출범 시점에 1만 달러를 여기에 투자했다면 그가 은퇴한 2003년에는 130만 달러로 불어난 반면, S&P 500 지수에 투자했다면 40만 달러로 늘어나는 데 그쳤을 정도로 그의 펀드 운용 성과는 탁월했다.

책 소개

월 스트리트에서 소형주 투자의 개척자로 손꼽히는 인물인 랄프 웬저의 투자 지침서. 공식 은퇴할 때까지 오로지 가치와 성장성을 겸비한 소형주를 발굴하는 데 전념한 그의 투자 철학을 담았다.

현명한 초보 투자자

야마구치 요헤이 지음 | 유주현 옮김

2016/04/19 발행 | 222쪽 | 12,800원 | 이콘

전문가 평점　　저자·내용 8.1　　번역·편집 8.3

한 줄 평
이렇게 간단하게 설명하는 책이 있다니! 얇지만 좋은 책.(심혜섭)

저자 소개
야마구치 요헤이(山口揚平) : 블루마린파트너즈의 대표이사. 와세다대학 정치경제
학부를 졸업하고 토마츠 컨설팅, 아서 앤더슨, 딜로이트 투시 토마츠 컨설팅을 거
쳐 아빔 M&A 컨설팅 부사장을 역임했다. M&A와 재무 전문가로 외국 대형 금융
기관의 투자 기법과 재무 전략을 경험했다. 현재 컨설팅, 강연 등 개인 투자자 계
몽 활동에 매진하며, 투자의 지혜와 지식을 쉽게 전달하기 위해 시작한 칼럼 사이
트(http://plaza.rakuten.co.jp/forestvoice/)도 호평받고 있다.

책 소개
주식시장의 주식은 주가와 기업 가치의 차이, 그 차이가 해소되는 기간인 주식의
인기에 따라 네 종류로 나뉜다. 가격과 가치의 차이가 크지만 사람들이 잘 몰라
차이 해소에 오래 걸리는 주식도 있고, 차이가 크지 않지만 인기가 높은 주식도
있다. 이 기준에 따르면 투자자 역시 네 종류로 나뉜다. 첫째, 현명한 부엉이형 투
자자는 주가와 기업 가치의 차이가 큰 기업을 찾아 투자한 후 기업 가치가 주가에
이를 때까지 기다리는 전통적 가치 투자자다. 둘째, 여우형 투자자는 주로 단기간
에 발생하는 가격과 가치의 차이를 포착해 빠르게 치고 빠지는 트레이더다. 셋째,
사자형 투자자는 저평가된 기업을 통째로 인수해 가치를 높인 후 되파는 등 자신
의 힘으로 가치와 가격의 차이를 메운다. 마지막으로 양 같은 투자자는 특별한 항
상 누군가의 뒤를 쫓으며 때로 수익을 내지만 지나고 보면 늘 손해만 보고 마음고
생을 한다. 이 책은 양 같은 투자자들을 위한 책이다.

현금의 재발견
하버드 경영대학원이 찾아낸 단 하나의 비즈니스 원칙

윌리엄 손다이크 지음 | 이혜경 옮김

2019/03/30 발행 | 312쪽 | 18,000원 | 마인드빌딩

전문가 평점　저자·내용 8.6　번역·편집 8.4

한 줄 평
투자자의 관점에서 올바른 기업 경영의 방향을 명확하게 제시.(송근용)

저자 소개
윌리엄 손다이크(William Thorndike, Jr.) : 개인 자산관리 기업인 후사토닉 파트너스의 창립자이자 CEO. 하버드대학교와 스탠퍼드 경영대학원을 졸업하고 역시 하버드와 스탠퍼드 경영대학원에서 강의해왔다. 현재 8개 기업과 2개 비영리기구의 디렉터를 맡고 있다.

책 소개
무엇이 성공한 CEO를 만드는가? 유명 CEO들을 보면서 카리스마, 소통의 기술, 그리고 확신에 찬 경영 스타일을 생각한다. 당신이 조직을 운영한다면 정말 중요한 것은 무엇일까? 저자는 하버드 경영대학원 MBA 과정 학생들과 함께 하버드 경영대학원이 보유한 데이터베이스를 샅샅이 뒤진 끝에, 기업 경영에서 잭 웰치 이상의 성과를 거둔 CEO 8인을 찾아내고 분석했다. 이들에게는 놀랍게도 공통점이 있었다. 저자는 이들의 경영 전략을 '관행타파 경영'이라는 용어로 설명하면서 8인의 공통된 경영 방식을 '역발상 CEO 전략'으로 규정했다. 핵심은 성장이나 매출이 아닌 '가치·수익의 극대화'였다. 저자는 '역발상 CEO'들의 경영 전략을 철저히 분석하여 미래의 CEO와 비즈니스 리더들을 위한 '최강의 경영 모델'을 도출하여 이 책에 담았다. 《성공하는 기업들의 8가지 습관》의 저자 짐 콜린스는 손다이크의 접근법을 "배울 만한 가치가 충분하다"며 극찬했고, 이 책에 등장하는 8인의 CEO 중 한 명인 워런 버핏은 버크셔 해서웨이 주주서한을 통해 《현금의 재발견》을 주주들이 읽어야 할 필독서 1순위에 올렸다.

주식에 장기투자하라
와튼스쿨 제러미 시겔 교수의 위대한 투자 철학

제러미 시겔 지음 | 이건 옮김 | 신진오 감수
2015/06/10 발행 | 520쪽 | 27,000원 | 이레미디어

전문가 평점　　저자·내용 8.3　　번역·편집 8.4

한 줄 평

포기하지 않고 계속해서 투자하라. 결국 큰 보답을 받을 수 있다.(숙향)
자본주의의 역사와 미래에 대한 통찰이 담겨 있는 책.(systrader79)

저자 소개

제러미 시겔(Jeremy J. Siegel) : 컬럼비아대학교 졸업 후 MIT에서 박사학위를 받았다. 시카고대학교 교수를 거쳐 펜실베이니아대학교 와튼경영대학원 교수로 일하고 있다. JP모간은행의 거시경제 최고 책임자, 미국 증권산업연구소 이사로도 활동 중이다. CNBC, 내셔널 퍼블릭 라디오, 블룸버그 등 여러 매체에 자주 출연해 논평한다. 〈키플링거〉의 정규 칼럼니스트이고, 〈월스트리트저널〉, 〈배런스〉, 〈파이낸셜 타임스〉에 기고하며, 위즈덤트리인베스트먼츠의 수석투자전략고문이다. 지은 책으로 《주식에 장기투자하라》 등이 있다.

책 소개

와튼스쿨에서 재무학을 가르치는 저자는 '장기투자의 대상으로는 주식만큼 위험이 낮고 수익이 높은 자산은 없다'는 명제를 처음 제시하고 체계적으로 증명했다. 이 책은 출간과 동시에 세계적인 베스트셀러가 되었고 주식 투자자의 필독서로 꼽힌다. 와튼스쿨에서 교재로 쓰며 200년 가까운 주식시장 데이터를 바탕으로 주식 투자 불변의 법칙을 제시한다. 저자는 금융시장이 2008년 금융위기를 겪으면서 어떻게 바뀌었는지, 앞으로 주식 투자로 얼마나 수익을 올릴 수 있을지, 장기적으로 경제를 성장시키는 원천은 무엇인지, 환율 변동 위험을 헤지해야 하는지 등 투자자들이 투자 과정에서 가장 궁금해하는 질문에 명확한 데이터와 분석으로 답한다. 새롭게 번역 출간한 제5판은 2008년 금융위기, 심각한 경기 침체, 신흥시장의 성장 등에 대해 새로운 데이터와 분석이 추가되었다.

가치투자, 주식황제 존 네프처럼 하라

존 네프, 스티븐 L. 민츠 지음 | 김광수 옮김
2016/11/15 발행 | 412쪽 | 19,800원 | 시대의창

전문가 평점　저자·내용 8.2　번역·편집 7.9

한 줄 평

소외되고 싼 주식을 사는 전통적 가치투자 방법과 효용성을 알려주는 책.(최준철)
투자 아이디어가 필요할 때마다 열어보는 보물 책.(정채진)

저자 소개

존 네프(John Neff) : 1995년 은퇴 전까지 윈저펀드의 투자자문 업체 웰링턴 매니지먼트 컴퍼니 수석 부사장 및 경영 파트너로 일했다.

스티븐. L. 민츠(Steven. L. Mintz) : 이코노미스트 그룹의 간행물로 주로 최신 금융 기법을 발굴하고 그 기법이 오늘의 시장에서 어떻게 운용되는지를 연구하여 소개하는 〈CFO〉 지의 뉴욕 지국장이다. 다른 저서로는 《Beyond Wall Street》, 《Five Eminent Contrarians》 등이 있다

책 소개

가치투자의 귀재 존 네프가 직접 자신을 조명하고 자신의 투자 비법을 소개했다. 존 네프는 워런 버핏, 피터 린치와 어깨를 나란히 하는 투자업계의 '살아 있는 전설'이다. 이제 일선에서 영광스럽게 물러난 그는 이 책을 통해, 그동안 거둬온 경이적인 실적의 근간이 된 주가수익비율(PER) 원리를 처음으로 공개하는 동시에 주식 투자의 필승 전략과 기법 등을 소개한다. 또한 그만의 트레이드마크인 가치투자 기법에 대한 상세한 조언 및 지침, 주가수익비율 활용법, 시장의 새로운 동향을 파악하는 방법 등에 대해서도 소중한 교훈과 통찰을 제시한다. 특히 월스트리트에서의 삶을 연대기로 서술한 존 네프의 '투자 일지'(3부)는 그가 거둔 최선(또는 최악)의 투자 결정 이면에 숨겨진 놀라운 통찰력을 발견하는 동시에 그의 혁신적 투자 스타일이 어떤 경로로 변천해왔는지를 생생하게 보여주고 있다.

가치투자의 비밀

크리스토퍼 브라운 지음 | 권성희 옮김

2007/05/28 발행 | 223쪽 | 12,000원 | 흐름출판

전문가 평점　　저자·내용 8.2　　번역·편집 8.2

한 줄 평

오래된 원칙. 현재에도 통하는 생각들.(심혜섭)

저자 소개

크리스토퍼 브라운(Christopher Browne) : 1969년 가치투자의 명가 '트위디 브라운'에 입사해 38년 동안 펀드매니저로 일했고, 2009년 63세에 심장마비로 별세할 때까지 사실상의 대표 역할을 했다. 회사 경영을 책임지는 경영위원회 위원이면서 회사 대표 펀드의 운용을 담당했다. 또한 행동심리학과 투자 의사 결정을 주제로 자주 강연했으며 하버드대학 케네디스쿨의 정부 프로그램에서 투자 결정과 행태 재무 관련해 교수자문위원회에서 활동하기도 했다.

책 소개

값이 쌀 때 사서 비싸게 판다는 단순하지만 강력한 힘을 가진 가치투자의 대표적인 예가 바로 버크셔 해서웨이 주식이다. 구입 당시 8달러가 채 안 되었지만 지금은 42만 달러에 달한다. 이 주식을 취급한 회사가 100여 년의 역사를 가진 자산운용사 트위디 브라운이다. 벤저민 그레이엄, 워런 버핏 등 투자의 거장들이 모두 이들의 고객이었다. 가치투자의 살아 있는 역사로 불리는 이 회사의 가치주 찾는 법과 투자 원칙을 크리스토퍼 브라운 대표에게 듣는다. 회사의 연구에 따르면 주식 투자의 수익 90%는 전체 투자 기간의 2% 동안 발생한다. 수익률이 좋은 시기에만 투자하는 방법을 찾으면 어떨까? 트위디 브라운은 장이 나쁜 시기를 맞힌다는 것은 불가능하기 때문에 시장에 들락날락해서는 장기적인 큰 수익을 기대할 수 없다고 말한다. 대신 가치주를 선별해 그곳에 장기 투자해야 한다. 이 책은 가치주를 판별해 리스크 없이 최고의 투자 기회 잡는 법을 소개한다.

중급 | 투자 철학

워런 버핏 바이블
버핏이 직접 말해주는 투자와 경영의 지혜 1: 1991~2017

워런 버핏, 리처드 코너스 지음 | 이건 편역 | 신진오 감수
2017/12/15 발행 | 648쪽 | 28,000원 | 에프엔미디어

전문가 평점   저자·내용 9.3   번역·편집 9.2

한 줄 평
버핏을 제대로 이해하기에 더없이 좋은 책.(신진오)
버핏의 생각 구조를 내 머릿속에 담아라!(천영록)

저자 소개
워런 버핏(Warren E. Buffett) : 1930년 오마하 출생. 기업가, 투자가, 자선사업가로서 '오마하의 현인'으로 불린다. 버크셔 해서웨이 CEO 겸 회장이자 최대 주주이며, 2017년 11월 순자산 779억 달러를 보유해 세계 3위의 부호다. 컬럼비아 경영대학원에서 벤저민 그레이엄에게 가치투자를 배워 최고의 투자가로 성장했다. 찰리 멍거와 함께 버핏투자조합을 설립하고 버크셔 해서웨이를 인수해 거대 복합 기업 지주회사로 키웠다. 검소하게 생활하며 재산의 99%를 기부하기로 약정했다.

리처드 코너스(Richard J. Connors) : 미주리주 세인트루이스 소재 코너스인베스트먼트매니지먼트를 소유한 등록투자자문사. 2006년부터 워싱턴대학교 세인트루이스 캠퍼스 평생교육원에서 워런 버핏에 관한 강좌를 진행했다. 세인트루이스대학교 법학부와 노트르담대학교 경영대학원을 졸업했다.

책 소개
워런 버핏이 손수 쓴 '주주 서한'과 직접 말한 '주주총회 질의응답' 내용을 엮어 투자와 경영의 원칙을 체계적으로 정리한 책. 주주 서한은 2017년까지 약 30년의 핵심 내용을 담아 '끊임없이 진화하는 버핏의 현재 모습을 가장 정확하게 알 수 있는 책'으로 평가된다. 투자하고, 주주 및 임직원들과 소통하고, 지배구조를 책임지며, 윤리의식을 고취하고, 실수를 인정하며, 인내심을 발휘하면서 열정적으로 일하는 모습이 생생하게 드러난다. 버크셔 주주총회의 질의응답 100개는 주주 서한만으로는 풀리지 않던 궁금증을 시원하게 해소해주는 '사이다 해설'이다.

3개의 질문으로 주식시장을 이기다

켄 피셔, 제니퍼 추, 라라 호프만스 지음 | 우승택 옮김

2008/07/15 발행 | 592쪽 | 29,800원 | 비즈니스맵

전문가 평점　　저자·내용 8.4　　번역·편집 8.3

한 줄 평

켄 피셔의 대표작. 초과수익의 원천에 대한 깊은 고민.(홍진채)

저자 소개

켄 피셔 : 성장주 투자의 대가 필립 피셔의 아들이다. 대학에서 경제학을 전공한 그는 졸업 후 아버지 회사에서 실력을 쌓았고 1979년 독립해 피셔인베스트먼트를 설립했다. 그가 개발한 시장 예측 기법 중 하나가 유명한 PSR이다. 창조적인 사고방식 덕분에 CXO 어드바이저리 그룹에서 가장 정확한 시장 전문가로 평가받았고, 2007년 〈포브스〉 선정 '미국 400대 부자' 271위, 세계 억만장자 리스트 677위를 차지했다. 〈포브스〉 칼럼 '포트폴리오 전략'으로 잘 알려졌고 뛰어난 시장 예측으로 좋은 반응을 얻고 있다. 수많은 학술 논문으로 상을 받았고, 영국의 〈블룸버그 머니〉를 포함, 경제와 금융 관련 매체에 자주 기고한다.

제니퍼 추(Jennifer Chou) : 피셔인베스트먼트에서 거시경제 분석을 담당한다.

라라 호프만스(Lara Hoffmans) : 피셔인베스트먼트의 리서치 애널리스트다.

책 소개

오늘날의 경쟁적인 투자 환경에서 주식시장을 이기는 게 가능할까? 좋은 정보에 입각해 내가 투자할 때쯤이면 주가는 이미 상승해 있고 다른 사람은 나보다 앞서 투자를 실행하고 있다. 따라서 성공 투자를 위한 최고의 방법은 다른 사람이 모르는 것을 아는 것이다. 책은 시장을 이길 수 있는 유일한 방법인 다른 사람이 모르는 것을 알아내는 데 있어 3가지 질문을 통한 과학적인 방법을 가르쳐준다. 아울러 성공적인 투자를 위해 도전하고 다른 사람이 모르는 것을 지속적으로 알아내는 방법을 가르쳐준다.

금융투기의 역사
계층 사다리를 잇는 부를 향한 로드맵

에드워드 챈슬러 지음 | 강남규 옮김

2020/08/25 발행 | 520쪽 | 23,000원 | 국일증권경제연구소

전문가 평점　저자·내용 8.6　번역·편집 8.3

한 줄 평

투기 심리의 본질을 통해 역으로 현명한 투자를 깨닫게 한다.(이경수)

지금도 벌어지는 투기에 참가하지 않을 수 있는 용기를 준다.(숙향)

저자 소개

에드워드 챈슬러(Edward Chancellor) : 케임브리지와 옥스퍼드 대학교에서 역사학을 전공한 뒤 1990년대 초반까지 투자은행인 래저드브러더스에서 금융 실무를 담당했다. 〈파이낸셜 타임스〉와 〈이코노미스트〉의 프리랜서로 활동했으며, GMO 수석 이코노미스트다.

책 소개

거품 경제의 역사를 보면 패턴이 보이고 돈 벌 기회가 보인다. 이 책은 로마시대에서 중세에 이르기까지 인류의 투기에 대한 관심을 개괄적으로 정리한다. 그리고 1630년대 네덜란드의 튤립 투기, 1690년대 영국의 주식회사 설립 붐과 1719년 사우스 시 파동, 1820년대 영국과 유럽의 이머징마켓, 1845년 영국의 철도회사 버블, 1860~70년대 미국의 부동산 및 주식 투기, 1920년대 후반 미국의 주식 투자 열풍, 1980년대 차입매수 붐과 정크본드 투기로 설명되는 카우보이 자본주의, 일본의 버블경제를 설명한 가미가제 자본주의, 1990년대 인터넷 버블 등 17세기 이후 20세기까지 일확천금을 뒤쫓던 투기 이야기를 소설처럼 흥미진진하게 기록했다. 풍부한 자료를 바탕으로 재구성한 금융투기의 역사를 살펴보다 보면 투기와 투자에 대한 분별, 나아가 금융의 전후 사정을 꿰뚫어 보는 안목을 가질 수 있다. 2020년 새로운 주식의 열풍 속에서 그 전과 같은 실수를 하지 않도록 일깨워주고, 현명한 투자자의 길로 가도록 안내한다. 세계의 투기 심리를 설명하는 이 책은 글로벌 기업에 대한 올바른 투자 안목을 갖출 수 있도록 도와준다.

생각에 관한 생각

우리의 행동을 지배하는 생각의 반란

대니얼 카너먼 지음 | 이창신 옮김

2018/03/30 발행 | 727쪽 | 25,000원 | 김영사

전문가 평점　저자·내용 9.1　번역·편집 8.3

한 줄 평

투자는 주식 자체보다 내 마음의 구조를 정확히 이해하는 것이 더 중요하다. 나를 알면 수익이 늘어난다.(천영록)

저자 소개

대니얼 카너먼(Daniel Kahneman) : 고전경제학의 프레임을 완전히 뒤엎은 '행동경제학'의 창시자. 심리학과 경제학의 경계를 허물고 인간의 비합리성과 그에 따른 의사결정에 관한 연구를 통해 경제 주체의 이면을 발견한 독보적 지성인. 히브리대학 심리학 전공 후 캘리포니아대학 버클리캠퍼스에서 심리학 박사학위를 받았다. 하버드대학에서 심리학을 강의했고 현재 프린스턴대학 명예교수다. 비즈니스와 사회 공헌 분야 컨설팅회사인 '더 그레이티스트 굿(The Greatest Good)'의 설립자다. '불확실한 상황에서 행하는 인간의 판단과 선택'을 설명한 혁신적 연구 성과인 '전망 이론(prospect theory)'으로 2002년 노벨경제학상을 수상했다. 심리학자인 그가 노벨경제학상을 수상한 것은 심리학과 경제학을 완벽히 융합했기 때문이다.

책 소개

그간 행동경제학을 소개하는 여러 서적이 출간되었지만 《생각에 관한 생각》은 이 분야의 창시자인 대니얼 카너먼이 수십 년간의 연구 결과를 집대성해 집필한 역작이다. 단순히 그와 공동 연구자인 트버스키가 발견한 여러 어림짐작과 편향을 나열해 기계적으로 소개하는 데 그치지 않고 왜 그런 편향이 나타나는지, 우리 생각의 특징은 무엇인지를 일반인도 이해하기 쉽게 상세히 소개해 더 의미가 있다. 책을 읽다 보면 소소한 곱셈 문제부터 그림 문제, 도형 문제, 어려운 살인 사건에 관련된 복잡한 문제와 대도시 택시 뺑소니 사건까지 수많은 퀴즈를 맞닥뜨리게 된다. 이 퀴즈들은 위대한 사회과학 이론의 토대가 되는 연구의 시발점이다.

슈퍼 스톡스

3년에 10배 상승하는 대박 주식을 찾아라

켄 피셔 지음 | 이건, 김홍식 옮김 | 신진오 감수
2019/09/03 발행 | 372쪽 | 21,000원 | 중앙북스

전문가 평점   저자·내용 8.3   번역·편집 8.4

한 줄 평

매출이 중요하다!(박성진)

저자 소개

켄 피셔 : 〈포브스〉에 칼럼 '포트폴리오 전략'을 33년간 연재하며 저명인사가 되었다. 미국, 영국, 독일의 주요 금융 및 경영 정기 간행물에도 다수 기고했고, 〈포커스 머니〉에 매주 칼럼을 연재한다. 피셔인베스트먼트의 설립자이자 회장 겸 CEO다. 2017년 재산이 38억 달러로 〈포브스〉 '미국의 400대 거부 명단'과 '세계 거부 명단'에 이름을 올렸다. 2010년에는 〈인베스트먼트 어드바이저〉가 선정한 '지난 30년 동안 가장 영향력 있었던 인물 30인'에 들었다. 그가 고안한 PSR은 오늘날 전 세계 전문 투자자들의 기본 전략으로 활용된다. 학술 논문들을 비롯해 《슈퍼 스톡스》 등 수많은 저서를 냈다.

책 소개

주식 투자의 영원한 바이블로 불리는 《슈퍼 스톡스》는 미국 언론이 인정한 '가장 정확한 시장 전문가'이자 PSR의 창시자인 켄 피셔의 대표작이다. 워런 버핏이 정신적 스승으로 모신다는 성장주 투자의 거장 필립 피셔의 아들이자 유일한 제자인 켄 피셔는 이 책에서 3년 동안 약 10배의 수익을 안겨주는 '슈퍼 스톡'을 발굴하는 구체적인 방법을 소개한다. 슈퍼 스톡의 필수 조건은 '결함'이다. 장래가 유망한 성장 기업도, 큰 흑자를 기록하는 우량 기업도 사업을 하다 보면 필연적으로 제품 하자나 경영 미숙, 정세 변화 등의 치명적 결함이 발생하게 된다. 이는 투자자들의 우려 속에 '일시적인' 큰 폭의 가격 하락을 수반하는데, 이때 위기를 극복할 수 있는 '슈퍼 컴퍼니'에서 탄생하는 '슈퍼 스톡'을 적기에 포획하는 것이다.

중급 | 기업 분석

경제적 해자
부자를 만드는 주식투자의 공식

팻 도시 지음 | 전광수 옮김

2021/03/22 발행 | 264쪽 | 15,000원 | 북스토리

전문가 평점　저자·내용 8.3　번역·편집 8.2

한 줄 평

개념 정리가 잘되어 옆에 사진처럼 두고 볼 책.(차영주)

저자 소개

팻 도시 : CFA. 전 모닝스타 주식회사의 주식 분석 담당 이사. 모닝스타 주식 평가법과 모닝스타의 경제적 해자 등급의 개발에 중요한 역할을 했다. 웨즐리언대학교에서 정부학 학사 학위를 받았고, 노스웨스턴대학교에서 정치학 석사 학위를 받았다. 현재는 도시 자산 관리회사를 설립해 운영 중이다. 저서로는《모닝스타 성공투자 5원칙》이 있다.

책 소개

주식시장을 들여다보면 어떤 기업은 다른 기업보다 훨씬 더 오래 경쟁력을 유지한다. 워런 버핏은 이렇게 한 기업을 경쟁에서 보호하는 요인들을 '경제적 해자'라 부르며 투자의 시금석으로 삼았다. 모닝스타는 이에 착안하여 구조적인 경쟁력을 만들어내는 요인들을 분석하고, 그것들을 분류해서 가치투자법을 확립했다. 이 책은 '경제적 해자'의 개념을 자신의 투자에 효과적으로 적용하는 방법을 알려준다. 도시는 경제적 해자를 만드는 원천, 즉 무형의 자산, 원가 우위, 고객 전환 비용, 그리고 네트워크 경제에 대해 탐구한다. 그뿐만 아니라 유명한 기업들의 경쟁력에 대한 실제 사례 분석과 함께, 경쟁력을 창조하는 데 중요한 역할을 하는 산업 구조와 경영진이 어떻게 해자를 창조하거나 파괴할 수 있는지에 대해 설명한다. 이어 가치평가 방법과 투자 타이밍에 대한 자세한 안내까지 덧붙였다.

하워드 막스 투자와 마켓 사이클의 법칙

주식시장의 흐름을 꿰뚫어보는 단 하나의 투자 바이블

하워드 막스 지음 | 이주영 옮김 | 홍춘욱 감수
2018/10/29 발행 | 436쪽 | 18,000원 | 비즈니스북스

전문가 평점　　저자·내용 8.5　　번역·편집 8.2

한 줄 평
투자에 대한 가장 중요한 생각은 사이클에 주의를 기울이는 것!(박성진)

저자 소개
하워드 막스 : 2021년 현재 1,500억 달러를 운용하는 오크트리캐피털매니지먼트의 회장이자 공동 설립자다. 2017년 〈포브스〉 선정 '가장 부유한 미국인' 리스트에 이름을 올렸다. 시장의 기회와 리스크에 남다른 통찰력을 가진 인물로 잘 알려져 있다. 워런 버핏이 메일함에 그의 메일이 있으면 가장 먼저 읽는다고 말했을 정도로 그가 메모 형식으로 고객들에게 보내는 편지는 날카로운 논평과 오랜 세월에 걸쳐 유효성이 입증된 철학으로 가득하다. 1995년 오크트리캐피털을 설립한 이래 회사의 핵심 투자 철학을 고수하고 상품 및 투자 기회에 대해 고객들과 긴밀히 소통하며 회사를 경영하는 데 전념한다.

책 소개
워런 버핏, 찰리 멍거, 레이 달리오 등 월스트리트 거인들이 존경하고 신뢰하는 전설적인 투자자 하워드 막스가 알려주는 투자 인사이트. 저자는 이 책을 통해 주식시장을 지배하는 사이클을 설명하고, 어떻게 이런 패턴을 읽고 이익을 얻을 수 있는지 알려준다. 시장이 오르내린다는 사실은 누구나 알지만, 급변하는 시장에서 언제 철수해야 하고 언제 머물러야 할지 결정하기란 쉽지 않다. 그렇지만 해답은 사이클의 리듬 뒤에 숨겨진 원인을 잘 이해하는 것이다. 경제, 시장, 기업의 움직임뿐 아니라 투자자의 심리, 이 모든 것에 영향받아 결정되는 투자 행동의 패턴을 익힌다면 지금이 사이클의 어디쯤인지 확신할 수 있고, 이를 투자에 적용해 승률을 높일 수 있을 것이다.

데이비드 드레먼의 역발상 투자
버블과 패닉, 높은 변동성에서도 이익을 얻는 법

데이비드 드레먼 지음 | 신가을 옮김
2017/09/10 발행 | 616쪽 | 26,000원 | 이레미디어

전문가 평점 저자·내용 8.8   번역·편집 8.4

한 줄 평

단순한 지표로 저평가 주식을 매수해 높은 수익을 올리는 법.(숙향)
초과수익을 내는 비밀의 상자를 열 수 있는 마스터키와 같은 책.(이건규)

저자 소개

데이비드 드레먼(David Dreman) : 역발상을 사고의 축으로 하고 투자 심리에 기반해 역발상 투자 이론을 만들었다. '역발상의 제왕, 투자계의 요다(Yoda), 역발상의 학장'으로 불린다. 1936년 캐나다 위니펙에서 태어난 그는 법학 전공으로 박사학위를 땄지만, 50년 이상 투자 전문가로 활동한 아버지의 영향을 받아 주식에 눈떴다. 그는 현상을 그대로 받아들이기보다 의심하고 질문하는 아버지의 태도가 역발상 투자 전략의 씨앗이 되었다고 말한다. 1965년 월가로 옮겨 입사 후 주요 포스트를 거쳐 투자 담당 중역까지 올랐다. 1977년 '드레먼밸류매니지먼트'를 설립했고 1989년까지 사장, 이후엔 회장을 맡아 회사를 급성장시켰다. 현재 회장 겸 최고투자책임자로 펀드를 직접 운용하고 있다.

책 소개

인간은 본능적으로 '최고' 주식을 선호하고, '최악'은 멀찌감치 피하려는 경향이 있다. 하지만 PER, PCR, PBR, 고배당, 업종 저가주라는 다섯 가지 잣대로 볼 때 시장 전문가들이 전망이 가장 밝다고 본 주식들은 꾸준히 최악의 실적을 거두었고, 장래가 가장 어둡다고 본 주식들이 최고의 실적을 거두었다. 저자는 역발상 전략으로 저PER 전략, 저PCR 전략, 저PBR 전략, 고배당 전략, 업종 저가주 전략을 내세웠다. 전문가와 대중이 추종하는 주식을 피하고, 이들이 기피하는 주식을 선택하는 것이다. 수많은 전문가와 개인 투자자가 사용하는 '최고'라는 말에는 위험이 도사리고 있다.

가치투자를 말한다
미국 최고 펀드매니저 20

커크 카잔지안 지음 | 김경민 옮김

2009/07/27 발행 | 480쪽 | 16,000원 | 이콘

전문가 평점　저자·내용 8.4　번역·편집 8.3

한 줄 평
가치투자의 대가 20인의 경험을 보면서 나의 투자관을 정립한다.(숙향)

저자 소개
커크 카잔지안(Kirk Kazanjian) : 저명한 투자 전문가이자 베스트셀러 작가로, 투자 부문의 선도 기업에서 투자 전략 이사를 역임하면서 펀드매니저의 조사와 근면 의무를 연구·감독하고 16억 달러가 넘는 고객 자산의 운용 전략을 개발했다. 세상의 최신 트렌드에 대해 다양한 얘기를 하며 CNBC, CNNfn, 블룸버그와 전미 라디오 및 TV 프로그램에 출연해 투자에 관한 조언을 하기도 했다. 저서로는《월스트리트의 마법사들》《성장주로 부자 되기》《뮤추얼 펀드 투자 가이드》등이 있다.

책 소개
가치투자란 기업의 내재가치에 근거해서 저평가된 우량기업에 장기간 투자하는 것이다. 우리나라에서도 가치투자가 각광받지만 벤저민 그레이엄과 워런 버핏 정도만을 떠올리며 그들의 투자법이 유일하다고 생각하는 경향이 있다. 그러나 소신 있는 가치투자로 나스닥의 대폭락 속에서도 높은 수익을 올린 유명 투자자들도 있다. 이 책의 저자를 비롯한 이들은 이 책의 초판이 발행된 2004년에는 국내에서 거의 무명이었으나 5년 후 대부분 성공 투자로 저명해졌다. 책에서는 가치투자의 숨은 거장 20인의 투자 비법을 그들의 생생한 목소리로 들려준다. 1부의 20장은 각 거장과의 인터뷰를 담고 있다. 그들의 배경, 투자에 입문한 동기를 언급하며 투자 절차를 논의하고 시장에서 가치주를 찾는 방법을 자세히 설명한다. 2부에서는 대부분의 거장들이 공유하는 주요 특성들을 나열했다. 마지막에는 가치투자자들이 자주 사용하는 용어들을 덧붙였다.

100배 주식

최고의 주식을 고르는 단 하나의 길

크리스토퍼 메이어 지음 | 송선재 옮김
2020/07/02 발행 | 360쪽 | 18,000원 | 워터베어프레스

전문가 평점　저자·내용 8.1　번역·편집 8.3

한 줄 평
어떤 주식을 장기 보유해야 할지 명확히 밝혀준 책.(이은원)

저자 소개
크리스토퍼 메이어(Christopher Mayer) : 기업 투자 업계에서 오랫동안 활동한 베테랑 포트폴리오 매니저다. 1998년 이래 투자 관련 글을 쓰고 〈메이어스 100배 클럽〉, 〈메이어스 스페셜 시추에이션〉 같은 투자 뉴스레터를 발간했다. 폭스 비즈니스, CNN 라디오, CNBC, 마켓워치와 같은 유수의 투자 채널에 출연해 투자 지식을 나누었으며, 현재는 우드락 하우스 패밀리 캐피털을 창립해 운용하고 있다. 저서로는 《딜메이커처럼 투자하라》, 《똑바로 본 세상》, 《100배 주식》, 《어떻게 아는가》가 있으며 그중 《100배 주식》은 아마존 베스트셀러로 자리 잡았다.

책 소개
어떤 주식에 투자해야 하는가? 이 책의 대답은 간단하다. 100배가 되는 주식을 사서 오래 보유하라. 그렇다면 어떤 주식이 100배가 될지 알 수 있을까? 이 책의 저자는 아마존, 펩시, 질레트, 몬스터 베버리지 등 1962년부터 2014년까지 미국에서 100배가 된 주식들을 연구해 특성을 정리하고 투자 전략으로 엮어냈다. 100배 주식이라는 자극적인 표현과 달리 노후를 준비하고 싶은 보통의 직장인부터 전문적인 투자자까지 모두 참고할 수 있는, 쉬우면서도 합리적이고 현실적인 내용으로 가득하다. 이 번역본은 한국어판 서문과 한국 독자와의 인터뷰를 담았으며, 부록으로 한국의 100배 주식 리스트를 제공한다. 이를 통해 한국의 100배 주식에 대해서 좀 더 구체적으로 생각해볼 수 있을 것이다.

현명한 투자자(개정 4판)

벤저민 그레이엄 직접 쓴 마지막 개정판

벤저민 그레이엄 지음 | 이건 옮김 | 신진오 감수
2020/05/26 발행 | 432쪽 | 23,000원 | 국일증권경제연구소

전문가 평점　　저자·내용 9.2　　번역·편집 9.1

한 줄 평

시간이 지나도 변하지 않을 영원한 고전.(김학균)

평범한 시골의 학생을 세계 제일의 투자자로 만들어준 책.(김동주)

저자 소개

벤저민 그레이엄(Benjamin Graham) : 《증권분석》과 《현명한 투자자》를 저술한 가치 투자의 아버지(1894~1976)다. 20세에 컬럼비아대학교를 졸업할 때 수학과, 철학과, 영어과 교수직을 제안받았지만 거절하고 월스트리트로 진출했다. 이후 투자회사를 설립, 운영하고 대학 강의 등으로 워런 버핏 등 많은 투자 대가를 양성했다. 증권분석은 과학이자 전문직이 되어야 한다고 주장해 CFA(국제재무분석사)라는 전문 직종을 만들어냈으며, 감(感)과 내부 정보에 의존해 투기를 일삼던 증권시장에 '과학적 증권분석의 틀'을 도입하여 증권 투자를 과학의 반열에 올려놓았다.

책 소개

벤저민 그레이엄이 살아생전 직접 쓴 마지막 개정판으로 시대를 초월한 지혜가 담겼다. 초보 투자자도 건전한 투자 전략을 수립하고 실행할 수 있도록 안내한다. 그래서 증권분석 기법은 많이 다루지 않고, 주로 투자 원칙과 투자 태도를 다룬다. 또한 투자자를 방어적 투자자와 공격적 투자자로 나누어 성향과 기질에 맞는 투자 원칙을 설명한다. 그레이엄은 이익 극대화가 아니라 손실 최소화를 강조하면서, 절대로 손해 보지 않는 투자 원칙을 전수한다. '투자란 철저한 분석을 기반으로 원금 안전성과 적정한 수익을 보장하는 약속'이라고 규정하며 투자자가 철저한 '가치투자'를 통해 손실을 피하고 장기적인 투자 전략의 길로 가도록 이끈다. 출간 후 70여 년이 지난 지금까지 시간과 공간을 뛰어넘어 최고의 가치를 발하며, 워런 버핏이 '단연 최고의 투자서'라고 극찬한 명불허전의 고전이다.

위대한 기업에 투자하라

필립 피셔 지음 | 박정태 옮김

2005/06/10 발행 | 303쪽 | 12,000원 | 굿모닝북스

전문가 평점　　저자·내용 9.0　　번역·편집 8.6

한 줄 평

시장을 이기는 단 하나의 원칙을 원한다면.(홍진채)

투자의 핵심은 위대한 비즈니스, 위대한 기업을 이해하는 것.(천영록)

저자 소개

필립 피셔(Philip Fisher) : 벤저민 그레이엄과 함께 현대적인 투자 이론을 개척했다. 1950년대에 처음으로 '성장주'라는 개념을 소개해 월스트리트의 투자 흐름을 완전히 바꾸어놓았다고 일컬어진다. 1907년 미국 샌프란시스코에서 태어난 그는 스탠퍼드대학교 경영대학원의 1년 과정을 마치고 1928년 한 은행의 증권분석가로 투자업계에 발을 내디뎠다. 대공황이 한창이던 1931년 투자자문회사 피셔 앤드 컴퍼니를 설립해 평생 투자자문가로 활동했으며, 1960년대에는 스탠퍼드대학교 경영대학원에서 투자론을 강의했다. 그는 과거의 주가 움직임을 근거로 매매 타이밍을 포착하는 투자 기법이 널리 받아들여지던 당시 투자 대상 기업과 고객, 경쟁 업체 등을 직접 찾아다니며 사실 수집을 통해 성장성이 높은 기업을 발굴했다.

책 소개

주식 투자는 최초로 〈뉴욕타임스〉 베스트셀러에 오른 "영원한 투자의 고전"이며, 이 책의 출간을 계기로 주식 투자의 영역이 한 차원 높아졌다는 평가를 받았다. 실제로 이 책은 1958년 미국에서 초판이 출간됐을 당시 월스트리트의 내로라하는 전문가들조차 생소하게 여겼던 여러 개념들을 처음으로 소개했다.

피셔는 이 책에서 위대한 기업이 가져야 할 덕목으로 최고 경영진의 장기적인 안목과 진실성, 탁월한 연구개발 역량, 뛰어난 영업조직, 돋보이는 노사 관계 등 15가지 포인트를 지적하고 있으며, 또한 투자자들이 저지르지 말아야 할 잘못 10가지는 피셔의 풍부한 경험과 날카로운 시각이 그대로 배어 있는 대목이다.

보수적인 투자자는 마음이 편하다

필립 피셔 지음 | 박정태 옮김

2005/07/10 발행 | 206쪽 | 9,800원 | 굿모닝북스

전문가 평점　저자·내용 8.9　번역·편집 8.6

한 줄 평
기업 분석을 잘하고 싶은 투자자에게 추천하는 책.(정채진)

저자 소개
필립 피셔 : 벤저민 그레이엄과 함께 현대적인 투자 이론을 개척했다. 1950년대에 처음으로 '성장주'라는 개념을 소개해 월스트리트의 투자 흐름을 완전히 바꾸어 놓았다고 일컬어진다. 1907년 미국 샌프란시스코에서 태어난 그는 스탠퍼드대학교 경영대학원의 1년 과정을 마치고 1928년 한 은행의 증권분석가로 투자업계에 발을 내디뎠다. 대공황이 한창이던 1931년 투자자문회사 피셔 앤드 컴퍼니를 설립해 평생 투자자문가로 활동했으며, 1960년대에는 스탠퍼드대학교 경영대학원에서 투자론을 강의했다. 그는 과거의 주가 움직임을 근거로 매매 타이밍을 포착하는 투자 기법이 널리 받아들여지던 당시 투자 대상 기업과 고객, 경쟁 업체 등을 직접 찾아다니며 사실 수집을 통해 성장성이 높은 기업을 발굴했다.

책 소개
필립 피셔의 3부작 가운데 뒤에 출간된 두 권을 묶은 것으로,《위대한 기업에 투자하라》이후 17년 만인 1975년에 나왔다. 전작이 피셔의 투자 이론을 풀어나간 책이라면, 이 책은 저자의 투자 철학과 투자 이론의 정수를 짚어낸 투자 전략론이다. 보수적인 투자자는 왜 성장주에 투자해야 하는지, 또 리스크가 가장 작은 보수적인 투자 대상 기업은 어떻게 선정해야 하는지를 직접 경험한 사례를 통해 명쾌하게 설명한다. 주가가 아닌 기업을 보고 투자하라고 역설하면서 증권가의 평가가 기업의 진정한 가치인 펀더멘털을 제대로 반영하지 못할 때, 바로 이런 기업의 주식이 가장 보수적인, 리스크가 작은 투자 대상이라고 말한다.

행운에 속지 마라
불확실한 시대에 살아남는 투자 생존법

나심 니콜라스 탈레브 지음 | 이건 옮김 | 신진오 감수

2016/12/05 발행 | 352쪽 | 18,000원 | 중앙북스

전문가 평점   저자·내용 9.0   번역·편집 8.9

한 줄 평

운과 능력을 구별할 줄 알면 큰 실수를 피할 수 있다.(이상건)

이 책으로 투자 인생의 2.0 버전이 시작됐다.(홍영표)

저자 소개

나심 니콜라스 탈레브(Nassim Nicholas Taleb) : '세상에서 가장 유명한 사상가', '월가의 현자'로 묘사되며 현재 가장 주목받는 논객이다. 1960년 레바논에서 태어났고 펜실베이니아대학교 와튼스쿨에서 경영학 석사, 파리 제9대학에서 금융공학 박사학위를 받았다. 이후 21년간 월가의 파생상품 트레이더·위기관리 전문가로 일하다 확률을 공부해 확률 이론으로 철학, 수학, 세상의 문제들을 해석하게 되었다. 2007년 철학 에세이스트로 전향해 《블랙 스완》을 시작으로 운, 불확실성, 가능성에 관한 문제 현상들을 다룬 '인세르토' 시리즈를 썼다. 현재 뉴욕대학교 폴리테크닉연구소의 리스크공학 특훈교수로 연구와 실험을 진행하고 있다.

책 소개

탈렙은 전혀 예상치 못한 사건이 일어나는 현상인 '검은 백조' 이론으로 세계적 스타가 됐다. 이후 이 이론을 탄생시킨 초기작 《행운에 속지 마라》가 더욱 주목받는다. '불확실성'과 '운'에 대한 두려움이 점점 커지는 이때 할 수 있는 것은 '불운'이 습격해도 괜찮을 수 있는 '위기 관리'다. 마찬가지로 행운이 와도 자신의 실력으로 믿으면 안 된다. 방심하는 순간, 불운의 탈을 쓴 검은 백조가 슬며시 다가와 습격한다. 이 책은 문제만 제기하지 않고 불확실한 시대에 운을 다루면서 살아가는 방법을 말한다. 뜻밖에 저자의 답은 '품격'이다. 운을 최대한 인정하고 받아들이되, 하지 못했을 때는 품격 있는 삶의 자세를 유지하라는 거다. 냉철한 통계학 전문 트레이더의 시각으로 행운에 속는 많은 사람을 통렬하게 비판한다.

안티프래질

불확실성과 충격을 성장으로 이끄는 힘

나심 니콜라스 탈레브 지음 | 안세민 옮김
2013/10/01 발행 | 756쪽 | 28,000원 | 와이즈베리

전문가 평점   저자·내용 8.8   번역·편집 8.6

한 줄 평

인상적인 경구, 쓸모없는 자랑이 얽힌 기괴한 명작.(홍춘욱)

잘난 척의 최절정, 어마어마한 통찰력. 함부로 소화하면 배탈 납니다.(홍진채)

저자 소개

나심 니콜라스 탈레브 : '세상에서 가장 유명한 사상가', '월가의 현자'로 묘사되며 현재 가장 주목받는 논객이다. 1960년 레바논에서 태어났고 펜실베니아대학교 와튼스쿨에서 경영학 석사, 파리 제9대학에서 금융공학 박사학위를 받았다. 이후 21년간 월가의 파생상품 트레이더·위기관리 전문가로 일하다 확률을 공부해 확률 이론으로 철학, 수학, 세상의 문제들을 해석하게 되었다. 2007년 철학 에세이스트로 전향해《블랙 스완》을 시작으로 운, 불확실성, 가능성에 관한 문제 현상들을 다룬 '인세르토' 시리즈를 썼다. 현재 뉴욕대학교 폴리테크닉연구소의 리스크공학 특훈교수로 연구와 실험을 진행하고 있다.

책 소개

프래질 혹은 안티프래질은 대상의 현재 특징을 나타내는 부분이므로, 어떤 사건이 일어났을 때 A보다 B가 더 프래질하거나 안티프래질하다는 비교가 가능하다. 따라서 정확할 리 없는 미래의 리스크를 예측하는 대신, 현재의 프래질과 안티프래질을 탐지하여 전략을 짜는 것이 훨씬 유리하다. 저자는 블랙 스완 현상의 해독제로서 '안티프래질' 개념을 소개하고, 불확실성, 무작위성, 가변성, 무질서를 피하지 말고 적극 활용할 것을 주문한다. 다양한 분야를 종횡무진하면서 안티프래질의 특성과 안티프래질하기 위한 방법을 소개한다. 안티프래질을 확보하는 방안으로 소개하는 바벨 전략은 양극단의 조합을 추구하고 중간을 기피하려는 생각이며 중간 지점에서 상황을 그르치지 않는 이원적인 전략이 될 수 있다.

박성진
이언투자자문 대표

코로나 폭락장 때 나를 지켜준 책들

　세계 최고의 투자자인 워런 버핏은 버크셔 주주총회 자리에서 틈만 나면 독서의 중요성을 강조하곤 한다. 버핏은 "(나와 찰리 멍거는) 독서를 많이 하며, 독서를 많이 하지 않는데도 지혜로운 사람은 보지 못했다"고 말한다. 벤저민 그레이엄의 《현명한 투자자》와 필립 피셔의 《위대한 기업에 투자하라》를 언급하며 "이 두 권을 읽지 않았다면 내 인생은 지금과 다른 모습이 되었을 것"이라고 이야기하기도 했다. (《워런 버핏 라이브》 2013년 주주총회)

　나 역시 가치투자를 시작한 2000년대 초 브이아이피자산운용의 최준철·김민국 대표가 쓴 《한국형 가치투자 전략》과 최준철 대표의 《가치투자가 쉬워지는 V차트》라는 책을 읽으며 큰 도움을 받았다. 이번 투자서 선정이 외서로 한정된 관계로 두 책이 선정 도서 목록에서 빠져 아쉽다. 나는 벤저민 그레이엄과 워런 버핏, 필립 피셔, 피터 린치와 같은 투자 대가들이 쓴 고전을 읽으며 지금의 투자관을 공고히 정립할 수 있었다. 특히 나심 탈레브의 책들은 내 세계관을 크게 흔들어놓았다.

코로나로 주가가 폭락하던 지난해에도 과거에 읽었던 책들을 다시 꺼내 읽으며 혼란스러운 시장을 이겨낼 수 있었다.《월가의 영웅》을 읽으며 하루에만 다우지수가 22.6%나 폭락했던 1987년 10월 블랙먼데이 시기를 떠올렸다. 가족들과 아일랜드 여행을 하던 피터 린치가 시장 폭락에 노심초사하다 시간이 지나고서 깨닫게 된 "시장의 등락은 무시하라"는 가르침을 되새겼다.《주식시장의 17가지 미신》에서는 시장은 '모욕의 대가(the great humiliator)'이며 대폭락 다음에는 V 자형 반등이 나온다는 켄 피셔의 조언에 흥분을 느끼기도 했다.

많은 사람이 이제 세상이 달라졌다고 얘기한다. 세상이 달라져서 과거의 투자 방식은 이제 통하지 않는다고 말한다. 이는 절반만 맞는 말이다. 세상은 달라졌다. 하지만 세상은 항상 달라지고 있다.

사람들은 지금의 변화 속도가 현기증이 날 정도로 빨라서 과거의 변화와는 다르다고 말한다. 그렇지 않다. 1950년대, 비행기로 반나절 만에 지구 반대편으로 여행 가는 세상이 되었을 때 사람들이 느꼈을 세상의 변화 속도는 결코 지금보다 뒤지지 않았다. 당시 사람들은 항공주에 열광했다. 그리고 많은 투자자가 돈을 잃었다. 세상은 계속 달라지고 있지만 투자의 기본 원칙은 달라지지 않는다. 바뀐 세상에 맞춰 기본 원칙을 적용하는 방식이 달라질 뿐이다.

달라지는 세상에서도 빛 바래지 않는 통찰을 담고 있는 투자 서적을 고르기 위해 고심했다. 그럼에도 여기 추천된 도서가 정답은 아니다. 아쉽게 선정되지 못했지만 좋은 책도 많을 것이다. 저마다 살아온 삶이 다르고, 경험한 내용이 다르며, 현재 처한 상황이 다르기 때문에 각자가 지금 받아들일 만한 책도 독자들마다 다를 수밖에 없다. 나 역시《현명한 투자자》와《월가의 영웅》을 20년 전에 처음 읽고 지금까지 수차례 다시 읽었지만 그때마다 밑줄 친 부분이 새로 생겨나고 전에는 깨닫지 못했던 것들을 새롭게 깨닫게 된다.

찰리 멍거는 1996년 스탠퍼드 법학대학원 강연에서 다음과 같이 말했다.

"나는 다른 사람들이 찾아낸 최고의 원칙들을 익혀야 한다고 믿습니다. 혼자서 다 찾아내려고 해서는 안 됩니다. 그렇게 똑똑한 사람은 어디에도 없습니다."

독자 여러분도 우리에 앞서 수많은 세상의 부침과 성쇠를 미리 경험한 투자 대가들이 들려주는 조언을 읽으며 현명한 투자자의 길을 발견해나가기를 기원한다.

박성진 대표의 번외 추천 도서

《한국형 가치투자 전략》　　　《가치투자가 쉬워지는 V차트》

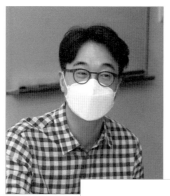

최준철
브이아이피자산운용 대표

롤 모델 만나고, 룰 익힌 뒤, 분석하라

　책을 꽤 많이 읽는 편이다 보니 '투자자를 위한 도서 선정단'에 참여해달라는 요청에 호기롭게 응했다. 하지만 수많은 책을 추천 도서 몇 권으로 압축하는 건 주식을 고르는 일만큼이나 만만치 않았다. 한마디로 버릴 책을 꼽기가 어려웠다. 그 과정은 내가 그동안 읽어온 다양한 책에서 길어 올린 여러 자양분으로 구성된 투자자라는 사실을 깨닫는 시간이기도 했다.

　기준을 정했다. 도서 추천을 원하는 분들은 현재 어떤 책을 읽으면 좋을지 궁금해하는 주식 초보자일 가능성이 높다고 가정했다. 더불어 책을 읽고자 한다는 건 배움에 대한 욕구가 있다는 뜻이니 궁극적으로는 직접 기업을 분석하고 종목을 고르는 경지까지 이르고 싶어 한다고 추측했다. 솔직히 고백하면 여기에 더해 독자들을 가치투자의 길로 인도하고자 하는 사심도 도서 선정에 반영했다.

　가장 처음 읽으면 좋을 책은 무엇일까? 독자의 가슴이 뜨거워지도록 만드는 저자, 즉 롤 모델과의 만남을 추천한다. 주식 투자의 동기가 돈을 버는 것이라는 명제를 부정하지 않지만, 이 동기로 평생 지속하기는 어렵다고 생각한다. 예를 들어 주식으로 돈이 안 벌리는 기간은 어떻게 버텨낼 것인가? 비유하자면 농구에 열정을 발휘하기 위해서는 농구 교본에 앞서 마이클 조던의 플레이 영상을 먼저 봐야 한다.

그래서 워런 버핏, 피터 린치, 필립 피셔, 존 네프, 앙드레 코스톨라니, 크리스토퍼 브라운, 랄프 웬저 등 투자 대가들이 쓴 책들을 대거 추천했다. 특히 피터 린치가 쓴 《월가의 영웅》은 투자가 재미있는 지적 활동이며 상식적인 투자가 승리할 수 있음을 보여줘 개인 투자자들이 꼭 읽어봤으면 하는 책이다. 워낙 고전인 데다 팬층이 두터워 설문조사에서도 높은 득표를 했으리라고 예상한다.

다음에는 게임의 룰을 익혀야 한다. 단순히 사고 팔고를 어떻게 하는가 하는 기능적인 내용이 아니라 투자에 앞서 자본주의와 주식시장의 메커니즘이 어떻게 작동하며 그 안에서 어떤 사람에게 보상이 주어지는지를 파악해야 한다는 뜻이다. 벤저민 그레이엄이 이 분야의 개척자이고, 당연히 워런 버핏도 이에 관한 혜안을 끊임없이 전달하고 있으며, 하워드 막스와 켄 피셔처럼 책 제목에 아예 그 목적을 드러낸 저자들도 존재한다. 여기에 인간이기에 가지는 심리적 함정을 피해 가는 책들까지 곁들이면 금상첨화다.

마지막으로는 기업 분석을 도와줄 책들을 읽어보면 좋겠다. 크게 보면 정성적 분석을 도와줄 《경제적 해자》, 《현금의 재발견》 같은 책이 있겠고, 반대로 정량적 분석을 도와줄 《내러티브 앤 넘버스》 같은 책이 있겠다. 이번 도서 선정이 번역서에 한정되다 보니 이쪽 부문의 라인업이 약한 편인데 오히려 국내서 중에 기업 분석 능력을 키워줄 책들이 많으니 따로 찾아보는 것도 보완하는 방법이겠다.

최종 후보 35선에 포함되지 못했지만 아쉬운 마음에 이 지면을 빌려 개인적으로 좋아하는 책들을 소개한다. 피터 린치가 쓴 책은 총 세 권. 그중《월가의 영웅》이 워낙 걸출해 나머지 두 권은 조명을 잘 받지 못한다. 하지만 피터 린치의 노하우가 압축되어 있는 명작들이다.《월가의 영웅》을 재미있게 읽었다면 비록 리스트에는 없지만《피터 린치의 이기는 투자》도 꼭 읽어보길 바란다.

35선에 포함된 책인《가치투자를 말한다》에는 여러 투자 대가와의 인터뷰가 수록되어 있다. 여기 소개된 대가 중 한 명이자 프랑스의 버핏으로 불리는 장마리 에베이야르가 쓴《가치투자는 옳다》는 책을 추천한다(제목이 참 마음에 든다). 도서 선정을 끝낸 후에 출간되어서 아쉽게도 리스트에 포함되지 못했다. 두껍지 않으면서도 투자의 정수를 잘 담고 있어 시간적 가성비가 좋은 책이다.

최준철 대표의 번외 추천 도서

《피터 린치의 이기는 투자》   《가치투자는 옳다》

정채진
개인 투자자

내 아이가 투자한다면 권할 책들

고등학교 2학년인 첫째 아들이 2년만 지나면 투자 책에 관심을 보일 나이가 된다. 아들이 어떤 책을 먼저 읽으면 좋을까 고민하던 차에 '투자자를 위한 도서 선정단'에 참여할 기회가 주어져 기쁜 마음으로 참여했다. '2021 우량 투자서 35선' 면면을 보면 모두 주옥같은 책들로 선정되었고 많은 투자자들이 이 리스트로부터 실질적인 도움을 받을 수 있을 것이라고 확신한다.

주식 투자를 처음 시작하던 시절 어떻게 하면 투자를 잘할 수 있을까 많은 고민을 했다. 당시 대부분 투자자들이 가장 먼저 접하는 책은 차트 분석 책이었고 나 또한 다르지 않았다. 몇 번의 시행착오 끝에 《전설로 떠나는 월가의 영웅》을 읽었고 그때 받은 감동은 지금도 잊히지 않는다.

주식 투자를 처음 시작하던 시절, 성공한 투자자들의 투자 철학, 경험담, 시행착오 등을 읽으면서 얻은 간접 경험들을 실제 투자에 어떻게 접목할 수 있을까 생각하고 또 생각했다. 책에서 접한 내용을 투자에 적용해 성공했을 때의 기쁨, 실전에서 어렴풋이 느꼈던 것들을 책을 통해 확실히 깨닫게 되었을 때의 반가움, 잘못된 투자로 고민하고 있을 때 책에서 해결책을 발견하고 느낀 안도감, 처음 읽을 때는 눈에 들어오지 않았던 구절이 몇 년 후 다시 읽었을 때 보이는 놀라운 경험 등은 모두 나를 조금 더 나은 투자자로 성장시키는 원동력이 되었다. 투자의 출발선에 선 다른 분들도 여기 35선의 책들을 읽으며 나와 비슷한 경험을 하며 성장할 것이라고 생각한다.

리스트에 포함된 모든 책들이 내게 큰 깨우침을 준 좋은 책들이지만, 특별한 기억으로 남아 있는 10권의 책을 선정해 공유할까 한다. 순서는 투자를 시작할 아들이 읽었으면 하는 순서다. 처음에는 이해하기 쉽고 재미있는 책으로 시작해, 성공한 투자자의 경험담이 많이 들어 있는 책, 기업 분석과 관련된 책을 읽은 다음 투자관을 정립할 수 있는 책을 읽는다면 좋지 않을까 생각한다.

정채진의 필독 추천 도서 10선

범주	제목
이해하기 쉽고 재미있게 투자를 배울 수 있는 책	《가치투자의 비밀》 《투자를 어떻게 할 것인가》
성공한 투자자의 경험담을 들려주는 책	《전설로 떠나는 월가의 영웅》 《가치투자 주식 황제 존 네프처럼 하라》 《돈, 뜨겁게 사랑하고 차갑게 다루어라》
기업을 분석하는 법을 알려주는 책	《위대한 기업에 투자하라》 《보수적인 투자자는 마음이 편하다》
투자관을 정립할 수 있는 책	《워런 버핏 바이블》 《투자에 대한 생각》 《현명한 투자자》

끝으로 35선에 포함되지 않았으나 투자자들이 읽어봤으면 하는 책을 한 권 추천하고 싶다.《주식투자의 지혜》는 우량 투자서 35선 선정 작업 이후 출간되어 고려 대상에 포함되지 않았다. 그러나 저자의 30년 투자 경험을 바탕으로 투자자들이 고려해야 할 실질적인 이야기를 다루고 있기 때문에 다른 책들과 같이 읽는다면 좋은 시너지 효과를 낼 것이라 생각한다.

여기 35선의 책들이 내게도 그랬듯이 여러분의 투자 여정에도 좋은 동반자가 되기를 기원한다.

정채진 투자자의 번외 추천 도서

《주식투자의 지혜》

홍진채
라쿤자산운용 대표

금융 제도·국제 정세 등 분야 책도 도움

투자 관련 책은 꽤 읽었지만, 이렇게 대규모로 책을 추천하는 행사의 중요한 자리에 한 자리를 차지해도 되는 것일까 고민이 들었다. 함께 참여하시는 분들의 명성에 묻어가고자 하는 호기로운 마음이(하하) 행사에 참여하게 된 큰 동기인 것 같다.

이번 목록에서 눈에 띄는 차이라면, 입문 단계부터 추천하는 아주 유명한 책들이 의외로 고급 단계로 배치되어 있다는 점일 것이다. 《현명한 투자자》와 《위대한 기업에 투자하라》는 (워런 버핏을 비롯하여) 거의 모든 사람이 추천하는 훌륭한 투자서다. 나도 당연히 이 책으로 여러 번의 독서 모임을 진행해보았다. 모임 멤버들의 반응은 압도적으로 어렵다는 이야기가 많았다. 우선 옛날 책이기도 하고, 디테일한 공식과 원론적인 이야기들이 뒤섞여 있다.

경험치가 많이 쌓인 사람은 이미 머릿속에 투자와 관련한 여러 개념의 지형도가 펼쳐져 있고, 훌륭한 책은 그 지형도를 아예 뒤바꾸거나,

읽을 때마다 계속 깊이를 더해가는 역할을 해준다. 그러나 경험이 덜 쌓인 분이 읽으면 모호한 메시지를 읽어나가기도 벅찬 와중에 백지상태에서 지형도를 그리기는 무척 난망한 일이다.

따라서 초·중·고급의 기준을 콘텐츠의 난이도에만 두지 않고 '친절한 정도'라는 척도를 추가했다. 선정된 책은 다 너무나 훌륭하고, 곱씹을수록 그 가치를 더한다. 이 중 초급으로 분류된 책은, 투자를 처음 접하는 사람 입장에서 친절하게 끌어주는 느낌을 받는 책이다. 반면 고급책은 '따라올 테면 따라와 봐' 혹은 '열심히 읽긴 했는데 어쩌라는 건지 모르겠어요'라는 느낌을 받는 책이다. (물론 아주 주관적인 평가다. 그냥 다 읽으시는 게 좋다.)

개인적인 이야기를 덧붙이면, 35종 목록은 투자에 직접적으로 연관된 책이고, 언젠가는 이 목록 전체를 읽고도 아쉬움을 느끼게 될 것이다. 우량 '투자'서를 선정하는 행사이니 투자서가 많이 뽑힌 건 당연하다. 다만 초기 후보군에는 경제, 심리, 금융 시스템, 국제 정세 등 다양한 분야의 책들이 있었다. 최종 선정된 책으로 목마름을 느낀다면 아마도 그런 방면으로 독서를 확장해가는 것도 좋으리라고 생각한다.

예를 들어 벤 버냉키의 《행동하는 용기》는 2008 글로벌 금융위기 전후에 연준에서 어떤 의사결정을 했고 시장과 어떻게 의사소통하기 위해 노력했는지를 생생히 보여준다. 앨런 그린스펀의 《미국 자본주의의 역사》는 미국이 왜 미국인지를 보여주는 훌륭한 역사서다. 자본의 효율성에 대해 많은 고민을 할 수 있게 해준다. 헨리 키신저의 《세계 질서》는 국제 정세의 교본 같은 책이다. 미·중 분쟁이 격화되고 중동에서도 언제 무슨 일이 터질지 모르는 와중에, 각국의 구성원들이 세계를 바라보는 기본적인 태도를 알 수 있다. 상식이란 어디까지 상식인가에 대해서 틀을 깨는 고민을 해볼 수 있다.

끝으로 하나 더. 이렇게 열심히 투자서를 읽고 공부하는 분들은 초과 수익을 노리는 투자자일 테다. 그러나 투자에 관심을 가지고 입문하는 수많은 투자자들이 굳이 이 모든 내용을 공부하며 에너지를 쏟을 필요는 없다. 주식은 다른 자산군과 달리 자산군 '전체'의 이익을 향유하는 아주 간단한 방법이 존재한다. 따라서 주식 투자에 입문할 때 우리는 곧바로 어떤 주식을 잘 고르고 어떻게 투자할 것이냐를 공부하는 것보다는, '나는 굳이 평균적인 수익보다 더 높은 수익을 거두어야만 하는가', '초과수익을 내기 위해서는 어떤 자질과 노력이 필요한가', '나는 그것을 갖출 수 있는 사람인가' 등의 질문을 던져봐야 한다. 그런 의미에서 존 보글의 《모든 주식을 소유하라》와 윌리엄 번스타인의 《현명한 자산배분 투자자》를 강력 추천한다.

홍진채 대표의 번외 추천 도서

《모든 주식을 소유하라》　　　《현명한 자산배분 투자자》

Appendix 1

Warren Buffett's Annual Letter to Shareholders

2020년도 워런 버핏의 주주서한 전문

* 매년 2월 발표하는 워런 버핏의 주주서한(버크셔 해서웨이 연차보고서) 원문은 버크셔 해서웨이 홈페이지(www.berkshirehathaway.com/letters/letters.html)에 공개돼 있다. (편집자 주)

버크셔 해서웨이(주)

버크셔 해서웨이 주주 귀하:

2020년 버크셔가 일반회계원칙GAAP에 따라 벌어들인 이익은 425억 달러입니다. 이익의 네 가지 구성을 보면 영업이익 219억 달러, 실현한 자본이득 49억 달러, 보유 투자 유가증권의 미실현 자본이득 증가로 인한 이익 267억 달러, 몇몇 자회사와 관계회사에 대한 상각 손실 110억 달러입니다. 이들 이익은 모두 세후 기준입니다.

이익 중에는 영업이익이 가장 중요합니다. 지난해 우리 GAAP 이익 중 금액이 가장 크지 않더라도 말이지요. 버크셔의 주안점은 영업이익을 늘리고 유망한 대기업을 인수하는 것입니다. 그러나 지난해에는 목표를 하나도 달성하지 못했습니다. 대기업을 인수하지 못했고, 영업이익은 9% 감소했습니다. 그렇지만 버크셔의 주당 내재가치는 증가시켰습니다. 유보이익을 증가시켰고 자사주를 약 5% 매입했기 때문입니다.

GAAP 이익 중 자본이득이나 자본 손실은 (실현 금액이든 미실현 평가액이든) 주식시장의 등락에 따라 해마다 변덕스럽게 오르내릴 것입니다. 그러나 내 오랜 동업자 찰리 멍거와 나는 오늘 자본 손익이 얼마이든 우리 투자 유가증권이 장기적으로는 많은 자본이득을 안겨줄 것으로 확신합니다.

여러 번 강조했지만 찰리와 나는 버크셔가 보유한 유가증권(연말 평가액 2,810억 달러)을 우리가 사 모은 기업들이라고 생각합니다. 이들의 영업은 우리가 관리하지 않지만 이들의 장기 번영은 우리가 공유하기 때문입니

버크셔와 S&P500의 실적 비교(연간 변동률)

연도	버크셔 주가 상승률 (%)	S&P500 상승률 (%, 배당 포함)	연도	버크셔 주가 상승률 (%)	S&P500 상승률 (%, 배당 포함)
1965	49.5	10.0	1995	57.4	37.6
1966	−3.4	−11.7	1996	6.2	23.0
1967	13.3	30.9	1997	34.9	33.4
1968	77.8	11.0	1998	52.2	28.6
1969	19.4	−8.4	1999	−19.9	21.0
1970	−4.6	3.9	2000	26.6	−9.1
1971	80.5	14.6	2001	6.5	−11.9
1972	8.1	18.9	2002	−3.8	−22.1
1973	−2.5	−14.8	2003	15.8	28.7
1974	−48.7	−26.4	2004	4.3	10.9
1975	2.5	37.2	2005	0.8	4.9
1976	129.3	23.6	2006	24.1	15.8
1977	46.8	−7.4	2007	28.7	5.5
1978	14.5	6.4	2008	−31.8	−37.0
1979	102.5	18.2	2009	2.7	26.5
1980	32.8	32.3	2010	21.4	15.1
1981	31.8	−5.0	2011	−4.7	2.1
1982	38.4	21.4	2012	16.8	16.0
1983	69.0	22.4	2013	32.7	32.4
1984	−2.7	6.1	2014	27.0	13.7
1985	93.7	31.6	2015	−12.5	1.4
1986	14.2	18.6	2016	23.4	12.0
1987	4.6	5.1	2017	21.9	21.8
1988	59.3	16.6	2018	2.8	−4.4
1989	84.6	31.7	2019	11.0	31.5
1990	−23.1	−3.1	2020	2.4	18.4
1991	35.6	30.5	연복리 수익률 (1965~2020)	20.0	10.2
1992	29.8	7.6			
1993	38.9	10.1	총수익률 (1964~2020)	2,810,526	23,454
1994	25.0	1.3			

주: 실적은 역년(曆年: 1월 1일 ~ 12월 31일) 기준. 단, 1965년과 1966년은 9월 30일 결산 기준이고, 1967년은 12월 31일 결산이되 15개월의 실적임.

다. 하지만 회계 관점에서 보면 이들의 이익 중 우리 몫은 버크셔의 이익에 포함되지 않습니다. 이들의 이익 중 우리가 배당으로 받은 금액만 버크셔의 이익에 포함됩니다. GAAP에 의하면 우리 몫 중 이들이 유보한 막대한 금액은 눈에 보이지 않습니다.

하지만 유보이익이 눈에 보이지 않는다고 해서 마음에서도 멀어지면 안 됩니다. 보이지 않아도 유보이익은 버크셔의 가치를 크게 높여주기 때문입니다. 이들 피투자회사는 유보이익으로 사업을 확장하고, 기업을 인수하며, 부채를 상환하고, 종종 자사주를 매입합니다(자사주를 매입하면 미래 이익 중 우리 몫이 증가합니다). 지난해 주주 서한에서도 언급했듯이 유보이익은 미국의 역사 기간 내내 미국 기업들의 성장을 견인했습니다. 유보이익은 카네기와 록펠러를 거부로 만들어주었듯이 오랜 기간에 걸쳐 수많은 주주도 마법처럼 부자로 만들어주었습니다.

물론 우리 피투자회사 중 일부는 유보이익으로 회사의 가치를 거의 높이지 못해 실망을 안겨줄 것입니다. 그러나 다른 피투자회사들은 가치가 크게 높아질 것이며 몇몇은 가치가 극적으로 높아질 것입니다. 전체적으로 보면 버크셔의 피투자회사들(이른바 우리 주식 포트폴리오)의 막대한 유보이익 중 우리 몫에서 결국은 자본이득 이상의 이익이 나올 것으로 예상합니다. 이 예상은 지난 56년 동안 적중해왔습니다.

마지막 GAAP 숫자인 꼴사나운 상각 손실 110억 달러입니다. 이는 전적으로 내가 2016년에 저지른 실수의 결과입니다. 그해 프리시전 캐스트파츠(Precision Castparts Corp: PCC)를 인수할 때 내가 지나치게 높은 가격을 지불했기 때문입니다. 아무도 나를 속이지 않았습니다. 단지 내가 이 회사의 정상 수익 잠재력을 지나치게 낙관했을 뿐입니다. 지난해 PCC의 주요 고객인 항공산업이 전반적으로 침체하자 나의 오판이 드러난 것입니다. 버크셔가 인수하던 시점에 PCC는 최고의 성과를 내던 훌륭한 기업이었습니다. CEO 마크 도네건Mark Donegan은 인수 전과 다름없이 사업에 계속 에너지를 쏟아붓는 열정적인 경영자입니다. 그에게 경영을 맡긴 것은 우리의 행운입니다.

장기적으로 PCC의 순유형자산이익률이 높을 것이라는 나의 판단은 옳았다고 생각합니다. 그러나 미래 평균 이익에 대한 나의 판단은 틀렸고, 따라서 내가 계산한 적정 인수 가격도 틀렸습니다. 이는 기업 인수 거래에서 내가 저지른 첫 번째 실수가 아닙니다. 그러나 커다란 실수입니다.

우리의 대비책

흔히 버크셔는 복합 기업으로 분류됩니다. 복합 기업은 다양한 자회사를 마구잡이로 보유한 지주회사를 가리킵니다. 이 표현은 버크셔에 들어맞지만, 부분적으로만 맞습니다. 역사를 조금만 살펴보면 우리가 전형적인 복합 기업과 어떻게 다르고 왜 다른지 이해할 수 있습니다.

그동안 복합 기업들은 기업을 통째로 인수하는 방식에만 전념했습니다. 그러나 이 전략에는 두 가지 커다란 문제가 있습니다. 하나는 해결 불가능한 문제로, 진정으로 위대한 기업들은 다른 기업에 인수되기를 원치 않는다는 점입니다. 따라서 기업 인수를 갈망하는 복합 기업들은 영속적인 주요 경쟁력이 부족한 그저 그런 기업들을 집중적으로 인수할 수밖에 없었습니다. 이는 그다지 훌륭한 시장이 아니었습니다.

게다가 그저 그런 기업 인수에 집중한 복합 기업들은 피인수 기업을 유혹하기 위해 대개 막대한 경영권 프리미엄을 지불해야만 했습니다. 복합 기업들은 이 '과도한 가격' 문제의 해법을 알고 있었습니다. 그것은 자기 회사 주식을 엄청난 고평가 상태로 만들어 '인수 대금'으로 지불하는 방법이었습니다("당신 개를 1만 달러에 사는 대가로 내 5,000달러짜리 고양이 두 마리를 주겠소").

복합 기업들이 자기 회사 주식을 고평가 상태로 만드는 수단으로는 흔히 선전 기법과 '창의적' 회계 조작이 사용되었는데, 이는 좋게 보아도 속임수였고 때로는 선을 넘는 사기 행위였습니다. 이런 속임수가 '성공'하면 복합 기업은 자사 주가를 예컨대 기업 가치의 3배로 끌어올려 피인수 기업에 기업 가치의 2배 가격을 지불할 수 있었습니다.

투자자들의 착각은 놀라울 정도로 오랫동안 이어질 수 있습니다. 월스트리트는 거래에서 나오는 수수료를 좋아하고 언론은 다양한 주장이 빚어내는 스토리를 좋아합니다. 때로는 인기 주식의 치솟는 주가가 착각을 현실로 둔갑시키는 '증거'가 되기도 합니다.

물론 파티는 마침내 끝나게 되며, 많은 기업이 '벌거벗은 임금님'으로 밝혀집니다. 금융계의 역사에는 이런 유명 복합 기업이 매우 많습니다. 처음에는 언론, 애널리스트, 투자은행들로부터 천재 기업으로 찬양받았으나 결국은 쓰레기 기업으로 전락하는 복합 기업이 많습니다.

그래서 복합 기업은 평판이 매우 나쁩니다.

* * *

찰리와 나는 우리 복합 기업 버크셔가 경제성이 좋고 경영자가 훌륭한 다양한 기업의 전부나 일부를 보유하길 바랍니다. 버크셔가 경영권을 확보하느냐는 중요하지 않습니다.

내가 이 사실을 깨닫기까지는 오랜 세월이 걸렸습니다. 나는 버크셔의 직물 사업 때문에 20년 동안 고생했습니다. 그러나 한계 기업의 지분을 100% 보유하면서 고전하는 것보다 훌륭한 기업의 지분을 일부만 보유하는 편이 더 수익성 높고 재미있으며 훨씬 편하다는 사실을 찰리가 깨우쳐주었습니다.

우리 복합 기업은 지배 기업은 물론 비지배 기업도 계속 보유할 것입니다. 찰리와 나는 오로지 기업의 영속적 경쟁력, 경영자의 능력과 인품, 기업의 가격을 기준으로 자본을 가장 타당하게 배분할 것입니다.

이 전략에는 노력이 적게 들어갈수록 더 좋습니다. 다이빙 경기에서는

'난도難度'가 높을수록 높은 점수를 받지만, 투자에서는 난도가 높다고 수익성도 높아지지는 않습니다. 로널드 레이건Ronald Reagan은 경고했습니다. "근면해서 죽은 사람은 없다고 하지만, 굳이 위험을 감수할 필요가 있겠는가?"

우리가 가보에서 주주의 몫을 늘리는 방식

페이지 A-1에 열거된 다양한 버크셔 자회사의 연말 종업원은 약 36만 명입니다. 이들 자회사에 대해 더 자세한 내용을 원한다면 이 연차보고서 뒤에 실린 10-K를 참고하시기 바랍니다. 우리가 일부 지분만 보유할 뿐 경영하지 않는 주요 기업들의 목록은 이 서한의 7페이지에 있습니다. 이렇게 구성된 포트폴리오 역시 규모가 크고 다양합니다.

그러나 버크셔의 가치 대부분은 4개 기업 안에 들어 있습니다. 3개는 우리가 경영하는 기업이고 1개는 지분 5.4%만 보유한 기업인데 4개 모두 보석 같은 기업입니다. 가치가 가장 높은 가보家寶는 우리 손해보험 사업으로서 53년 동안 버크셔의 핵심이었습니다. 우리 보험사들은 보험업계에서 유례없는 존재입니다. 1986년 버크셔에 합류한 아지트 자인Ajit Jain 역시 유례없는 경영자입니다.

우리 보험사들이 운영하는 자본은 전 세계 경쟁 보험사들보다 훨씬 많습니다. 우리 보험사들은 재무 구조가 건전한 데다가 버크셔의 비보험 자회사들로부터 매년 막대한 현금이 유입되고 있으므로 주식 중심의 투자 전략을 안전하게 실행할 수 있습니다. 반면 경쟁 보험사 대다수는 규제와 신용등급 문제 탓에 주로 채권에 투자해야 합니다.

지금은 채권에 투자할 시점이 아닙니다. 믿기 어렵겠지만, 연말 0.93%인 국채 10년물의 수익률은 1981년 9월 수익률 15.8%에서 94%나 하락한 수준입니다. 독일과 일본 등 주요 국가의 수조 달러에 이르는 국채는 수익률이 마이너스입니다. 연금 기금, 보험사, 퇴직자 등 전 세계 채권 투자자들은 암울한 미래에 직면하고 있습니다.

다른 채권 투자자들처럼 일부 보험사는 매수 대상을 신용도 낮은 채권으로 교체해 수익률을 억지로 높이려 할 수도 있습니다. 그러나 신용도 낮은 채권은 수익률을 높이는 정답이 아닙니다. 30년 전 한때 막강했던 저축대부조합들이 이 원칙을 무시한 탓에 자멸했습니다.

현재 버크셔의 보험사들이 보유한 '플로트float'는 1,380억 달러입니다. 플로트는 우리 돈은 아니지만 우리가 주식과 채권 또는 단기 국채 같은 현금성 자산에 투자할 수 있는 자금입니다. 플로트는 은행 예금과 비슷한 점이 있습니다. 매일 현금 유출입이 발생하지만 보험사가 보유한 플로트 총액은 거의 바뀌지 않는다는 점입니다. 버크셔가 보유한 막대한 플로트 총액은 향후 장기간 현재와 비슷한 수준으로 유지될 것이며, 지금까지 누적 기준으로 보면 공짜 자금이었습니다. 물론 이렇게 유리했던 조건은 바뀔수 있습니다. 하지만 장기적으로는 여전히 유리하다고 생각합니다.

그동안 나는 주주 서한에서 보험 사업에 관해 거듭 (끊임없이) 설명했습니다. 올해는 2019년 보고서에 실었던 보험 사업과 플로트에 관한 글을 A-2 페이지에 다시 실었습니다. 새로 주주가 된 분들은 참고하시기 바랍니다. 여러분은 우리 보험 사업이 주는 기회는 물론 위험도 반드시 이해해야 합니다.

우리 두 번째 가보는 버크셔가 지분 100%를 보유한 BNSF로, 물동량 기준 미국 최대 철도회사입니다. 세 번째 가보는 지분 5.4%를 보유한 애플입니다(현재 두 자산의 가치는 거의 같습니다). 네 번째 가보는 우리 지분이 91%인 버크셔 해서웨이 에너지(Berkshire Hathaway Energy: BHE)입니다. BHE는 매우 이례적인 공익기업utilities으로, 우리가 보유한 21년 동안 연간 이익이 1억 2,200만 달러에서 34억 달러로 증가했습니다.

BNSF와 BHE에 관해서는 서한 뒤편에서 더 논의하겠습니다. 지금은 버크셔의 '4대 가보'에 대한 여러분의 지분을 높이려고 우리가 주기적으로 하는 활동을 중점적으로 설명하겠습니다.

* * *

지난해 우리는 247억 달러를 들여 'A주' 8만 998주 상당의 자사주를 매입함으로써 주주 지분 확대 의지를 보여드렸습니다. 이 자사주 매입을 통해서 여러분은 한 푼도 안 쓰고 버크셔 모든 기업에 대한 지분을 5.2% 높이게 되었습니다.

우리는 오래전부터 추천해온 기준에 따라 자사주를 매입했습니다. 그러면 계속 남아 있는 주주들의 주당 내재가치가 높아지며 자사주 매입 후에도 기회나 난관에 대처할 자금이 충분하다고 믿었기 때문입니다. 그렇더라도 주가에 상관없이 버크셔 자사주를 매입해서는 절대 안 된다고 생각합니다. 이렇게 강조하는 것은, 부끄럽게도 그동안 미국 CEO들은 주가가 하락했을 때보다 상승했을 때 자사주 매입에 투입한 자금이 더 많기 때문입니다. 우리 방식은 정반대입니다.

버크셔의 애플 투자는 자사주 매입의 위력을 생생하게 보여줍니다. 우리는 애플 주식 매수를 2016년 말에 시작해 2018년 7월 초 10억 주(주식분할 반영) 남짓 보유했습니다. 이는 버크셔가 회사 계정으로 보유한 수량이므로, 별도 관리 계정으로 보유하다가 매도한 소량의 주식은 제외한 숫자입니다. 2018년 중반 매수를 완료했을 때 버크셔가 회사 계정으로 보유한 애플 지분은 5.2%였습니다.

이 지분의 취득원가는 360억 달러였습니다. 이후 우리는 연평균 7억 7,500만 달러에 이르는 배당을 정기적으로 받았고, 2020년에는 일부 지분을 매도해 110억 달러를 회수했습니다. 이렇게 매도했는데도 보시다시피 현재 버크셔가 보유한 애플 지분은 5.4%입니다. 우리는 단 한 푼 쓰지 않는데도 지분이 증가했습니다. 그동안 애플이 끊임없이 자사주를 매입해 유통주식 수를 대폭 줄였기 때문입니다.

그런데 좋은 소식이 더 있습니다. 지난 2.5년 동안 우리도 버크셔 자사주를 매입했으므로, 이제 여러분이 간접적으로 보유한 애플 지분은 2018년 7월보다 무려 10%나 증가했습니다. 이렇게 기분 좋은 흐름은 계속 이어지고 있습니다. 버크셔는 연말 이후 자사주를 더 매입했으므로 장래에는 유통 주식 수가 더 감소할 것입니다. 애플 역시 자사주를 매입하겠다고 공표했습니다. 이렇게 해서 유통 주식 수가 감소하면 버크셔 보험그룹, BNSF, BHE에 대한 우리 주주들의 지분은 물론 애플에 대한 간접 지분도 증가할 것입니다.

자사주 매입의 효과는 천천히 나타나지만 시간이 흐를수록 강력해집니다. 자사주 매입은 탁월한 기업에 대한 투자자의 지분을 지속적으로 높여주는 단순한 방법입니다. 관능적인 여배우 메이 웨스트Mae West는 말했습니다. "좋은 것이라면 지나치게 많아도 환상적이죠."

투자

다음은 연말 현재 시장 평가액이 가장 큰 보통주 15종목입니다. 크래프트 하인즈(325,442,152주)는 우리가 지배 주주 집단의 일원이어서 '지분법'으로 평가하므로 여기에 포함하지 않았습니다. 버크셔가 보유한 크래프트 하인즈는 우리 재무상태표에 GAAP 기준 133억 달러로 표시되어 있는데, 2020년 12월 31일 감사받은 순자산가치 중 우리 몫에 해당하는 금액입니다. 그러나 이 주식의 연말 시장 평가액은 113억 달러에 불과했다는 점을 밝혀둡니다.

두 도시 이야기

미국은 어디에나 성공 사례가 많습니다. 미국이 탄생한 이후 개인들은

2020년 말 현재 시장 평가액이 가장 큰 보통주 15종목

주식 수*	회사명	지분율 (%)	매입 원가 (100만 달러)**	시가 (100만 달러)
25,533,082	애브비(AbbVie)	1.4	2,333	2,736
151,610,700	아메리칸 익스프레스	18.8	1,287	18,331
907,559,761	애플	5.4	31,089	120,424
1,032,852,006	뱅크 오브 아메리카	11.9	14,631	31,306
66,835,615	뱅크 오브 뉴욕 멜론	7.5	2,918	2,837
225,000,000	비야디(BYD)	8.2	232	5,897
5,213,461	차터 커뮤니케이션즈	2.7	904	3,449
48,498,965	셰브런(Chevron)	2.5	4,024	4,096
400,000,000	코카콜라	9.3	1,299	21,936
52,975,000	GM	3.7	1,616	2,206
81,304,200	이토추상사(Itochu)	5.1	1,862	2,336
28,697,435	머크(Merck)	1.1	2,390	2,347
24,669,778	무디스	13.2	248	7,160
148,176,166	US뱅코프	9.8	5,638	6,904
146,716,496	버라이즌(Verizon)	3.5	8,691	8,620
	기타***		29,458	40,585
	보통주 시장 평가액 합계		108,620	281,170

* 버크셔 자회사 연금기금에서 보유 중인 주식은 제외.

** 실제 매입 가격이며 세무보고 기준임.

*** 우선주 및 (보통주 인수) 워런트로 구성된 옥시덴탈 페트롤리움(Occidental Petroleum Corporation) 투자 100억 달러 포함. 현재 평가액은 90억 달러.

아이디어, 야망, 약간의 자본만으로도 새로운 것을 만들어내거나 고객의 경험을 개선해 상상 이상으로 성공을 거두었습니다.

찰리와 나는 이런 개인들이나 가족들과 손잡으려고 미국 전역을 여행했습니다. 1972년 우리는 서해안 여행을 시작하면서 시즈캔디See's Candy를 인수했습니다. 1세기 전 메리 시Mary See는 해묵은 제품을 특별한 요리법으로 재창조해 제공하기 시작했습니다. 그리고 이 제품을 고풍스러운 매장에서 친근한 직원들이 판매하게 했습니다. 처음에는 로스앤젤레스에 위치한 작은 매장 하나뿐이었으나 지금은 서부 전역에 수백 개 매장이 들어섰습니다.

지금도 시 여사가 재창조한 제품이 고객들에게는 기쁨을 안겨주고 있으며, 종업원 수천 명에게는 평생 일자리를 제공하고 있습니다. 버크셔는 잘 굴러가는 회사에 간섭만 하지 않으면 됩니다. 회사가 제공하는 제품이 재량 소비재일 때에는 고객이 왕입니다. 100년이 지난 지금도 고객이 버크셔에 전하는 메시지는 명확합니다. "내 캔디에 간섭하지 마세요." (웹사이트 https://www.sees.com/를 참조하시고 땅콩 캔디를 맛보세요.)

이번에는 워싱턴 D.C.로 가봅시다. 1936년, 리오 굿윈Leo Goodwin은 아내 릴리언Lilian과 함께 자동차보험 사업을 구상했습니다. 당시 자동차보험은 보험 대리점에서 판매하는 표준 상품이었습니다. 부부는 이 자동차보험을 보험사가 직접 판매하면 보험료를 훨씬 낮출 수 있다고 확신했습니다. 부부는 자본금 10만 달러로 그 1,000배의 자본금을 가진 거대 보험사와 맞붙었습니다. 이렇게 가이코(Government Employees Insurance Company: GEICO)가 설립되었습니다.

70년 전 나는 운 좋게 가이코의 잠재력을 알게 되었습니다. 가이코는 곧바로 나의 첫사랑이 되었습니다. 나머지 이야기는 여러분이 아시는 대로입니다. 버크셔는 마침내 가이코의 지분을 100% 보유하게 되었고, 84세가 된 가이코는 지금도 리오와 릴리언의 비전은 그대로 유지한 채 미세 조정만 하고 있습니다. 그러나 가이코의 규모는 달라졌습니다. 1937년 연간 수입 보험료는 23만 8,288달러였지만 지난해(2020년) 연간 수입 보험료는 350억 달러였습니다.

* * *

수많은 금융, 언론, 정부, 기술회사가 해안 지역에 위치해 있습니다. 이 때문에 중서부에서 발생하는 기적들을 간과하기 쉽습니다. 이번에는 미국 전역에 존재하는 재능과 야망의 훌륭한 사례를 보여주는 두 지역에 주목해봅시다.

먼저 오마하부터 살펴보아도 여러분은 놀라지 않으시겠지요. 1940년 (찰리, 나의 아버지, 첫 아내, 세 자녀와 두 손주의 모교인) 오마하 센트럴 고등학교 졸업생인 잭 링월트Jack Ringwalt는 자본금 12만 5,000달러로 손해보험사를 시작했습니다.

잭의 꿈은 터무니없었습니다. 이름만 거창하지(내셔널 인뎀너티National Indemnity Company) 규모는 볼품없는 이 회사로 풍부한 자본을 가진 거대 보험사들과 경쟁하려 했으니까요. 게다가 경쟁 보험사들은 유서 깊은 지역에서 넉넉한 자금으로 운영되는 대리점들로 구성된 전국 네트워크를 보유하고 있었습니다. 가이코와는 달리 내셔널 인뎀너티는 모든 대리점을 거래처로 받아들이려 했으므로 고객 확보 면에서 원가 우위도 없었습니다. 이렇게 불리한 조건을 극복하려고 내셔널 인뎀너티는 거대 보험사들이 하찮게 여기는 '특이 위험(odd-ball risk)'에 주목했습니다. 그리고 이 전략은 성공했습니다.

잭은 정직하고 기민하며 호감 가는 인물이었지만 다소 변덕스러웠습니다. 그는 특히 규제 당국을 싫어했습니다. 규제 당국 때문에 화가 날 때마다 그는 보험사를 매각하려는 충동을 느꼈습니다. 다행히 내가 잭과 가까운 곳에 있었습니다. 잭은 버크셔에 합류하려는 마음이 있었습니다. 1967년 우리는 협의 15분 만에 합병에 합의했습니다. 나는 회계 감사를 전혀 요구하지 않았습니다.

현재 내셔널 인뎀너티는 특정 거대 위험을 인수하는 세계 유일의 보험사입니다. 물론 지금도 이 회사는 오마하에 위치해 있습니다. 버크셔 본사에서 몇 마일 떨어진 곳입니다.

이후 우리는 오마하 가족들로부터 4개 기업을 추가로 인수했습니다. 그

중 가장 유명한 기업이 네브래스카 퍼니처 마트Nebraska Furniture Mart입니다. 설립자 로즈 블럼킨Rose Blumkin(B 여사, Mrs. B)은 러시아 이민자로, 1915년 시애틀에 왔을 때는 영어를 못했습니다. B 여사는 몇 년 후 오마하에 정착했고, 1936년까지 모은 돈 2,500달러로 가구 매장을 열었습니다.

경쟁자와 공급업체들은 그녀를 무시했습니다. 한동안은 이들의 판단이 옳은 듯했습니다. 제2차 세계대전 탓에 그녀의 사업은 침체했고, 1946년 말에는 회사의 순자산이 7만 2,264달러에 불과했습니다. 계산대 서랍의 현금과 예금을 모두 합해도 50달러뿐이었습니다(오타가 아닙니다).

그러나 이 1946년의 숫자에는 매우 귀중한 자산 하나가 빠져 있습니다. 4년 동안 미국 육군에 복무하고 돌아온 B 여사의 외아들 루이 블럼킨Louie Blumkin입니다. 루이는 노르망디 상륙 작전 당시 오마하 비치에서 싸웠고, 벌지 전투Battle of the Bulge에서 부상을 입어 퍼플 하트 훈장을 받았으며, 1945년 11월 마침내 집으로 돌아왔습니다. B 여사와 루이가 재결합하자 이제는 아무도 네브래스카 퍼니처 마트를 막을 수 없었습니다. 꿈에 사로잡힌 모자는 밤낮으로 일했고 주말에도 일했습니다. 그 결과 소매업의 기적을 일으켰습니다.

1983년 모자는 회사를 6,000만 달러 규모로 키워냈습니다. 그해 내 생일에 버크셔는 네브래스카 퍼니처 마트의 지분 80%를 인수했습니다. 이번에도 나는 회계 감사를 요구하지 않았으며 블럼킨 가족을 믿고 회사 경영을 맡겼습니다. 지금은 3대와 4대가 경영을 맡고 있습니다. B 여사는 103세가 될 때까지 매일 근무했습니다. 찰리와 내가 판단하기에는 터무니없이 젊은 나이에 은퇴했습니다. 이제 네브래스카 퍼니처 마트는 미국 최대 가정용 가구 매장 3개를 보유하고 있습니다. 3개 모두 2020년에 매출 기록을 세웠는데, 코로나19로 6주 이상 영업을 중단한 상황에서 달성한 실적입니다.

B 여사의 모든 것을 말해주는 이야기가 있습니다. B 여사의 대가족이

모여 명절 음식을 먹을 때 여사는 항상 식전에 노래를 부르게 했습니다. 여사가 선택한 곡은 변함이 없었는데, 어빙 벌린Irving Berlin의 '신이여 미국을 축복하소서(God Bless America)'였습니다.

* * *

이제 동쪽으로 이동해서 테네시주에서 세 번째로 큰 도시인 녹스빌로 가봅시다. 버크셔는 이곳에 놀라운 회사 둘을 보유하고 있습니다. '클레이턴 홈즈Clayton Homes(지분 100% 보유)'와 '파일럿 트래블 센터Pilot Travel Centers(화물차 휴게소: 지금은 지분이 38%지만 2023년에는 80% 보유 예정)'입니다.

두 회사 모두 테네시대학교 졸업생이 젊은 시절에 설립했습니다. 두 사람 모두 계속 녹스빌에 살고 있습니다. 이들은 처음부터 자본이 많았던 것도 아니고 부모가 부자였던 것도 아닙니다. 그래서 어떻게 되었느냐고요? 현재 클레이턴과 파일럿 둘 다 연간 세전 이익이 10억 달러가 넘습니다. 두 회사의 종업원을 합하면 약 4만 7,000명입니다.

짐 클레이턴Jim Clayton은 몇 차례의 모험사업 끝에 1956년 얼마 안 되는 자본으로 클레이턴 홈즈를 설립했습니다. '빅 짐 해슬럼Big Jim Haslam'은 1958년 6,000달러에 주유소를 하나 인수해서 이후 파일럿 트래블 센터로 키워냈습니다. 두 사람 모두 나중에 자신처럼 열정적이고 합리적이며 총명한 아들을 사업에 끌어들였습니다. 가끔은 유전자가 신비로운 힘을 발휘하기도 합니다.

이제 90세가 된 빅 짐 해슬럼은 최근 영감을 주는 책을 출간했습니다. 이 책에 의하면 짐 클레이턴의 아들 케빈Kevin은 빅 짐 해슬럼에게 파일럿의 대규모 지분을 버크셔에 팔라고 권유했습니다. 모든 소매업자가 알고 있듯이 가장 유능한 영업 직원은 만족한 고객입니다. 이는 기업 인수 시장에도 똑같이 적용됩니다.

* * *

다음에 녹스빌이나 오마하 상공을 지나갈 때에는 클레이턴, 해슬럼, 블럼킨에게 경의를 표하시기 바랍니다. 이들은 1789년에 만들어진 미국의 독특한 번영의 틀 덕분에 잠재력을 발휘할 수 있었습니다. 미국 역시 클레이턴, 해슬럼, 블럼킨 같은 시민 덕분에 건국의 아버지들이 추구했던 기적을 이룰 수 있었습니다.

지금은 세계 전역에서 많은 사람이 비슷한 기적으로 번영을 확산하면서 모든 인류에게 혜택을 제공하고 있습니다. 그러나 미국처럼 건국 232년 만에 사람들이 잠재력을 마음껏 발휘할 수 있게 만든 나라는 없습니다. 심각한 침체기도 있었지만 미국의 경제 발전은 숨이 막힐 정도였습니다. 그리고 미국은 '더 완벽한 연방'이 되려는 근본적인 열망을 유지하고 있습니다. 그 진행 과정은 느리고 거칠며 종종 실망스럽기도 했습니다. 그러나 우리는 계속 전진했으며 앞으로도 계속 전진할 것입니다.

우리의 확고한 결론은 절대 미국이 망하는 쪽에 돈을 걸지 말라는 것입니다.

버크셔투자조합

버크셔는 델라웨어 회사이므로 우리 이사들은 델라웨어주 법을 따라야 합니다.* 그 법 중에는 이사회 구성원들이 회사와 주주들의 이익을 위해서 일해야 한다는 조항도 있습니다. 우리 이사들은 이 원칙을 수용합니다. 물론 버크셔 이사들은 회사가 고객들에게 기쁨을 주고, 36만 종업원의 재능을 계발하고 보상하며, 대출 기관들과 바른 관계를 유지하고, 영업 중인 여러 주와 도시에서 선량한 시민으로 평가받길 바랍니다. 우리는 이들 고객, 종업원, 대출 기관, 시민을 소중하게 생각합니다.

---

*   버크셔 해서웨이의 소재지는 네브래스카주 오마하이지만 법인 등록은 델라웨어주에 했다. 델라웨어 회사법이 세금을 적게 부과하는 등 법인에 유리한 내용이 많아, 미국 공개 회사 다수가 델라웨어주에 등록해 있다._편집자

그러나 이들에게는 배당, 전략 방향, CEO 선정, 기업 인수나 매각을 결정하는 의결권이 없습니다. 이런 의사 결정의 책임은 오로지 버크셔 이사들의 몫이며 이들은 회사와 주주들의 장기 이익을 충실하게 대변해야 합니다. 찰리와 나는 버크셔의 개인 주주들에게 법 조항을 넘어서는 특별한 책임감을 느낍니다. 우리 이력을 살펴보면 우리가 왜 그런 책임감을 느끼며 왜 그렇게 행동하는지 이해할 수 있을 것입니다.

* * *

버크셔를 맡기 전 나는 일련의 투자조합을 통해서 여러 개인의 자금을 운용했습니다. 초기 투자조합 3개는 1956년에 설립했습니다. 그러나 시간이 흐를수록 여러 투자조합을 관리하기가 번거로워졌고, 1962년 12개 투자조합을 '버핏투자조합Buffett Partnership Ltd.'으로 합병했습니다.

그해에 나와 아내의 자금 거의 전액이 다른 유한책임 파트너들의 자금과 함께 투자되었습니다. 나는 급여나 보수를 받지 않았습니다. 대신 무한책임 파트너로서 연 수익률 6% 초과분에 대해서만 성과보수를 받았습니다. 연 수익률이 6%에 미달하면 미달분을 이월해 내 미래 성과보수에서 차감하기로 했습니다(다행히 그런 사례는 전혀 발생하지 않았습니다. 투자조합의 실적은 기준 수익률 6%를 항상 초과했습니다). 시간이 흐르면서 나의 부모, 형제자매, 아주머니, 삼촌, 사촌과 사촌 매부의 자금 대부분도 투자조합에 들어갔습니다.

찰리는 1962년 투자조합을 설립해 나와 비슷한 방식으로 운영했습니다. 찰리와 나의 고객 중에는 기관투자가가 없었고 금융 지식이 풍부한 사람도 거의 없었습니다. 투자조합에 합류한 사람들은 단지 우리가 우리 자금을 운용하듯이 자기 자금을 운용해줄 것으로 믿었을 뿐입니다. 이들 개인이 친구의 조언에 의지하거나 직관적으로 내린 판단은 옳았습니다. 찰리와 내가 원금의 영구 손실을 지극히 싫어하며, 우리가 상당히 좋은 실적을 예상하지 않았다면 자기 돈을 받지 않았으리라는 판단 말입니다.

1965년 투자조합이 버크셔의 경영권을 인수하고 나서 나는 우연히 경영을 맡게 되었습니다. 훨씬 뒤인 1969년 우리는 투자조합을 해산하기로 했습니다. 연말이 지나 투자조합은 보유 현금과 주식 3종목을 지분에 비례해서 분배했는데, 평가액이 가장 큰 종목은 버크셔의 지분 70.5%였습니다.

한편 찰리는 1977년 투자조합을 해산했습니다. 그가 분배한 자산 중에는 블루칩 스탬프Bluechip Stamp의 대규모 지분도 있었는데, 블루칩은 찰리의 투자조합과 버크셔가 함께 지배하던 회사였습니다. 블루칩은 내가 투자조합을 해산할 때 분배한 3종목 중 하나이기도 했습니다.

1983년 버크셔와 블루칩이 합병하면서 버크셔의 등록 주주가 1,900명에서 2,900명으로 증가했습니다. 찰리와 나는 모든 주주(기존 주주, 새 주주, 잠재 주주)가 같은 생각이길 바랐습니다. 그래서 1983년 연차보고서 앞단에 버크셔의 '주요 사업 원칙'을 제시했습니다. 첫 번째 원칙은 다음과 같이 시작됩니다. "버크셔의 형식은 주식회사지만 우리의 마음 자세는 동업자입니다." 1983년에 이 원칙이 우리의 관계를 정의했고 현재도 이 원칙이 우리의 관계를 정의합니다. 찰리와 나 그리고 우리 이사들은 이 선언이 수십 년 후에도 버크셔에 기여하리라 믿습니다.

* * *

현재 버크셔의 소유권(주식)은 다섯 가지 커다란 '양동이'에 들어 있습니다. 한 양동이에는 설립자인 내 주식이 들어 있습니다. 내 주식은 매년 다양한 자선단체에 분배되고 있으므로 이 양동이는 틀림없이 비워질 것입니다. 나머지 네 양동이 중 두 개에는 다른 사람들의 돈을 운용하는 기관투자가들의 주식이 들어 있습니다. 그러나 두 기관투자가는 다른 사람들의 돈을 운용한다는 점만 같을 뿐, 투자 방식은 전혀 다릅니다.

한 기관투자가는 인덱스펀드로, 투자 분야에서 비중이 급격하게 증가 중인 대형 펀드입니다. 인덱스펀드는 단지 추종하는 지수를 모방할 뿐입니다. 투자자들 사이에서 인기 높은 지수는 S&P500이며 버크셔도 이 지수에 포함됩니다. 강조하건대 인덱스펀드가 버크셔 주식을 보유하는 것은 단지 보유하도록 정해져 있기 때문입니다. 인덱스펀드는 오로지 '비중'을 조절하려고 자동으로 주식을 사고파는 펀드입니다.

다른 기관투자가는 부유한 개인, 대학교, 연금 수령자 등 다양한 고객의 돈을 운용합니다. 이 전문 펀드매니저는 자신의 가치 평가와 전망을 바탕으로 종목 선정과 교체에 재량권을 행사할 수 있습니다. 힘들지만 명예로운 직업이라 하겠습니다.

이런 '액티브active' 집단이 버크셔를 선정해주면 기쁘겠지만, 이들은 항상 더 유망한 투자 대상을 탐색합니다. 일부 펀드매니저는 장기 투자에 주력하므로 매매를 거의 하지 않습니다. 또 일부 펀드매니저는 컴퓨터 알고리즘을 이용해서 나노초(10억분의 1초) 단위로 주식을 매매합니다. 그리고 일부 펀드매니저는 거시경제 전망을 바탕으로 주식을 매매합니다.

네 번째 양동이에는 앞에서 설명한 '액티브' 기관투자가처럼 매매하는 개인들의 주식이 들어 있습니다. 이들 개인은 더 매력적인 종목을 발견하면 언제든 버크셔 주식을 매도할 것입니다. 우리는 이런 태도에 대해 불만이 없습니다. 버크셔 역시 보유 주식을 대하는 태도가 비슷하기 때문입니다.

다섯 번째 양동이와 특별한 유대감을 느끼지 못한다면 찰리와 나는 인간 이하일 것입니다. 이들은 미래가 어떻게 되든 우리가 자신의 이익을 대변해줄 것으로 굳게 믿는 100만여 개인 투자자들입니다. 이들은 처음 우리와 합류할 때부터 떠날 생각이 없었던 사람들입니다. 우리 초기 투자조합의 파트너들처럼 말이지요. 실제로 지금도 버크셔 주주 중 상당수는 투자조합 시절 합류했던 투자자와 그 자녀들입니다.

그 전형적인 역전歷戰의 투자자가 쾌활하고 인심 좋은 오마하 안과 의사 스탠 트럴슨Stan Truhlsen입니다. 나의 친구이기도 한 그는 2020년 11월 13일 100세가 되었습니다. 1959년 스탠은 다른 젊은 의사 10명과 함께 나와 투자조합을 설립했습니다. 의사들은 투자조합의 이름을 엠디 Emdee라고 지었습니다. 이후 이들은 해마다 우리 부부가 집에서 여는 기념 만찬에 참석했습니다.

1969년 우리 투자조합이 버크셔 주식을 분배했을 때 이 의사들은 모두 받은 주식을 계속 보유했습니다. 이들은 투자와 회계를 속속들이 알지는 못했지만 버크셔에서 자신이 동업자로 대우받으리라는 점은 확실히 알았습니다.

스탠과 함께 엠디에 참여했던 동료 두 사람은 이제 90대 후반이지만 여전히 버크셔 주식을 보유하고 있습니다. 엠디 참여자들이 이렇게 장수하는 모습을 보니 (아울러 찰리는 97세이고 나는 90세이니) 흥미로운 질문이 떠오릅니다. 버크셔 주식이 장수를 촉진하는 것일까요?

* * *

특이하고도 소중한 버크셔의 개인 주주들을 보면 우리가 왜 월스트리트 애널리스트와 기관투자가들을 꺼리는지 이해하실 것입니다. 우리는 원하는 투자자들을 이미 보유하고 있고 이 '동업자'들이 교체되지 않기를 바랍니다. 버크셔의 주주 자리(유통 주식 수)는 한정되어 있습니다. 우리는 이미 자리를 차지한 주주들을 무척 좋아합니다. 물론 일부 동업자는 교체될 것입니다. 그러나 찰리와 나는 교체되는 동업자가 극히 적기를 바랍니다. 친구, 이웃, 배우자가 빠르게 교체되기를 바라는 사람도 있을까요?

1958년 필립 피셔Philip Fisher는 대단히 훌륭한 투자서를 저술했습니다. 그 책에서는 상장회사 경영을 음식점 경영에 비유했습니다. 음식점은 햄버거와 코카콜라로 식사 손님을 유치할 수도 있고, 프랑스 요리와 외국산 와인으로 식사 손님을 유치할 수도 있습니다. 하지만 제공하는 음식을 변덕스럽게 바꾸면 안 된다고 그는 경고합니다. 잠재 고객들에게 던지는 메시지는 이들이 실제로 받는 서비스와 일치해야 합니다. 버크셔는 56년 동안 햄버거와 코카콜라를 제공했습니다. 우리는 이 음식으로 유치한 고객들을 소중히 여깁니다.

미국 안팎의 수많은 투자자와 투기자들은 자신의 취향에 따라 다양한 주식을 선택할 수 있습니다. 이들은 매력적인 아이디어가 있는 CEO와 투자 컨설턴트들을 발견할 것입니다. 목표 가격과 이익 조정은 물론 '스토리'도 원하기만 하면 얼마든지 얻을 것입니다. '기술적 분석가'들은 차트에서 어떤 파동이 다음 주가 흐름을 알리는 신호인지 자신 있게 가르쳐줄 것입니다. 투자 조언은 항상 차고 넘칠 것입니다.

많은 투자자가 매우 좋은 실적을 낼 것입니다. 주식 투자는 포지티브섬 게임positive-sum game이기 때문입니다. S&P500 종목이 열거된 판자에 원숭이가 화살(다트)을 50번 던져 구성한 포트폴리오라 해도, 함부로 종목을 교체하지만 않으면 장기적으로 양호한 배당과 자본이득을 얻을 수 있습니다.

농장, 부동산, 주식 같은 생산 자산에서는 재화가 대량으로 산출됩니다. 그러므로 생산 자산 소유자 대부분은 보상을 받게 됩니다. 단지 시간, 평정심, 충분한 분산투자, 거래 비용 최소화가 필요할 뿐입니다. 그렇더라도 투자자의 비용이 월스트리트의 수익이라는 점은 절대 잊지 말아야 합니다. 원숭이는 땅콩만 줘도 화살을 던지지만 월스트리트 사람들은 그러지 않습니다.

버크셔에 주주 자리가 나오면 (거의 안 나오면 좋겠지만) 우리는 버크셔를 잘 이해하고 원하는 새 주주들이 차지하길 바랍니다. 찰리와 나는 수십 년 동안 경영을 맡았지만 여전히 실적을 약속할 수 없습니다. 그러나 우리가 여러분을 동업자로 대우하겠다는 약속은 할 수 있으며 실제로 그렇게 할 것입니다.

우리 후계자들 역시 그렇게 할 것입니다.

여러분이 놀랄 만한 숫자

지금까지 내가 전혀 의심하지 않다가 최근 우리 회사에 대해 알게 된 사실이 있습니다. 버크셔가 미국에 보유한 설비 투자(미국의 '사업 기반 시설'을 구성하는 자산 유형)의 GAAP 평가액이 미국 기업 중 최고라는 사실입니다. 이들 미국 '고정자산'에 대한 버크셔의 감가상각 원가는 1,540억 달러입니다. 우리 다음으로 고정자산의 감가상각 원가가 많은 기업은 AT&T로 1,270억 달러입니다.

단지 우리가 보유한 고정자산 평가액이 최고라고 해서 우리가 투자에 성공했다고 볼 수는 없습니다. 최고의 실적을 달성하려면 최소의 자산으로 높은 이익률을 내야 하며, 약간의 추가 자본만으로도 상품이나 서비스 매출을 확대할 수 있어야 합니다. 실제로 우리는 이렇게 이례적인 기업을 몇 개 보유하고 있지만 이들은 규모가 비교적 작고 성장성도 낮습니다.

중자산asset-heavy 기업도 훌륭한 투자 대상이 될 수 있습니다. 사실 우리는 두 거대 기업 BNSF와 BHE가 있어서 매우 기쁩니다. 우리가 BNSF를 인수하고서 만 1년이 지난 2011년, 두 거대 기업의 순이익 합계가 42억 달러였습니다. 2020년에는 고전하는 기업이 많았는데도 두 거대 기업의 순이익 합계가 83억 달러였습니다. BNSF와 BHE에는 향후 수십 년 동안 거액의 자본적 지출이 필요합니다. 좋은 소식은 둘 다 추가 투자에 대해 적정 수익률이 기대된다는 점입니다.

먼저 BNSF를 살펴봅시다. 이 철도회사는 철도, 트럭, 파이프라인, 바지선, 항공기 등으로 미국 안에서 운송되는 화물의 전체 장거리 톤-마일(화물 톤수와 운송 거리를 곱한 값) 중 약 15%를 운송하고 있습니다. 운송량 면에서 BNSF가 압도적인 1위입니다. 미국 철도의 역사는 매우 흥미롭습니다. 약 150년 동안 철도 건설 광풍, 부정행위, 과잉 건설, 파산, 구조 조정과 합병을 거친 후 마침내 철도산업은 수십 년 전 합리화된 성숙 산업으로 부각되었습니다.

BNSF는 1850년 일리노이주 북동부에서 12마일짜리 철도로 사업을 시작했습니다. 이후 지금까지 390개 철도를 인수하거나 합병했습니다. BNSF의 유구한 역사는 다음 자료를 참고하시기 바랍니다.

http://www.bnsf.com/bnsf-resources/pdf/about-bnsf/History_and_Legacy.pdf

버크셔는 2010년 초 BNSF를 인수했습니다. 이후 BNSF는 고정자산에 410억 달러를 투자했는데 이는 감가상각비를 200억 달러 초과하는 규모입니다. 철도 운송은 야외 스포츠와 같습니다. 극도로 춥거나 더운 날씨에도 길이가 1마일이나 되는 열차를 사막이든 산악이든 지형 조건 가리지 않고 안전하게 운행해야 하기 때문입니다. 대규모 홍수도 주기적으로 발생합니다. BNSF는 28개 주에 걸쳐 2만 3,000마일의 철도를 보유하고 있으며, 비용이 얼마가 들더라도 방대한 철도 시스템의 안전성을 유지하고 서비스를 극대화해야 합니다.

BNSF는 지금까지 버크셔에 상당한 배당을 지급했습니다. 모두 418억 달러입니다. 그런데 BNSF는 사업과 유지·보수에 필요한 자금을 모두 지출하고서 남은 현금이 약 20억 달러를 초과할 때에만 배당을 지급합니다. 이렇게 보수적인 정책 덕분에 BNSF는 버크셔의 보증 없이 자금을 저금리로 조달할 수 있습니다.

BNSF에 관해서 한마디만 보태겠습니다. 지난해 CEO 칼 아이스Carl Ice와 2인자 케이티 파머Katie Farmer는 심각한 경기 침체에 대응하면서도 비용을 탁월하게 관리했습니다. 화물 운송량이 7% 감소했는데도 두 사람은 BNSF의 이익률을 2.9%p 증가시켰습니다. 칼은 오래전 계획에 따라 연말에 은퇴했고 케이티가 CEO 자리를 이었습니다. 여러분의 철도회사는 잘 관리되고 있습니다.

BNSF와는 달리 BHE는 배당을 지급하지 않습니다. 이는 전력산업의 관행에 비추어 보면 매우 이례적입니다. 우리가 BHE를 보유한 21년 동안 이렇게 엄격한 정책이 계속 유지되었습니다. 철도산업과는 달리 미국 전력산업은 거대한 변신이 필요하므로 결국 엄청난 비용을 투입해야 합니다. 이 변신 과정에서 BHE가 향후 수십 년 동안 벌어들이는 이익을 모두 지출하게 될 것입니다. 우리는 이 도전을 환영하며 추가 투자에 대해 적절한 보상을 받게 되리라 믿습니다.

BHE의 노력 한 가지를 설명하겠습니다. BHE는 180억 달러를 투자해 서부 전역의 노후 배전망 상당 부분을 수리하고 확장합니다. 2006년 BHE가 시작한 이 프로젝트는 2030년에 완료될 예정입니다. 네, 2030년입니다.

재생 가능 에너지가 등장하면서 우리 프로젝트는 사회에 필수적인 일이 되었습니다. 지금까지 오랜 기간 널리 보급된 석탄발전소는 인구 밀집 지역 근처에 건립되었습니다. 그러나 풍력 및 태양광 발전에 가장 적합한 장소는 대개 외딴 지역입니다. 2006년 BHE 분석에 의하면 서부 송전선에 막대한 투자가 필요했습니다. 그러나 이런 투자를 감당할 만큼 재무 상태가 건전한 기업이나 정부 기관은 거의 없었습니다.

BHE는 미국의 정치, 경제, 사법 제도를 믿고 이 프로젝트를 진행하기로 했습니다. 우리는 수십억 달러를 투자한 뒤에야 유의미한 매출을 기대할 수 있습니다. 송전선이 여러 주의 경계선과 관할 구역을 통과해야 하는데 저마다 규정과 선거구가 다릅니다. BHE가 고객들에게 전력을 공급하기 위해서는 수많은 토지 소유자와 거래해야 하고, 재생 에너지 공급자 및 먼 곳의 전력 유통회사와 복잡한 계약을 체결해야 하며, 곧바로 신세계가 열리길 기대하는 몽상가와 기존 체제를 지키려는 사람들 모두를 설득해야 합니다. 뜻밖의 사건과 지연도 피할 수 없습니다.

그러나 BHE는 이 프로젝트를 완수하기에 충분한 경영 능력, 의지, 자금을 보유하고 있습니다. 우리는 서부 송전 프로젝트를 진행하는 동시에 규모가 비슷한 다른 프로젝트를 탐색하고 있습니다. 어떤 장애물이 가로막더라도 BHE는 갈수록 더 깨끗한 에너지를 공급하는 선도 기업이 될 것입니다.

주주총회

지난해 2월 22일, 나는 주주총회 축제 계획에 관한 글을 썼습니다. 그러나 이 계획은 1개월도 지나기 전에 폐기되었습니다.

우리 본사에서는 멜리사 샤피로Melissa Shapiro와 최고재무책임자CFO 마크 햄버그Marc Hamburg가 주도해 신속하게 계획을 수정했습니다. 이들의 즉각적인 수정안이 기적적으로 효과를 발휘했습니다. 버크셔의 부회장 중 한 사람인 그레그 에이블Greg Abel이 나와 함께 무대에 올라 1만 8,000개 빈 좌석과 카메라가 있는 어두운 경기장을 바라보며 앉았습니다. 리허설은 없었습니다. 그레그와 나는 행사 시작 약 45분 전에 도착했습니다.

47년 전 17세에 버크셔에 합류한 나의 훌륭한 조력자 데비 보사넥Debbie Bosanek은 내가 준비한 발표용 슬라이드 25장을 설치해주었습니다. 그리고 매우 유능한 컴퓨터 및 카메라 운영자들이 순서대로 슬라이드를 스크린에 투사해주었습니다.

야후는 기록적인 규모의 세계 시청자들에게 행사 동영상을 실시간으로 제공했습니다. 뉴저지 집에서 작업하던 CNBC의 베키 퀵Becky Quick은 주주 수천 명이 이미 제출한 이메일이나 그레그와 내가 무대에 오른 네 시간 동안 시청자들이 보낸 이메일 중에서 질문을 선정했습니다. 우리는 시즈 땅콩 캔디와 퍼지, 코카콜라에서 영양분을 섭취했습니다.

올해는 5월 1일에 더 개선된 주주총회를 열 계획입니다. 이번에도 야후와 CNBC의 지원을 받아 완벽한 행사를 치르고자 합니다. 야후는 동부 일광 절약 시간(Eastern Daylight Time: EDT) 기준 오후 1시에 생방송을

시작합니다. 다음 사이트를 찾아보십시오. https://finance.yahoo.com/
brklivestream

공식 회의는 EDT 오후 5시에 시작해서 5시 30분에 끝납니다. 우리는 그 전인 1시 30분~5시에 베키가 전해주는 질문에 답할 것입니다. 항상 그랬듯이 우리는 어떤 질문이 나오는지 사전에 파악하지 않을 것입니다. 정곡을 찌르는 질문을 다음 주소로 보내주십시오. BerkshireQuestions@cnbc.com 야후는 5시 30분 이후에 간추린 정보를 제공할 것입니다.

이제 놀라운 소식입니다(드럼 소리를 부탁합니다). 올해 주주총회는 로스앤젤레스에서 열릴 예정입니다. 그리고 찰리도 나와 함께 무대에 올라 3시간 30분 동안 질문에 답할 것입니다. 지난해에는 찰리가 없어서 나도 아쉬웠지만, 여러분이 아쉬워했다는 점이 더 중요합니다. 우리 귀중한 부회장 아지트 자인과 그레그 에이블도 각자 자기 분야에 대한 질문에 답할 것입니다.

야후를 통해서 참석하십시오. 정말로 어려운 질문은 찰리에게 던지세요! 우리는 즐길 것이며, 여러분도 즐기길 바랍니다.

물론 우리가 직접 대면하는 날이 오면 더 좋겠습니다. 2022년에 그런 날이 오길 바라며 기대합니다. 오마하 시민들, 우리 전시회에 참가하는 자회사들, 그리고 모든 본사 직원이 버크셔 스타일의 순수한 주주총회가 다시 열리기를 고대하고 있습니다.

2021년 2월 27일
이사회 의장 워런 버핏

Appendix 2

2021년 버크셔 해서웨이
온라인 주주총회 질의응답 완역

* 본문은 질의응답의 내용을 그대로 옮겼다. 정확한 내용을 원하면 야후 동영상 (https://finance.yahoo.com/brklivestream/)을 이용하기 바란다. 번역 과정에서 위 동영상을 포함해 다양한 매체의 보도 자료와 메모 자료를 이용했다. (옮긴이 주)

워런 버핏 지난해에는 버크셔 주주총회를 오마하에서 갑작스럽게 인터넷으로 진행했습니다. 올해에는 여유가 있어서 우리가 로스앤젤레스에 왔습니다. 그러나 내 옆에 있는 찰리가 요청해서 로스앤젤레스에 온 것은 아니고, 찰리와 함께 진행하기를 모두가 원했기 때문에 온 것입니다. 이제 곧 버크셔의 부회장 세 사람을 소개하겠습니다. 그리고 1분기 실적도 보고하겠습니다. 보고에 시간이 오래 걸리지는 않을 것입니다.

이어서 버크셔 해서웨이 투자자뿐 아니라 지난해 주식시장에 진입한 신규 투자자들을 위한 짤막한 교훈 한두 가지를 말씀드리겠습니다. 지난해에는 주식시장에 진입한 투자자의 수가 기록을 세웠다고 생각합니다. 이와 관련된 간단한 예를 두 가지 들어보겠습니다.

그리고 베키 퀵과 함께 Q&A를 시작하겠습니다. 그녀는 지금까지 질문 수천 개를 신청받아 선별 작업을 했지만, Q&A가 진행되는 동안에도 질문을 더 받을 수 있습니다. 가끔 그녀의 모습이 화면에 등장할 것입니다. 지난해 Q&A 시간에 질문이 홍수처럼 쏟아질 때에도 그녀는 기적처럼 질문을 선별해냈습니다. 그러므로 Q&A 진행 중에도 원하시면 부담 없이 질문을 그녀에게 직접 전달하시기 바랍니다. 이런 방식으로 Q&A를 약 세 시간 반 진행하고서 끝으로 주주총회를 하겠지만 시간은 오래 걸리지 않을 것입니다.

먼저 버크셔 해서웨이의 부회장 세 사람을 소개하겠습니다. 각 부회장에 대해 간략하게 설명하고 끝에 아마도 약간 놀랄 만한 이야기를 덧붙이겠습니다. 내 왼쪽이 찰리 멍거Charlie Munger인데 62년 전에 만났습니다. 당시 그는 로스앤젤레스 변호사였는데, 여기서 몇 마일 떨어진 곳에서 주택 건축업을 하고 있었습니다. 그는 62년이 지난 지금도 똑같은 집에서 살고 있습니다.

참 흥미로운 일입니다. 당시 나도 몇 달 전에 집을 샀으며, 62년이 지난 지금도 똑같은 집에서 살고 있기 때문입니다. 우선 두 사람 모두 집을 무척이나 사랑하는 매우 특이한 사람입니다. 그래서인지 찰리와 나는 곧바로 죽이 맞았습니다. 그는 말하자면 무엇보다도 버크셔의 문화를 담당하는 부회장입니다. 나는 예컨대 진북眞北 방향에 관한 질문이 있으면 찰리에게 물어봅니다. 그는 항상 큰 도움이 되었습니다. 그는 말수도 훨씬 적었고 모든 면에서 나보다 많이 드러나지 않았지만, 버크셔에 믿기 어려울 정도로 기여했습니다. 찰리는 이곳 로스앤젤레스에서 60여 년째 살고 있습니다.

내 오른쪽, 여러분이 보시기에 왼쪽 사람이 보험과 투자를 제외한 모든 사업을 담당하는 부회장 그레그 에이블입니다. 그레그는 앨버타주 에드먼턴에서 나서 자란 캐나다인이어서 그와 여덟 살짜리 아들 둘 다 아이스하키를 즐깁니다. 그는 캐나다에서 대학을 졸업하고 잠시 후에 미국으로 왔습니다. 그가 맡은 사업은 매출이 1,500억 달러가 훨씬 넘고 종업원이 약 27만 5,000명에 이릅니다. 그런데도 그는 이전보다 일을 훨씬 잘하고 있습니다.

내 왼쪽 끝에 있는 사람이 아지트 자인입니다. 아지트는 인도에서 나서 자랐고 대학도 인도에서 나왔습니다. 나는 1986년 어느 토요일에 아지트를 만났습니다. 당시 나는 보험 사업을 하면서 다양한 실수를 저지르고 있었습니다. 토요일 사무실로 찾아온 아지트에게 내가 물었습니다. "보험에 관해서 얼마나 아는가?" 그는 "아무것도 모릅니다"라고 대답했습니다. 나는 말했습니다. "완벽한 사람은 없다네. 좀 더 이야기를 해보지." 정오가 될 무렵, 나는 우리 보험 사업을 거대 사업으로 키워낼 인물을 만났다고 생각했습니다. 그날 이후 오마하의 존재감 없던 작은 보험사는 순자산 기준으로 세계 최대의 손해보험사가 되었습니다. 가끔 우리 보험사는 다른 보험사들이 인수하지 못하는 위험을 24시간 이내에 인수합니다. 다른 보험사들은 과거 중요한 시점에 여러 보험사가 공동으로 위험을 인수하고자 했으므로 의사결정에 오랜 시간이 걸렸기 때문입니다. 그는 세계를 선도하는 놀라운 손해보험사를 키워냈습니다.

이렇게 우리 부회장 중 찰리는 60여 년을 거주한 LA 출신이고, 그레그는 캐나다 출신이며, 아지트는 인도 출신입니다. 버크셔에서 눈부신 성과를 낸다는 점 외에 세 부회장의 공통점은 이들이 한 번쯤은 오마하의 내 집에서 1마일 안에서 오랜 기간 거주했다는 사실입니다. 1934년 찰리는 내 집에서 수백 미터 멀리 이사해서 고등학교에 다녔습니다. 그러나 마침내 입대해 나의 지인들을 함께 알게 되었으며, 우리 자녀들도 같은 초등학교에 다녔습니다. 그레그는 오마하의 내 집에서 5~6구역 이내에서 오랫동안 거주했고 지금은 디모인에 살고 있습니다. 아지트는 2년 동안 내 집에서 약 1마일 거리에서 살았습니다. 우리는 전혀 다른 곳에서 태어났으나 함께 살게 되었습니다. 지금 우리는 각자의 길을 가고 있지만 모두 성과가 매우 좋습니다. 오늘 오전 이들의 대답을 듣고 싶으면, 여러분은 질문을 내게 던질 수도 있고 이들에게 직접 던질 수도 있습니다. 여러분이 질문 중 상당수를 이들에게 직접 던지면 내 부담이 아주 가벼워집니다.

항상 그랬듯이 이번에도 주주총회를 토요일에 열었습니다. 분기 실적이 담긴 10-Q는 우리 웹사이트 berkshirehathaway.com에 공개했습니다. 매우 흥미롭게도 10-Q 역시 토요일 오전에 공개했습니다. 이는 대중 매체가 원해서도 아니고 애널리스트들이 원해서도 아닙니다. 여러분이 10-Q에 담긴 방대한 정보를 소화할 수 있도록 시간을 최대한 제공하고 싶어서입니다. 10-Q는 완벽하게 요약할 수가 없습니다. 여러분께 일부

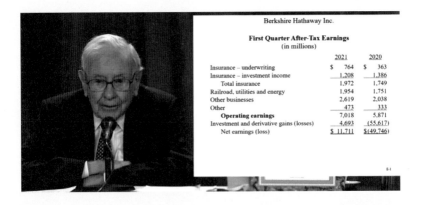

Berkshire Hathaway Inc.

First Quarter After-Tax Earnings
(in millions)

	2021	2020
Insurance – underwriting	$ 764	$ 363
Insurance – investment income	1,208	1,386
Total insurance	1,972	1,749
Railroad, utilities and energy	1,954	1,751
Other businesses	2,619	2,038
Other	473	333
Operating earnings	7,018	5,871
Investment and derivative gains (losses)	4,693	(55,617)
Net earnings (loss)	$ 11,711	$(49,746)

요약 숫자를 제시하겠지만 실제로 일부만 보여줄 뿐입니다. 대부분 투자자는 우리 부회장 세 사람이 좋은 성과를 내리라 믿기 때문에 버크셔 주식을 매수합니다. 이 믿음이 틀린 것은 아닙니다. 그러나 여러분이 세부 사항 파악을 정말로 즐기며 버크셔의 다양한 사업을 기본적으로 이해하고자 한다면 10-Q를 읽어야 합니다. 아마 두 시간 정도 걸릴 것입니다. 물론 적은 시간은 아니지만 우리 다양한 사업에 관해서 많은 정보를 얻을 수 있습니다. 특히 사업을 공부하는 사람이라면 꼭 읽으라고 추천합니다.

여기 보시는 요약 숫자 둘은 우리 보도 자료에도 제시한 흥미로운 숫자입니다. 작년 숫자는 보시다시피 적자여서 걱정스러운 숫자입니다. 특히 작년 1분기에는 실제로 적자가 거의 500억 달러였습니다. 나는 이런 숫자가 나오리라고는 전혀 생각하지 못했습니다. 혹시 작년 1분기에 내가 휴가를 떠나면서 다른 사람에게 일을 넘겼던 것은 아닌지 달력을 확인해보니 그런 일은 없었습니다. 다행히 올해 1분기는 117억 달러 흑자이지만 두 숫자 모두 큰 의미는 없습니다. 과거에는 버크셔 같은 기업이 장기간 누적된 미실현 손익을 조정해도 적자로 전환되는 일은 없었습니다. 그러나 몇 년 전 규정이 바뀌어 이제는 주가가 오르내릴 때마다 손익계산서에 반영하게 되었습니다. 그래서 지난해 1분기에 주가가 폭락했을 때 우리는 거액의 적자를 기록했지만 사실은 미실현 이익이 감소한 것이었습니다. 그렇더라도 이렇게 적자를 기록하면 투자자가 감소하게 됩니다.

다행히 올해 1분기에는 다소 흑자를 기록했습니다. 그러나 우리가 실적을 매일 보고한다면 하루는 흑자 30억 달러, 이튿날은 적자 20억 달러가 나올 수 있습니다. 우리는 이런 회계 처리 방식이 그다지 적절하다고 생각하지 않지만 강행 규정이므로 따를 수밖에 없습니다. 이에 대해 우리는 보도 자료를 통해서 매우 신중하게 설명했고, 주주 서한에서도 버크셔의 실적을 그런 방식으로 보면 안 되는 이유를 설명했습니다. 그동안 주주 서한에서 여러 차례 설명했듯이, 우리가 투자한 기업들은 대개 유보이익 재투자를 통해서 우리에게 이익을 안겨줍니다. 그 이익은 언젠가 자본이득으로 나타납니다. 그러나 버크셔처럼 주식 등 유가증권을 대량 보유한 기업이라면 순이익이 아니라 영업이익에 주목해야 합니다.

작년 1~2월의 실적과 올해 1~2월의 실적을 비교해보면 매우 비슷하게 나올 것입니다. 그러나 2020년 3월에는 경제 활동이 정지했습니다. 이는 말하자면 갑작스러운 자발적 경기 침체였습니다. 매우 갑작스러운 일이었습니다. 그래서 3월에는 경제가 절벽 아래로 추락했고, 연준의 엄청나게 효과적인 대응 조처 덕분에 경제가 되살아났습니다. 그 이후에는 의회가 재정정책을 지원했습니다. 그러나 보다시피 3월에는 실적이 크게 달라졌습니다. 그래도 우리 사업 실적은 정말 좋았습니다. 이번 경기 침체는 일부 업종만 극심하게 침체했다는 점에서 대단히 이례적입니다.

나중에 더 언급하겠지만 지금은 경제의 대다수 분야에서 경기가 매우 좋습니다. 그러나 국제 항공여행 등 일부 분야는 매출이 대폭 감소했고 여전히 심각한 상황입니다. 특히 손쉽게 돈을 벌 생각으로 하루에 30~40회 매매하는 신규 투자자들은 다음 두 가지를 검토해보기 바랍니다. 슬라이드 L1을 띄워주십시오. 화면은 3월 31일 현재 시가총액 기준 세계 20대 기업 목록입니다. 대부분 여러분에게 친숙한 기업들이며, 1위는 시가총액

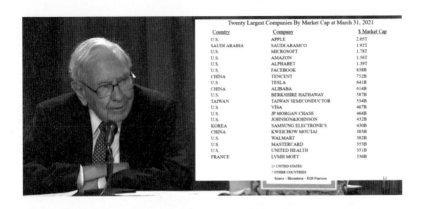

Twenty Largest Companies By Market Cap at March 31, 2021

Country	Company	$ Market Cap
U.S.	APPLE	2.05T
SAUDI ARABIA	SAUDI ARAMCO	1.92T
U.S.	MICROSOFT	1.78T
U.S.	AMAZON	1.56T
U.S.	ALPHABET	1.39T
U.S.	FACEBOOK	838B
CHINA	TENCENT	752B
U.S.	TESLA	641B
CHINA	ALIBABA	614B
U.S.	BERKSHIRE HATHAWAY	587B
TAIWAN	TAIWAN SEMICONDUCTOR	534B
U.S.	VISA	467B
U.S.	JP MORGAN CHASE	464B
U.S.	JOHNSON&JOHNSON	432B
KOREA	SAMSUNG ELECTRONICS	430B
CHINA	KWEICHOW MOUTAI	385B
U.S.	WALMART	382B
U.S.	MASTERCARD	353B
U.S.	UNITED HEALTH	351B
FRANCE	LVMH MOET	336B

13 UNITED STATES
7 OTHER COUNTRIES

Source – Bloomberg – EOS Function

이 2조 달러를 웃도는 애플입니다. 20위 기업의 시가총액은 3,300억 달러 남짓입니다. 사우디 아람코Saudi Aramco는 전문 업체입니다. 사우디 정부가 이 회사 지분 95%를 보유하고 있는지는 모르겠지만 지분 일부를 매도하려 하고 있습니다. 보시다시피 시가총액 상위 6대 기업 중 5개가 미국 기업입니다. 미국이 예전만 못하다고 사람들이 말한다면, 세계 시가총액 상위 6대 기업 중 5개가 미국 기업이라는 사실을 기억하기 바랍니다.

1790년에는 미국 인구가 세계 인구의 0.5%에 불과한 390만이었고 그 중 60만은 노예였습니다. 아일랜드의 인구가 미국보다 많았고, 러시아는 5배였으며, 우크라이나는 2배였습니다. 지금 미국은 어떤가요? 건국 후 불과 232년이 지난 지금 미국에는 야심 찬 미래 청사진이 있습니다. 세계 시가총액 상위 6대 기업 중 5개가 미국 기업인 것은 우연이 아닙니다. 미국인이 훨씬 더 똑똑하거나 강해서도 아닙니다. 미국은 토양이 기름지고 기후도 좋습니다. 그러나 그런 나라는 미국 말고도 많습니다. 미국은 시스템이 믿기 어려울 정도로 잘 작동했습니다. 불과 수백 년 전 인구가 세계 인구의 0.5%였던 나라에서 세계 시가총액 상위 6대 기업 중 5개가 나왔다는 사실을 생각해보십시오.

그러면 30년 후에는 이들 20개 기업 중 몇 개가 이 목록에 남아 있을지

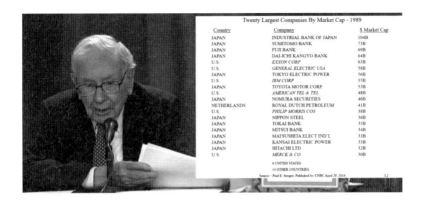

추측해보십시오. 현재는 이들이 최강 기업입니다. 그러나 30년 후에도 이들 20개 기업이 모두 이 목록에 남아 있지는 않을 것입니다. 5개일까요? 8개일까요? 30여 년 전 목록이 담긴 슬라이드 L2를 봅시다. 1989년의 시가총액 기준 세계 20대 기업 목록을 보면 적어도 두 가지가 흥미롭습니다. 1989년 목록에 포함된 20대 기업 중 현재 목록에 포함된 기업은 단 하나도 없습니다. 당시 목록에 포함된 미국 기업 6개는 모두 친숙한 기업들입니다. GE, 엑슨Exxon, IBM, 머크Merck 등 모두 생존해 있습니다. 그러나 30년 후에도 세계 20대 기업 목록에 남아 있는 기업은 하나도 없습니다. 몇 분 전 내가 퀴즈를 냈을 때, 하나도 없다고 대답한 사람은 거의 없을 것입니다. 나도 30년 후에 목록에 남아 있을 기업이 0이라고는 생각하지 않지만, 과거 사례는 놀라운 일이 얼마든지 발생할 수 있다고 알려줍니다.

일본에서는 매우 장기간 놀라운 강세장이 이어졌으므로 당시 20대 기업 중 일본 기업이 많았습니다. 그러나 현재 목록에는 일본 기업이 하나도 없습니다. 미국 기업은 당시 목록에는 6개였고 지금은 13개입니다. 그러나 당시 6개 기업 중 현재도 목록에 남아 있는 기업은 하나도 없습니다.

한 가지 더 생각해보시기 바랍니다. 1989년은 암흑기가 아니었습니다. 예컨대 미국이 자본주의를 처음 발견한 시점이 아니라는 말입니다. 사람들은 주식시장에 관해서 잘 안다고 생각했고 효율적 시장 이론이 유행했습니다. 자본주의가 퇴보하는 시점이 아니었습니다. 당시 목록에서 1위 기업은 시가총액이 1,040억 달러였습니다. 30여 년 동안 목록에서 1위 기업의 시가총액은 약 1,000억 달러에서 2조 달러로 (약 20배) 증가했습니다. 20위 기업의 시가총액은 340억 달러에서 10배 남짓 증가했습니다. 이는 현재 미국인들의 관심사인 평등에 대해 시사하는 바가 있습니다. 그리고 인플레이션에 대해서도 시사하는 바가 있지만, 그동안 인플레이션이 심하지는 않았습니다. 하지만 자본주의가 놀라울 정도로 잘 작동했다는 점은 분명합니다. 매우 놀라운 증가율입니다. 여러분은 현재 시가총액이 2조 달러인 1위 기업에 투자해도 30년 후에는 마찬가지로 30배 벌게 된다고 생각할 것입니다. 하지만 그것은 불가능해 보이며 아마 불가능할 것입니다. 1989년에도 사람들은 지금처럼 자신감이 넘쳤습니다. 그러나 세상은 매우 극적으로 바뀔 수 있습니다.

여러분이 과신에 빠지기 전에 다른 사례를 하나 더 소개하겠습니다. 공교롭게도 인덱스펀드 옹호론으로서 단지 인덱스펀드를 보유하기만 하면 된다는 주장입니다. 인덱스펀드는 모두 '약속의 땅(promised land)'이 될 테니 어느 인덱스펀드를 보유해야 하는지만 알면 된다는 말입니다. 그러면 실적이 좋을 수밖에 없습니다. 내가 선호하는 방식으로서 미국 주식에 분산투자하기만 하면 됩니다. 단, 30년 동안 계속 보유해야 합니다. 자신이 종목 선정을 잘한다고 생각하거나 그런 사람을 안다고 생각하는 사람도 있지만 이는 비용이 많이 들어가는 방식입니다. 1989년에는 이런 방식이 통하지 않았습니다.

주식이야말로 필수 투자 대상이었습니다. 그런데 사람들은 다양한 업종에 매료됩니다. 사람들은 인기 업종에 속한 기업의 기업공개IPO에 앞다투어 참여합니다. 스팩(Special Purpose Acquisition Company: SPAC, 기업인수목적회사)에도 몰려듭니다. 사람들은 매출이나 이익을 무시하지만 그래서는 안 됩니다. 1903년에 버크셔 해서웨이는 어디에 있었을까요? 1903년에 나의 아버지가 태어난 사실은 대단한 뉴스가 아니었습니다. 그러나 헨리 포드Henry Ford가 포드 자동차Ford Motor Company를 창업한 사실 역시 대단한 뉴스가 아니었습니다. 포드는 이미 두 번이나 실패했지만 이후 자동차로 세상을 바꾸는 인물이 됩니다. 세상에 자동차가 없다면 가이코처럼 위대한 자동차보험사도 존재하지 않을 것입니다. 자동차는 미국을 탈바꿈시켰습니다. 포드는 일당 5달러를 도입했는데 당시에는 엄청난 변화였습니다. 조립 공정도 도입했습니다.

이제 여러분이 미국의 모든 고속도로와 자동차 2억 9,000만 대를 대강 훑어보고 나서 1903년으로 돌아갔다고 가정합시다. 그러면 이렇게 말하겠지요. "아주 쉽네. 대세는 자동차야, 자동차." 당시 버크셔는 어떤 상태였을까요? 아직은 확인하지 맙시다. 그런데 버크셔의 자회사 중에는 오래전 프리츠커Pritzker 가족에게서 인수한 마몬Marmon 그룹이 있습니다. 프리츠커 가족은 수많은 기업을 인수해 마몬 그룹이라는 회사명을 붙였습니다. 제이Jay와 밥Bob이 회사명을 마몬으로 결정한 이유는 알지 못하지만 이들은 마몬 그룹을 보유했습니다. 1911년에는 이 회사의 자동차가 제1회 인디500(Indy 500: 인디애나폴리스 500마일 자동차 경주)에서 우승했습니다.

이 회사가 1911년 제1회 인디500에서 우승한 것은 우리의 자랑입니다. 이 회사는 백미러도 발명했습니다. 백미러가 사회에 크게 이바지했는지는 나도 모릅니다. 그러나 인디500 경기 중 조수석에 앉아 뒤를 돌아보며 경쟁자들의 추격 상황을 알려주던 사람은 멀미가 났을 것입니다. 그래서 백미러를 발명한 것이지요. 이제 여러분은 자동차가 놀라운 상품이라고 판단했다고 가정합시다. 이후 인디500을 계기로 모든 자동차에 백미러가 장착되었고, 미국에 자동차 2억 9,000만 대가 돌아다니게 되었습니다.

나는 역사를 돌아보면서 자동차회사들의 이름을 언급했습니다. 원래는 철자 M으로 시작하는 자동차회사를 슬라이드에 모두 열거할 생각이었습니다. 그러나 숫자가 너무 많아서 철자 MA로 시작하는 회사로 한정했는데도 거의 40개였습니다. 우리 자회사 마몬 역시 1930년대에는 자동차회사로서 매우 특별한 자동차를 판매했습니다. 아무튼 당시에는 장래가 매우 유망해서 자동차 사업에 진출한 회사가 2,000개 이상이었습니다. 기억하시겠지만 2009년에는 미국 자동차회사가 셋이었으며, 그중 둘이 파산했습니다. 그러므로 종목을 선정할 때에는 단지 장래가 유망한 업종을 찾는 것으로는 부족합니다.

한때 메이택Maytag도 자동차를 생산했고, 올스테이트Allstate 보험사와 듀폰DuPont도 자동차를 생산했습니다. 심지어 네브래스카주에도 자동차 회사가 있었습니다. 요즘 돈벌이가 되는 사업이라면 누구나 시작하듯이 당시에도 모두가 자동차 사업을 시작했습니다. 그러나 실제로 성공하는 자동차회사를 선택해서 돈을 번 사람은 극소수였습니다. 헨리 포드는 포드자동차의 동업자 몇 사람이 마음에 들지 않았습니다. 그래서 회사 인수 방법을 연구했고 여기서 자동차 할부금융이 시작되었습니다. 당시 투자자들은 포드자동차 주식을 살 방법이 없었습니다. 물론 GM이 자동차시장을 지배하게 되었습니다. 헨리 포드가 모델 T를 모델 A로 전환하는 데 실패했기 때문입니다. 이렇게 종목 선정은 말처럼 쉽지가 않습니다.

이제부터 베키가 선정한 질문을 우리 네 사람 중 누구에게든 던지면 대답하는 시간을 갖겠습니다.

항공사 주식을 저가에 매도한 이유는?

Q 2021-1. 버핏 회장님은 남들이 탐욕스러울 때에는 두려워하고 남들이 두려워할 때에만 탐욕스러워야 한다고 말했습니다. 그러나 코로나 발생 초기에 사

람들이 두려움에 휩싸였을 때, 버크셔는 이를 저가 매수 기회로 활용하지 못하고 오히려 항공사 주식을 저가에 매도했습니다. 설명을 부탁합니다.

버핏 아시다시피 통화정책과 재정정책의 효과가 나타나기 전까지는 전반적인 상황이 매우 심각했습니다. 찰리가 최고문화책임자(Chief Culture Officer: CCO)이듯이 나는 최고위험책임자(Chief Risk Officer: CRO)입니다. 나는 우리가 잘할 것으로 기대하지만, 큰 피해를 보아서는 절대 안 됩니다. 우리가 매도한 규모는 크지 않습니다. 우리가 보유한 주식은 아마 6,000~7,000억 달러일 것입니다. 일부는 기업 지분의 100%를 보유하고, 일부는 소수 지분을 보유합니다. 당시 우리가 매도한 규모는 전체 주식의 1% 정도였을 것입니다.

당시 다양한 버크셔 자회사의 몇몇 사람은 정부의 지원을 받고자 했는데, 지분 몇 퍼센트를 보유한 소액 주주들이 말했습니다. "당국의 규정 때문에 우리가 망하게 생겼소. 모두가 정부에 지원을 요청하는데 우리는 왜 요청하지 않나요?" 나는 대답했습니다. "버크셔는 충분히 대처할 수 있습니다. 정부의 지원은 현재 상황에 대처하지 못하는 사람들을 위한 것입니다." 우리는 정부에 지원을 요청하지 않았습니다. 그런데 항공산업이 정부에서 가장 많은 지원을 받았습니다. 처음에 250억 달러를 받았는데 대부분 4대 항공사의 몫이었고, 일부는 대출이 아니라 양여금讓與金이었습니다. 나는 훌륭한 공공정책이었다고 생각합니다. 나는 음식점과 세탁소 등 모든 영세사업자가 정부의 지원을 받아 곤경에서 벗어나기를 바랐습니다.

항공사들이 곤경에 빠진 것은 그들의 잘못이 아니었습니다. 4대 은행 중 3개가 파산한 2008~2009년에는 은행들에 대한 정부의 지원을 사람들이 비난했지만 이번에는 달랐습니다. 지금은 항공사들이 파산 상태에서도 영업을 유지하고 있습니다. 항공사들은 파산 상태에서도 영업을 유지하는 데 익숙하지만, 이번에는 항공사 전반에 대한 정부의 지원이 전적으로 타당합니다. 보시다시피 애플은 시가총액이 2조 달러입니다. 반면

4대 항공사의 시가총액 합계액은 겨우 1,000억 달러 수준에 불과합니다. 이들은 세계 시가총액 기준 50위에도 들어가지 못할 것입니다. 그래서 항공사들은 정부에 지원을 요청했고, 의회는 지원의 필요성을 인정했습니다. 이 결정에 대해서는 나도 이견이 전혀 없습니다.

만일 버크셔가 항공사 지분 10%를 계속 보유하고 있었고 항공사 사람들 모두 "버크셔에 지원을 요청하라"라고 말했다면 어땠을까요? 지분 8~9%를 보유한 매우 부유한 주주가 있다면 상황은 전혀 달라졌을 것입니다. 그 시점에는 그런 주주가 없었으므로 항공사들이 지원을 받을 수 있었습니다. 시가총액이 1,000억 달러에도 못 미치는 산업이 막대한 손실을 보았으니까요. 국제 항공여행은 아직 회복되지 않았지만, 경제는 사람들의 예상보다 훨씬 많이 회복되었습니다.

당시 우리는 그렇게 많은 보유 현금을 유지하고 싶지 않았으므로, 매도한 주식의 비중은 1~1.5% 정도였습니다. 그때 조금 매수했더라면 좋았겠지만 그런 생각을 하지 않았습니다. 나는 그때가 버크셔 역사의 중요한 순간이라고 생각하지 않습니다. 회계 기준으로 버크셔는 미국에서 순자산 1위 기업입니다. 우리가 보유한 우량 기업이 6,000~7,000억 달러에 이릅니다.

나는 앞으로도 항공사들이 잘되기를 바라지만 항공사 주식은 지금도 사고 싶지 않습니다. 사람들은 개인적인 이유로 여행을 원하지만 출장은 전혀 그렇지 않습니다. 우리는 출장 관련 주식을 많이 보유하고 있습니다. 아메리칸 익스프레스American Express의 지분 19%를 보유 중이며, 항공기 부품을 생산하는 자회사 프리시전 캐스트파츠를 보유하고 있습니다. 그러므로 지금도 항공산업에 거액을 투자하고 있습니다. 우리는 4대 항공사가 잘되기를 기원하며, 그동안 4대 항공사 경영진이 업무를 매우 훌륭하게 수행했다고 생각합니다.

2020년 3월 주가 폭락기에 주식을 매수하지 않은 이유는?

Q 2021-2. 코끼리 사냥(대기업 인수) 자금을 장기간 모아왔는데도 2020년 3월 주가 폭락기에 주식을 매수하지 않은 이유는 무엇인가요?

버핏 지금까지 우리 보유 현금 규모는 우리가 보유한 기업 가치의 약 15% 인데 이는 건전한 수준입니다. 지금까지 필수 보유 현금 규모는 200억 달러였지만 금액을 높일 예정입니다. 이제는 버크셔의 규모가 커져서 언제든 500~750억 달러를 사용할 수도 있기 때문입니다.

연준이 행동에 나서기 직전 우리는 전화를 두 통 받았지만 2~3일 동안은 아무것도 할 수 없었습니다. 3월 23일 연준의 신속하고도 과감한 조처가 나온 뒤에야 멈췄던 경제가 다시 가동되면서 상황이 호전되었기 때문입니다. 그 전에는 심지어 국채시장마저 거래가 중단된 상태였습니다. 버크셔도 십중팔구 채권을 발행할 수 없었을 것입니다. 널리 보도되지는 않았지만 MMF 대규모 인출 사태도 발생했습니다. 일별 데이터를 보면 2008년 9월이 반복되고 있었습니다. 당시 나는 버냉키Ben Bernanke와 폴슨Henry Paulson을 깊이 신뢰했습니다. 그러나 이번에는 연준이 필요한 조처를 모두 하겠다고 말하는데도, 3월 23일 실제로 행동에 나서기 전날까지 버크셔조차 채권을 발행할 수 없었습니다. 다행히 1~2일 후에는 카니발 크루즈 라이너즈Carnival Cruise Liners도 채권을 발행할 정도로 상황이 호전되었습니다. 이후 적자 기업들, 영업 중단 기업들의 회사채 발행량마저 기록을 세웠으므로 상상하기 어려운 극적인 반전이 이루어졌습니다. 당시 연준 의장이 "재정정책을 검토해보시죠"라고 말하자 이번에도 의회가 적극적으로 호응했습니다.

2008~2009년에는 사람들이 부정한 은행들에 자금을 한 푼도 지원하지 말라고 주장했습니다. 그러나 이번에는 지원을 비난하는 사람이 아무도 없었습니다. 그래서 의회도 호응했고 재정정책도 놀라운 방식으로 실

행되었습니다. 그 결과 연준, 재무부, 기타 누가 예상했던 것보다도 좋은 성과가 나왔습니다. 지금 경제의 85%는 최고 속도로 가동되고 있으며 인플레이션도 어느 정도 나타나고 있습니다.

우리는 2008~2009년에 배운 교훈을 적용해보았습니다. 그러나 2008~2009년 상황이 반복될 것으로 확신할 수가 없었습니다. 버크셔는 남에게 의존하기를 원치 않습니다. 우리는 은행이 아니므로 자금이 필요할 때 연준에 의존할 수가 없습니다. 우리는 어떤 상황에서도 핵전쟁을 막을 수 없음을 명심해야 합니다. 영화 〈욕망이라는 이름의 전차(A Streetcar Named Desire)〉에서 블랑슈 뒤부아Blanche DuBois는 "나는 남들의 친절에 의존한다"라고 말합니다. 그러나 극단적인 상황에서 우리가 친구들의 친절에 의존할 수는 없습니다. 나는 다양한 곳에서 그런 상황을 보았습니다.

지난해 3월 중순에는 모든 은행이 신용한도를 축소했습니다. 은행들은 그런 상황을 예상하지 못했습니다. 고객들은 열흘 후에도 자금 인출이 가능할지 확신할 수 없었으므로 MMF에서 서둘러 돈을 인출했습니다. 나는 통화정책과 재정정책 둘 다 깊이 신뢰하지만 상황이 호전될 것으로 확신할 수는 없었습니다. 통화정책과 재정정책이 어떻게 실행될지 나는 알 수 없었지만 확실히 효과가 있었습니다. 누구의 예상보다도 더 효과적이었다고 생각합니다. 찰리도 이에 대한 견해가 있으므로 들어봐야겠지요.

멍거 누군가는 매우 똑똑해서 자금을 모아두었다가 위기가 닥쳤을 때 바닥시세에 투자할 수 있다고 생각한다면 미친 짓입니다. 물론 우연히 그렇게 투자하는 사람은 항상 존재합니다. 그러나 이는 지나치게 엄격한 평가 기준입니다. 버크셔에 그런 기대를 하는 사람은 제정신이 아니지요.

버핏 찰리와 나는 춤을 잘 춘 적도 없고, 잘 출 수도 없습니다.

멍거 우리는 잘 출 수 없으며, 잘 출 수 있는 사람은 거의 없습니다.

버핏 자금이 수백억 달러라면 더 그렇습니다.

멍거 네. 그렇습니다.

버핏 우리 자산은 수천억 달러입니다. 그런데도 지금까지 잘 풀렸습니다. 우리 재무상태표를 보면 1분기에 약 250억 달러를 지출했고 이후에는 더 많이 지출했습니다. 그것도 가장 좋은 방식으로 말이죠. 우리는 우리 회사를 살 때 가장 싸게 살 수 있습니다. 자사주만큼 싸게 살 수 있는 주식은 없다는 말입니다. 그래서 자사주 매입에 상당한 자금을 투입했습니다. 그러나 돌아보면 더 잘할 수도 있었습니다. 우리는 항공주와 은행주를 매도했습니다. 그러나 이때 다른 주식을 매수해야 했는지는 다른 문제입니다.

버크셔 주식인가, S&P500 인덱스펀드인가?

Q 2021-3. 지금까지 15년 동안 버크셔는 시장 대비 초과수익을 내지 못했고, 당신은 장래 버크셔의 초과수익 가능성에 대해서도 신중한 태도입니다. 버크셔 장기 주주들이 인덱스펀드로 분산투자해야 한다는 주장에 대해 어떻게 생각하나요?

버핏 찰리, 자네가 답해주겠나?

멍거 나는 개인적으로 시장지수보다 버크셔 주식을 선호하므로 버크셔를 보유해도 마음이 매우 편안합니다. 나는 버크셔가 시장 평균보다 낫다고 생각합니다.

베키 버크셔에 대한 시장의 평가가 공정하지 않다고 생각하나요?

멍거 시장의 평가는 우연의 산물일 뿐이며 상황은 항상 변동합니다. 종합적으로 볼 때, 나는 시장보다 버크셔에 돈을 걸겠습니다. 버핏과 내가 둘 다 죽는다고 가정하더라도 말이지요.

버핏 나는 오래전부터 S&P500 인덱스펀드를 추천했습니다. 그동안 누구에게도 버크셔를 추천하지 않은 것은 내가 무슨 정보라도 제공하는 것으로 사람들이 오해할까 걱정되었기 때문입니다. 향후 버크셔의 주가가 얼마가 되든 상관없이 내가 선언한 내용이 있습니다. 내가 죽으면 내 아내에게 가는 유산 중 90%는 S&P500, 10%는 단기 국채로 구성될 것입니다. 반면 장래에 여러 자선단체에 제공할 기부금은 내가 사망한 후 약 12년에 걸쳐 버크셔 주식 형태로 지급될 것입니다. 나는 버크셔 주식을 좋아하지만 일반인이 선정할 수 있는 주식은 아니라고 생각합니다.

50~60년 전, 어떤 사람들은 주식을 손수 선정하는 대신 돈을 찰리와 나에게 맡겼습니다. 버크셔를 평생의 저축 수단으로 생각한다는 점에서 우리 주주들은 매우 이례적인 집단입니다. 향후 10~20년도 믿고 맡긴다면 우리가 합리적으로 잘 관리할 터이므로 걱정할 필요가 없습니다. 나는 버크셔를 좋아하지만, 주식을 전혀 모르고 버크셔에 대해 특별한 애착도 없는 사람이라면 S&P500 인덱스펀드를 사야 한다고 생각합니다.

아내 유산의 인덱스펀드 투자는 버크셔 경영자들에 대한 불신?

Q 2021-4. 당신은 수탁자에게 아내 유산의 대부분을 인덱스펀드에 투자하라고 지시했는데, 이는 버크셔 경영자들에 대한 불신 의사가 아닌가요?

버핏 아내의 몫은 내 유산의 1% 미만이므로 그렇지 않습니다. 부자들은 모두 유산 상속 내용을 공개하지 않습니다. 그러나 내 유언은 공개될 것이며, 여러분은 내가 평소에 한 말이 실제로 이행되는지 확인할 수 있을 것입니다. 내 유산의 약 99.7%는 자선단체와 연방정부로 가게 됩니다. 나는 버크셔가 보유하기에 매우 훌륭한 주식이라고 생각하지만, 특히 내 아내 같은 사람은 유산의 극히 일부만으로도 여생을 풍족하게 보낼 수 있으므로 90%를 S&P500 인덱스펀드로 보유하는 방식이 최선이라고 생각합니다.

요즘 인덱스펀드 회사들은 지속적으로 다양한 인덱스 상품을 개발해 판매하고 있으며, 미국 대중이 원하면 어떤 지역이나 산업이든 마음대로 선택해서 투자하는 인덱스 상품을 제공하겠다고 말합니다. 그러나 주식을 전혀 모르는 사람은 그냥 전체 시장 인덱스펀드에 투자하십시오. 그래서 나는 아내를 위해서 S&P500 인덱스펀드를 선택했습니다. 이 상품이면 아내는 생계를 충분히 유지하고도 남습니다. 그러나 나는 재산의 99.7%를 버크셔 주식으로 보유해도 걱정이 전혀 없습니다. 그래서 자선단체에 기부하는 재산은 최종적으로 처분될 때까지 버크셔 주식으로 남아 있을 것입니다.

셰브런은 해로운 기업이 아닌가요?

Q 2021-5. 당신이 투자한 셰브런은 담배회사만큼 해로운 기업은 아니라고 보지만, 향후 10년 이내에 사회나 규제 당국의 제재를 받을 우려는 없을까요? 향후 석유나 가스 사업에서 장기적으로 충분한 자본이익률을 기대할 수 있다고 보나요?

버핏 간단히 답하겠습니다. 나는 어느 쪽이든 극단적인 사고는 제정신이 아니라고 생각합니다. 3년 이내에 모든 탄화수소의 사용이 금지된다면 이 세상은 제대로 돌아가지 않을 것입니다. 우리는 지금까지 온갖 상황에 적응해온 것처럼 앞으로도 장기간에 걸쳐 적응하게 될 것입니다. 우리는 수많은 매장에서 담배를 판매하는 코스트코CostCo와 월마트Wal-mart를 보유하고 있지만 아무 문제 없습니다. 담배는 고객들의 매장 방문을 유도하는 중요한 상품이므로 매장의 전면에 진열됩니다.

　오래전 찰리와 나는 수익성이 매우 높으면서 훨씬 덜 해로운 사업에 관해 결정을 내린 적이 있습니다. 내가 조사한 바로는 씹는담배는 흡연용 담배보다 훨씬 덜 해로운 상품이었습니다. 회사 사람들 역시 모두 씹는담배를 즐기면서 합법적인 사업을 영위하는 품위 있는 사람들이었습니다. 이들은 자기 어머니도 씹는담배를 즐기지만 100세라고 말했습니다. 찰리와 나는 이것이 우리가 지금까지 발견한 최고의 사업이라고 생각했습니다. 나는 사위 앨런 그린버그Allen Greenberg에게 전화했는데, 그는 나토NATO 관련 기관에서 근무할 때 씹는담배가 미치는 영향을 연구했습니다. 나는 통화 후 이 사업에 참여하지 않기로 했습니다.

나는 신문에서 금융회사들의 광고를 자주 보는데 내가 알기로 형편없는 회사들입니다. 사업에 참여하거나 퇴출하는 결정을 내리기는 매우 어렵습니다. 회사가 사회에 미치는 영향을 평가하기도 매우 어렵습니다. 나는 셰브런이 지금까지 온갖 방식으로 사회에 혜택을 제공했으며 앞으로도 계속 제공하리라 생각합니다. 그리고 앞으로도 오랫동안 많은 탄화수소가 우리에게 필요하다고 생각하므로 셰브런 인수를 매우 기쁘게 생각합니다. 그러나 세상은 탄화수소 사용을 줄이고 있으며 이에 따라 변화가 발생할 수 있다는 생각도 하고 있습니다.

나는 주식에 대한 도덕적 판단을 좋아하지 않습니다. 어느 기업이든 마음에 들지 않는 측면이 있습니다. 식육 포장 처리 업체meat packer의 공장에 가본 적이 있나요? 완벽한 기업을 원한다면 지인이 다니는 기업 중에서는 찾지 못할 것입니다. 종목을 여러분이 직접 선정하더라도 셰브런은 조금도 사악한 기업이 아닙니다. 나는 셰브런 보유에 대해 죄책감이 전혀 없습니다. 통째로 보유하더라도 나는 셰브런의 사업에 불편을 느끼지 않을 것입니다. 찰리?

멍거 나도 동의합니다. 젊은 사위를 맞아들이는 상황을 상상해봅시다. 한 사람은 스워스모어대학의 영어 교수이고, 한 사람은 셰브런에 다닙니다. 만나보지 않은 상태에서 선택한다면 누구를 선택하겠습니까? 나는 셰브런에 다니는 사람을 선택하겠습니다.

버핏 자네 딸도 동의하길 바라네.

이사회가 주주 제안에 반대를 권유한 이유는?

Q 2021-6. 버크셔 이사회는 주주 제안 두 건[의결권 위임 행사 자료(proxy material) 2번과 3번]에 대해 반대를 권유했습니다. 하나는 기후 관련 위험과 기회에 관한 제안이고, 하나는 다양한 자료를 보고서에 포함하라는 제안입니다. 반대를 권유한 이유가 무엇인가요?

버핏 환경 문제에 관해서는 그레그가 설명할 수 있습니다. 지금까지 버크셔 주식을 자기 돈으로 산 주주 중 압도적 다수는 그런 제안에 반대했습니다. 그런 제안에 찬성한 사람들은 대부분 버크셔에 자기 돈을 한 푼도 투자하지 않은 사람이었습니다. 이들은 우리 연차보고서도, 버크셔 해서웨이 에너지BHE의 보고서도 읽어보지 않았을 것입니다. 이들은 우리가 다른 어떤 미국 기업보다도 고압 송전선에 많이 투자하고 있다는 사실도 알지 못할 것입니다. 우리는 이 분야에서 전반적으로 엄청나게 좋은 기록을 유지하고 있지만, 일부 기관은 우리에게 수많은 질문을 던지면서 자신이 원하는 방식으로 답해주길 바랍니다. 정작 중요한 보고서는 버크셔 해서웨이 에너지와 BNSF의 보고서인데도 이들은 데어리 퀸Dairy Queen과 보르샤임Borsheims의 보고서에도 자신이 원하는 숫자를 열거해주길 바랍니다. 이는 어리석은 생각입니다.

우리 버크셔는 그런 방식으로 일하지 않습니다. 코로나가 유행하는 동안 우리 본사에서 근무한 직원은 약 12명이었습니다. 온갖 다양한 업무를 수행하는 우리 버크셔 직원은 약 36만 명입니다. 이들은 자율적으로 일하고 있으므로 나는 간섭하고 싶지 않습니다. S&P500 기업에서 매월 연결 손익계산서를 보고받지 않는 CEO는 십중팔구 나 하나뿐일 것입니다. 나는 필요 없어서 보고받지 않습니다. 최근 6년 동안 70개 자회사에서 발생한 문제점과 해결책을 모두 알고 있기 때문입니다. 각 자회사는 필요한 자금을 보유하고 있으므로 우리 본사에는 자금 총괄 부서도 없습니다. 우리는 이런저런 부서 신설을 원치 않습니다. 관건은 버크셔 해서웨이 에너지와 BNSF에서 하는 사업입니다.

멍거 지구 온난화 관련 질문에 대해 우리는 답을 모른다고 생각합니다. 그러나 질문자들은 답을 안다고 생각합니다. 우리가 더 겸손합니다.

버핏 설사 답을 알더라도 우리는 실제로 주식을 보유하지 않은 사람들을 만족시키려고 의미 없는 온갖 자료를 보고서에 담고 싶지 않습니다. 이들 중에는 우리 연차보고서조차 읽지 않은 사람이 많을 것입니다. GAAP 기준으로 버크셔가 보유한 설비 투자(미국의 '사업 기반 시설'을 구성하는 자산 유형)의 평가액은 미국 기업 중 단연 최고입니다. (지난 수요일 밤 미국 대통령도 사업 기반 시설이 중요하다고 말했습니다.) 우리는 미국을 움직이고 작동시키는 분야에 투자하고 있습니다. 우리 철도는 주(州) 간 이동 화물의 15%를 소화하고 있으며, 우리는 2006년부터 송전선도 구축하고 있습니다. 50~75년 전에는 인구 밀집 지역 근처에 석탄발전소를 지었습니다. 이런 석탄발전소를 재생에너지로 대체하려면 와이오밍 등 외딴 지역에서 풍력으로 발전한 전력을 인구 밀집 지역으로 끌어와야 합니다. 그래서 우리는 일찌감치 송전 계획을 수립해 거액을 투자하는 유일한 미국 기업이 되었습니다. 그레그가 간략하게 설명하겠습니다.

그레그 에이블 워런도 언급했듯이 버크셔에서 탄소발자국 규모가 가장 큰 두 회사가 BHE와 BNSF입니다. 2007년과 2021년에 발표한 투자자 설명 자료를 다시 보여드리겠습니다. BHE는 2007년부터 2021년까지 채권 투자자들에게 해마다 설명 자료를 발표했으며, 버크셔 이사회에도 매년 탈탄소화 계획 등 비슷한 자료를 보고했습니다.

2007년부터 채권을 발행하면서 매년 발표한 자료에서 우리는 기후변화가 근본적 위험임을 강조하고 혁신, 시장 변화, 탈탄소화 목표 설정 등을 논의했습니다. 아울러 권장 사항을 전력 산업에 제시하기도 했습니다. 2007년 이후 BHE는 탈탄소화 계획과, 고객 및 버크셔 주주 등 이해관계자들을 위한 위험 관리 계획도 발표했습니다. 그 계획의 토대는 워런이 올해 주주 서한에서도 언급한 고압 송전 시스템 구축입니다. BHE는 서부 송전 시스템에 180억 달러를 지출하게 됩니다. 50억 달러는 이미 지출했고 130억 달러는 앞으로 10년 동안 지출할 예정입니다. 그러면 이 송전 시스템을 토대로 우리는 재생에너지 공급을 여러 주로 점차 확대할 수 있습니다.

우리는 송전 시스템 구축과 재생에너지 개발에 주력하고 있습니다. 2020년 말까지 재생에너지에 300억 달러 이상 투자해 전력 사업 방식을 완전히 바꿨습니다. 그 결과는 정말 놀랍습니다. 2015년 미국이 파리협정 Paris Agreement에 가입할 때, 매우 구체적인 탈탄소화 목표가 설정되었습니다. 그러나 BHE는 그 목표가 설정되기도 전에 애플, 구글Google, 월마트 등 다른 기업 12개와 함께 파리협정을 준수하기로 서약했습니다. 이에 따라 우리는 지금까지 재생에너지에 150억 달러를 투자했고 모두 300억 달러를 투자할 것입니다.

2005년 미국 정부가 파리협정과 관련해서 2025년까지 달성하려고 세운 목표가 탄소발자국 26~28% 감축이었습니다. 우리는 이 목표를 2020년에 달성했고 이사회에도 보고했습니다. 이미 파리협정 서약을 이행한 것입니다. 현 정부가 파리협정에 다시 가입하면서 설정한 탄소 배출 감축 목표는 2030년까지 50~52%입니다. BHE는 2030년까지 이 목표를 달성할 수 있는데, 송전 시스템을 토대로 재생에너지 공급을 확대할 것이기 때문입니다. 관건은 송전 시스템을 이용해서 기존 석탄발전소들을 재생에너지로 대체하는 것입니다. 현재 우리가 보유한 가스발전소는 많지 않으며, 일정 기간 후에는 우리 석탄발전소들의 가동이 중단됩니다. 2020년까지 가동이 중단된 석탄발전소는 16개입니다. 이어서 2021~2030년에는 추가로 16개의 가동이 중단되고, 2049년까지 나머지 14개의 가동이 중단되어 우리 석탄발전소는 모두 폐쇄됩니다.

버크셔에서 탄소 배출량이 두 번째로 많은 BNSF도 파리협정에서 설정된 목표 달성에 주력하고 있습니다. BNSF는 2030년까지 탄소 배출량 30% 감축 목표를 회사 웹사이트에 공개했습니다. 우리는 기후변화 위험을 장기적 관점으로 잘 관리하고 있다고 믿습니다.

버핏 대통령은 사업 기반 시설에 1,000억 달러 투자가 필요하다고 언급하면서 송전 시스템이 큰 문제라고 말했습니다. 태양광과 풍력이 풍부한 곳에서 얻은 전력을 인구 밀집 지역으로 보내야 하기 때문입니다. 그러려면 여러 주와 주택가를 통과해야 합니다. 정부조차 이런 작업을 강제로 추진하기는 어렵습니다. 우리는 1,000억 달러를 기꺼이 지출할 것입니다. 2006년 우리는 퍼시픽 파워Pacific Power를 인수해 서부 지역에서 많은 고객을 확보하고 석탄발전소로 전력을 제공하고 있습니다. 이들 석탄발전소를 재생에너지로 대체하려면 송전 시스템이 필요합니다. 우리는 이미 이 정보를 공개했고 재생에너지와 송전선에 어떤 미국 기업보다도 훨씬 많이 투자하고 있습니다. 자기 돈으로 버크셔 주식을 산 주주들은 연차보고서를 읽고 이런 상황을 이해하는 듯합니다. 우리는 우리를 믿고 평생 모든 재산을 맡긴 이런 주주 100만 명을 무시하는 것이 아닙니다. 단지 애널리스트나 기관들에 특별 대우를 해주지 않겠다는 것입니다.

대형 손해를 피하려면 롱테일 보험의 비중을 축소해야?

Q 2021-7. 버크셔의 보험 사업이 예상 밖의 대형 손해로 심각한 피해를 볼까 걱정스럽습니다. 장기적으로는 가이코처럼 평범한 숏테일short tail 보험에 집중하면서 롱테일long tail 보험의 비중을 축소하는 편이 합리적이지 않을까요? 버핏 아지트, 자네가 먼저 답하겠나?

아지트 자인 '계약의 확실성contract certainty'이 보험업의 쟁점입니다. 이는 롱테일 보험은 물론 숏테일 보험에도 적용됩니다. 최근 주요 사례가 사업 중단 보험으로서, 기업들이 가입하는 핵심 손해보험 상품입니다. 계약의 확실성은 보험 상품을 판매할 때마다 항상 발생하는 위험인데 엉성한 계약서, 규제 당국, 계약서 문구 왜곡 때문입니다. 보통 계약서 문구가 왜곡되면 그 결과 보험사가 불이익을 당하게 됩니다. 그러므로 '계약의 확실성'은 알 수 없는 위험unknown risk입니다. 우리는 보험 상품의 가격을 책정할 때, 이렇게 알 수 없는 위험을 가격에 반영하려고 합니다. 그리고 우리가 노출된 위험을 주요 위험 유형별로 종합합니다. 그러면 실제로 우리가 노출된 위험의 한계를 가늠할 수 있으므로 어느 정도 안심이 됩니다. 규제 당국은 보험업의 경제성에 매우 중요한 역할을 합니다. 특히 미국에서는 50개 주 당국이 보험 상품 가격과 계약에 영향을 미칩니다.

버핏 보험업에서 발생하는 뜻밖의 사건들은 사실상 모두 보험사에 불쾌한 사건입니다. 보험료를 먼저 받는다는 사실만 유쾌할 뿐, 이후 보험사는 계속 손해만 보게 됩니다. 우리는 한도를 초과하는 손해도 기꺼이 감수할 수 있으며, 단일 사건으로 100억 달러에 이르는 손해도 감수할 수 있습니다. 이런 손해도 충분히 감당할 수 있기 때문입니다. 다만 우리는 적정 보험료를 원할 뿐입니다. 그러나 최대 손해 예상액이 5,000만 달러인 계약에서 100억 달러의 손해를 보고 싶지는 않습니다. 예컨대 근래에 미국보이스카우트Boy Scouts of America로부터 보험금 청구 1,100건이 접수되기 시작해 지금까지 누적 1만 7,000건을 기록 중인데….

아지트 지금은 누적 10만 건에 육박합니다.

버핏 1950~1960년에는 보험금 청구를 권유하는 광고가 등장하자 청구 건수가 급증하기도 했습니다. 그런 보험금 청구 중에는 타당한 청구가 많았습니다.

아지트 미국보이스카우트의 보험금 청구가 2,000건에서 10만 건으로 급증한 것은 소멸시효와 관계가 있습니다. 보험금 청구가 접수되자 일부 주에서 일방적으로 소멸시효를 중단해 최종 청구 기한을 몇 년 연장했습니다. 게다가 원고 측 변호사들이 자금까지 지원하자 청구 건수가 급증했습니다.

버핏 보험업에서는 불유쾌한 뜻밖의 사건이 자주 발생하지만 나는 우리 보험사가 세계 최고라고 생각합니다. 바로 아지트가 그런 보험사를 만들어낸 주인공입니다. 우리가 인수한 가이코의 임직원들도 엄청난 기여를 했습니다. 그러나 아지트가 교향악단의 지휘자입니다.

버핏과 멍거의 견해 차이

Q 2021-8. 코스트코와 웰스 파고 Wells Fargo**에 대해 버핏과 멍거의 견해가 다른 것 같습니다만?**

버핏 찰리?

멍거 그다지 다르지 않습니다. 코스트코는 내가 매우 높이 평가하는 기업이며 오랫동안 좋은 관계를 유지해왔습니다. 그러나 나는 버크셔도 사랑하며 다행히 아무런 문제도 없습니다. 모든 사소한 사안까지 워런과 나의 견해가 일치할 필요는 없습니다. 우리는 지금까지 매우 잘 지냈습니다.

버핏 우리는 정말 잘 지냈습니다. 정말 한 번도 다툰 적이 없습니다.

멍거 네. 그렇습니다.

버핏 62년 동안 말이지요. 그렇다고 우리가 모든 사안에 동의한 것은 아닙니다. 말 그대로 62년 동안 우리는 서로에게 화를 낸 적이 없습니다.

멍거 전혀 없습니다.

버핏 다툴 일이 전혀 없습니다.

아지트 자인과 그레그 에이블의 관계

Q 2021-9. 자인과 에이블에게 하는 질문입니다. 버크셔가 성공한 원인 중 하나는 버핏과 멍거의 강한 유대감이라고 생각합니다. 버크셔의 차세대 리더인 두 분은 서로 어떤 방식으로 소통하나요?

아지트 워런과 찰리의 관계는 매우 독특해서 그레그와 나는 모방할 수 없을 것입니다. 두 분의 관계를 모방할 수 있는 커플은 많지 않다고 생각합니다. 그래도 그레그와 나는 매우 오랜 기간 알고 지냈으며, 나는 그레그의 능력을 직업적으로나 개인적으로나 매우 높이 평가합니다. 우리가 워런과 찰리처럼 자주 소통하는 것은 아니지만, 분기마다 각자의 사업에 관해 이야기를 나누면서 최근 정보를 알려주고 있습니다.

분기 중에는 공식적으로 만나지는 않더라도 문제가 발생할 때마다 전화로 소통합니다. 예컨대 보험 사업에 관련한 문제가 발생하면 그레그가 내게 전화하고, 비보험 사업에 관련한 문제가 발생하면 내가 그레그에게 전화합니다. 최근에는 내 고객 한 분이 기업 인수자를 찾고자 해서 내가 그레그에게 전화했고, 우리는 최고의 방법에 대해 함께 논의했습니다. 이렇게 우리는 분기 동안 소통하고 메모를 교환하면서 완벽하게 원활한 관계를 유지하고 있습니다. 앞으로도 이런 관계가 유지될 것으로 기대합니다. 그레그?

그레그 아지트가 워런과 찰리의 이례적인 관계를 언급했습니다만 나는 아지트와 나의 관계에 대해 매우 긍지를 느낍니다. 우리는 오랜 기간 알고 지냈으며, 나는 아지트의 보험사 경영을 지켜볼 기회가 있었습니다. 워런과 찰리도 강조했듯이 보험 사업에 아지트보다 나은 사람은 없습니다. 우리 관계는 시간이 흐를수록 더 좋아지고 있습니다. 나는 직업적으로나 개인적으로나 아지트를 더할 수 없이 높이 평가합니다. 워런과 찰리의 소통과 같을 수는 없지만 아지트와 나도 자주 소통하고 있습니다. 각자 맡은 사업부에서 기회를 발견하거나 이례적인 사건이 발생하면 항상 서로 알려주고 챙겨줍니다.

게다가 아지트는 버크셔의 문화에 대한 이해가 매우 깊습니다. 우리 사업에서 이례적인 일이 발생하면 나는 언제든 아지트에게 전화해서 말합니다. "우리가 이런 방식을 선택해도 자네는 불편하지 않은가? 자네의 사고방식에 어긋나지 않나? 보험 사업의 관점에서는 어떻게 생각하나?" 우리는 단지 사업을 논의하는 데 그치지 않고 버크셔의 이례적인 문화를 유지하고 육성하려고 함께 노력합니다. 아지트가 동료인 것은 나의 행운이며, 그래서 나는 매일 근무가 매우 즐겁습니다. 감사합니다.

가이코와 BNSF의 이익률이 경쟁사보다 낮은 이유는?

Q 2021-10. 가이코와 BNSF의 이익률이 경쟁사인 프로그레시브Progressive와 유니언 퍼시픽Union Pacific보다 낮은 이유는 무엇인가요?

버핏 1분기 숫자를 보면 BNSF의 실적이 상대적으로 훨씬 더 개선되었습니다. BNSF의 케이티 파머가 놀라운 성과를 내고 있습니다. 5년이나 10년 후 BNSF와 유니언 퍼시픽 중 어느 쪽의 실적이 더 좋을지 궁금합니다. 과거에는 BNSF의 이익이 더 많았으나 이후 유니언 퍼시픽이 더 많아졌습니다. 1분기에 유니언 퍼시픽은 자사의 독점력이 조금 더 강했다고 생각할 것입니다. 우리는 BNSF의 독점력이 조금 더 강했다고 생각합니다. 우리 BNSF가 유니언 퍼시픽보다 규모가 크므로 향후 우리 매출이 더 많을 것이고 이익도 더 많아야 합니다. 그러나 최근 몇 년 동안은 그렇지 않았습니다. 이는 철도 사업의 특성이므로 나는 전혀 불편하게 생각하지 않습니다.

한편 버크셔 경영진의 고령화에 관해서 사람들이 말할 때마다 나는 찰리에 관한 말이라고 항상 생각합니다. 그러나 3년 후를 생각해보십시오. 찰리의 고령화 속도는 연 1%에 불과해서 누구보다도 느려지게 됩니다. 반면 25세인 신생 기업 경영진의 고령화 속도는 연 4%에 이릅니다. 그러므로 고령화 속도로 보면 버크셔 경영진의 고령화 속도가 미국에서 단연 가장 느립니다.

가이코와 프로그레시브의 경쟁력 비교

Q 2021-11. 가이코와 프로그레시브의 경쟁력을 비교 분석해주겠습니까?
버핏 보험업에서 가장 중요한 위험 매칭률matching rate to risk 면에서는 최근 몇 년 동안 프로그레시브가 최고였습니다. 보험사는 위험 매칭률을 정확하게 산정해야 합니다. 90세 고객과 20세 고객의 사망 확률이 똑같다고 생각하는 생명보험사는 머지않아 파산합니다. 그 보험사는 90세 고객의 위험을 모두 떠안게 되고, 다른 보험사들은 20세 고객의 위험을 떠안게 되기 때문입니다.

이 원리는 자동차보험에도 똑같이 적용됩니다. 16세 청년의 운전 스타일과 결혼한 40세 직장인의 운전 스타일은 매우 다릅니다. 그러므로 모든 보험 고객에게 적정 보험료를 부과하는 보험사는 실적이 매우 좋아집니다. 프로그레시브가 이 업무를 매우 잘 해냈으며, 우리는 더 잘하고 있습니다.

프로그레시브와 가이코 둘 다 1930년대에 사업을 시작했습니다. 원가 면에서는 우리 보험 상품이 오랜 기간 더 유리했습니다. 80여 년 후 시장 점유율이 우리는 약 13%이고 프로그레시브는 약 12%여서 두 회사가 시장의 약 25%를 차지하고 있습니다. 그러므로 매우 느리게 변화하는 경쟁 상황이지만 최근에는 프로그레시브가 매우 훌륭한 성과를 냈습니다. 그동안 우리도 매우 잘했으며 업무도 매우 크게 개선했습니다.

분기 실적을 지나치게 중시할 필요는 없지만 1분기 우리 수익성은 좋았습니다. 그러나 코로나 발생으로 우리는 환급 규정에 따라 28억 달러를 고객들에게 돌려주었습니다. 이는 미국에서 가장 큰 금액이라고 생각합니다. 앞으로도 가이코와 프로그레시브 둘 다 매우 잘할 것입니다. BNSF와 유니언 퍼시픽 역시 잘할 것입니다. 다만 우리 가이코와 BNSF가 조금 더 잘하길 바랍니다.

아지트 프로그레시브가 매우 잘한다는 점에는 의문의 여지가 없습니다. 인수, 위험 매칭률, 보험금 청구 처리 모두 매우 잘합니다. 그러나 나는 가이코가 프로그레시브를 따라잡는 중이라고 생각합니다. 약 1년 전에는 프로그레시브의 이익률이 가이코의 거의 두 배였고 성장률도 거의 두 배였습니다. 지금도 성장률은 프로그레시브가 가이코보다 압도적으로 높지만 이익률은 가이코가 확실히 따라잡았습니다. 장래에는 이익률 차이가 없어질 것으로 기대합니다.

그러나 가이코는 텔레매틱스(telematics: 무선통신과 GPS를 결합해 자동차에서 제공하는 위치 정보, 안전 운전, 오락, 금융 등 다양한 서비스)의 가치를 뒤늦게 인식한 탓에 위험 매칭률 이용 기회를 놓쳤습니다. 이제 우리는 위험 매칭률 관리에 텔레매틱스가 중요하다는 사실을 인식하고 관심을 더 기울이고 있습니다. 현재 가이코는 여러 분야를 주도하고 있으며 머지않아 위험 매칭률 분야에서도 경쟁사들을 따라잡을 것입니다.

버핏 지금부터 5년 후에도 최대 자동차보험사는 여전히 스테이트 팜State Farm이겠지만 2위는 가이코와 프로그레시브가 될 것으로 나는 예측합니다. 지금까지 가이코도 지극히 잘했지만 보험료 책정 면에서는 프로그레시브가 더 잘했습니다. 나는 가이코가 매우 빠르게 따라잡는 중이라고 생각합니다.

아지트 지금까지 프로그레시브도 확실히 잘했지만 브랜드 관리는 가이코가 훨씬 앞섰다고 생각합니다. 비용 관리 면에서도 가이코가 어떤 자동차 보험사보다도 훨씬 잘했다고 생각합니다.

애플 주식 일부를 매도한 이유는?

Q 2021-12. 애플이 버크셔의 네 번째 보석이라고 말하면서, 2020년에 애플 주식을 더 매수하지 않고 일부 매도한 이유는 무엇인가요?

버핏 현재 우리의 애플 지분은 약 5.4%입니다. 우리가 자사주 매입을 했고 애플도 자사주 매입을 한 덕분입니다. 최근 애플은 추가 자사주 매입 계획을 발표했습니다. 애플은 우리가 지분 5.4%를 보유한 자회사라고 볼 수 있습니다. 다만 시장성 유가증권이므로 우리가 보유한 다른 시장성 유가증권보다 훨씬 많아 보입니다. 참고로 유니언 퍼시픽은 시가총액이 약 1,500억 달러이며, 우리 BNSF는 유니언 퍼시픽보다 규모가 더 크므로 가치가 조금 더 높을 것입니다.

애플의 팀 쿡Tim Cook은 환상적인 경영자입니다. 그는 한동안 능력을 제대로 인정받지 못했지만 내가 본 경영자 중 세계 정상급입니다. 애플은 사람들에게 절대적인 사랑을 받고 있습니다. 애플 사용자들의 만족률은 99%에 이릅니다. 안드로이드 폰을 원하는 고객에게는 여러 회사가 제품을 판매할 수 있지만, 애플 폰을 원하는 고객에게는 오로지 애플만 제품을 판매할 수 있습니다. 애플은 정말 놀라운 브랜드입니다. 사람들의 생활에서 담당하는 역할을 생각하면 애플은 가격이 매우 저렴합니다. 애플을 전화기로만 사용하는 사람은 미국에 나 하나뿐일 것입니다. 어쩌면 알렉산더 그레이엄 벨(Alexander Graham Bell: 최초로 '실용적' 전화기를 발명한 인물)의 후손들도 전화기로만 사용할지 모르겠습니다. 그러나 사람들에게는 애플이 필수품입니다.

앞으로 5년 동안 3만 5,000달러짜리 자동차와 애플 폰 중 하나를 포기해야 한다면 사람들은 어느 쪽을 포기할까요? 작년에 우리는 애플을 더 매수할 기회가 있었는데도 일부를 매도했습니다. 다행히 자사주 매입 덕분에 우리 주주들의 애플 지분은 더 증가했지만 말이지요. 그러나 매도는 십중팔구 실수였습니다. 찰리, 절제된 표현으로 말해주게. 자네도 애플 매도가 실수였다고 생각하지?

멍거 실수였네.

버핏 찰리는 그다지 좋아하지 않았지만 나는 코스트코와 애플을 매도했습니다. 둘 다 찰리의 판단이 옳았을 것입니다. 팀 쿡은 위대한 경영자입니다. 스티브 잡스Steve Jobs처럼 혁신적 제품을 창조한 것은 아니지만 회사를 매우 훌륭하게 경영했습니다. 스티브 잡스도 팀 쿡만큼 회사를 훌륭하게 경영하지는 못했을 것입니다.

멍거 버핏이 열거한 선도적 미국 기업들을 보면 신기술 분야에서 매우 중요한 역할을 담당하고 있습니다. 나는 이들 선도적 미국 기업이 반독점법 등 때문에 몰락하는 일이 없기를 바랍니다. 나는 이들의 독점에 의한 폐해가 많다고 생각하지 않습니다. 이들은 미국과 문명사회에 기여한다고 생각합니다.

버핏 크게 기여하고 있습니다.

멍거 크게 기여하고 있으므로 우리에게 유리합니다.

고성장주의 가치를 평가하는 방법은?

Q 2021-13. 요즘 대형 기술주들이 불과 1년 만에 50%, 100%, 200%나 급등하는 현상을 어떻게 보나요? 2016년 당신은 사업과 경영진이 우수하다고 판단해 애플을 매수했는데 이런 고성장주의 가치를 어떻게 평가하나요?

버핏 우리는 대형 기술주들의 급등이 광기라고 생각하지 않습니다. 나는 세계 전역에 고객을 보유한 애플의 미래를 어느 정도 이해한다고 생각합니다. 그러나 애플의 주가를 이해하려면 투자의 기본인 금리를 돌아보아야 합니다. 중력이 세상 만물에 영향을 미치듯이, 금리는 모든 자산의 가격에 영향을 미칩니다.

나는 어제 나온 〈월스트리트 저널〉에서 기사 한 조각을 오려서 가져왔습니다. 이 기사는 양도 적고 눈에 띄지도 않아서, 읽은 사람이 아마 나 하나뿐일 것입니다. 어제 〈월스트리트 저널〉 마지막 페이지의 바닥 구석에 실린 기사로서 4주 만기 국채의 경매 결과입니다. 재무부의 4주 만기 국채 경매에 낙찰된 매수 신청이 430억 달러였는데, 평균 가격이 100.000000으로서 소수점 아래의 0이 6개였습니다. 재무부는 매수 신청 약 1,300억 달러를 받아 단기 국채 430억 달러를 제로 금리로 발행한 것입니다. 재무부 장관 재닛 옐런Janet Yelen은 국가 채무 유지비용이 감소했다고 두 번 말했습니다. 작년 4분기에는 국가 채무가 1년 전보다 수조 달러 증가했는데도 이자 비용이 8% 감소했습니다. 모든 자산의 가치평가 척도가 되는 이른바 무위험 단기 국채의 금리가 이렇게 믿기 어려울 정도로 하락했습니다.

중력을 약 80% 줄일 수 있다면 나는 도쿄 올림픽 높이뛰기에 출전할 수 있습니다. 마찬가지로 지금은 금리가 10%일 때보다 자산 가격이 훨씬 높습니다. 지금 무위험 단기 금리가 0이기 때문에 모든 자산의 가격이 믿기 어려울 정도로 상승한 것입니다. 매우 흥미로운 일이지요. 나는 가장 권위 있는 폴 새뮤얼슨Paul Samuelson의 경제학 저서를 25년 전에 샀습니다. 그는 미국 최초로 노벨상을 받은 인물이며, 그의 경제학 교과서는 모든 학교에서 교재로 사용되고 있습니다. 놀랍게도 미국에서 두 번째로 노벨상을 받은 케네스 애로Kenneth Joseph Arrow와 그는 둘 다 래리 서머스(Larry Summers: 재무장관을 역임한 경제학자)의 삼촌입니다.

폴은 매우 훌륭한 최고의 저자였습니다. 내가 산 책은 1973년에 나온 경제학 책입니다. 초창기에 경제학은 존중받는 흥미로운 과학이었습니다. 애덤 스미스Adam Smith는 미국이 독립한 1776년 무렵에 수집한 데이터로 《국부론(The Wealth of Nations)》을 출간했습니다. 이후 유명한 경제학자들이 등장했고, 폴은 당시에 가장 유명한 경제학자가 되었습니다. 나는 이 책에서 마이너스 금리를 찾아보았지만 발견할 수 없었습니다. 이제 나는 마침내 제로 금리를 발견했습니다. 지난 200년의 경제를 연구한 폴은 말했습니다. "마이너스 금리는 상상할 수는 있어도 실제로 존재할 수는 없다." 폴이 말한 시점은 1970년대이므로 중세 암흑기가 아니었습니다. 이 말을 비판한 경제학자는 한 사람도 없었습니다.

그런데 작년에 실제로 제로 금리가 등장했습니다. 버크셔가 보유한 단기 국채는 1,000억 달러가 넘지만 일단 1,000억 달러라고 가정해봅시다. 코로나 유행 이전에는 우리가 받는 이자가 연 15억 달러 수준이었습니다. 지금은 금리가 0.02%이므로 이자 수입이 연 2,000만 달러입니다. 여러분이 받는 임금이 시간당 15달러에서 0.2달러로 바뀌었다고 상상해보십시오. 이는 상전벽해입니다. 그런데 이는 계획했던 대로 나타난 결과물입니다. 연준이 의도적으로 실행한 정책의 결과라는 뜻입니다. 연준은 대규모 경기 부양을 원했습니다. 2012년 유럽에서 마리오 드라기(Mario Draghi: 당시 유럽중앙은행 총재)가 마이너스 금리까지 감수하면서 "어떻게 해서라도" 경기를 부양하겠다고 표명한 것처럼 말이지요. 그러나 연준은 마이너스 금리는 원치 않는다고 말했습니다. 재무부가 어떤 기준을 정한 듯합니다. 하지만 현재 금리가 적정 수준이어서 향후 10년 동안 이렇게 유지된다면, 질문자가 언급한 기업들의 주가는 헐값입니다. 이들 기업은 자금을 현재 금리로 조달할 수 있으며, 이들 기업의 미래 수익을 현재 금리로 할인해 가치를 평가하면 주가가 매우 싸다는 뜻입니다. 문제는 장기적으로 금리가 어떻게 되느냐입니다. 향후 30년까지의 금리는 수익률 곡선에 반영되어 있다고 보는 견해도 있습니다.

지금은 대단히 흥미로운 시점입니다. 금융정책에 의해 금리가 거의 제로인 상태에서 지금처럼 재정정책에 의해서도 막대한 자금이 유입되어 사람들이 열광하는 모습은 전혀 유례가 없습니다. 그러나 경제학에서 말하는 "그러면 어떻게 되지?"를 우리는 항상 기억해야 합니다. 미국에 막대한 돈이 풀리고 있습니다. 지난 수요일 대통령은 미국 국민의 85%에게 1,400달러씩 지급한다고 말했습니다. 2년 전만 해도 국민의 40%는 보유 현금이 400달러에도 못 미치는 형편이었습니다. 이제는 국민의 85%가 그 이상을 보유하게 되는데도 아직 역효과가 나타나지 않고 있습니다. 그 돈을 받으면 사람들은 기분이 좋겠지만 대부업자들은 기분이 나쁠 것이며, 기업은 번창하고 주가는 상승할 것입니다. 유권자들은 행복할 것이며, 다른 분야도 영향을 받을지 알게 될 것입니다.

다른 분야가 영향을 받지 않는다면 이런 정책이 대대적으로 계속 실행될 것입니다. 그러나 경제학에 의하면 모든 일에는 결과가 따릅니다. 구글과 애플은 자본이익률 면에서 놀라운 기업입니다. 이들은 많은 자본을 쓰지 않으면서 막대한 돈을 벌어들이고 있습니다. 우리는 국채를 1,000억 달러 이상 보유하고 있지만 이자 소득이 연 3,000~4,000만 달러에 불과합니다. 이는 금융 당국이 의도했던 상황입니다. 미국 금융 당국은 경기를 부양하고 있으며, 유럽은 더 극단적으로 경기를 부양하는 중입니다. 미국은 재정정책까지 동원하고 있으며, 사람들은 이제 매우 만족한 상태에서 숫자에 무감각한 상태로 바뀔 것입니다. 수조 달러는 누구에게도 의미가 없지만 1,400달러는 사람들에게 큰 의미가 있습니다. 과연 어떤 결과가 나올지 보게 될 것입니다. 이는 경제 측면에서 지금까지 우리가 본 영화 중 단연 가장 흥미진진한 영화라고 생각합니다. 그렇지 않은가, 찰리?

멍거 경제 전문가들에게는 당연히 흥미진진하지요. 경제 전문가들은 현재 상황에 매우 놀라고 있습니다. 처칠Winston Churchill이 클레멘트 애틀리

Clement Attlee에 관해서 한 말이 떠오릅니다. "그는 매우 겸손한 사람이었는데, 겸손해야 할 이유가 많았다." 이는 경제 전문가들에게도 그대로 적용되는 말입니다. 경제 전문가들은 만사에 자신이 넘치지만 세상은 그들의 생각보다 복잡하답니다.

현대 금융 이론이 미국에도 적용될까요?

Q 2021-14. 현대 금융 이론(Modern Monetary Theory: MMT)이 준비통화 보유국인 미국에도 적용된다고 보나요?

멍거 나는 현대 금융 이론가들의 자신감이 과하다고 생각합니다. 나는 현재의 금융정책이 어떤 결과를 불러올지 아무도 모른다고 생각합니다. 물론 이렇게 극단적인 정책이 생각보다 타당할 가능성도 충분히 있습니다. 그러나 이런 정책을 무한정 지속한다면 결국 참사로 끝날 것입니다.

제로 금리여도 플로트는 가치가 있는가?

Q 2021-15. 버크셔가 자금을 확실히 제로 금리로 조달할 수 있더라도, 보험사업에서 창출되는 플로트는 여전히 가치가 있나요?

버핏 제로 금리에서는 플로트의 가치가 대폭 감소합니다. 주주 서한에서도 언급했듯이 우리는 플로트를 유연하게 활용할 수 있습니다(그런 보험사는 거의 없습니다). 그러나 세상 만물이 금리의 영향을 받는 탓에 플로트의 가치도 극적으로 감소했습니다. 정부가 마이너스 금리로 자금을 빌릴 수 있게 되면 상트페테르부르크의 역설St. Petersburg Paradox과 비슷한 상황이 벌어집니다. 이런 기회를 이용하려는 사람들은 흥미로운 기회를 찾을 수도 있지만, 이런 상황이 무한정 이어지면 이론 수학처럼 터무니없는 결과가 발생합니다.

만일 약 0% 금리로 자금을 조달해서 연 -2% 금리로 정부에 대출해야 한다면 나는 결국 파산하게 됩니다. 그러므로 나는 뭔가 다른 활동을 해야합니다. 우리는 다른 나라에서 이런 방식이 더 극단적으로 실행되는 모습을 보았습니다. 그러나 폴 새뮤얼슨처럼 탁월한 인물을 포함해서 누구도 이런 상황을 생각하지 못했습니다. 그 결과가 어떨지는 우리도 정말 모릅니다. 그러나 어떤 식으로든 결과는 나올 것입니다.

스팩이 버크셔의 기업 인수에 미치는 영향은?

Q 2021-16. 새로 상장되는 수많은 스팩이 버크셔의 기업 인수에 어떤 영향을 미치나요?

버핏 치명적입니다. 이들 스팩은 보유 자금으로 대개 2년 안에 기업을 인수해야 합니다. 여러분이 내 머리에 총을 겨누면서 2년 안에 대기업 둘을 인수하라고 해도, 아마 나는 변변치 않은 기업 하나 정도 인수할 것입니다. 우리가 아무리 찾아다녀도 사모펀드와 경쟁하면서 훌륭한 대기업을 인수하기는 쉽지 않습니다. 그러나 성과보수를 받으면서 남의 돈을 운용하는 사람이라면 아무 기업이든 인수할 것입니다.

여러 해 전 매우 유명한 기업 인수 전문가가 내게 재보험 사업에 관해서 전화로 물었습니다. 내가 "재보험 사업은 그다지 훌륭한 사업이라고 생각하지 않습니다"라고 대답하자 그가 말했습니다. "그러나 내가 이 돈을 6개월 안에 지출하지 않으면 투자자들에게 돌려줘야 한단 말입니다." 이는 서로 이해관계가 일치하지 않는다는 의미입니다. 성과보수를 받으면서 남의 돈을 운용하는 사람이 아무 활동도 하지 않아서 돈을 돌려줘야 하면 경쟁력을 상실하게 됩니다. 스팩의 인기가 영원히 이어지지는 않겠지만 지금은 스팩으로 돈이 몰리고 있습니다. 월스트리트 사람들은 돈 되는 일이라면 무엇이든 가리지 않습니다. 스팩은 한동안 성과가 좋아서 명성을 얻고 있습니다. 그러나 말하자면 주식시장에서 벌이는 '도박의 확장판'에 해당합니다.

주식시장의 문제점을 잘 요약한 케인스John Maynard Keynes의 말이 있는데 아마 역사상 가장 유명한 인용문일 것입니다. 아파트나 사무실 건물에 투자하려면 계약 체결에 수개월이 걸리지만, 시장에서 주식에 투자할 때에는 매우 낮은 비용으로 즉시 거액을 투자할 수 있습니다. 그러나 증권사들이 큰돈을 벌려면 빈번하게 매매하면서 터무니없이 많은 수수료를 지급하는 투기꾼이 주식시장에 많아야 합니다. 그러므로 주식시장은 인류에게 대단히 중요한 자산이지만 사람들이 멍청하게 행동해야 큰돈을 법니다. 1936년 케인스는《고용·이자 및 화폐의 일반이론(The General Theory of Employment, Interest and Money)》에 이렇게 썼습니다. "기업 활동이 안정적일 때에는 투기꾼들이 거품을 일으켜도 해가 되지 않는다. 그러나 투기가 극심해져서 기업 활동에서 거품이 발생하면 상황이 심각해진다. 한 나라의 핵심 자본이 도박의 부산물이 된다면 기업 활동은 부실해지기 쉽다."

작년에는 카지노처럼 바뀐 주식시장에 수많은 사람이 몰려들었습니다. 수많은 사람이 계좌를 신설해서 빈번하게 매매했습니다. 아마 주식 도박꾼 수가 기록적으로 증가했을 것입니다. 주식 도박이 주州에서 발행하는 복권보다 기댓값은 높겠지만 실제로 좋은 성과를 얻은 사람은 많지 않습니다. 단지 주식을 사서 계속 보유하기만 했어도 양호한 성과를 얻었을 것입니다.

세계 어느 나라나 도박 충동은 매우 강합니다. 간혹 주식시장에 수많은 사람이 몰려들어 한동안 독특한 상황이 벌어집니다. 이 무도회장에는 시계가 없습니다. 그래도 12시가 되면 모든 마차와 말이 호박과 쥐로 바뀝니다. 이런 시장에서 우리는 남의 돈 거액을 운용하는 사람들과 경쟁하기 어렵습니다. 전에도 그런 적이 있지만 지금은 가장 극단적인 상황으로 보입니다. 그렇지 않나, 찰리?

멍거 물론 그렇지. 이는 이른바 '보수 따먹기 인수'입니다. 다시 말해서 유망해서 기업을 인수하는 것이 아니라 보수를 받으려고 인수하는 것입니다. 이런 기업 인수가 많아질수록 우리 문명사회는 더 퇴보하며 도덕적 해이가 만연하게 됩니다. 스팩 등으로 쉽게 돈 버는 사람이 많아지면 이런 시장이 과열되어 문명사회에 심각한 문제가 발생하고 스팩 투기자들과 규제 당국은 신뢰를 잃게 됩니다. 그러므로 우리는 현재 상황을 부끄러워해야 합니다.

버핏 그래도 돈벌이가 되니까 사람들이 몰리지요.

멍거 그래도 부끄러운 일입니다. 걱정거리가 아니라 수치입니다. 나는 도박판에 뛰어드는 개미들이 아니라, 이들을 빨아먹는 전문가들이 싫습니다.

주가 거품기에 보유 현금의 투자는?

Q 2021-17. 현재 주가에 거품이 끼었다고 본다면 버크셔는 주가가 적정 수준으로 하락할 때까지 현금으로 보유하는 편이 나은가요, 아니면 다른 방식으로 투자하는 편이 나은가요?

버핏 찰리와 나는 이에 대해 많은 토론을 했습니다. 우리는 잘 알지 못하는 주식을 사기도 했지만 마음이 불편했습니다.

멍거 전에는 통에 든 물고기를 잡았는데 이제는 그러기도 어려워졌습니다.

버핏 우리 주주와 고객들을 보호하려면 우리가 곤경에 처하지 않아야 하므로 총자산의 10~15%를 현금으로 보유하고 있습니다. 우리는 장기 주주들의 돈을 절대 잃지 않는 방식으로 버크셔를 안전하게 경영하고 있습니다. 그러나 버크셔 주식을 수시로 사고파는 단기 주주들까지 도와드릴 수는 없습니다. 현재 우리가 보유한 현금은 총자산의 약 10%인 700~800억 달러입니다. 우리는 이 자금을 잘 활용하고 싶지만 현재와 같은 상황에서는 활용 기회를 찾기 어려울 것입니다. 그러나 가끔 시장 상황이 매우 빠르게 바뀌기도 합니다.

지금도 기업을 버크셔에 매각하고 싶어 하는 사람들이 있지만 상장기업은 그렇게 하기가 매우 어렵습니다. 남의 돈을 운용하는 사람들도 인수하겠다고 경쟁적으로 덤벼들기 때문입니다. 우리는 보유 현금 700억 달러에 대해서는 불만스럽지만, 보유 주식 7,000억 달러에 대해서는 매우 만족합니다.

잘 알지 못하면서 산 주식은?

Q 2021-18. 잘 알지 못하는 주식을 사기도 했다고 말했는데 어느 주식인가요?
버핏 종목은 밝히지 않겠습니다. 찰리와 나는 사업을 개괄적으로는 이해하지만 통찰은 없는 상태에서 그 주식을 샀습니다. 전에 이런 주식에 투자해서 최고의 실적을 낸 적이 있으므로 단기 국채 대신 이런 주식을 보유하고 싶었습니다. 그러나 한편으로 생각해보면 우리는 운용 규모가 거대합니다. 단기 국채보다는 낫지만 그저 그런 종목에 500억 달러를 투자하면 나는 마음이 그다지 편하지 않습니다.

새로 발굴한 정말로 매력적인 종목을 매수하려면 그 500억 달러를 현금화하는 과정에서 막대한 거래비용이 발생합니다. 그래서 우리는 항상 이 문제에 관해서 이야기합니다. 이들은 좋은 회사지만 우리가 남들보다 잘 알거나 잘 평가해서 과연 우위를 차지할 수 있을지 생각합니다. 찰리?

멍거 우리가 우위를 차지하기는 매우 어렵습니다. 지금까지 우리 실적이 좋은 것은 요즘 버니 샌더스Bernie Sanders가 지지를 받는 것과 마찬가지로 우연입니다. 저금리 탓에 자산 가격이 모두 급등하자 밀레니얼 세대(millennial generation: 1980년대~2000년대에 태어난 인구)는 부자 되기가 우리 세대보다 훨씬 어려워졌습니다. 그러므로 밀레니얼 세대의 빈부 격차는 우리 세대보다 훨씬 작을 것이고, 그래서 버니 샌더스가 우연히 지지를 얻고 있습니다.

자사주 매입이 주가 조작?

Q 2021-19. 최근 저명한 상원의원이 자사주 매입을 일종의 주가 조작으로 분류했는데 어떻게 생각하나요?

버핏 일부 동업자가 현금을 원할 때 비용을 절감하면서 현금을 분배하는 방법이 있습니다. 예컨대 동업자 4명이 100만 달러씩 출자해서 회사를 설립해 데어리 퀸 대리점 몇 개를 인수했다고 가정합시다. 이후 대리점의 실적이 좋아서 3명은 추가로 대리점을 인수하고자 하지만 1명은 현금을 회수해서 나가려고 합니다. 이 문제를 해결하는 방법은 두 가지인데, 하나는 4명 모두에게 배당을 지급하는 것입니다. 3명은 배당을 원치 않더라도 말이지요. 나머지 하나는 적정 가격에 자사주를 매입하는 방법입니다. 그러면 1명은 적정 가격에 지분을 넘기고 나가게 됩니다.

이런 자사주 매입을 비난하는 주장은 도무지 이해할 수가 없습니다. 남으려는 사람과 떠나려는 사람 모두에게 유용한데도 말이지요. 실제로 전에 버크셔 주주 대다수는 배당 지급에 반대했습니다. 물론 배당 재투자가 유리하다고 우리가 홍보한 영향도 있습니다. 우리는 이런 무배당 원칙을 57년 동안 고수했고, 우리 개인 주주 다수는 버크셔 주식을 죽을 때까지 계속 보유하려고 합니다. 이제는 상황이 바뀌어 생각이 달라졌을지도 모르지만 주주 대부분은 계속 재투자를 원합니다.

60년 전에 사람들이 찾아와서 우리에게 거액을 맡겼습니다. 이는 단지 노후를 대비한 저축이 아니라 타고난 투자 성향이었습니다. 지금은 거액이 자선단체로 갔을 것입니다. 주주 중 대다수는 재투자를 원하고 극소수만 현금을 회수해서 나가고자 하는 상황이라면 과연 어떤 방법이 합리적일까요? 대부분 주주에게 유리한 공정 가격으로 주식을 매입해주는 방법일 것입니다. 상장 주식이라면 시장이 적정 가격을 알려줍니다. 찰리?

멍거 자사주를 터무니없이 높은 가격에 매입하는 것은 매우 부도덕한 행위입니다. 그러나 기존 주주들에게 유리하도록 자사주를 적정 가격에 매입하는 것은 매우 도덕적인 행위이며, 이를 비난하는 사람은 미친 사람입니다.

자본이득세율이 인상되면 자사주 매입 대신 배당 지급?

Q 2021-20. 자본이득세율이 43.4%로 인상되면 자사주 매입보다 배당이 훨씬 유리해지는데, 그러면 자사주 매입 대신 배당 지급을 선택할 생각인가요?

버핏 버크셔 주주들은 배당 지급에 대해 투표한 적이 있습니다. 우리 주주 집단은 리츠(Real Estate Investment Trust, 부동산투자신탁)나 MLP(Master Limited Partnership, 마스터합자회사: 수익의 90% 이상을 분배)의 주주 집단과 다릅니다. 예컨대 스팩에 투자하는 사람들은 스팩 주가가 다음 주에 급등하기를 바랍니다. 우리 주주 집단은 55년에 걸쳐 구성되었으며, 평생 투자할 생각으로 시작한 사람들이 토대가 되었습니다. 현금을 챙겨 나갈 생각이었다면 그럴 기회가 많았지만 이들은 그런 생각이 아니었습니다.

그래서 배당 지급에 대한 투표에서 우리 주주의 약 97%가 배당 지급을 원치 않는다고 밝혔습니다. 물론 다른 기업 주주들은 생각이 다르겠지만, 우리가 코카콜라처럼 정기 배당을 지급한다면 미친 짓이 될 것입니다. 코카콜라가 버크셔 방식으로 바뀌기 어렵듯이, 버크셔도 코카콜라 방식으로 바뀌기는 어렵습니다. 주주 집단의 특성이 다르기 때문입니다. 여러분은 어느 쪽에 속하고 싶습니까? 그런 면에서 버크셔 주주 집단은 특이합니다.

우리는 세법에 따라 정책을 함부로 바꾸지 않을 것입니다. 세법은 우리 결정에 아무 영향도 미치지 못합니다. 우리 주주 대다수는 배당 지급보다 재투자를 원합니다. 우량 기업 인수를 원하며, 자사주 매입을 통해 주주들의 버크셔 지분을 높여주길 바랍니다. 그리고 추가 투자로 기존 피투자 회사의 지분을 높이는 방식도 나쁘지 않다고 생각합니다.

새 행정부의 세금 정책

Q 2021-21. 새 행정부의 자본이득세, 법인세, 단계적 세금 인상을 어떻게 생각하나요?

버핏 오래전 나는 버크셔 회장으로서 내 정치적 견해 등을 함부로 주장하지 않겠다고 말했습니다. 나는 버크셔를 대변하지 않습니다. 전에도 언급했지만 세금에 관한 사람들의 견해는 매우 다양합니다. 나는 정치적 질문이 매우 부담스러우며, 내가 답해야 한다고 생각하지 않습니다. 지난 선거에서 누구에게 투표했느냐는 질문을 개인적으로 받았을 때, 나는 나 자신을 위해서 투표했다고 대답했습니다. 나는 우리 종업원에게 누구에게 투표했는지, 종교가 무엇인지 같은 질문은 해본 적이 없습니다. 나는 버크셔 회장으로서 어떤 제안에 함부로 서명할 권한도 없습니다. 기명 논평 페이지에 글을 쓸 때에도 나는 개인 자격으로 쓴다는 점을 명확하게 밝힙니다.

나는 세금에 관한 견해를 공식 석상에서 밝히고 싶지 않습니다. 찰리?

멍거 반자본주의anticapitalist는 십중팔구 잘못이라고 생각합니다. 자본주의는 모두의 국내총생산GDP을 높여줍니다. 나는 빈 자루는 똑바로 서지 못한다는 벤저민 프랭클린Benjamin Franklin의 말이 옳다고 생각합니다. 그리고 선도적인 기관들이 번영하면 정부의 정책도 개선된다고 생각합니다. 물론 예외도 있겠지만 나는 프랭클린의 말이 전반적으로 옳다고 생각합니다. 사람들이 돈 많은 사람에게 끊임없이 분노하는 분위기가 다소 걱정스럽습니다.

부유층 주민을 쫓아내는 정책

Q 2021-22. 높은 세금 탓에 캘리포니아를 떠나는 부자가 많다고 하는데 당신은 왜 안 떠나나요?

멍거 매우 흥미로운 질문입니다. 자주 말했듯이 나는 자녀의 세금 5억 달러를 아끼려고 이사하지는 않을 것입니다. 부유층 주민을 쫓아내는 정책은 어리석다고 생각합니다. 부유층 노인들은 지역 자선단체에 기부를 많이 하며, 범죄를 저지르지도 않습니다. 제정신이라면 왜 그런 부유층을 쫓아내려 하겠습니까? 그런 면에서 플로리다 등은 통찰력이 뛰어나지만 캘리포니아는 매우 멍청합니다. 주에 손해이니까요.

법인세율 인상이 버크셔에 미치는 영향은?

Q 2021-23. 법인세율이 25~28%로 인상되면 버크셔는 어떤 영향을 받을까요?

멍거 그래도 버크셔에 재앙이 되지는 않을 것입니다. 법인세율이 어떻게 바뀌든 우리는 잘 적응해왔습니다.

버핏 법인세율이 인상되면 기업의 이익 중 연방정부의 몫이 증가합니다. 버크셔에는 A주와 B주가 있는데, 연방정부는 이른바 AA주라는 매우 특별한 주식을 보유하고 있습니다. 이 주식은 이익의 일정 비율만 가져갈 뿐, 자산에 대한 소유권과 경영자 선임에 대한 의결권 등은 전혀 없습니다. 내가 처음 사업을 시작할 때는 연방정부의 몫이 52%였는데 이때 AA주의 적정 가격은 얼마였을까요?

버크셔 해서웨이가 향후 지급하는 모든 세금을 소유하는 회사를 연방정부가 설립해서 주식을 상장한다고 가정합시다. 그러면 현재 이 주식의 가격은 얼마일까요? 버크셔가 유보이익을 재투자해서 성장할수록 미래 현금배당이 증가하므로 주가가 더 상승할 것입니다. 따라서 법인세율이 25~28%나 52%일 때보다 21%일 때 주가가 더 상승할 것입니다. 실제로 정부가 버크셔의 법인세를 수령하는 회사로 가칭 '버크셔 세금회사'를 설립해서 주식을 상장하면 흥미로울 것입니다. 그러면 주가가 얼마가 될까요? 이때 미적립 채무unfunded obligation라는 연방정부의 미공개 자산도 주가에 반영되겠지요. 흥미로운 일입니다.

버핏의 유산을 정부가 가져간다면?

Q 2021-24. 소유주 안내서owner's manual에서 당신은 사망 시 세금 때문에 버크셔 주식을 매도할 일은 없을 것이라고 밝혔습니다. 그러나 최근 새 정부는 사망 시 미실현 이익에도 세금을 부과하려 하고 있는데 아무 문제가 없을까요?

버핏 세법은 언제든 다양한 방식으로 개정될 수 있습니다. 나는 사망 시

재산의 99.7%를 자선단체에 기부하기로 약속할 수도 있고 연방정부에 납부하게 될 수도 있습니다. 그러나 나는 자선단체에 기부하는 편을 선호합니다. 재정 적자가 약 1,000억 달러 감소하는 것보다 자선단체의 현명한 사람들이 사용하는 편이 더 유용하다고 생각하기 때문입니다. 재정 적자가 1,000억 달러 증가하든 감소하든 세상은 그다지 바뀌지 않을 것입니다. 게다가 지금은 정부가 제로 금리로 1,000억 달러를 빌릴 수 있습니다. 물론 이런 상황이 앞으로도 계속 이어지지는 않겠지만 말이지요. 참고로 나는 이런 저금리 정책을 지지하는 것도 아니고 걱정하는 것도 아닙니다.

그럴 리는 없겠지만 만일 정부가 사망자의 유산을 모두 가져가기로 하면 어떻게 될까요? 나는 유산을 현명한 사람들이 공정하게 분배해 인도적으로 사용하기를 바랍니다. 그런데 10, 20, 30, 40년 후 정책이 어떻게 바뀔지 누가 알겠습니까? 유산을 정부가 가져간다면 재정 적자는 확실히 그만큼 감소할 것입니다. 그러나 이를 계기로 정부가 최저임금법 등을 개정하지는 않을 것입니다. 단지 정부 예산에 '버핏이 납부한 금액 X'로 표시되면서 숫자가 조금 바뀔 뿐입니다. 그래서 나는 유산이 민간 부문에서 사용되기를 바랍니다. 그러나 그 결정은 미국을 대표하는 사람들에게 달려 있습니다.

코로나가 시스템 위험에 대해 주는 교훈은?

Q 2021-25. 코로나가 시스템 관련 위험에 관해서 주는 교훈은 무엇인가요?
아지트 보험 사업에서는 흔히 팬데믹도 대처해야 하는 위험 요소로 생각하고 있습니다. 그러나 최근 경험을 통해서 배운 커다란 교훈은, 보험업계가 팬데믹을 위험 요소로 인식하고 있으면서도 가격에 충분히 반영하지 못했다는 점입니다. 발생 확률이 높아야 100년에 한 번 정도라고 생각한 보험사가 많았습니다. 그러므로 이런 팬데믹이 다시 발생할 시점을 재계산해야 하는데 아직 분석이 부족한 형편입니다. 나는 이 위험과 관련된 모든 손해를 분석해서 확실한 대응책을 마련해야 한다고 말하는 것입니다.

예컨대 팬데믹으로 많은 사람이 생명을 잃었지만, 올림픽 취소 등 비상계획의 보험료 책정도 필요합니다. NBC는 이런 보험 상품 가입을 원할 것입니다. 이런 상품의 보험료를 책정할 때, 우리는 흔히 지진, 테러 등의 위험은 고려했지만 팬데믹 위험은 전혀 고려하지 않았습니다. 그러나 앞으로는 팬데믹 위험이 포트폴리오 전반에 미치는 영향을 보험업계가 더 정교하게 분석할 것입니다.

저평가된 팬데믹 위험

Q 2021-26. 아지트의 설명에 대해 논평할 분 있나요?

버핏 아지트가 언급했듯이 행사 취소 위험을 거의 공짜로 보장해준 보험사가 많습니다. 그동안 올림픽 취소와 미국 불참 관련 보험에 가입한 기업이 많습니다. 이들은 광고 취소 등 온갖 위험에 대비하려 하니까요. 그런 용도로 나온 행사 취소 보험이 많은데 대부분 보험료에 팬데믹 위험이 충분히 반영되지 않았습니다. 5~6년 전 빌 게이츠Bill Gates가 TEDx(Technology, Entertainment, Design: 미국의 비영리 재단에서 운영하는 강연회)에서 해준 훌륭한 이야기를 사람들은 무시했습니다. 흥미롭게도 이 코로나는 우리가 경험한 최악의 사례가 아닌데도 충격적인 영향을 미치고 있습니다. 그 결과 일부 보험사는 전혀 의도하지 않았던 위험까지 보장하게 되었습니다. 위험 중에는 감당하기 어려울 정도로 큰 위험도 있습니다. 예컨대 대규모 핵 공격 등의 핵 위험은 민간 보험업계에서 감당할 수 없다고 연방정부는 일찌감치 인식했습니다.

그러므로 향후 보험업계는 훨씬 더 주의를 기울여 팬데믹을 매우 정확하게 정의할 것입니다. 영국에서는 팬데믹 보험 관련 구체적인 사례에서 보험사에 매우 불리한 판결이 나오기도 했습니다. 그러나 미국은 보험증권에 적힌 내용이 다릅니다. 고객은 구입한 보험에 대해서만 보장받게 됩니다. 그래서 일반적으로 미국 법원에서는 보험사에 유리한 판결이 나오고 있습니다. 현재 버크셔를 위협하는 커다란 위험은 아닙니다.

버크셔가 지급할 코로나 보험금 추정치는?

Q 2021-27. 코로나 팬데믹으로 버크셔가 지급할 보험금 추정치는 얼마인가요?

아지트 지난해부터 올해 1분기 말까지 우리가 적립한 준비금 기준으로는 16억 달러입니다. 그러나 코로나 덕분에 감소하는 보험금은 반영되지 않았습니다. 가이코는 코로나 덕분에 자동차 사고 건수가 감소해 큰 혜택을 보고 있습니다. 하지만 보험업계 전체가 코로나에 대해 적립한 준비금 합계액은 약 250~300억 달러이므로, 우리가 지급할 보험금은 십중팔구 증가할 것입니다. 보험업계 권위자들은 이 금액이 1,000억 달러에 육박할 것이라고 말합니다. 그러면 코로나 관련 손해액이 약 700~750억 달러 증가합니다. 우리 손해액도 16억 달러보다 훨씬 증가하겠지만 우리가 감당하지 못할 정도는 아닙니다.

버핏 보험금 청구액 기준으로 우리는 5위 안에 들어가지 않을 것입니다. 우리는 생명보험과 연금보험 판매 규모가 훨씬 작기 때문입니다. 향후 생명보험금 청구는 증가하지만 연금보험 청구는 감소할 것입니다. 연금보험 수령자 중 사망자가 증가하기 때문입니다. 코로나는 인류 역사상 최대 재앙에 속하지만 보험업계에 미치는 영향은 그다지 크지 않습니다. 만일 보험업계가 보는 손해가 1,000억 달러라면 이 1,000억 달러를 장부에 표시해야 합니다. 우리 목표는 손해가 발생했다고 판단할 때 채무로 표시하는 것입니다. 지금은 우리 손해가 1,000억 달러의 일정 비율이라고 생각하는 정도면 충분해 보입니다.

경쟁 철도회사들의 합병이 BNSF에 미치는 영향은?

Q 2021-28. 캐나디안 퍼시픽 철도(Canadian Pacific, 이하 CP)나 캐나디안 내셔널 철도(Canadian National, 이하 CN)가 캔자스시티 서던 철도(Kansas City Southern, 이하 KCS)와 합병하면 BNSF와의 경쟁에 어떤 영향을 미칠까요?

그레그 우리는 CP나 CN의 KCS 인수 시도를 자세히 분석하고 있습니다. 두 회사 중 하나가 KCS를 인수하면 BNSF가 영향을 받게 됩니다. 이들은 캐나다에서 멕시코까지 남북을 연결하는 철도를 계획하고 있습니다. 최강은 아니지만 우리 BNSF도 멕시코시장에 대한 영향력이 있는데 그러면 향후 경쟁이 더 치열해질 것입니다. 육상교통위원회(Surface Transportation Board: STB)가 합병 신청을 승인하는 기준은 '경쟁이 유지·강화되는가?'입니다. 우리는 멕시코 발착_{發着} 고객들에게 일관수송(intermodal: 철도와 배 등 두 종류 이상의 운송 수단을 이용하는 수송) 서비스를 제공하고 있습니다. 그러므로 멕시코 고객 보호를 위해서 승인 과정에 적극적으로 참여하고자 합니다. 워런?

버핏 합병이 유니언 퍼시픽 철도(Union Pacific, 이하 UP)와 BNSF에 미치는 영향은 비교적 적습니다. 그러므로 육상교통위원회는 그다지 우려하지 않을 것입니다. 육상교통위원회의 역할은 하주_{荷主}에게 가장 유리한 결정을 하는 것입니다. 인수 자금을 공짜로 빌릴 수 있다면 인수 가격은 그다지 중요하지 않습니다. 하지만 금리가 달라지면 이야기가 달라집니다.

KCS 인수에 비법이 있는 것은 아닙니다. KCS와 멕시코의 거래는 2047년에 종료됩니다. 관건은 화물 운송량인데 큰 변화는 없을 것입니다. 캐나다는 이른바 1급^{Class I} 철도에 해당하는 대형 철도회사가 2개뿐이고, 미국은 대형 철도회사가 5개입니다. 그러나 사람들의 일반적인 생각과는 달리 미국의 철도 시스템 중 3개는 캐나다 회사가, 4개는 미국 회사가 운영하게 될 것입니다. KCS는 CP나 CN이 인수할 가능성이 큽니다. 육상교통위원회가 합병 신청을 4 대 1로 승인한 것으로 알고 있는데, 맞나요?

그레그 맞습니다. CP의 초기 위탁경영 구조를 4 대 1로 승인했습니다. 이제 가치 평가 단계로 넘어가고 있습니다.

버핏 일반적으로 철도회사 합병에는 매우 오랜 기간이 걸립니다. 그러나 두 가지 상반된 위탁경영 구조 중 하나를 위원회가 승인하면 합병이 매우 신속하게 진행될 수 있습니다. 어느 쪽이 미국에 가장 유리하다고 위원회가 판단하느냐에 달렸습니다.

철도회사 인수 가격은 타당한가?

Q 2021-29. 철도회사 인수 가격이 타당하다고 보나요?

버핏 아주 조금 타당하다고 봅니다. 지금까지 다양한 철도회사의 인수 거래에 수많은 사람이 영향을 미쳤습니다. CP를 인수하려 했던 사람이 헌터 해리슨^{Hunter Harrison}인가요? 우리도 CP 인수를 검토했고 모두가 CP를 주목했습니다. 그러나 UP보다도 높은 가격이었으므로 우리는 타당하지 않다고 판단했습니다. 그러나 금리가 이렇게 낮으면 돈 가치도 낮아집니다. CP와 CN의 처지에서 보면 인수할 회사는 KCS 하나뿐이므로, KCS를 인수하지 못하면 철도를 확장할 기회가 없습니다. BNSF나 UP를 인수할 수는 없으니까요. 그래서 가격이 상승하는 것입니다.

멍거 그들은 남의 돈으로 인수하는 것입니다.

버핏 네. 남의 돈이지요. 이들은 5~10년 후 은퇴합니다. 사람들은 남의 돈으로 인수했다는 사실은 기억하지 못하고, 철도를 확장했다는 사실만 기억할 것입니다. 투자은행들은 줄곧 환호하면서 "더 지불해도 됩니다"라고 말합니다. 이들은 가격을 계속 바꿉니다. 계산이 복잡해질수록 보수가 두둑해지니까요.

프리시전 캐스트파츠 인수 과정에서 버핏이 저지른 실수는?

Q 2021-30. 주주 서한에서 당신은 2016년 프리시전 캐스트파츠PCC의 정상 수익 잠재력을 지나치게 낙관한 실수 탓에 인수에 지나치게 높은 가격을 지불했다고 말했습니다. 구체적으로 어떤 실수를 했나요?

버핏 인수 대상 기업을 찾을 때 우리는 기업의 경쟁력, 인수 가격, 경영진 등을 모두 평가합니다. 경영진 평가에서는 실수하지 않았지만 평균 수익력 평가에서 실수했습니다. 보잉 737 맥스 기종에서 문제가 발생하면 그것은 확률의 문제입니다. 거대 기업에서는 언제든 온갖 일이 발생할 수 있습니다. 그리고 실제로 온갖 일이 발생하는 모습을 보았는데도 나는 평균 수익력에 지나치게 높은 금액을 지불했습니다. 물론 훌륭한 기업이고 경영진 등 모든 면이 만족스럽지만, GE의 엔진 수요가 우리 생각만큼 많지는 않습니다. GE는 전력 등 다양한 사업을 하고 있습니다. PCC의 사업들이 침체할 것으로는 생각하지 못했습니다. 우리는, 아니 나는 앞으로도 계속 실수를 할 것입니다.

멍거 나머지 사람들이 도울 것입니다.

버핏 우리가 인수하는 기업 중에는 훌륭한 기업도 있고 형편없는 기업도 있습니다. 그런데 여기에 좋은 점이 있습니다. 형편없는 기업은 버크셔에서 차지하는 비중이 자연스럽게 감소한다는 점입니다(PCC에 관한 말은 아닙니다). 반면 1996년에 경영권을 인수한 가이코는 그동안 매출이 15배 증가하면서 버크셔에서 차지하는 비중이 훨씬 커졌습니다. 이렇게 기대 이상으로 성장한 기업들의 비중이 자연스럽게 커져서 결국 우리는 우량 기업에 집중투자하는 셈이 됩니다. 찰리가 말하듯 투자는 자녀 양육과 다릅니다. 자녀 중에는 말썽꾸러기가 문제를 더 일으키면 관심의 비중이 더 커집니다.

초창기에 찰리와 내가 보유한 기업은 3개였습니다. 버크셔는 직물회사였고, 다이버시파이드 리테일링Diversified Retailing은 백화점이었으며, 블루칩은 경품권 회사였습니다. 3개 모두 망했습니다. 석탄이 우리 주변에서 서서히 사라졌듯이 이들도 버크셔에서 차지하는 비중이 서서히 감소하다가 사라졌습니다. 가장 큰 위험 요소는 나쁜 경영진입니다. 나쁜 경영자가 회사를 맡으면 이사들도 가식적인 나쁜 사람들로 채워집니다. 나쁜 경영자가 10~15년 직물회사나 백화점을 경영하면서 사업을 확장하는 것이 단연 가장 위험합니다. 경영자가 보고서에 열거하는 위험 요소는 변호사들이 알려준 것이므로 실질적인 위험 요소가 아닙니다.

암호화폐는 가치 없는 인공 금?

Q 2021-31. 현재 암호화폐의 시가총액이 2조 달러인데 여전히 가치 없는 인공 금으로 보나요?

버핏 비트코인에 관한 질문이 나올 줄 알았습니다. 나는 정치인들이 곤란한 질문을 항상 피하는 모습을 보면서 역겹다고 생각했습니다. 그러나 사실은 나도 질문을 피하려고 합니다. 이 방송을 보는 사람 중 비트코인 보유자가 십중팔구 수십만 명이고, 공매도한 사람은 두 명일 것입니다. 내가 대답하면 40만 명은 화를 내고 두 명만 기뻐하는 상황이 될 것입니다. 오래전 네브래스카에 어떤 주지사가 있었습니다. 그는 재산세나 학교 문제 등 곤란한 질문을 받으면 질문자를 주시하면서 '그 문제는 걱정할 필요 없습니다'라고 말하며 자리를 떴습니다. 나는 이 문제를 걱정할 필요 없다고 생각합니다. 찰리?

멍거 나를 잘 아는 사람이 던지는 질문이라면 황소 앞에서 붉은 깃발을 흔드는 셈입니다. 나는 비트코인이 성공하는 모습을 보기 싫으며, 유괴범 등 범죄자들에게나 유용한 통화는 환영하지 않습니다. 누군가 난데없이 새로운 금융 상품을 개발해 수십억, 수백억 달러를 벌어들이는 것도 마음에 들지 않고요. 더 점잖게 말하자면, 나는 비트코인 개발 과정 전체가 역겨우며 문명사회에 해롭다고 생각합니다. 나머지 비판은 다른 사람들의 몫으로 남겨두겠습니다.

버핏 그 문제는 걱정할 필요 없습니다.

텍사스 비상 발전소 설립 계획

Q 2021-32. 일론 머스크Elon Musk는 버크셔 해서웨이 에너지BHE가 90억 달러 이상 투자하는 텍사스 비상 발전소 설립 계획이 잘못되었다고 말했습니다. 그는 축전지를 이용한 부하 분산load balancing 방식이 적절하다고 주장하는데 어떻게 생각하나요?

그레그 지난 2월 텍사스에서 4일간 이어지는 심각한 정전 사고가 발생해 여러 사람이 목숨을 잃었습니다. 이 기간 발생한 경제적 손실도 무려 800~1,300억 달러로 추산됩니다. 전력 섹터는 사람들에게 깊은 실망을 안겨주기도 합니다. 서비스가 기대에 못 미치기도 하고 비용이 과도하게 나오기도 합니다. 지난 2월의 4일간 나온 전력 요금이 작년 한 해 요금의

10배에 이르기도 했습니다.

우리는 많은 시간을 들여 개발한 해결책을 들고 텍사스로 갔습니다. 위험에 처한 텍사스 주민들의 건강과 복지를 보장하는 해결책으로서, 요청 즉시 최장 7일간 긴급 전력을 제공하는 방식입니다. 우리는 가능한 최고의 방법을 제안했습니다. 누군가 더 좋은 제안을 해도 우리 임무는 완수한 셈입니다. 일론이나 누군가 더 좋은 방법을 제안한다면 우리는 그 방법을 선택하라고 권유할 것입니다. 우리는 우리 제안이 현재 텍사스에 최선이라고 확신합니다.

우리 방식이 축전지 방식과 다른 점은 7일 연속 발전이 가능하다는 점입니다. 축전지 방식을 선택하면 4시간 만에 축전지가 방전될 수도 있습니다. 들어가는 비용도 전혀 다릅니다. 우리는 매우 독특한 해결책을 제시했다고 자부합니다. 우리는 피터 키위트 선즈Peter Kiewit Sons 등 공급 업체들과 협력해 납품 기한을 2023년 11월로 정했고 제조직접비까지 산정했습니다. 안타깝지만 내년 겨울까지 공급할 수는 없습니다. 우리 해결책이 텍사스에서 충분히 논의되길 바랍니다.

버핏 납기를 맞추지 못하면 우리는 위약금으로 40억 달러를 지불할 용의가 있습니다. 우리는 키위트와 GE를 방문해서 발전용 터빈을 언제 받을 수 있는지 문의했습니다. 그러자 2023년까지 설비를 공급하려면 서둘러 시작해야 하며 인플레이션도 고려해야 한다고 대답했습니다. 키위트의 대답이 1개월 이내에 바뀌지는 않을 것입니다. 우리는 모든 계약을 문서로 하지는 않습니다. 이미 수백 명이 작업하고 있습니다.

GE도 모든 면에서 협조적입니다. 그렇다고 우리 해결책이 최고라는 뜻은 아닙니다. 우리는 우리가 무엇을 할 수 있는지 압니다. 누군가 더 빨리 더 싸게 할 수 있다면 멋진 일입니다. 그러나 약속을 지키지 못하면 그들도 위약금을 내야 합니다. 우리는 40억 달러로 우리 약속을 뒷받침할 것이며, 이런저런 면책 조항을 추가해 책임을 회피하려 하지도 않을 것입니다. 우리가 1년 안에 납품할 수는 없지만, 1년 뒤에는 비용을 제시하고, 그 1년 뒤에는 납품할 수 있습니다.

텍사스는 사업하기에 훌륭한 곳이며, 우리도 이곳에서 많은 사업을 하고 있습니다. 버크셔 해서웨이 홈서비스Berkshire Hathaway HomeService의 본사도 텍사스에 있습니다. 정전 사고는 청천벽력 같은 일이었지만 전력 분야에서는 만반의 준비가 필요합니다. 30년에 한 번 일어날 일이라고 함부로 말하면 사망자가 발생합니다. 그러므로 안전마진을 확보해야 한다는 뜻입니다. 우리가 한 가지 해결책을 제시하고 누군가도 다른 해결책을 제시할 수 있습니다. 어떤 해결책이든 채택되면 우리는 환호할 것이며, 우리 해결책이 채택되면 더 크게 환호할 것입니다.

일론 머스크가 화성 프로젝트 보험에 가입하겠다고 한다면?

Q 2021-33. 아지트에게 던지는 질문입니다. 일론 머스크가 화성 프로젝트에 관한 보험에 가입하겠다고 하면 보험을 판매하겠습니까?

아지트 쉬운 질문이군요. 거절하겠습니다.

버핏 나는 보험료에 달렸다고 생각합니다. 일론이 로켓에 탑승하느냐에 따라서도 보험료가 달라질 수 있습니다. 보험에는 직접적인 이해관계skin in the game가 중요합니다.

아지트 나는 주로 일론 머스크의 반대편에 서는 보험을 판매할 생각입니다.

버핏 일론 머스크와 내가 공모하면 아지트를 함정에 빠뜨릴 수 있겠군요.

향후 버크셔의 포트폴리오에서 대형 기술주의 비중이 증가할까요?

Q 2021-34. 주주 서한에서 당신은 최소 자산으로 높은 수익을 내는 기업에서 최고의 투자 실적이 나온다고 말했습니다. 앞으로 투자에서 토드와 테드(버크셔의 투자 책임자인 토드 콤즈Todd Combs와 테드 웨슐러Ted Weschler)의 역할이 더 커짐에 따라 버크셔 포트폴리오에서 고수익 대형 기술주가 차지하는 비중이 증가할까요?

버핏 아시다시피 그린 비즈니스(green business: 사회에 부정적인 영향을 최소화하거나 긍정적 영향을 미칠 수 있는 기업)가 매우 적은 자본으로 빠르게 성장하는 기업입니다. 애플, 구글, 마이크로소프트Microsoft, 페이스북Facebook 등이 대표적인 예입니다. 애플은 고정자산이 370억 달러인데도, 고정자산이 1,700억 달러인 버크셔보다 버는 돈이 훨씬 많습니다. 그러므로 버크셔보다 훨씬 좋은 사업입니다. 마이크로소프트와 구글 역시 버크셔보다 훨씬 좋은 사업입니다. 우리는 1972년 시즈캔디를 인수하고서 이 사실을 깨달았습니다. 시즈캔디는 많은 자본이 필요 없습니다. 주방이라고 부르는 제조공장이 두 개 있지만 재고자산이 많지 않고 매출채권도 많지 않습니다. 이런 기업이 최고의 기업이지만 가격이 매우 높습니다. 게다가 흔치 않으며 항상 최고의 기업으로 유지되는 것도 아닙니다.

우리는 항상 이런 기업을 찾고 있습니다. 우리도 이렇게 훌륭한 기업을 몇 개 보유하고 있지만 규모는 크지 않습니다. 모두가 이런 기업을 찾고 있습니다. 자본주의의 핵심은 자본이익률입니다. 자본이익률을 높이려면 투하자본이 많지 않아야 합니다. 공익기업(utility: 수도, 전기, 가스 사업)처럼 막대한 자본을 투자해야 한다면 매우 높은 자본이익률은 기대할 수 없습니다. 그 자본이익률은 구글 근처에도 못 미칩니다. 우리가 텍사스주에 제안한 거래의 자본이익률은 9.3%였습니다. 찰리, 더 보탤 말 있나?

멍거 없네.

토드와 테드도 주주총회에 참석?

Q 2021-35. 투자와 인수 등에서 토드와 테드의 역할이 갈수록 중요해지고 있는데 이들도 주주총회에 참석해서 질문을 받을 수 있을까요?

버핏 두 사람은 정말 탁월합니다. 그래서 이들이 주식에 관한 질문을 받아서는 곤란합니다. 이들은 버크셔의 자산입니다. 굳이 투자 분야에서 경쟁자들을 양성할 이유가 없습니다. 사람들이 그런 기대를 한다면 어리석은 일입니다. 머크나 화이자Pfizer가 연구원들의 연구개발 활동을 자세히 공개하길 기대하는 것과 마찬가지입니다. 두 사람은 투자 기질과 기업 평가 기법을 겸비한 탁월한 자산입니다. 버크셔를 사랑해서 자발적으로 초과근무를 하고 있습니다. 이들이 사람들에게 온갖 질문을 받는 것은 원치 않습니다.

중국 정부가 향후 활발한 기업 활동을 허용할까요?

Q 2021-36. 중국 정부가 자회사 앤트Ant의 기업공개를 연기하는 등 마윈馬雲을 압박하고 있는데, 향후 활발한 기업 활동을 허용할 것으로 보나요?

멍거 활발한 기업 활동을 허용할 것으로 생각합니다. 중국의 경제 발전은 세계 역사상 가장 놀라운 사건 중 하나였습니다. 중국 공산주의자들은 싱가포르 등의 번영을 보고서 효과적인 정책을 모방해 빈곤 상태에서 벗어나기로 했습니다. 이들은 애덤 스미스의 사상을 받아들여 중국식 공산주의로 수정했고, 자유시장 제도를 허용해 수많은 백만장자가 등장하게 했

습니다. 중국 정부는 큰 업적을 달성했습니다. 워런과 나도 사고 전환이
그 정도로 유연하지는 않습니다.

중국은 놀라운 성과를 내면서 변화를 일으켰습니다. 중국인의 평균 소
득이 엄청나게 증가해 8억 인구가 신속하게 빈곤에서 벗어났습니다. 세계
역사상 이런 유례가 없으므로 나는 중국에 경의를 표합니다. 중국은 돈벌
이를 계속 허용할 것입니다. 이 방식이 효과적임을 깨달았기 때문입니다.
"쥐만 잘 잡는다면 검은 고양이든 흰 고양이든 상관없다"라고 말한 사람
이 마음에 듭니다. 내 취향에 잘 맞는 말입니다.

버핏 앞에서 언급한 시가총액 기준 세계 20대 기업 중 3개가 중국 기업입
니다. 내 짐작에 30년 후에는 중국 기업이 더 늘어날 것입니다. 그래도 미
국 기업보다는 많지 않겠지만, 누가 알겠습니까. 지금까지 이룬 성과가 놀
라우니까요. 중국은 효과적인 방법을 찾아냈습니다. 효과적인 방법을 찾
아내는 것만큼 발상을 강화하는 것은 없습니다. 나중에 보면 알겠지만 세
계 20대 기업 중 중국 기업이 틀림없이 4개 이상 나올 것입니다. 하지만
미국 기업이 틀림없이 더 많을 것입니다.

과도한 경기부양책이 부르는 인플레이션 위험

Q 2021-37. 전직 재무장관 래리 서머스 교수는 1.9조 달러에 이르는 바이든
Joe Biden의 과도한 경기부양책이 인플레이션을 부를 수 있다고 비판했는데, 어
떻게 생각하나요?

버핏 래리는 늘 삼촌 폴 새뮤얼슨의 저서를 읽었을 것입니다. 그는 매우
똑똑한 인물입니다. 3월 19일 그가 인플레이션 위험을 경고한 이후 그런
우려의 목소리가 더 커지고 있습니다. 아무 영향도 미치지 않는 경제 활동
은 없습니다. 부채를 계속 대규모로 늘리면 부채 유지비용이 대폭 증가합

니다. 일본이 지금까지 편 정책을 사람들은 불가능하다고 생각했습니다. 사람들은 매우 위험하다고 판단해 일본 채권을 공매도했습니다. 답은 우리도 모릅니다. 그러나 래리의 견해는 중요하며, 반대쪽 견해 못지않게 훌륭하다고 생각합니다.

현재 정책이 어떤 결과를 불러올지 우리는 모릅니다. 부채가 GDP의 100%에 이르면 매우 위험하다는 생각이 한때는 일반 상식이었지만 지금은 그다지 타당한 생각이 아닙니다. 우리는 과거에 사실로 믿었던 일 중 상당수가 사실이 아님을 깨닫게 됩니다. 그러므로 현재 우리가 하는 일이 옳은지도 아직 알 수 없습니다. 가장 좋은 방법은 결과를 알 수 없다고 인정하고 결과가 어떻게 되더라도 좋은 실적을 얻는 길로 가는 것입니다. 이것이 버크셔가 추구하는 방법입니다. 우리는 거시경제 예측으로는 돈을 벌 수 없다고 생각합니다. 최고 실적을 추구하지 않아도 적정 실적을 얻을 수 있다고 확신합니다.

멍거 래리의 생각이 옳은지는 확실치 않습니다. 그는 똑똑한 사람이며, 그런 비판은 용기 있는 행동입니다. 래리는 그런 식으로 말한 유일한 인물이므로 그를 칭찬합니다.

버핏 장담하는데 그는 새 행정부에서 자리를 얻지 못할 것입니다.

멍거 그래서 그를 칭찬하는 것입니다. 그렇다고 행정부에 자리를 얻는 것이 잘못이라는 뜻은 아닙니다. 자기 생각을 소신껏 말해서 마음에 든다는 뜻입니다.

2020년 은행주를 매도한 이유는?

Q 2021-38. 2020년 뱅크 오브 아메리카Bank of America를 제외한 대부분 은행주를 매도한 이유는 무엇인가요?

버핏 나는 대체로 은행주를 좋아합니다. 단지 잠재 위험 대비 우리 보유 비중이 마음에 안 들었을 뿐입니다. 뱅크 오브 아메리카의 지분은 10%가 넘어서 정말 골칫거리였는데 우리보다도 은행에 더 골칫거리였습니다. 나는 뱅크 오브 아메리카의 사업이 마음에 들고 CEO 브라이언 모이니한 Brian Moynihan도 무척 좋아합니다. 그래서 뱅크 오브 아메리카는 비중을 높였지만 다른 은행주는 모두 10% 밑으로 낮추었으며, 은행주의 비중을 전반적으로 낮췄습니다.

현재 미국의 은행업은 10~15년 전보다 훨씬 좋습니다. 그러나 세계 곳곳의 은행업은 걱정스러운 상황입니다. 은행업 환경이 갑자기 악화하더라도 연준이 뒤에서 은행들을 든든하게 받쳐줄 것입니다. 그러나 연준이 버크셔는 뒤에서 받쳐주지 않으므로 우리가 자신을 돌보아야 합니다.

버라이즌 지분을 대규모로 인수한 이유는?

Q 2021-39. 최근 버라이즌(Verizon: 미국 최대 무선통신회사)의 지분을 대규모로 인수한 이유는 무엇인가요?

버핏 우리는 주식을 보유하거나 매수·매도하는 이유를 설명하지 않습니다.

대기업의 인수합병을 금지하는 새 법안

Q 2021-40. 최근 상원의원 조시 홀리Josh Hawley가 반독점 법안을 공개했습니다. 시가총액이 1,000억 달러를 초과하는 기업의 인수합병을 금지하는 법안인데, 이에 관해 버크셔 이사회에서 논의해보았나요?

버핏 우리 이사회는 그런 특정 사안을 논의하지 않습니다. 그러나 버크셔가 하는 사업과 그 이유는 매우 잘 파악하고 있습니다. 물론 반독점법이 개정되면 버크셔도 영향을 받게 됩니다. 세법이 바뀌면 영향을 받는 것처럼 말이지요. 이사회는 다양한 사안을 논의하면서 많은 시간을 보낼 수도 있지만, 그런 사안들이 모두 중요할까요? 단지 연간 보수 30~40만 달러에 만족하는 이사에게는 다양한 사안 논의도 시간을 때우는 좋은 방법이겠지만, 우리 이사회는 그런 사안에 집중하지 않습니다.

버크셔 이사회의 관심사는 기업문화를 보존하는 것, CEO를 잘못 선정했을 경우의 대응 방안을 확보하는 것입니다. CEO 선정 오류야말로 이사회가 관리해야 하는 가장 큰 위험인데, 내가 참여한 20개 이사회에서 이런 사례가 두 번 이상 발생했습니다. 때로는 잘못 선정한 CEO를 해임하는 일이 끔찍한 난제가 되기도 합니다. 견해가 다른 사람이 CEO로 선임되면 이사의 보수를 계속 인상해줄 수도 있습니다. 그가 최선을 다하는 호인이라면 상황은 더 나빠집니다. 우리 이사회는 다양한 사안에 시간을 많이 소비하지 않습니다. 개인적으로 연구할 수는 있겠지만 여러 이사가 관여하지는 않습니다. 우리는 이사들이 BNSF와 그 CEO 케이티, KCS를 더 많이 파악하기를 바랍니다. 우리는 예컨대 어떤 예측이 적중했을 때 2050년에 미치는 영향 같은 사안은 논의하지 않습니다. 찰리?

멍거 더 보탤 말 없습니다.

버크셔의 위험 인수 능력이 예전만큼 유용하지 않은 이유는?

Q 2021-41. 버크셔가 거대 위험을 신속하게 인수하는 능력이 예전만큼 유용하지 않다고 말하는 이유는 무엇인가요?

버핏 그런 수요가 감소했기 때문입니다. 예컨대 9·11 테러 직후 캐세이퍼시픽 항공Cathay Pacific Airways은 그다음 주 월요일까지 보험에 가입하지 않으면 홍콩에 착륙할 수가 없었습니다. 우리는 이런 위험을 인수할 수 있고, 실제로 손해가 발생하면 감당할 수 있습니다. 당시 우리는 시어스 타워Sears Tower로부터도 전화를 받았습니다. 그들은 건물에 폭탄이 설치되었을지 모른다고 생각하면서 즉시 보험금 증액을 원했고, 우리는 가격을 제시했습니다.

이제는 그런 상황이 아닙니다. 모리스 그린버그Maurice Greenberg가 CEO였을 때는 AIG도 그런 영업을 할 수 있었습니다. 하지만 막대한 한도가 필요하므로 그런 보험사는 많지 않았습니다. 우리 보험에 가입한 고객들은 사고가 발생하면 차질 없이 보험금이 지급될 것이라고 믿었습니다. 아지트?

아지트 그런 보험 상품에 대한 수요도 감소했지만 공급 측면에서도 경쟁이 훨씬 치열해졌습니다. 보험 한도가 우리만큼 크지 않은 보험사들은 인수단을 구성해서 수십억 달러 규모의 위험을 쉽게 인수할 수 있습니다. 따라서 우리는 여전히 경쟁 우위를 확보하고 있지만 그 우위가 예전만큼 크지는 않습니다.

크래프트 하인즈의 최근 12개월 실적은?

Q 2021-42. 크래프트 하인즈의 최근 12개월 실적은 코로나 발생 전과 비교해서 어떤가요?

버핏 그레그가 크래프트 하인즈의 이사라서 우리가 말해도 되는지 모르겠습니다. 오래전 우리는 함께 크래프트를 인수하면서 3G와 준공식semi-formal 동업자가 되었습니다. 우리는 재무 동업자로서 약속을 지켰고 3G는 자기 몫 이상의 역할을 해주었습니다. 주요 결정 사항에 관해서 3G가 우리 의견을 경청하기는 하지만, 우리는 크래프트의 주가에 영향 줄 일은 하지 않습니다.

그레그 다행히 3G는 매우 훌륭한 경영진을 크래프트에 투입했습니다. 우리는 경영진의 뛰어난 리더십에 매우 만족합니다. 경영진은 부채 축소를 통한 자본 구조 합리화에 주력하고 있습니다.

버핏 우리는 크래프트가 개선되고 있다고 생각합니다. 나는 조직에 관한 미신이 일으키는 문제점을 향후 주주 서한에서 언급할 생각입니다. 나는 그런 문제가 다양한 형태로 발생하는 모습을 여러 번 보았습니다. 특히 최근 20~30년 동안 이런 문제가 심각해졌습니다. 흔히 CEO가 기업 설명 활동에서 "우리는 애널리스트들과 지속적으로 접촉해야 합니다"라고 말하기 때문입니다. 그래서 2개월마다 CEO가 똑같은 말을 반복하면 이 말은 일종의 교리 문답집이 됩니다. 그러면 CEO의 말을 아무도 거스르지 못하게 됩니다.

　사람들이 이런 미신을 믿으면 다양한 방식으로 문제가 발생할 수 있습니다. 그런 사례는 많지만 공개하지 않겠습니다. 동료 경영자들을 난처하게 할 수 없기 때문입니다. 그러나 전임 CEO로부터 후임 CEO로 전수되는 미신은 많습니다. 후임 CEO가 자신을 뽑아준 전임 CEO를 비판할 수 있을까요? 방향 설정을 잘못했다거나 사실을 오도했다고 비난할 수 있을까요? 그래서 후임 CEO는 똑같은 잘못을 되풀이해서 엄청난 문제를 일으키게 됩니다. 사례를 들지 않고 설명하기는 어렵지만, 그래도 사례를 공개하지 않겠습니다. 찰리는 여러 이사회에 참여해서 이런 문제를 가까이서 지켜보았습니다. 이런 문제가 주는 교훈은 경영은 물론 다양한 분야에 유용합니다. 찰리?

멍거 평소에 지껄이는 말은 자신에게 영향을 미칩니다. 인류 역사에서 내가 가장 좋아하는 말은 위대한 영국 배우 세드릭 하드윅 경Sir Cedric Hardwicke이 남긴 명언입니다. "매우 오랜 기간 배우로 열심히 활동하다

보니 이제는 실제로 내 생각이 무엇인지 나도 모르겠습니다." 이는 많은 사람에게 나타나는 현상이며 거의 모든 정치인이 경험하는 일입니다.

버핏 이런 현상은 기업문화에도 깊이 뿌리를 내립니다. CEO가 터무니없는 소리를 계속 되풀이하면, 그 CEO가 떠난 뒤에도 직원들은 한동안 그 말을 거스르지 못하게 됩니다. 위험한 일입니다.

멍거 교양 교육을 받은 젊은이들조차 그런 말을 받아들입니다. 이들은 자신이 조물주로부터 통찰력을 받았다고 생각합니다. 정치인들 못지않게 미친 생각입니다.

버핏 노인 중에도 그런 사람이 있지만, 곧 죽게 되므로 큰 문제가 아닙니다.

멍거 노인들은 이미 미쳤고, 이제는 젊은이들도 미쳐가고 있습니다.

의료 시스템 개선을 위한 버크셔, JP모간, 아마존의 합작투자

Q 2021-43. 의료 시스템 개선을 위한 버크셔, JP모간JP Morgan, 아마존Amazon의 합작투자가 중단되었는데, 이로부터 어떤 교훈을 얻었나요?

버핏 GDP의 17%를 차지하는 의료산업을 바꾸기가 어렵다는 사실을 깨달았습니다. 우리는 중앙 집중형으로 운영되는 미국 의료 시스템에 대한 지식이 JP모간과 아마존보다 부족했으므로 두 회사보다 더 많이 배울 수 있었습니다. 덕분에 우리의 비효율성을 발견해 두 회사보다 더 큰 비용을 절감할 수 있었습니다.

수많은 사람의 기득권이 걸린 시스템의 변경에는 추가로 고려할 흥미로운 요소가 있습니다. 1941년 비어즐리 롬멜Beardsley Rommel은 원천징수라는 기발한 아이디어를 내놓았습니다. 덕분에 사람들은 연방소득세 신고 기한인 4월 15일에 세금을 납부하면서 정부와 정치인들을 증오하는 대신, 뜻밖의 보너스 같은 세금 환급을 기대하게 되었습니다.

사람들은 자신이 직접 의료보험료를 지불하지 않으면 회사로부터 받는 의료 혜택의 가치가 연 1만~1만 5,000달러에 이른다는 사실을 모르기 쉽습니다. 그래서 대부분은 회사가 의료비를 내주지 않으면 자신이 내야 한다는 사실을 생각하지 못합니다. 그런데 시스템이 기묘해서 회사는 보험료에 대해 세금 공제를 받지만, 보험료를 개인이 직접 내면 세금 공제를 받지 못합니다. 그래서 사람들 대부분은 의료비를 자신이 부담하는 비용으로 생각하지 않습니다.

정부가 연방소득세에 원천징수 시스템을 도입한 것은 천재적인 발상이었습니다. 덕분에 사람들은 4월 15일 막대한 소득세를 납부하면서 화낼 필요가 없어졌습니다. 마찬가지로 사람들은 의사에게 화낼 필요가 없습니다. 의료비가 GDP의 17%를 차지한다는 사실은 마음에 들지 않지만 이는 모호한 숫자에 불과하니까요. 게다가 병원 이사회는 사회에서 명망 높은 사람들로 구성되므로 그럴듯해 보입니다. 하지만 우리는 GDP의 17%를 의료비로 지출하고 있습니다. 주요 국가 중 의료비가 GDP의 11%를 넘어가는 나라는 없습니다. 그런데도 미국의 코로나 사망률은 다른 나라보다 훨씬 높았습니다. 코로나 사망률로 평가하면 우리는 더 많은 돈을 내고서 더 부실한 의료 서비스를 받은 셈입니다.

멍거 빗나가긴 했지만 워런은 코끼리를 겨냥해서 총을 쏘고 있습니다. 싱가포르는 의료비가 미국의 20%에 불과한데도 의료 시스템은 훨씬 좋습니다. 워런은 코끼리를 겨냥해서 총을 쏘고 있지만 사람들은 자기 돈이 낭비된다는 사실을 실감하지 못하고 있습니다.

버핏 나는 촌충과 싸웠고, 촌충이 이겼습니다.

멍거 촌충이 이겼군요. 멋진 표현입니다. 나도 써먹을 생각입니다.

버크셔는 규모가 지나치게 커져서 자회사 관리가 어려운 상태 아닌가요?

Q 2021-44. 버크셔는 보유 중인 수많은 자회사를 거의 언급하지 않고 있습니다. 버크셔의 규모가 지나치게 커져서 관리하기 어렵기 때문인가요?

버핏 물론 버크셔의 규모가 커져서 이제 1억 달러짜리 기업 인수에는 시간을 소비할 수가 없습니다. 최근 세상을 떠난 훌륭한 경영자는 우리가 15년 전에 인수한 기업을 지금까지 탁월하게 경영했습니다. 인디애나주 엘크하트에서 레저 차량을 생산하는 멋진 회사입니다. 나는 한 번도 가본 적이 없어서 찾아가지도 못한답니다. 그곳에서 누군가 숫자를 정리해서 매달 나에게 보내주고 있습니다. 나는 사업을 잘 이해하고 기억하며, 경영자는 회사 운영을 즐겼습니다. 그러나 내가 간섭하는 것은 원치 않았습니다.

버크셔는 훌륭한 기업과 훌륭한 경영자에게 잘 맞는 시스템을 보유하고 있습니다. 훌륭한 기업을 발굴하는 일도 우리 몫이지만, 그렇게 발굴한 기업을 훌륭한 기업으로 육성하는 것도 우리에게 달렸습니다. 맨주먹으로 TTI를 설립해서 키워낸 무명의 폴 앤드류스Paul Andrews도 탁월한 경영자입니다. 그는 TTI를 경영하는 동안 이익을 8배나 늘렸습니다. 그도 행복했고, 종업원들도 행복했으며, 우리도 행복했습니다. 연말에 나는 그에게 전화해서 말했습니다. "폴, 자네는 모든 면에서 탁월한 실적을 냈으니 연봉을 인상해야겠네." 그는 대답했습니다. "그 이야기는 내년에 하시죠." 그는 회사를 사랑했습니다. 내가 버크셔를 사랑하듯이 말이지요. 각종 보고서 요청으로 그에게 부담을 준 적이 없습니다.

폴 앤드류스 같은 사람이 반사회적 행동을 하는 모습은 상상하기도 어렵습니다. 우리는 그런 사람을 더 확보하고 싶습니다. 물론 버크셔의 규모가 커질수록 그런 회사를 인수하기가 더 어려워집니다. 하지만 우리는 그런 회사를 많이 보유하고 있습니다. 우리는 기업 인수를 중단할 생각이 없지만 가까운 장래에는 인수할 기업이 보이지 않습니다. 대신 자사주 매입을 통해서 자회사에 대한 우리 지분을 더 높이려고 합니다. 그러면 우리 주주들의 지분이 해마다 더 증가하게 됩니다. 찰리?

멍거 나는 버크셔가 관리하기 어려울 정도로 커졌다고 생각하지 않습니다. 버크셔는 극도로 분권화된 구조여서 다른 미국 대기업과 매우 다르기 때문입니다. 우리 자회사들은 많은 권한을 갖고 있으며, 별다른 문제가 없는 한 이 방식은 매우 오랜 기간 유지될 것입니다. 지금까지 우리 분권화 방식은 단점보다 장점이 많았는데도 아무도 모방하지 않는 듯합니다.

버핏 전적으로 옳은 말입니다. 그러나 분권화는 올바른 기업문화가 없으면 효과가 없습니다. 우리는 올바른 기업문화가 있습니다.

멍거 그레그가 우리 기업문화를 유지할 것입니다.

버핏 경영진이 5년 안에 거액을 벌려고 하는 기업문화라면 효과가 없을 것입니다.

멍거 물론입니다. 기업문화는 필수 요소입니다. 기업문화가 유지된다면 우리 방식은 매우 오랫동안 잘 유지될 것입니다. 모두가 놀랄 정도로 말이지요. 로마 제국도 매우 분권화된 덕분에 오랫동안 유지되었습니다.

Q 2021-45. 아지트와 그레그에 대한 질문입니다. 워런은 매일 연차보고서를 읽으면서 많은 시간을 보내는데 두 분은 어떤 자료를 읽나요?

아지트 나는 대리점과 기업들이 보내주는 자료를 읽으면서 많은 시간을 보냅니다. 이들의 제안을 분석하고, 관점을 파악하며, 우리에게 흥미로운 제안인지 판단합니다. 그러나 나는 종목 선정을 하지 않으므로 연차보고서에는 많은 시간을 소비하지 않습니다. 대신 보험업계의 동향 파악에 독서 시간의 90%를 사용합니다.

그레그 나는 주로 우리 자회사들과 자회사가 속한 산업의 자료를 읽으면서 경쟁자들의 동향과 사업에 관련된 기본 위험을 파악하고 있습니다. 결국 사업과 산업의 위험을 고려했을 때 우리 자본이 적절하게 배분되고 있는지 검토하게 됩니다. 이런 지식을 바탕으로 우리 자회사 경영진과 정보를 공유하면서 미세 조정 작업을 진행합니다.

버핏 두 사람 모두 엄청난 정보를 흡수할 수 있습니다. 관심이 엄청나게 많기 때문입니다. 두 사람의 방대한 지식에 나도 놀랄 정도입니다. 그러나 두 사람은 일을 즐기고 있습니다. 다른 대기업에 더 좋은 자리가 있는지에 관심이 없기 때문입니다. 아무도 이직하려 하지 않습니다. 그러려면 자기 회사를 사랑해야 합니다. 여기서 커다란 차이가 발생합니다. 그래서 우리는 회사에 대한 사랑이 커지는 환경을 조성해야 합니다. 하지만 그런 환경을 갖춘 회사는 많지 않습니다.

로빈후드의 트레이딩 앱을 어떻게 생각하나요?

Q 2021-46. 모든 연령대가 주식시장에 참여하게 해주는 로빈후드Robinhood 같은 트레이딩 앱trading app을 어떻게 생각하나요?

버핏 나는 로빈후드의 S1(기업공개를 앞둔 비상장회사가 SEC에 제출하는 유가증권신고서)을 고대하고 있습니다. 로빈후드는 최근 1년 반 동안 주식시장에 합류한 카지노 집단 중 거물이 되었습니다. 이들은 고객에게 거래 수수료를 받지 않는다고 말하면서 어떻게 돈을 버는지 궁금합니다. 이들의 설명이 흥미로울 것입니다. 이들이 끌어들인 카지노 고객의 12~13%가 풋옵션과 콜옵션 거래를 하고 있습니다. 애플을 찾아보니 7일짜리 옵션과 14일짜리 옵션도 거래되고 있습니다. 장담하건대 사람들이 로빈후드를 통해서 매도하는 옵션이 많을 것입니다. 사람들은 7일이나 14일 후 애플의 주가를 놓고 도박을 벌이고 있습니다. 물론 불법도 아니고 부도덕한 일도 아닙니다.

그러나 사회가 도박을 중심으로 돌아가서는 안 된다고 생각합니다. 구조 가능성이 전혀 없는 무인도에 사람들이 불시착했다고 가정합니다. 내가 이렇게 말합니다. "내가 거래소를 세워서 옥수수 선물 등 온갖 상품을 거래하겠습니다." 대중의 도박 본능을 악용하는 사람들에게 사회는 커다란 보상을 해주고 있습니다. 그다지 칭찬받을 만한 일이 아닌데도 말이지요. 그동안 미국이 이룬 성과는 전반적으로 매우 훌륭합니다. 그런데 미국 기업들은 투자와 저축 대상으로도 훌륭하지만 도박용 칩도 잘 만듭니다.

어떤 기업은 처음 돈을 번 사람들에게 도박용 칩을 주면서, 그들의 거래 정보를 이용하는 대가로 매일 무료로 30~50회 거래할 수 있다고 말합니다. 이런 기업이 더는 없으면 좋겠습니다. 나는 이들의 사고방식이 궁금합니다. 찰리?

멍거 내게 이런 질문을 하는 것은 황소 앞에서 붉은 깃발을 흔드는 것과 같습니다. 그런 기업이 선량한 문화시민을 끌어들이는 행위는 매우 불쾌합니다. 심각한 잘못입니다. 사람들에게 해로운 상품을 팔아 돈을 벌어서는 안 됩니다.

버핏 미국은 여러 주에서 복권을 판매하고 있습니다.

멍거 그것도 나쁜 짓입니다. 점잖은 사람들이 복권을 사게 하므로 매우 나쁜 짓입니다. 주정부도 로빈후드만큼 나쁩니다.

버핏 어떤 의미에서는 더 나쁘죠. 실제로는 세금을 부과하는 셈이니까요. 희망에 부과하는 세금입니다. 그렇게 부과하는 세금이 찰리와 내가 내는 세금보다 많습니다.

멍거 미국의 주정부들이 마피아가 하던 숫자놀음을 대신하고 있습니다. 주정부가 "그 사업 우리가 해야겠어"라고 말하면서 마피아를 밀쳐냈습니다. 나는 우리 정부가 부끄럽습니다.

버크셔 자회사들의 원자재 구매 과정에서 엿보이는 인플레이션 조짐?

Q 2021-47. 버크셔 자회사들의 원자재 구매 과정에서 인플레이션의 조짐이 보이나요?

버핏 상당한 인플레이션이 보입니다. 업체들이 우리에게 납품 가격을 인상해서 우리도 가격을 인상하고 있으며, 사람들은 이를 수용하고 있습니다. 주택 건설을 예로 들겠습니다. 우리는 미국 최대의 조립식 주택회사 외에도 주택 건설회사 9개를 보유하고 있습니다. 우리는 주택 건설 사업을 정말 많이 하고 있습니다. 그런데 건축비가 계속 증가하고 있습니다. 철강 가격은 매일 상승하고 있습니다. 임금은 아직 상승하지 않았습니다. 전미자동차노조UAW는 3년짜리 계약을 하며, 우리도 철강 구매에 대해 3년짜리 계약을 합니다. 그러나 철강을 GM 등 다른 곳에서 구매하면 매일 더 높은 가격을 지불해야 합니다. 경기가 과열 상태입니다. 예상 밖입니다.

우리 자회사들이 모두 운영을 중단할 때, 가구 매장들도 약 6주 동안 문을 닫았습니다. 이후 다시 문을 열자 주체할 수 없을 정도로 고객이 몰려와서 가구를 배달할 수가 없었습니다. 고객들은 말했습니다. "상관없어요. 다른 가구점들도 배달을 못 하니까요. 3개월도 기다릴 수 있어요." 그래서 주문 물량이 쌓여갔습니다. 우리는 주정부의 경기 부양금 600달러 지급이 8월경 완료되면 가구 매수세도 끊길 것으로 생각했습니다. 그러나 매수세가 끊임없이 이어졌습니다. 나는 매주 실적을 받아보면서 통화했고 시카고, 캔자스시티, 댈러스 매장의 동향을 매일 살펴보았습니다. 매수세가 여전히 이어졌습니다. 사람들은 돈이 있었으므로 더 높은 가격도 기꺼이 지불했습니다. 카펫 납품 가격이 인상되면 우리 비용이 증가하므로 4월 판매 가격이 인상된다고 발표했습니다. 수많은 구매 고객 때문에 공급망이 엉망이 되었습니다. 구매 광풍이 불었습니다. 국제 항공여행 등 구매가 불가능한 분야를 제외하면 말이지요.

경제의 한 분야에 머물던 돈이 나머지 분야로 돌기 시작했습니다. 여전히 끔찍한 상황에 빠진 일부를 제외하면 모든 사람의 주머니가 두둑해졌습니다. 나는 이 정장을 거의 1년 만에 입었습니다. 이는 세탁소가 문을 닫았다는 뜻입니다. 정장이나 와이셔츠를 세탁소에 가져오는 사람이 아무도 없었으니까요. 포장 판매나 배달을 하지 않는 음식점들도 망했습니다. 반면 포장 판매는 매출이 급증했습니다. 데어리 퀸도 매출이 대폭 증가했습니다. 지금은 소비자들이 가격을 전혀 따지지 않습니다. 이런 현상이 다양한 물가지수에 어떻게 나타날지 모르겠습니다. 그러나 약 6개월 전에 사람들이 예상했던 것보다 훨씬 강한 인플레이션이 진행되고 있습니다.

멍거 매우 똑똑한 사람이 막 시작된 인플레이션의 위험을 경고했습니다.

버핏 그레그, 자네도 한마디 하지.

그레그 철강, 목재, 석유 등 원자재가 가격 상승 압박을 받고 있습니다. 현재 일부 원자재는 품귀 상태입니다. 이 때문에 최종 산출물의 가격이 상승하면서 배달이 지연되고 있습니다. 현재 우리는 이 품귀 문제를 해결하려고 노력 중입니다. 앞에서 언급한 텍사스 정전 사고도 품귀 문제에 일조했습니다. 텍사스주에 집중된 석유화학 공장들이 가동을 멈추면 그 여파가 미국 전역에 미쳐 가격 상승과 제품 품귀 현상으로 나타납니다. 이런 문제들은 쉽게 해결되지 않습니다.

버크셔도 퀀트 전문가를 채용하면 어떤가요?

Q 2021-48. 짐 사이먼스Jim Simons의 메달리온 펀드Medallion Fund는 30년 수익률이 보수를 공제하고 연 39%입니다. 버크셔도 퀀트 전문가를 채용하면 어떤가요?

버핏 퀀트 전문가 채용은 생각하지 않습니다. 먼저 찰리의 대답을 들어보 겠습니다.

멍거 흥미로운 질문입니다. 퀀트 펀드는 단기 트레이딩에서 엄청난 실적을 냈습니다. 이들은 주가 예측력을 높이는 알고리즘을 개발했습니다. 이들은 돈벌이가 되는 한 이 알고리즘을 계속 사용하고 있습니다. 그러나 장기 주가 예측에 똑같은 시스템을 기계적으로 계속 사용하면 실적이 예전만 못했습니다. 단기적으로도 이 시스템에 지나치게 의존하면 이점을 상실했습니다. 그러므로 퀀트 운용 규모에는 한계가 있었습니다.

버핏 하지만 이들은 매우 똑똑합니다.

멍거 네. 이들은 큰 부자가 되었습니다. 매우 똑똑하고 부유하지요. 짐 사이먼스는 매우 우수한 인물입니다.

버핏 그래도 우리는 트레이딩으로 돈을 벌려고 하지 않습니다. 우리는 방법을 모릅니다. 방법을 안다면 이미 트레이딩을 하고 있겠지요. 누군가 대신 해주겠다고 해도 우리는 아무도 믿지 않습니다. 답은 간단합니다.

최근 버크셔 포트폴리오의 회전율이 높아졌나요?

Q 2021-49. 당신은 수십 년 동안 장기 보유 철학을 지지했는데 최근에는 포트폴리오 회전율이 훨씬 높아진 듯합니다. 저의 오해인가요, 투자철학이 바뀐 건가요?

버핏 포트폴리오 회전율이 그다지 높아졌다고 생각하지 않습니다.

멍거 포트폴리오 회전율은 예전과 똑같지만 그것도 여전히 매우 높다고 생각합니다.

버핏 동의합니다. 실제로 우리 사업은 주식 투자이므로 자회사 주식을 4,000~5,000억 달러 보유하고 있습니다. 그러나 자회사 주식은 매매를 전혀 하지 않으며, 자회사를 매각하지도 않습니다. 매각할 수 있어도 하지 않는다는 뜻입니다. 우리는 주식 매매를 거의 하지 않지만, 찰리 말대로 매매를 더 줄이면 더 좋을 것입니다.

10년 안에 연금에서 정말 나쁜 소식이 나올까요?

Q 2021-50. 2013년 주주 서한에서 당신은 10년 안에 연금에서 정말 나쁜 소식이 나올 것으로 예측했습니다. 최근에는 코로나가 유행 중이고 2023년은 불과 2년 뒤인데 예측을 수정하겠습니까?

버핏 코로나의 영향으로 매우 제한적이나마 연금의 상황이 개선되었습니다. 연금 수급자가 감소한 것입니다. 그러나 대다수 주에서는 연금이 심각한 상황입니다. 기업 차원에서는 그다지 심각하지 않지만, 복수기업 연금제(multi-employer plan: 둘 이상의 관계없는 기업들이 갹출금을 내는 연금제)는 일부 주에서 문제가 매우 심각합니다. 현재 그런 주들은 연방정부에 가서 "코로나 때문에 곤경에 처했으므로 막대한 자금이 필요합니다"라고 지원을 요청합니다. 그러나 일부 주는 연금 적자 규모가 막대해서 연방정부에 다시 지원을 요청할 것입니다. 연금 문제는 전혀 개선되지 않았습니다.

금리가 하락함에 따라 연금 펀드매니저들은 갈수록 필사적으로 자금을 운용하고 있습니다. 이들은 높은 수익을 약속하면 누구의 말에도 귀를 기울입니다. 지금까지 항상 그런 경향이 있었지만 지금은 더 필사적입니다. 그러나 그런 말에 귀를 기울여도 문제는 해결되지 않습니다. 예를 들어 어떤 주의 연금 적자가 막대하다고 가정합시다. 그리고 이 적자에는 생활비도 심각한 영향을 미친다고 가정합시다. 개인은 원하면 다른 주로 이사할 수 있습니다. 찰리는 5억 달러를 아끼려고 네바다주 등으로 이사하지는 않겠지만 말이죠. 그러나 개인은 언제든 이사할 수 있습니다. 특히 부유한 은퇴 노인들은 재산을 형편이 어려운 주에서 여유 있는 주로 옮길 수 있습니다.

그러면 시간이 지나면서 역선택이 발생합니다. 공장을 설립한 기업은 5~20년 동안 다른 주로 이사하지 못합니다. 부유층 노인들이 다른 주로 이사해 과세 대상 인구가 감소해도 기업은 이사할 수 없습니다. 그러므로 연금 적자가 막대하고 인구가 감소하는 주에 공장을 설립하려는 기업은 오래전부터 매우 신중하게 검토해야 합니다. 사람들은 모두 떠나도 연금 적자는 사라지지 않으니까요. 물론 단기적으로는 걱정할 필요가 없습니다. 다음 선거 후에도 아무 문제가 없다는 뜻입니다.

인구가 절반으로 줄고 부유층은 더 가파르게 감소하는 주라면 우리 소중한 공장을 50년 동안 계속 운영할 생각이 없습니다. 어떻게 보더라도 좋은 곳이 아니니까요.

멍거 훌륭한 답변입니다. 하버드 법대 노교수가 즐겨 하던 말이 떠오릅니다. "자네를 힘들게 하는 문제가 무엇인지 말해주면 자네를 더 힘들게 해주겠네."

학습 기계가 되어야 한다는 좌우명에서 얻은 교훈은?

Q 2021-51. 학습 기계가 되어야 한다는 찰리의 좌우명을 통해서 작년에 얻은 가장 큰 교훈은 무엇인가요?

버핏 내가 얻은 가장 큰 교훈은 찰리의 말에 더 귀 기울여야 한다는 점입니다. 흔히 그의 생각이 옳고 내 생각이 틀렸습니다.

멍거 글쎄요. 워런이 다소 오해한 듯합니다. 우리는 미지의 영역에 있습니다.

버핏 우리는 현재 발생하는 일을 미친 듯이 즐깁니다. 중간 정도 보고 있는 영화가 갈수록 더 흥미진진해지는 셈입니다. 진귀한 영화입니다. 우리가 우선하는 기본 원칙은 우리에게 돈을 맡긴 사람들을 실망시키지 않겠다는 것입니다. 우리가 큰돈을 벌지 못해서 실망을 안겨드릴 수는 있습니다. 지난 1년여 동안 우리는 세계에서 발생하는 이상한 사건들을 보았고, 미래에도 항상 그럴 것으로 생각하고 있습니다. 우리는 50년이나 100년 후에도 버크셔가 모든 면에서 현재의 모습을 유지하도록 가능한 모든 방법을 강구할 것입니다. 찰리?

멍거 전적으로 동의합니다. 꼭 그렇게 될 것으로 생각합니다.

버핏 그런 생각이 아니었다면 우리가 이렇게 55년을 보내지 않았을 것입니다.

멍거 그렇습니다.

번역 **이건**   투자 분야 전문 번역가. 연세대학교 경영학과를 졸업하고 같은 대학원에서 경영학 석사 학위를 받았으며 캘리포니아대학교에서 유학했다. 장기신용은행, 삼성증권, 마이다스에셋자산운용 등에서 일했다. 지은 책으로 《대한민국 1%가 되는 투자의 기술》이 있고, 옮긴 책으로 《워런 버핏 바이블》, 《워런 버핏 라이브》, 《현명한 투자자》, 《증권분석》 3판, 6판, 《월가의 영웅》 등 50여 권이 있다.

The Mook for Intelligent Investors